服务营销学

SERVICE MARKETING

主　编　叶思妤
副主编　刘丹萍　牧　人

社会科学文献出版社
SOCIAL SCIENCES ACADEMIC PRESS (CHINA)

前言 PREFACE

  服务营销学是市场营销的一个分支学科，近年来得到了较快的发展。《服务营销学》作为市场营销专业的核心专业课程，主要研究如何将理论与实践相结合，更好地服务于高校、企业和社会，持续提高各层次服务营销人员的综合素质和管理水平，促进经济发展和效益提升。随着我国经济结构的不断调整，企业对实践型服务营销人才的需求无论是从质量上还是从数量上都在提升，因此迫切需要更贴近企业实践和操作性较强的实用型教材。本教材即成书于这一背景，为了使学生能够轻松学习、深刻理解和熟练掌握服务营销学的核心理论与实用技术，笔者坚持"理论精练、策略实用"的编写原则，旨在为学生提供一本既具有理论深度又具备实践指导意义的服务营销学教材。

  本教材依据服务企业的实际营销操作流程，分为12章，系统地构建了服务营销的理论框架与策略体系。这些章节包括：服务营销概述、服务购买行为、服务产品及品牌策略、服务定价策略、服务渠道策略、服务促销策略、服务人员、服务过程、服务的有形展示、服务质量管理、顾客管理和网络服务。为了有效地将理论与实践相结合，本教材在内容的规划上，每章的章首和章尾都分别设置适合当前章节内容的详细案例，为配合理论的铺陈，在适当的位置以"专栏视点"的形式放入相关的案例。此外，对于相关知识点，设置"课堂互动"环节，以便于课堂讨论，课后的"复习思考题"可用于课后的练习之用。

  本教材由四川师范大学叶思好老师担任主编，她负责架构拟定、写作思路、案例甄选、教材内容的总纂、修订与审定工作。西华大学刘丹萍副教授和四川师范大学牧人老师担任本教材的副主编，西南民族大学郑亮老师、上海体育大学硕士研究生龚昕娅、河北工业大学硕士研究生付华雨、西华大学刘丹萍副教授所带学生也参与了教材的编写工作。具体分工为：第1章，叶思好；第2章，牧人、叶思好；第

3章，牧人、叶思妤；第4章，付华雨、叶思妤；第5章，王珍、刘丹萍、叶思妤；第6章，牧人、叶思妤；第7章，汪欣兰、刘丹萍、叶思妤；第8章，陈琪美、刘丹萍、叶思妤；第9章，龚昕娅、叶思妤；第10章，石彤、刘丹萍、叶思妤；第11章，叶思妤；第12章，郑亮、叶思妤。

  在教材编写过程中，我们学习、借鉴并引用了大量相关文献资料和研究成果，虽在书中做了相应注释，但仍有不周之处，谨对这些作者表示诚挚的谢意！向四川师范大学及商学院的领导与老师们的支持与帮助表示感谢！向社会科学文献出版社经管分社的高雁编辑及团队成员对本教材的编校给予大力的支持、帮助与付出的努力，表示衷心的感谢！

  "路漫漫其修远兮，吾将上下而求索"，由于本人知识和经验的局限，书中的不足和疏漏之处在所难免，恳请广大读者在阅读过程中提出宝贵意见和建议，我们将不断改进和提高。

叶思妤

2024年5月

目录 CONTENTS

第1章 服务营销概述 …………………………………………………………… 1
  第1节 服务、服务商品与服务业 ………………………………………… 2
  第2节 服务营销学的兴起与发展 ………………………………………… 14
  第3节 服务营销组合 ……………………………………………………… 17
  第4节 服务营销的道德冲突 ……………………………………………… 20

第2章 服务购买行为 …………………………………………………………… 23
  第1节 服务购买行为的心理因素 ………………………………………… 24
  第2节 服务购买决策理论 ………………………………………………… 32
  第3节 服务购买决策过程 ………………………………………………… 36

第3章 服务产品及品牌策略 …………………………………………………… 49
  第1节 服务产品 …………………………………………………………… 50
  第2节 服务生命周期 ……………………………………………………… 56
  第3节 服务品牌 …………………………………………………………… 60
  第4节 服务产品的创新 …………………………………………………… 64

第4章 服务定价策略 …………………………………………………………… 72
  第1节 服务价格的含义及定价基础 ……………………………………… 73
  第2节 服务定价的方法和技巧 …………………………………………… 79

第 5 章　服务渠道策略 …… 92
第 1 节　服务渠道内涵 …… 93
第 2 节　服务分销渠道的设计 …… 100
第 3 节　服务渠道的创新 …… 106

第 6 章　服务促销策略 …… 117
第 1 节　服务促销与沟通概述 …… 118
第 2 节　服务促销工具 …… 123
第 3 节　服务促销设计 …… 132

第 7 章　服务人员 …… 139
第 1 节　服务人员及内部营销 …… 140
第 2 节　服务人员管理的循环 …… 150
第 3 节　服务的人力资源管理 …… 155

第 8 章　服务过程 …… 166
第 1 节　服务过程与生产率 …… 167
第 2 节　服务过程设计 …… 173
第 3 节　服务过程再造 …… 184

第 9 章　服务的有形展示 …… 191
第 1 节　有形展示的类型和作用 …… 192
第 2 节　有形展示的管理与执行 …… 199
第 3 节　服务场景的设计 …… 202

第 10 章　服务质量管理 …… 218
第 1 节　服务质量概述 …… 219
第 2 节　服务质量衡量模式 …… 224
第 3 节　提高服务质量的策略 …… 235

第 11 章 顾客管理 ············ 243

第 1 节 理解顾客关系 244
第 2 节 顾客满意与顾客忠诚 250
第 3 节 服务失误与服务补救 259
第 4 节 服务承诺 268

第 12 章 网络服务 ············ 274

第 1 节 网络时代的顾客服务 275
第 2 节 网络顾客服务的策略 283
第 3 节 网络服务工具 287

参考文献 ············ 293

第1章　服务营销概述

学习目标

学习完本章后，你应该能够：
- 了解服务营销学的兴起与发展；
- 理解服务营销的道德冲突；
- 掌握服务的五个特征；
- 掌握服务的概念；
- 明确服务营销组合的内容；
- 明确服务业与现代服务业及其分类。

开篇案例　胖东来：打造优质服务，争做良心企业

近期，一家名叫胖东来的超市占据了公众的视线。胖东来是一个来自河南的本土零售品牌，集团规模不算大，目前只在河南新乡、许昌两地有大概30家店，但它早已有"零售界之神"的称号。马云曾这样评价它："（胖东来）引发了中国零售商的新思考，是中国服务厂商的一面旗子。"

除了本地人爱逛胖东来，每天都有很多人专程从外地赶到许昌、新乡，就为了去胖东来"参观学习"，其中不乏近年来新兴的盒马鲜生等团队，雷军也特意绕路去考察过。而这家本土品牌能引起这么多服务厂商的关注，离不开它精细的服务。

可以说，"你能想象到的服务胖东来都有"。光是购物车，就针对老人、小孩、婴儿、成人等不同人群准备了7种规格。此外，胖东来还配置有无性别厕所、儿童专用厕所、母婴室、吸烟室，并配备直饮水、消毒液等；卫生间里有提醒高血压、低血糖的顾客轻蹲慢起的温馨提示，顾客有急事还可以直接按铃求助……

除了基本设施完善健全，以人为本更是胖东来的核心理念。超市工作人员都有种"发自内心"的热情。比如，保安可以为特地赶回家给小女儿过生日，却没买到

礼物的父亲，打开已经关店的超市；员工会自发给老人、孕妇推购物车，帮助顾客打理衣物，提供各种贴心服务。

不同的顾客诉求各有不同，服务营销就是在面对不同的服务需求，体现出对顾客人性化的关怀，在态度上传达出真诚和尊重，让顾客获得心理上的舒适感和优越感，也能感受到彼此的价值所在，从而对品牌服务产生好感和依赖。

服务营销能够提升产品的附加值和品牌价值，通过服务让顾客获得更好的体验，不仅客户满意，品牌也可以留住更多客户，获得更加有力的竞争优势。

资料来源：《从成功的经典案例出发，看品牌如何做好服务营销！》，格悟说微信公众号，2021年11月11日。

第1节　服务、服务商品与服务业

一　服务的概念

服务作为本学科的概念需要首先予以界定。关于服务概念的研究首先是从经济学领域开始的，最早可追溯到亚当·斯密的时代。市场营销学界对服务概念的研究大致是从20世纪五六十年代开始的，区别于经济学界的研究，市场营销学者把服务作为一种产品来研究，其中具有代表性的有以下几种。

1960年，美国市场营销协会（AMA）最先给服务下定义："用于出售或者是与产品连带出售的活动、利益或满足感。"与此同时，其他学者也从不同的角度提出了服务的定义。1963年，著名学者威廉·J. 里甘（William J. Regan）把服务定义为"直接提供满足（交通、租房）或者与有形商品或其他服务一起提供满足的不可感知活动"。1974年，威廉·J. 斯坦顿（William J. Stanton）进一步提出，服务是"可被独立识别的不可感知活动，为消费者或工业用户提供满足感，但并非一定要与某个产品或服务连在一起出售"。1990年，国际知名的服务营销学家克里斯廷·格罗鲁斯在总结前人定义的基础上，将服务的定义概括为：服务是指或多或少具有无形特征的一种或一系列活动，通常（但并非一定）发生在消费者与服务的提供者及其有形的资源、产品或系统相互作用的过程中，以便解决消费者的有关问题。而菲利普·科特勒（Philip Kotler）将服务定义为"一方能够向另一方提供的任何一项活动或利益，它本质上是无形的，并且不产生对任何东西的所有权问题，它的生产可能与实际产品有关联，也可能无关联"。A. 佩恩（Payne）在分析了各国营销机构和学者对服务的界定之后，对服务做出这样的界定："服务是一种涉及某些无形性因素的活动，它包括与消费者或他们拥有财产的相互活动，它不会造成所有权的更换。条件可能发生变化，服务产出可能或不可能与物质产品紧密相连。"国内学者对服务的定义也阐述了自己的看法，郭国庆将服务定义为一种或多或少具有无形性特征的活动或过程，它是在服务提供者与服务接受者（服务对象）互动的过程中完成的，服务行为主体的目的是使另一个主体对象获得利益，同时，服务也是一种企业实行差异化战略的重要手段，通过服务的差异化，企业可以创建自己长期的竞争优势。[1] 叶万春等认为，服务是具有无形特征，以劳动的形式给人带来某种利益或满足感，使他人受益的可供有偿或者无偿转让的一种或一系列活动。[2] 1990年，国际标准化组织把"服务"定义为"为满足消费者的需要，供方与消费者接触的活动和供方内部活动所产生的结果"。虽然不同机构、不同学者对服务的定义可能有所差异，但从其本质上看，都认为服务是以满足消费者的需要为目的、以人的活动为基础的为消费者提供满足的过程。

综合以上各种定义，本书对服务做如下定义：服务是具有无形特征，以劳动的形式给人带来某种利益或满足感，使他人受益的可供转让的一种或一系列活动，它不会造成所有权的转移。

二 服务的分类

服务的种类繁多，但我们按照不同的分类标准，可以将服务分为以下几类。

（一）以劳动力密集程度为标准分类

依据这一分类标准，服务可以分为以人员为基础的服务和以设备为基础的服务。以人员为基础的服务，如医疗服务、修车服务、美容瘦身服务、整容服务、教育服务、会计师服务、律师服务；以设备为基础的服务，如公共运输服务、ATM机服务、电影院服务、人工智能服务、自动洗车服务。除此之外，也有些服务同时注重人员与设备两者，如旅馆服务、餐厅服务、飞行服务等。

（二）以消费者的参与程度为标准分类

依据这一分类标准，服务分为三大类，分别是高接触性服务、中接触性服务和低接触性服务。所谓高接触性服务，是指消费者在服务推广的过程中参与全部或大部分的活动，如电影院、娱乐场所、公共交通、学校、医院、健身房等所提供的服务；中接触性服务则是指银行、律师、房地产经纪人等所提供的服务，在这里，消费者只是部分或在局部时间内参与其中的活动；低接触性服务是指在服务推广的过程中消费者与服务的提供者接触甚少，他们的交往大多是通过仪器设备进行的，如信息中心等所提供的服务。由此可见，高接触性的服务会因消费者需求的多样化而

---

[1] 郭国庆主编《服务营销管理》（第3版），中国人民大学出版社，2012。
[2] 叶万春等主编《服务营销学》（第4版），高等教育出版社，2019。

对服务厂商营销活动提出更高的要求。

（三）以营利性质为标准分类

依据这一分类标准，服务可以分为营利性服务与非营利性服务。营利性服务以营利为服务的目的，如美容服务、健身服务、旅馆服务、托婴服务等；非营利性服务以社会公益为服务的目的，如医疗服务、教育服务、政府服务、社会公益服务等。

（四）以服务的专业程度为标准分类

依据这一分类标准，服务可以分为高专业性服务与低专业性服务。高专业性服务包括法务服务、医疗服务、心理咨询服务、收纳师服务、会计及税务服务等；低专业性服务包括家政服务、停车服务等。一般而言，高专业性服务的复杂程度较高，规范性较强，收费也较高。

（五）以服务的处理对象为标准分类

依据这一分类标准，服务可以分为人身处理、所有物处理、心理刺激处理和信息处理四类服务。

1. 人身处理

这类服务的服务对象是消费者本身，如医疗服务。接受此类服务时，消费者必须亲身实际进入服务系统，才能获得服务的效益。因为消费者本身是整个服务过程中的重要组成部分，只有进入系统才能获得服务的实际效用，也就是消费者必须亲身进入服务工厂。服务工厂是指拥有人员或机器设备的实体地点，在服务工厂，服务厂商提供服务利益给消费者。但在某些情况下，服务提供者也愿意直接到消费者所在地，来提供必要的服务给消费者。例如，到家的按摩服务，或是家庭医生服务。

针对人身处理这类服务，管理者必须从消费者角度来思考整个服务的过程与产出。这包括在服务过程中的每一个接触点中，规划产生的利益，以及消费者所必须付出的代价（特别是包括时间、心灵及实际精力付出等非财务代价）。只有通过这样周详的规划，才能提供给消费者满意的体验。

2. 所有物处理

所有物处理这一类的服务是针对消费者拥有的物品或财产进行的处理，例如家庭卫生或计算机维修。这类服务的程序和制造业的作业过程很类似，因此可说是准制造作业。它们和大多数服务不同，并没有包含同步进行的生产与消费，也就是生产与消费并不一定要同步进行。基本上，消费者不需要亲身参与过程。例如，进行平板电脑维修时，消费者只需将需要维修的电脑送交维修店即可，至于维修工作则由维修店来负责安排，在维修进行时，消费者也不需要在场。消费者的工作仅限于提交和提取接受服务的产品、要求服务和回答服务相关的问题等。

3. 心理刺激处理

心理刺激处理这类服务针对的是消费者的心理，例如早教服务或心理咨询服务。这一类的服务所牵涉的道德问题十分重要，一旦消费者对服务产生依赖，或是心理受到不当操控，则其产生的危害可能会很严重。同时，这类服务往往要求消费者必须投入相当多的时间，并且付出一定的心智，才有可能获得服务的益处。此类服务的核心内容有时可以以数字或模拟方式来储存，例如将演讲内容或表演艺术进行录像。因此，这类服务有些可以被"存储"，以待后续的消费，或是可以被重复消费，甚至也可以像其他实体产品一样被销售或营销，例如网络上的知识付费课程。

4. 信息处理

由于信息科技的发达，信息处理已经产生翻天覆地的变化。信息处理这类服务，主要是针对与消费者相关的信息进行处理，包括律师服务、会计服务、理财服务、调查服务等。信息是服务产出中最为无形的一部分，但可以通过某些方式将这类信息转变为有形的形式，例如报告、计划和影像等。信息处理服务的成功往往高度依赖服务厂商对信息的有效搜集和处理。

信息处理和心理刺激处理两类服务之间的界线有时较为模糊。例如，财务分析师针对消费者的理财服务，是属于信息处理还是心理刺激处理？从根据消费者的收入与支出状况提供理财策略的建议方面看，它属于信息处理。而从改变消费者对投资的错误观念方面来看，它属于心理刺激处理。再比如，律师对其委托客户的法律建议，究竟是属于信息处理还是心理刺激处理？从实际帮助消费者整理诉讼的数据并撰写起诉书方面看，它属于信息处理。而从纠正消费者的不当法律见解方面看，它又属于心理刺激处理。故此，有些服务既属于心理刺激处理又属于信息处理的范畴，具有双重服务性质。

此外，G. 林恩·肖斯塔克（G. Lynn Shostack）对服务进行分类的视角与其他学者不同，他是从实体产品与服务相结合的角度来进行分类的。肖斯塔克把服务厂商提供给市场的东西分为四大类，而且可以排成一种连续谱系。这四大类分别如下。

第一类为纯粹的实体产品。本身不附带明显的服务，销售的标的物是实体物品。比如香皂、盐、牙膏等。

第二类为附有服务的实体物品。所提供的是一些附带服务的产品，但销售的标的物是实体物品。比如家电产品、计算机等，附有服务以提高对消费者的吸引力为目的。

第三类为附有少部分产品的服务。所提供的服务附带产品或者是服务和产品都有，但销售的标的物是一种非实体性的东西。比如航空旅行，除提供服务外，还提供食品、报纸等。

第四类为纯粹的服务。所提供的是服务，销售的标的物是非实体性项目。比如心理咨询服务、家政服务等。

三　服务的基本特征

服务的营销与实体商品的营销有所不同，主要在于服务与实体商品相比有其特殊性，这种特殊性体现为服务所具有的五种特征，如表1-1所示。

表1-1　服务的特征

实体商品的特征	服务的特征	相应的含义
有形性	无形性	服务不可储存 服务不能申请专利 服务不容易进行展示或沟通，难以对其定价
标准化	异质性	服务的提供与消费者的满意取决于员工的行动 服务质量取决于许多不可控因素 无法确知提供的服务是否与计划或宣传相符
生产与消费相分离	生产与消费同步（不可分离性）	消费者参与并影响交易 消费者之间相互影响 员工影响服务的结果 分权可能是必要的 难以进行大规模生产
可储存	不可储存（易逝性）	服务的供应和需求难以同步进行 服务不能退货或转售
所有权可转移	所有权不可转移性	服务过程中不涉及任何所有权的转移

资料来源：A. Parasuraman, V. A. Zeithaml and L. L. Berry, "A Conceptual Model of Service Quality and Its Implications for Future Research," *Journal of Marketing*, 1985, 49, pp.41-50。

（一）无形性

服务与实体商品相比较，最基本的不同在于，服务是无形的、摸不着的、无法触碰的，因此消费者无法以感知实体商品的方式来感知服务。同时，消费者购买服务后所获得的利益也很难被察觉，或是要经过一段时间后，购买服务的消费者才能感觉获得利益。服务的这一特征决定消费者购买服务前，不能以对待实物商品的办法去触摸、尝试，也不能用嗅觉、聆听等方法去判断服务的优劣，而只能以搜寻信息的方法，参考各方意见及自身的历史经验来进行判断。服务提供者在传达无形服务的优点时，也不能像实体商品一样进行实体展示。因此，消费者在购买服务前甚至是在购买服务后，对服务的质量评估会比实体商品要困难许多。

由于服务具有无形性，不容易进行展示和沟通，服务有时需要有形的载体。许多服务业为了变无形为有形，常常通过服务人员、服务过程及服务的有形展示，并综合运用服务设施、服务环境、服务方式和手段等来体现。服务的无形性只是用以区别实体商品，其意义在于提供一个视角分清服务与实体商品。服务有时是需要一定载体的，如点心、菜品、饮料等实体成分并非航空服务的本质，在超市等地都可以购买到，它们只是航空服务的载体。舒适服务、就餐服务才是航空服务的本质，而这些都是非实体的。但载体有效性的强弱体现了服务质量的高低。

服务的无形性也常常造成服务定价的困难，因为缺乏具体的实物，所以服务很难将价值具体化以支持其定价。比如管理咨询服务和整容服务的报价差异很大，而所谓价格合理性更是难以判断。

（二）不可分离性

有形的产业用品或消费品在从生产、流通到最终消费的过程中，往往要经过一系列的中间环节，生产与消费过程具有一定的时间间隔。而服务却不同，它具有不可分离的特征，即服务的生产过程与消费过程是同时进行的。也就是说，在服务人员向消费者提供服务的同时，也正是消费者消费、享用服务的过程，二者在时间上不可分离。由于服务本身不是一个具体的物品，而是一个过程或一系列活动，故在服务过程中，消费者和服务生产者必须直接发生联系，从而生产的过程也就是消费的过程。服务的这种特性表明，消费者只有或必须加入服务的生产过程中才能最终享受到服务。比如医疗服务，病人在接受治疗时，必须向医生说明症状，接受医生的检查，医生才能做出诊断，对症下药。

实体商品的生产者往往很少见到使用其商品的消费者。而服务商品的服务人员则和消费者有非常密切的接触，同时在执行服务作业时，必须常常将消费者放在心上。这种服务人员和消费者之间的互动，往往会对消费者的满意度和忠诚度造成很大的影响。所以，服务提供者的角色变得很重要，因为其会直接影响服务的品质。

不可分离性同时也是指服务不能像典型的实体商品一样，在某一个地方生产，而在另一个地方消费。因此，服务也无法与服务提供者分开。此外，在服务的生产上，消费者实际上也参与了服务的生产过程，所以消费者也部分决定了服务质量。

（三）异质性

异质性是指服务的构成成分及质量水平经常变化，很难统一界定。不同服务厂商所提供的服务差异很大，同时，同一服务厂商中不同服务人员的服务质量也可能差异很大，甚至同一位服务人员，面对不同的消费者或者在不同时点所提供的服务质量也可能有很大差异。由于服务基本上是由人表现出来的一系列行为，因而没有两种服务会完全一致。员工所提供的服务通常是消费者眼中的服务，而人们的行为可能每天，甚至每小时都会有差别。另外，由于没有两位消费者会完全一样，因而会产生异质性，每位消费者都会有独特的需求，或者以一种独特的方式体验服务。因为服务通常是与消费者联合生产并联合创造的，消费者行为也将引入多样性和不确定性，从而导致异质性的结果产生。这样，服务的异质性主要是由服务提供者和消费者之间的相互作用以及伴随这一过程的所有变化因素导致的。比如，在同一天，一位律师可能向两位不同的消费者提供不同的服务，这取决于消费者的个人需要、个性以及律师在会见消费者时，他是在精力充沛的早晨还是在刚刚接了一个很不愉快的电话这样的时间里等这些不同的因素，从而造成向这两位消费者所提供的服务的异质性。所以整个服务质量会受到人员、时间、地点及环境的重大影响，相对比较难以维持一致的质量。

异质性虽然使服务很难标准化，但从另一方面来看，服务却可以从个性化的角度去创造优势，也就是说，可以按照每一位消费者的不同需要，来提供个性化服务。不过，个性化的成本是较高的，因此服务厂商必须在个性化与成本之间进行某些权衡。

（四）易逝性

易逝性是指服务商品无法加以储存，不但服务的产出无法储存，没有充分利用的服务产能，也无法储存以供未来之用。比如正在进行的演唱会或球场里的一个座位、理发师的一个小时的时间如果未被使用或购买，是不能重新收回并在以后使用或重新出售的。这与实体商品可以存库或在另一天再出售形成鲜明对比。服务的无形性以及不可分离性，使得服务不可能像实体商品一样被储存起来，以备未来出售。服务厂商在拥有提供服务的能力后，如果没有消费者购买服务，则服务能力就是一种浪费。由于不可储存，也就无法用预先储存起来的服务满足高峰时期消费者的需要。消费者为消费某种服务而来，而服务供不应求时，则可能使消费者失望而归。

无法储存带来供求矛盾，是服务营销过程中面临的一个重要问题。无法储存也代表着质量更难控制。对许多服务商品来说，最重要的挑战之一便是找出使供给与需求达成一致的方法。对于以时间为关键资源的服务厂商来说，比如医院、餐厅、美发店和航空公司，供需的配合对于绩效提升具有极大的影响。

（五）所有权不可转移性

服务所有权的不可转让性是指服务的生产和消费过程中不涉及任何东西的所有权的转移。服务在交易完成后便消失了，消费者所拥有的对服务消费的权利并未因服务交易的结束而产生像商品交换那样实有的东西。如理财规划师帮消费者理财，只是提供了财产规划服务，财产的所有权并未发生转移；消费者去银行存款，银行只是提供了存款服务，并未发生货币所有权的转移；空中飞行服务，只是解决乘客由此地到彼地之需，也未形成任何东西的所有权的转移。

从对服务特征的分析中我们可以看出，无形性可被认为是服务的最基本特征，其他特征都是从这一基本特征派生出来的。事实上，正是因为服务的无形性，才使得生产与消费不可分离，而差异性、不可储存性在很大程度上是由无形性和不可分离性两大特征决定的。服务的五个特征从各个侧面表现了服务与实体商品的本质区别。

从市场营销学的观念来看，虽然实体商品与无形服务在表面上体现出不同的特性，而实际上并无本质区别，它们都是商品，都能为消费者提供利益和满足感，只不过服务是一种特殊的商品。从某种意义上看，虽然我们界定了服务的基本特征，但它只是表明服务在这些方面具有较强的倾向性，而任何一种服务也只是这些特征的不同组合，有形产品同样具有某些服务的特征。所以，广义地理解实体商品与无形服务的关系，其意义在于传统的营销理论和原则在服务市场领域具有一定的适用性，但这并不意味着我们可以完全照搬过来。

四　服务商品

虽然实体商品与无形服务在表面上体现出不同的特性，而实际上并无本质区别，它们都是商品，都能为消费者提供利益和满足感，只不过服务是一种特殊的商品。服务作为商品的一种，称为服务商品，是指市场提供给消费者的无形商品。不管是传统上被认定为服务厂商，还是被认定为非服务厂商，都有可能提供服务商品。比如，被认定为服务厂商的美容院所提供的美容服务，或是被认定为非服务厂商的电器制造厂商所提供的电器维护服务，都提供了服务商品。因此，服务商品不是只存在于服务厂商而已，传统的实体商品制造厂商也都可能提供服务商品。但服务厂商是以服务为其核心商品，而传统的一些非服务厂商所提供的服务，常附属于实体商品。

严格说来，实体商品很难摆脱无形的服务，而无形的服务也很难完全不借助于实体产品。因此，所有的商品最终都是在提供一种利益，也就是所有的商品最终都提供了服务，即满足消费者的需求或是提供其所要求利益的服务。可以说，实体产品和服务商品的区分只是程度上的不同而已。对于实体商品而言，服务的比重相对较低，但服务商品的服务比重则相对较高。典型的实体产品是香皂、盐、牙刷这样的商品；典型的服务性商品是医疗、早教、美容和家政等产品；更多的商品则介于两者之间，呈现一个服务连续带。服务连续带是指实体商品和服务商品的区分只是程度上的不同而已。对于实体产品而言，服务的相对比重较小，但服务商品的服务比重则相对较大。多数产品则介于两者之间，呈现一个服务连续带，如图1-1所示。

随着经济的飞速发展，面对日新月异的科技环境，服务厂商产品之间的同质性越来越高，服务厂商想要在激烈的竞争中始终立于不败之地，必须强调服务，服务随之成为服务厂商竞争的焦点。服务也为服务厂商的发展提供了机遇和突破口。

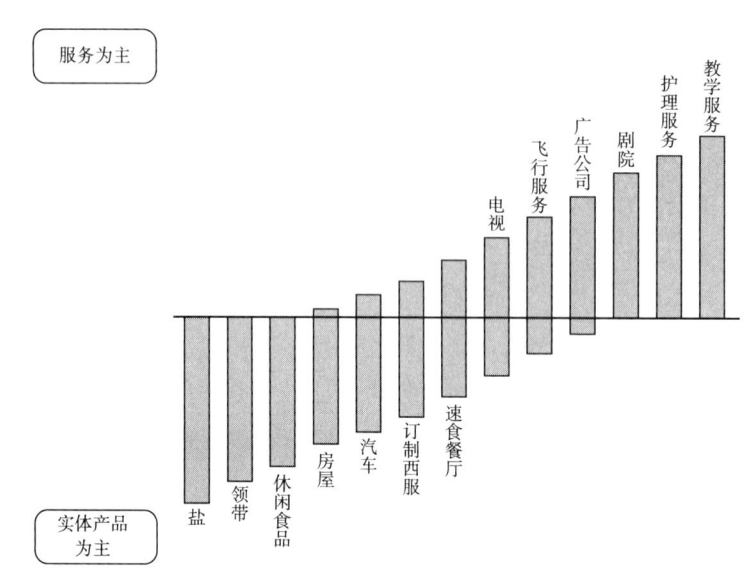

图 1-1 服务连续带

资料来源：G. Lynn Shostack, "Breaking Free from Product Marketing," *Journal of Marketing*, 1977, 41, pp.73-80。

五 服务业

（一）服务业

服务业的概念源于第三产业，在一般经济研究中，服务业与第三产业具有同等的意义。因此，服务业又称第三产业，是国民经济中除第一产业、第二产业以外的产业（见表 1-2）。因此，在一般经济研究中，服务业与第三产业具有同等的意义。

2012 年，根据国家质检总局和国家标准委颁布的《国民经济行业分类》（GB/T 4754—2011），国家统计局再次对 2003 年《三次产业划分规定》进行了修订。

新的三次产业的划分如下。

第一产业是指农、林、牧、渔业（不含农、林、牧、渔服务业）。

第二产业是指采矿业（不含开采辅助活动），制造业（不含金属制品、机械和设备修理业），电力、热力、燃气及水生产和供应业，建筑业。

第三产业即服务业，是指除第一产业、第二产业以外的其他行业。第三产业包括：批发和零售业，交通运输、仓储和邮政业，住宿和餐饮业，信息传输、软件和信息技术服务业，金融业，房地产业，租赁和商务服务业，科学研究和技术服务业，水利、环境和公共设施管理业，居民服务、修理和其他服务业，教育，卫生和社会工作，文化、体育和娱乐业，公共管理、社会保障和社会组织，国际组织，以及农、林、牧、渔业中的农、林、牧、渔服务业，采矿业中的开采辅助活动，制造业中的金属制品、机械和设备修理业。

本教材所指的服务业，主要是指由服务厂商构成的产业。服务业要和其他由非服务性厂商构成的经济面与产业相区别，例如农业或制造业。这里主要是一种产业的划分方式，但不能认为服务商品仅仅存在于服务业。

在服务营销管理活动中，基于人们对复杂服务业的管理需要，通常使用简便、通行的服务业分类方法对其进行分类。具有代表性的一般服务业分类如表 1-2 所示。

表 1-2 一般服务业分类

分类	具体行业
1. 公用事业	煤气、电力、供水
2. 运输与通信	铁路、乘客陆运、货品陆运、海运、空运、邮政、电信
3. 分销业	批发、零售、经销商和代理
4. 保险、银行和金融	保险业、银行业、金融业、产权服务业
5. 工商服务，专业性、科学化服务	广告、顾客咨询、营销研究、会计、法务、医药和牙医、教育服务、研究服务
6. 娱乐与休闲业	电影和剧院，运动和娱乐，旅馆、汽车旅馆、餐馆、咖啡厅，公共场地和俱乐部，伙食包办业
7. 杂项服务	修理服务、整发、私人家政、洗熨业、干洗店

资料来源：叶万春等主编《服务营销学》（第4版），高等教育出版社，2019。

国际标准化组织制定的ISO9000标准中对服务的分类按以下序列展开。

①接待服务，即餐馆、饭店、旅行社、娱乐场所、广播、电视和度假村。

②交通与通信，即机场、空运、公路、铁路和海上运输、电信、邮政和数据通信；健康服务即医疗所、医院、救护队、医疗实验室、牙医和眼镜商。

③维修服务，即电器、机械、车辆、热力系统、空调、建筑和计算机维修。

④公用事业，即清洁、垃圾管理、供水、场地维护、供电、煤气和能源供应、消防、治安和公共服务。

⑤贸易，即批发、零售、仓储、配送、营销和包装；金融，即银行、保险、生活津贴、地产服务和会计。

⑥专业服务，即建筑设计、勘探、法律、执法、安全、工程、项目管理、质量管理、咨询和培训与教育。

⑦行政管理，即人事、计算机处理和办公服务；技术服务，即咨询、摄影和实验室。

⑧采购服务，即签订合同、库存管理与分发。

⑨科学服务，即探索、开发、研究和决策支持。

专栏视点 1-1

国家"十四五"服务业发展战略规划

《中华人民共和国国民经济和社会发展第十四个五年规划和2035年远景目标纲要》进一步明确了促进我国服务业繁荣发展的战略：聚焦产业转型升级和居民消费升级需要，扩大服务业有效供给，提高服务效率和服务品质，构建优质高效、结构优化、竞争力强的服务产业新体系。具体举措包括：推动生产性服务业融合化发展，以服务制造业高质量发展为导向，推动生产性服务业向专业化和价值链高端延伸，推动现代服务业与先进制造业、现代农业深度融合；加快生活性服务业品质化发展，以提升便利度和改善服务体验为导向，推动生活性服务业向高品质和多样化升级，同时还要进一步深化服务领域的改革开放。

资料来源：《中华人民共和国国民经济和社会发展第十四个五年规划和2035年远景目标纲要》，人民出版社，2021。

（二）现代服务业

1. 现代服务业的界定

"现代服务业"最早是在党的十五大报告中提出的。2012年2月22日，《现代服务业科技发展"十二五"专项规划》指出，现代服务业是指以现代科学技术特别是信息网络技术为主要支撑，建立在新的商业模式、服务方式和管理方法基础上的服务产业。它既包括随着技术发展而产生的新兴服务业态，也包括运用现代技术对传统服务业的改造和提升。

随着信息技术和知识经济的发展，现代服务业用新技术、新业态和新服务方式改造传统服务业，创造需求，引导消费，向社会提供高附加值、高层次、知识型的生产服务和生活服务。现代服务业的发展本质上来自社会进步、经济发展、社会分工的专业化等需求，具有智力要素密集度高、产出附加值高、资源消耗少、环境污染少等特点。现代服务业既包括新兴服务业，又包括对传统服务业的技术改造和升级，其本质是实现服务业的现代化。

2. 现代服务业的特征

现代服务业具有"两新四高"的时代特征。

一新：新服务领域——适应现代城市和现代产业的发展需求，突破了消费性服务业领域，形成了新的生产性服务业、智力（知识）型服务业和公共服务业的新领域。

二新：新服务模式——现代服务业是通过服务功能换代和服务模式创新而产生新的服务业态。

四高：高文化品位和高技术含量；高增值服务；高素质、高智力的人力资源结构；高感情体验、高精神享受的消费服务质量。现代服务业具有资源消耗少、环境污染少的优点，是地区综合竞争力和现代化水平的重要标志。

此外，现代服务业在发展过程中呈现集群性特点，主要表现在行业集群和空间上的集群。现代服务业初步发展于工业革命到第二次世界大战期间，确立于20世纪80年代。

3. 现代服务业的分类

为深入贯彻落实党中央关于推进服务业改革发展的决策部署，国家统计局于2023年7月14日公布了《现代服务业统计分类》（国家统计局令第36号），将现代服务业确定为八个大类（见表1-3）。

表1-3 现代服务业分类

分类	具体行业
信息传输、软件和信息技术服务业	电信、广播电视和卫星传输服务、互联网及相关服务、软件开发、信息技术服务
科学研究和技术服务业	研发和试验发展、专业技术服务业、科技推广和应用服务业
金融业	货币金融服务、资本市场服务、保险业、其他金融业
现代物流服务业	现代铁路运输综合服务、现代道路运输综合服务、现代水上运输综合服务、现代航空运输综合服务、现代管道运输综合服务、现代多式联运和运输代理服务、现代装卸搬运和仓储服务、现代邮政服务、其他现代物流服务业
现代商贸服务业	互联网批发零售、专业化管理服务、法律服务、咨询与调查、专业化人力资源和培训服务、信用与非融资担保服务、其他现代商贸服务业
现代生活服务业	健康服务、现代养老服务、现代育幼服务、文化娱乐服务、旅游服务、体育服务、现代居民生活服务
现代公共服务业	生态保护和环境治理、公共设施服务、教育培训
融合发展服务业	现代农业专业辅助性服务、先进制造业设备维修服务

此外，在人们的经济交往活动中，常依据服务业的经济性质，把服务业划分为以下五类。

第一类，生产服务业。生产服务业指直接和生产过程有关的服务活动行业，包括：厂房、车间、机器等劳动手段的修缮和维护，作业线的装备，零部件的转换，机器的擦拭、喷漆、涂油和保养等；经营管理活动，如生产的组织、工时的运筹、劳动力的调整以及计划、进度、报表的编制等。

第二类，生活性服务业。生活性服务业是指直接满足人们生活需要的服务活动行业。包括：加工性质服务，具有提供一定物质载体的特点，如饮食、缝纫、家用器具的修理等；活动性服务，即不提供物质载体，而只提供活动，如旅店、理发、浴池等；文化性服务，如戏剧、电视、电影、音乐和舞蹈等文化娱乐活动及旅游活动中的服务。

第三类，流通服务业。流通服务业是指商品交换和金融业领域内的服务行业。包括：生产过程的继续，如保管、搬运、包装等；交换性服务业，如商业的销售、结算等商业活动服务；金融服务业，如银行、保险、证券和期货等行业。

第四类，知识服务业。知识服务业是指为人类的生产和生活提供较高层次的精神文化需求的服务业。包括：专业性服务业，如技术咨询、信息处理等；发展性服务业，如新闻出版、报纸杂志、广播电视、科学研究和文化教育等。

第五类，社会综合服务业。社会综合服务业是指不限于某个领域的交叉性服务活动行业。包括：公共交通业，如运输业、航运业等；社会公益事业，如公共医疗、消防、环境保护和市政建设等；城市基础服务，如供电、供水、供气、供暖和园林绿化等。

课堂互动 1-1

服务业的发展在哪些方面影响了你的生活？

第 2 节　服务营销学的兴起与发展

一　服务营销学的兴起

服务营销学兴起于 20 世纪 60 年代的西方，它的兴起源于服务业的迅猛发展和产品营销中服务日益成为焦点的趋势。1966 年，美国的约翰·拉斯摩教授首次对无形服务同有形实体产品进行区分，提出要以非传统的方法研究服务的市场营销问题。1974 年约翰·拉斯摩的第一本论述服务市场营销的专著面世，标志着服务市场营销学的产生。在服务营销学的形成中，北欧以克里斯廷·格罗鲁斯和詹姆斯·L. 赫斯克特为代表的诺迪克学派起了巨大的推进作用。他们有关服务质量理论及服务营销管理理论成为服务营销学的重要理论支柱。

对服务问题进行专门研究的学者大致可分为两个学派：一类是注重营销理论体系的北美学派；另一类是北欧学派，他们以市场营销的视角来研究服务问题，其根据营销活动中的服务、服务产出和服务传递过程的特性，进行了大量卓有成效的研究，提出了一系列有别于传统营销研究模式的新模型、新概念和新工具，并把这些研究成果归类为"服务营销"。北欧学派代表人物克里斯廷·格罗鲁斯和詹姆斯·L. 赫斯克特在服务的市场营销管理方面提出了突破性的观点。

虽然服务营销学从市场营销学那里继承了许多理论框架，但与市场营销学相比，服务营销学存在着如下差异。

第一，两者的研究对象存在差异。市场营销学主要关注产品生产服务厂商的整体营销战略，而服务营销学则聚焦于服务厂商的行为和产品营销中的服务环节。这意味着服务营销学具有独特的研究对象和营销行为的特性。

第二，两者在对待质量问题时的视角不同。市场营销学关注产品的静态质量，强调收益与成本的比率，以及产出的标准化和质量认证。相比之下，服务营销学对质量问题的看法更加动态和互动。它强调服务质量是由服务提供者和消费者共同创造的，并由消费者体验和感知的价值决定。这使得服务营销学对质量问题的处理更加复杂，因为服务质量很难用统一的标准来衡量。

第三，服务营销学强调对消费者的管理。服务过程是服务生产与服务消费相统一的过程，消费者参与其中。因此，服务营销必须将消费者纳入其管理轨道。相比之下，市场营销学主要关注满足消费者的需求，而不涉及对消费者的管理过程。

第四，服务营销学注重内部管理，强调人在服务中的核心地位。服务生产和消费过程中，服务提供者与消费者的互动广泛，服务效果不仅取决于服务提供者的素质，也与消费者的行为密切相关。因此，提升服务人员的素质、加强服务厂商内部管理和内部营销至关重要。与此不同，市场营销学中涉及的人的因素仅仅是买卖行为的参与者，而非产品本身的重要部分。

第五，服务营销学特别关注有形展示问题。由于服务的无形性，如何通过有形的方式展示服务变得尤为重要。服务营销学对有形展示的方式、方法、途径和技巧进行深入研究。这也是服务营销学的7P范式突破传统市场营销学的4P范式的原因。除了传统的产品（product）、价格（price）、渠道（place）和促销（promotion），服务营销组合还包括人员（people）、过程（process）和有形展示（physical evidence）三个重要概念。

二 服务营销学的发展

服务营销学脱胎于市场营销学，之后在自己的空间里茁壮成长。随着时间的推移，学者们加强了对服务市场营销和服务组织管理的研究，充分认识到服务在经济发展和组织管理中的地位与作用。菲利普·科特勒指出，服务营销代表了未来市场营销管理和市场营销学研究的主要领域，一些学者甚至称之为市场营销领域的服务革命。[①] 20世纪60年代以来，服务营销学的发展大致可分为以下几个阶段。

---

① Gary Armstrong and Philip Kotler, *Marketing: An Introduction* (14th ed.), New Jersey: Pearson Education Inc., 2012, pp.11-13.

(一) 第一阶段（20世纪六七十年代）：服务营销学的脱胎阶段

这一阶段是服务营销学刚从市场营销学中脱胎而出的时期，这一阶段主要研究的问题如下。

(1) 服务与有形实物产品的异同。

(2) 服务的特征。

(3) 服务营销学与市场营销学研究角度的差异。

(4) 界定大多数服务所共有的特征。于是，无形性、不可分离性、异质性、易逝性以及所有权不可转移性被归为服务所独有的五大特征。

(二) 第二阶段（20世纪80年代初期至中期）：服务营销学的理论探索阶段

这一阶段的研究完全建立在第一阶段的研究成果之上，主要探讨服务的特征如何影响消费者的购买行为，尤其集中于消费者对服务的特质、优缺点以及潜在的购买风险的评估，这一阶段主要研究的问题如下。

(1) 消费者的评估服务如何有别于评估有形产品。

(2) 如何依据服务的特征将服务划分为不同的种类。

(3) 可感知性与不可感知性差异序列理论。

(4) 消费者卷入服务生产过程的高卷入模式与低卷入模式。

(5) 服务营销学如何跳出传统的市场营销学的范畴而采取新的营销手段。

在这一阶段，美国的服务营销学者在亚利桑那州立大学成立了"第一跨州服务营销学研究中心"（First Interstate Center of Services Marketing），成为继北欧学派之后的又一个服务营销学研究中心。它标志着美国营销学者开始更加重视对服务营销学的研究。

(三) 第三阶段（20世纪80年代后期）：服务营销学的理论突破阶段

在第二阶段，服务营销学者已经达成了共识，界定了服务的基本特征，并把服务营销学与传统的产品市场营销学区分开来。所以在第三阶段，学者们的研究集中于解答传统的4P营销组合是否足够有效地用以推广服务。如果不够的话，在传统的4P之外，究竟要增加哪些新的组合变量。在这一阶段，有关服务营销学理论的研究获得了突破性的进展，而这些研究成果为日后服务营销学理论的发展奠定了坚实的基础。这一阶段具有代表性的学术观点如下。

(1) 服务营销应包括7种变量组合，即在传统的产品、价格、渠道和促销组合之外，还要增加"人""过程""有形展示"3个变量，从而形成7P组合。

(2) 由"人"（包括消费者和服务厂商员工）在推广服务以及生产服务的过程中所扮演的角色，衍生出两大研究领域，即关系营销和服务系统设计。

(3) 服务质量的新观点，确认服务质量由技术质量和功能质量组成，前者指服务的硬件要素,后者指服务的软件要素。服务质量的标准以有形性、可信赖性、反应性、确保性和移情性为依据。

(4)提出了服务接触的系列观点,包括服务员工与消费者之间相互沟通时的行为及心理变化,服务接触对整体服务感受的影响,如何利用服务员工及消费者双方的"控制欲"、"角色"和对投入服务生产过程的"期望"等因素来提高服务的质量。

(5)进一步强调跨学科研究的重要性,服务营销学重视从生产管理学、人事管理学、社会学以及心理学等学科领域观察、分析和理解服务行业中存在的所有市场关系。

(6)特殊的服务营销问题,如服务价格理论的测定、服务的国际化营销战略、信息技术对服务的生产、管理及市场营销过程的影响等。

第3节 服务营销组合

服务营销学自兴起以来,其主旨是专门探讨和研究服务厂商及其产品在市场营销中面临的特有问题。由于服务的独特性,服务的生产和消费往往同时进行,消费者在服务过程中会与服务厂商的服务人员互动,并参与服务的提供过程,成为服务质量的重要评判者。由于服务的无形性,消费者通常依赖于有形的线索来理解服务和评估服务质量。人员、过程和有形展示这三个要素对消费者的服务体验和感知具有显著影响。因此,美国的服务营销学者布姆斯(Booms)和比特纳(Bitncr)于1981年提出了一个扩展的服务营销组合理论,即7P组合理论。该理论在传统的4P营销组合的基础上,增加了人员、过程和有形展示三个核心要素,以更好地解决服务厂商在市场营销中所面临的特殊问题。服务营销7P组合的内容如表1-4所示。

表1-4 服务营销7P组合的内容

要素	内容
产品	实体商品特性、质量水平、附属产品、包装、保证、产品线、品牌
价格	灵活性、价格水平、期限、区别对待、折扣、折让
渠道	渠道类型、商品陈列、中间商、店面位置、运输、仓储、管理渠道
促销	促销组合、销售人员、广告、媒介、促销活动、公共关系、互联网/全球网战略
人员	员工、消费者
过程	活动流程(标准化、定制化)、步骤数目、消费者参与
有形展示	设施设置、设备、招牌、员工着装等其他有形物

资料来源:〔美〕瓦拉瑞尔·A. 泽丝曼尔、〔美〕玛丽·乔·比特纳、〔美〕德韦恩·D. 格兰姆勒《服务营销》(第7版),张金成等译注,机械工业出版社,2018。

(一) 服务产品

服务产品是由服务厂商提供给目标消费者的一系列有形和无形要素的结合。虽然服务产品中也包含有形要素，但无形要素在价值创造中占据主导地位。服务产品可以分为核心产品和附加性服务。例如，旅馆的核心产品是食宿服务，而附加性服务则包括房间预订、客房服务、用餐服务、健身服务和娱乐休闲等。服务产品是服务营销组合的基础，因此在制定服务产品策略时，需要考虑服务的范围、品牌、质量和水准等因素。服务产品也是营销组合的核心，如果服务产品本身存在问题，其他营销努力都将如同在沙滩上建造大厦，无法稳固。

(二) 服务定价

服务价格是服务厂商从消费者那里获得的回报，也是消费者为购买服务产品支付的货币成本。通过合理的定价策略，服务厂商可以实现与消费者的有效价值交换，同时收回成本并实现盈利。对于消费者来说，货币成本只是他们所考虑的一部分成本。在购买服务时，除了货币成本外，消费者还会考虑时间成本、精力与体力成本等非货币成本。价格也是消费者判断服务质量的重要依据之一。由于消费者难以评价服务质量，因此购买服务充满了风险。在这种情况下，消费者通常将价格作为判断服务质量的依据。因此，服务厂商需要灵活、合理地运用价格策略，使价格成为传递服务质量的有效信号。

(三) 服务渠道

服务渠道是服务产品传递价值的途径或流程，包括传统的实体渠道和新兴的电子渠道或自助服务方式。电子渠道主要通过互联网向目标市场提供可利用的服务产品，而所有服务提供形式都可以通过智能手机、计算机、网络电视和互动媒体等途径实现。目前，电子渠道逐渐成为传统实体渠道的有力补充或替代性选择，越来越多的服务厂商开始综合使用实体渠道与电子渠道来分销服务产品。与有形商品的分销渠道相比，服务的分销渠道相对较短，服务厂商可以直接将服务传递给消费者，也可以通过中间商向消费者提供服务。

(四) 服务促销

服务促销是服务厂商用来传递服务产品或品牌信息，并教育消费者的各种信息沟通活动。如果服务厂商与消费者之间缺乏有效的沟通，则消费者可能不了解该服务厂商，更不知道该服务厂商能提供什么特色的服务产品。通过广告、人员推销和销售促进等促销方式，服务厂商能够向消费者传递服务产品和品牌的信息，吸引新的消费者并增加消费者的忠诚度。

在进行服务促销活动时，服务营销人员需要特别考虑服务的特性，并注意以下几点：利用有形的要素来向消费者传达无形服务的特征与利益；教育和引导消费者，使他们能够参与到服务的过程体验中来；通过促销调节服务需求，使服务的供需达到平衡。

（五）服务人员

在广义上，服务人员指的是所有参与服务提供并影响消费者感受的人员，包括服务厂商员工、消费者本人以及其他在同一服务环境中的消费者。这些人对消费者了解服务性起着至关重要的作用，因为他们的着装、态度、行为和外表都为消费者提供了关于服务的线索。特别是与服务消费者直接接触的人员，他们的作用尤为重要。实际上，对于一些专业服务，如顾问、咨询和教练等，提供者本身就是服务的一部分。在其他情况下，与服务消费者接触的人员可能只是发挥作用相对较小的角色，如电话安装人员、航空行李搬运工或设备发运人员。然而，这些人员有时候也可能是对服务机构至关重要的"服务接触点"。

在许多服务场景中，消费者自身也能对服务的提供产生影响，进而影响服务质量和他们的满意度。例如，咨询公司的客户如果能够及时提供所需的服务信息，并将咨询公司提出的建议付诸实践，将有助于提高其所接受的服务质量。同样地，使用医疗服务的病人对服务提供者制定的健康方案的遵守与否，也会直接影响他们所接受的医疗服务的质量。此外，消费者不仅影响自己接受的服务效果，也会影响其他消费者。在剧院、球赛或课堂上，受众的表现也会影响其他人接受的服务质量，增强或削弱他人的体验。鉴于员工、接受服务的消费者和其他消费者在服务质量和提供中的重要影响，我们将他们纳入服务营销组合的人员因素中。

（六）服务过程

服务过程是指服务的实际操作程序、机制和作业流程，即服务的提供和运作体系。消费者通过体验服务的实际操作步骤或流程来判断服务质量。有些服务较为复杂，需要消费者经历一系列的行动才能完成整个过程。高度程序化的服务通常遵循这一模式，但过程中常常忽略了消费者的参与。另一个与服务过程相关的明显特征是服务是否采用生产线流程或标准化方法，或者过程是否为授权所驱动。这些服务的特征本质上并没有好坏之分，关键在于消费者如何使用这些特征来评价服务。

（七）服务有形展示

服务有形展示是指服务厂商提供的环境、与消费者互动的场所，以及任何有助于服务展开和沟通的有形要素。这些有形展示包括服务厂商的所有有形表现形式，如装潢、颜色、员工服装、桌椅、声音和服务设备。在某些情况下，它还包括服务窗口等有形展示，这些有形因素可能成为消费者判断服务质量的重要依据。当消费者无法判断服务的实际质量时，他们会依靠这些有形线索进行辅助判断。有形展示为服务厂商提供了传递有关组织目标、目标市场以及服务性质、服务质量方面一致且有利的信息和线索。

第4节 服务营销的道德冲突

在服务营销领域，道德议题一直是备受关注的问题。服务厂商的管理人员和员工经常面临一系列道德上的争议，这些争议主要表现在以下几个方面。

第一，利益冲突。利益冲突是服务营销中常见的问题之一，在服务过程中，由于服务人员与消费者之间长期互动而产生的友谊关系，可能会使两者的界限变得模糊。这种情况下，可能会出现服务厂商、服务人员和消费者三者利益相互冲突的状态。例如，餐厅的服务人员可能会因为某位厨师的手艺不佳而建议消费者不要点某道菜，这虽然增加了消费者的利益和服务人员的利益，但可能损害了服务厂商的商誉和利润。

第二，组织关系问题。组织关系问题也是服务营销中需要关注的一个方面。服务厂商与许多单位形成了一种组织关系，包括供货商、同行、部属、主管机关及其他组织。这些关系中，有些信息可能是高度敏感的，例如医疗信息或商业机密等。因此，如何妥善处理这些信息，避免利益冲突和信息泄漏等问题，是服务厂商需要面临的道德议题之一。

第三，诚信问题。服务厂商应该对消费者的承诺负责，确保所提供的信息准确无误。例如，餐厅不应该故意高估消费者所需等待的时间来误导消费者，这种欺骗行为一旦被发现，可能会对消费者的信任度造成严重影响。

第四，公平问题。消费者应该被公平地对待，服务人员不应基于个人喜好来决定待客之道，否则会产生消费者歧视的问题。例如，服务人员不应该对熟悉的常客给予特别待遇，这会引起其他客人的不满。

第五，沟通问题。在营销沟通上，过分夸大的广告信息、过度的承诺、不实的竞争者信息或提供误导性的信息等行为，都可能引发道德上的争议。因此，服务厂商需要谨慎处理营销沟通中的道德问题，确保所传递的信息真实、准确且不侵犯消费者的权益。

服务营销中的道德议题涉及多个方面，需要服务厂商的管理人员和员工进行全面而深入的思考。通过合理的制度和规范来保障消费者的权益、确保诚信经营、公平待客以及规范营销沟通等行为，是提升服务营销道德水平的关键。

复习思考题

1. 什么是服务？服务的基本特征有哪些？

2. 服务营销学是如何兴起和发展的？
3. 服务营销学与市场营销学的区别是什么？
4. 服务营销组合的内容及特点是什么？
5. 现代服务业及服务营销的发展趋势如何？

章尾案例

海南航空的"待客之道"

海南航空控股股份有限公司（简称"海南航空"）成立于 1993 年 1 月。1993 年 4 月 13 日，海南航空的首架波音 B2578 客机自美国西雅图飞抵海口，同年 5 月 2 日，海南航空开通的第一条航线——海口至北京航线正式投入运营，在绘有海南特色"鹿回头"品牌标识的 B737-300 客机上，时任海南航空董事长陈峰亲自为机上旅客提供餐饮服务，同时定位了海南航空"店小二"的服务核心和理念。

经过 31 年的发展，海航已经从单一的地方航空运输企业发展成为以民营经济为主的混合所有制跨国企业，拥有以波音 737、787 系列和空客 330、350 系列为主的年轻机队。2023 年海南航空及旗下控股子公司共运营国内外航线近 1800 条，其中国内航线近 1600 条，覆盖内陆所有省、自治区、直辖市，国际及地区航线逾 100 条，包括定期客运、旅客包机和客改货等航班，航线覆盖亚洲、欧洲、非洲、北美洲和大洋洲，通航境外 37 个城市。

海南航空是在海南省这个中国最大的经济特区建立和发展起来的，因此，海航的企业文化以中华传统文化为基础，充分体现东方文化魅力，将东方文化的韵味与现代东方的创造力和生命力相结合。海航企业文化中的十条"同仁共勉"，宣扬和睦、精进、至诚、谦恭、谨慎，以"仁""礼"等中华优秀传统文化思想精神作为企业商业文化内核，是海南航空作为服务型企业对待消费者的态度和对企业服务发展的核心理念，也是海南航空努力打造的核心竞争力。

2020 年，海南航空为应对低迷的航旅市场，推出了"随心飞"系列普惠产品，覆盖北京、上海、广州、深圳四大一线城市，以及成都、重庆、杭州、天津、南京等 150 多个国内大中城市；通过机票、酒店、免税等不同行业产品的组合，降低旅游组合中单个商品的价格，在促进产品销售的同时，提升了异业消费群体转化能力。

在机票定价和销售方面，海南航空已建立较为成熟的市场开发、营销渠道、售后服务体系。根据公司的定价策略，通过合理化的收益评估管理，结合市场规律对机票折扣进行调整和浮动。通常机票定价遵循飞行距离与票价折扣呈正向关系，即飞行距离越远，机票折扣越高。另外，公司也会按照季节和客座率等因素对票价折扣进行调整，出行旺季机票折扣相对较低，出行淡季则相反；当出现客座率过剩时，海南航空会提高机票折扣，从而提升机票销售率。

海南航空公司的机票销售渠道主要有传统分销代理商、直销机构、第三方销售及新兴销售渠道四种。传统分销代理商目前仍是航空公司的主要分销渠道，且种类繁多，部分代理商对于航空公司具有较强的议价能力；直销机构包括各个国家和城市机场的营业柜台、官网及 App 等销售终端、官方呼叫中心等；第三方销售渠道包括各大旅游网站，例如携程、飞猪、美团等，通过各渠道拥有的不同的销售区域、目标消费人群进行网络式覆盖销售；新兴销售渠道包括直播销售、比价搜索引擎等，直播是近几年的流量聚集入口，可以产生更高的购买转化率，比价搜索引擎可以使用户更加直观地获得同一航程的最低票价和最便捷的中转方案。

自成立以来，海航多次获得中国民航安全生产"金鹰杯""金鹏杯"，并连续荣获"旅客话民航"用户满意优质奖。海航要求员工能够按照公司的方针和《中国民用航空总局规章制定程序规定》实施指定的工作和职责。公司制定《客舱乘务员服务标准规范》，规范客舱乘务员的服务标准和技能，培养乘务员娴熟的服务技巧和正确的服务意识，使每一名工作人员都能高效地履行保证旅客安全的最高职责。

海南航空的企业标志来自东方传说中的"大鹏金翅鸟"，大鹏金翅鸟头顶如意珠、乘祥云而行，带给人间和谐与吉祥，寓意海南航空将为中华民族振翅高飞，也愿天下人和谐一家。海南航空企业标志及机上陈设以"中国红"为主，凸显了浓郁的中国文化色彩，使国内旅客很容易产生熟悉亲切的感觉，使国外旅客在旅途中就能感受到中国的"异域"特色。

海南航空公司部分飞机还配备平板式娱乐设施，旅客可轻松愉快地度过较长的空中旅程。机上航食具有独特的海南味道，例如海南黄灯笼辣椒酱、海南鸡米饭、海南椰汁等，在宣传大本营海南文化的同时，充满了"海航"特色。

资料来源：海南航空官网，https://www.hnair.com/。

讨论题

1. 海南航空如何运用服务营销的"7P"策略？
2. 海南航空给其他服务厂商何种启示？

第 2 章　服务购买行为

学习目标

学习完本章后，你应该能够：
- 了解并区分服务购买行为的心理因素；
- 理解服务购买决策的主要理论；
- 掌握降低或规避服务购买风险的策略；
- 理解服务厂商、服务人员和顾客之间的控制平衡；
- 理解如何运用多重属性模型进行服务购买的选择；
- 理解服务购买决策过程的主要阶段。

开篇案例　　**数智时代市场营销战略：不易、简易、变易**

数据是商业的石油，从商业的角度看，对数据的挖掘即商机洞察。市场营销帮助 CEO 发现新的行业机会、区域机会、产品机会、消费者变迁的机会。借助阿里巴巴的生意参谋，品牌商家可以分析淘宝和天猫的搜索词、购买量等数据，从而发现商机，但这种洞察多是基于购买环节的数据。例如，通过电商购买数据，华润雪花啤酒看到消费者对精酿啤酒的需求快速上升，于是展开布局。

电商平台的应用数据能看到消费者购买行为的变迁，这些数据也被称为"后链路数据"，即消费者产生需求后数据反映出来的商机分布。随着抖音、快手等内容平台涉足电商，其掌握的海量用户社交数据打开了新的价值空间。这些数据的一大部分属于"前链路数据"。品牌商家的洞察可以来自购物环节的数据，也可以从用户消费内容、生产内容中的社交数据中获得。将消费前链路（chain before purchase）行为一览无余，就形成了"以人为中心的商机洞察"。

以抖音电商为例。抖音电商按"找高潜、选趋势、定特征"的步骤来选择新品赛道。数据来源首先就是内容，内容对需求的表达先于商品生产。其次是销售和搜索的热度数据。例如，新冠肺炎疫情期间，许多用户在抖音平台搜索和失眠有关的内容，这就促使此类数据热度高于均值，成为被跟踪的趋势类目。在趋势类目确定后，平台可通过社交数据挖掘，按照搜索热度、内容热度和商品热度抓取趋势类目热词；通过质性分析、人工剔除、筛选、归纳、总结，为每个趋势类目筛选一个核心特征热词；将特征热词与趋势类目聚合，提炼出趋势赛道，如特征词"即食"+趋势类目"失眠"，就聚合出"即食助眠"赛道。

AI催生的新数据收集方式可以将用户大脑中的"品类词"显性化，清晰展示消费者大脑中品类运动的轨迹，这对于讲究占领心智的消费品牌来说价值极高。在内容电商平台和AI诞生之前，消费者认知结构的显性化只能通过大规模用户访谈才能实现，商机洞察的成本结构因之发生了巨大的变化。

资料来源：王赛、吴俊杰、王子阳、朱睿《数智时代市场营销战略：不易、简易、变易》，《清华管理评论》2023年第5期。

理解顾客的服务购买行为是制定有效营销策略的基础环节，任何服务厂商只有充分了解顾客内在需求，洞察他们的购买行为，才有可能提供让顾客满意的服务，在激烈的市场竞争中脱颖而出。首先，服务厂商必须深入挖掘顾客在服务购买过程中的微观心理因素，充分了解这些因素是如何影响购买进程的。其次，为了更好地满足顾客需求，服务厂商需要深入研究和理解服务市场上顾客进行购买决策的重要理论。最后，服务厂商要从顾客服务购买决策过程的角度全面把控顾客购买行为。

第1节 服务购买行为的心理因素

顾客服务购买的行为与决策是一个复杂而多维的过程，其中涉及文化、社会、个体和心理等各种因素的交互影响。这些因素不仅相互作用，而且在不同程度上塑造着顾客的购买偏好和决策模式。在本节内容中，我们将重点关注个体的心理因素，以深入剖析其如何在顾客服务购买过程中发挥关键作用。

感觉、知觉、记忆、思维、想象和注意是影响服务购买行为的关键心理因素。这些心理因素在顾客决策的不同阶段起着重要的作用。[1]

一 感觉

在心理学中，感觉被定义为人脑对直接作用于感觉器官的客观事物的个别属性的反应，是最初级的认识活动，同时也是知觉、记忆、思维等复杂的认识活动的基

---

[1] 郭国庆编著《服务营销》（第5版），中国人民大学出版社，2021。

础。在服务营销过程中，感觉是顾客与服务环境互动的起点，以及进行互动时的初步和直接的心理体验，一般包括视觉、听觉、嗅觉、味觉和触觉。

（一）视觉

顾客在选择服务时，首先会通过眼睛来观察，服务的外观、环境布置、色彩搭配、员工的着装和仪态等都会直接影响顾客的视觉感受。整洁、美观、专业的服务环境通常会给顾客留下积极的第一印象，从而提高他们的购买意愿。

（二）听觉

服务环境中的声音也是影响顾客感觉的重要因素。背景音乐、环境噪声、员工与顾客之间的交流声音等都会对顾客的情绪和购买决策产生影响。例如，柔和舒适的背景音乐可以营造放松的氛围，而嘈杂的环境噪声则可能使顾客感到烦躁不安。

（三）嗅觉

气味在服务环境中同样扮演着重要角色。特定的气味可以唤起顾客的情感反应和记忆，从而影响他们的购买行为。例如，餐厅中的食物香气可能引发顾客的食欲，而酒店大堂的香氛则可能给顾客带来宾至如归的感觉。

（四）味觉

特别是在餐饮业，味觉的作用尤为突出。食物的口感、味道和风味直接影响着顾客的满意度和购买决策。如果食物的味道符合顾客的口味偏好，他们可能会更愿意再次选择该服务，并向他人推荐。相反，如果食物的味道不佳，顾客可能会对服务产生负面评价，甚至选择其他服务提供商。

（五）触觉

顾客通过触摸来感受物体的质地、温度、湿度等特性，在服务营销中，触觉也扮演着重要角色。例如，在美容、按摩或 SPA 等服务中，触觉更是服务的核心，顾客通过直接的触摸来感受服务的舒适度和专业性，从而评估服务的质量和满意度。

此外，感觉的特性对于理解和满足顾客的需求至关重要。感觉的特性主要包括以下几个方面。（1）敏感性。在服务环境中，顾客的敏感性指的是他们对服务刺激的敏感程度，不同的人对于同一服务的感受程度可能有所不同。例如，对于餐厅的背景音乐，有些人可能会觉得它营造了舒适的氛围，而另一些人可能会觉得它过于吵闹。服务提供商需要了解目标市场的敏感性水平，以确保提供的服务能够符合大多数顾客的期望。另外，服务提供商也可以通过提供教育和培训服务来帮助顾客改变他们的敏感性水平，朝着有利于自己的方向进行引导。（2）适应性。在服务过程中，顾客可能会逐渐适应服务环境中的刺激。例如，刚开始进入一家香气浓郁的咖啡店时，顾客可能会觉得香气非常强烈，但随着时间的推移，他们的嗅觉会逐渐适应这种香气，感觉变得不那么明显。因此，服务提供商需要定期更新服务环境中的刺激元素，以保持顾客的新鲜感和兴趣。（3）相互作用。在服务营销中，各种感觉之间往往存在相互作用。例如，在餐厅中，食物的视觉呈现（如色彩搭配、摆盘）可能会影响顾客的味觉体验。如果食物看起来诱人，顾客可能会对其口感和味道有更高的期望。因此，服务提供商需要注重各种感觉之间的协调与配合，以提供综合性的优质服务体验。

在服务营销中，顾客的感觉实际上是一种综合性的心理反应，它涵盖了顾客对服务环境、服务产品、服务人员以及整个服务过程的感知和体验。这些感觉在顾客心中留下了初步印记，是在顾客与服务产品初次接触时迅速形成的。这种第一印象不仅基于服务的表面特征，还涉及顾客对服务所传递的无形价值的感知。一个积极的第一印象可以让顾客对服务产品产生好感，从而更愿意继续了解和使用该服务。这种好感可能源于服务环境的舒适、服务人员的热情专业、服务产品的优质等方面，一旦形成了积极的第一印象，顾客就更容易被说服，更愿意为服务产品支付更高的价格，也更有可能成为忠诚的顾客。相反，如果顾客对服务产品的第一印象不佳，他们可能会对服务产生抵触情绪，甚至选择放弃该服务。这种负面印象可能是由服务环境的不整洁、服务人员的冷漠或不专业、服务产品的低质等方面造成的，一旦形成了负面的第一印象，顾客就很难被说服去改变他们的看法，即使后续的服务有所改进，也可能难以挽回他们的信任和好感。

因此，服务提供商应高度重视顾客对服务产品的第一印象，并努力营造积极的第一印象。服务提供商应通过提供优质的服务环境、塑造专业的服务人员形象、展示吸引人的服务产品等方式，赢得顾客的信任和好感，从而提升服务产品的市场竞争力，实现其长期发展目标。

专栏视点 2-1

基于感官营销的零售视听体验对消费者重购行为作用分析

如今零售店的竞争不是只局限于产品和服务，而是转向对消费者的争夺。企业在留住现有顾客的情况下，想尽可能多地吸引新的顾客，因此不得不提出一些新颖的营销方案或策略。随着生活水平的提高，消费者不再满足某一产品的功能特性，开始追求感官的良好体验。人类的五种感官是最直接的信息收集体系，有研究利用人类感官体验的分析资料得出，人类的视觉和听觉占据了大脑每天所获取外部信息的绝大部分比例，因此视听体验的营销方式逐渐受到企业或商家的青睐。视听体验利用消费者的视觉和听觉影响其感知、判断和评价能力，这对促进消费者重复购买以及提升品牌形象有巨大作用。基于此，有研究关注了视听体验在零售店场景下对消费者重复购买行为的影响，并通过实证研究得出：在零售店中结合视听体验的营销方式，能在很大程度上吸引更多消费者前往体验产品或服务，从而促进消费者的重复购买行为和意愿。然而针对不同年龄段、性别、学历和收入的消费者，该影响作用的程度不一样：视觉体验良好的零售店会提升年轻消费者重复购买的意愿；听觉体验良好的零售店会增加年长消费者的重复购买倾向。进一步而言，女性消费者、高收入和高学历的消费者，由于有较高的消费欲望、更好的经济基础以及更加合理的消费观念，因此年龄与视听体验的交互作用更显著。

资料来源：齐圆圆《基于感官营销的零售视听体验对消费者重购行为作用分析》，《商业经济研究》2023年第15期。

二　知觉

在心理学中，知觉是人脑对直接作用于感觉器官的客观事物各种属性、各个部分以及它们之间相互关系的整体反映。它是人脑对感觉信息选择、组织和解释的过程，以感觉为基础但并非感觉的简单相加。顾客的知觉是指顾客对服务环境、服务产品、服务人员以及整体服务流程的感知、理解和解释，这种知觉是顾客基于个人经验、需求、期望和偏好，通过感官对服务元素进行接收、加工和解释的心理过程。

顾客的知觉与感觉有所不同，感觉是对刺激的直接、即时的反应，而知觉则是对这些感觉信息进行组织、解释和识别的过程。在顾客的知觉特征中，以下三个特征尤为重要，并且与感觉相区别。

（一）整体性

知觉的整体性是指顾客倾向于将服务的各个部分或元素整合为一个统一的、有意义的整体。例如，当顾客在一家餐厅用餐时，他们不仅关注食物的味道，还会注意餐厅的氛围、服务人员的态度以及餐具的清洁度等，所有这些方面共同构成了顾客对餐厅服务的整体知觉。这种整体性与感觉的碎片化不同，感觉可能是对单一刺激（如菜品的香气）的即时反应，而知觉则是对多个刺激的综合评价。

（二）理解性

知觉的理解性强调顾客根据自身的知识和经验对服务进行解释和理解。这意味着顾客对服务的知觉不仅基于服务本身的特点，还受到他们过去的经验、文化背景和预期等因素的影响。例如，一个经常出差的商务人士可能更注重酒店的地理位置和会议室设施，而一个度假者可能更看重酒店的泳池和健身房。与感觉相比，知觉的理解性涉及更高层次的认知过程。感觉是直接、被动地接受刺激，而知觉则需要顾客主动地解释和理解这些信息。

（三）恒常性

知觉的恒常性指的是即使服务的条件或环境发生变化，顾客对服务的知觉仍能保持相对稳定。这种稳定性来源于顾客对服务的熟悉度和信任感。例如，一个忠诚的品牌粉丝可能会在品牌经历一次不太成功的营销活动后仍然保持对品牌的正面看法。这与感觉形成对比，感觉往往会随着刺激的变化而迅速改变，而知觉则能在一定程度上抵抗这种变化，保持相对稳定。

服务提供商在制定策略时，应该充分考虑到顾客的知觉特点以确保其针对性和有效性。首先，服务提供商应确保在服务的各个环节，如售前、售中、售后，都能为顾客提供一致且优质的服务体验，通过整合各种营销手段，如广告、促销、公关、内容营销等，确保传递的信息一致且互相支持，从而在顾客心中形成统一的品牌形象；其次，服务提供商应明确并清晰地传达自己的服务价值，可以通过有效的广告、详尽的产品说明和案例展示来实现，同时，提供关于服务使用的教程、指南和常见问题解答，帮助顾客更好地理解和使用服务，从而增强他们的满意度和信任感；最后，在品牌建设和维护过程中，保持品牌的一致性至关重要，包括品牌视觉识别系统、品牌口号、品牌故事等各个方面，通过维护这种一致性，服务提供商可以在顾客心中形成稳定且持久的品牌形象，同时，为了与顾客建立长期、稳定的关系，服务提供商应提供持续的高品质服务，定期进行客户回访，并实施积分奖励计划等策略，以增强客户的忠诚度和黏性。

三 记忆

记忆是人脑对过往经验的存储和再现机制，即感知过的事物、思考过的问题、体验过的情感、练习过的动作等经验在人脑中的保持。它是一个复杂的过程，涉及编码、存储和后续提取三个基本环节。在心理学领域，记忆根据不同标准可以被分为多种类型。例如，根据意识的参与程度，记忆可以分为外显记忆和内隐记忆两大类：外显记忆是有意识回忆过往经验的能力；内隐记忆则是在无意识中影响当前行为和认知的过往经验。根据记忆内容的不同，还可以分为陈述性记忆和程序性记忆，前者主要关注事实和事件，后者则涉及技能和习惯的形成。记忆的信息处理过程可以细分为感觉记忆、短时记忆和长时记忆三个主要阶段。在感觉记忆阶段，信息被短暂地保留，以供进一步处理；短时记忆则负责暂时存储和处理信息，其容量有限且持续时间较短；长时记忆则是一个相对永久的信息存储库，能够长时间保存大量信息。

记忆受到多种因素的影响，包括注意力、情绪状态和年龄等。例如，高度的注意力集中有助于提高记忆效果，而积极的情绪状态通常能够促进记忆的形成和提取。相反，分散的注意力和消极的情绪状态可能会干扰记忆过程。此外，随着年龄的增长，人们的记忆能力可能会发生变化，老年人可能会面临记忆力下降的挑战。

记忆在服务购买中扮演着关键角色。顾客的购买选择深受其过往经验和记忆的影响，这些记忆帮助他们识别品牌、评估服务，影响着他们对服务的态度和决策。

（一）品牌识别与认知

记忆在顾客品牌识别与认知过程中发挥着核心作用，当顾客面临多个服务或产品选择时，他们首先会依靠记忆中的信息来识别不同的品牌或服务提供商。这些记忆可能包括品牌的名称、标志、口号、广告以及过去的购买或使用体验等。对于服务提供商来说，通过积极的品牌传播和优质的服务体验来创造积极的品牌记忆至关重要，这将有助于提升品牌在顾客心中的认知度和好感度，从而增加被选择的可能性。

（二）质量感知与评估

记忆还深刻影响着顾客对服务或产品质量的感知和评估，顾客会根据过去的购买经验和使用体验来判断当前服务或产品的质量，如果顾客对某个品牌或产品有积极的记忆，比如之前的使用体验很愉快、问题得到了及时解决等，他们更有可能认为该品牌或产品的质量是可靠的。这种积极的质量感知会增加顾客的购买意愿，并促使他们向他人推荐该品牌或产品。服务提供商需要重视顾客的每一次服务体验，确保提供优质的产品和服务，以创造积极的记忆并提升顾客对质量的感知。

（三）决策支持与忠诚度建立

在顾客的购买决策过程中，记忆发挥着重要的支持作用。顾客会回顾记忆中的信息，如价格、产品特性、之前的购买经验等，以辅助当前的购买决策，这些记忆中的信息会帮助顾客比较不同选项的优劣，从而做出更明智的选择。此外，记忆也是顾客忠诚度建立的关键因素，如果顾客对某个品牌或产品有积极的记忆和体验，他们更有可能成为该品牌的忠实拥趸，并持续购买该品牌的产品或服务，这种忠诚度不仅为服务提供商带来了稳定的客户群体，还有助于口碑传播和品牌形象的塑造。

四 思维

思维是一个涵盖多个层面的复杂心理过程，它代表人脑对外部世界的深入理解和分析。这种理解并不是直接的，而是通过一系列的心理活动（如感知、记忆、想象等）来构建对事物的认知模型。在心理学领域，思维被视为一种高级的信息处理方式。它不仅是对输入的简单反应，而且能够对这些信息进行整合、分析和创新，以解决问题或形成新的观点。与感觉、知觉和记忆等初级心理过程相比，思维更加复杂，因为它涉及对信息的深度加工和重组。

顾客的思维过程涉及对信息的处理、分析和决策，在服务购买决策中，顾客会进行比较和权衡，考虑不同服务提供商的优缺点。顾客的思维具有多样性，受个人经验、社会环境和文化背景等多种因素的影响。服务提供商应该通过提供清晰、有力的信息来引导顾客的思维，促使他们做出积极的购买决策。

在消费过程中，顾客的思维主要表现在以下几个方面。

（一）需求心理

顾客在购买商品或服务时，会先考虑自己的需求。这种需求可能是基于实际的使用价值，也可能是基于心理层面的满足。例如，购买生活必需品时，顾客更注重实用性；在购买奢侈品或享受型服务时，顾客可能更追求心理满足和身份认同。

（二）信息处理

顾客在做出购买决策前，会收集并处理大量相关信息。这些信息可能来自个人经验、他人推荐、广告宣传等多种渠道。顾客会对这些信息进行筛选、比较和评估，以形成对商品或服务的整体认知。

（三）决策过程

在收集了足够的信息后，顾客会进入决策阶段。这一阶段涉及对不同选项的权衡和比较，以及最终做出购买决策。顾客的决策可能受到多种因素的影响，如价格、品质、品牌形象等。

（四）购后评价

购买行为完成后，顾客会对所购商品或服务进行评价。这种评价可能基于实际使用效果、与预期的符合程度以及购买过程中的满意度等因素。顾客的购后评价对其未来的购买行为和忠诚度具有重要影响，也很有可能影响其他人的购买决策。

以上过程可以通过一个例子展现。小叶，一位摄影爱好者，意识到手机已无法满足他的摄影需求，决定购买一台新相机。他首先在网上和社交群组中搜集了多款相机的信息，特别关注了画质、镜头性能、操作性和价格。经过仔细比较和权衡不同品牌和型号后，他选择了一款性价比高的相机并下单购买。使用一段时间后，他对相机的性能非常满意，并在社交媒体上分享了购买体验，为其他摄影爱好者提供了参考。这个例子展示了顾客完整的思维过程。

五　想象

想象是一种心理过程，通过内在的心理图像来模拟未来体验，它涉及对已有表象进行再加工和创造，以形成新的、未曾知觉过的形象或概念。想象不仅依赖于个体过去的经验，还展现出独特的创造性，能够超越现实的限制。顾客的想象在消费过程中起着重要的作用，它是顾客对商品或服务进行认知、评价和选择时的一种心理现象，能够影响顾客的购买决策和满意度。

顾客的想象通常基于他们过去的经验、知识和对产品的了解，他们通过想象来构建对商品或服务的期望和预期，这些期望和预期进而影响了他们的购买行为。例如，在购买一件衣服之前，顾客可能会想象自己穿上这件衣服后的样子，以及这件衣服能否与他们的其他服饰搭配。值得注意的是，服务通常是无形的，这使得顾客在购买前很难直接评估服务的质量和效果。因此，他们往往会依赖自己的想象来填补这一信息空白，构建对服务的期望和预测。此外，顾客的想象也受到市场营销和品牌策略的影响。品牌通过广告、促销活动和社交媒体等手段，试图在顾客心中植入特定的品牌形象和产品联想。这些外部刺激可以激发顾客的想象，使他们对产品或品牌产生积极的情感联系和购买意愿。

随着虚拟现实技术的发展，服务厂商可以通过该技术为顾客提供更加详细、生动和真实的服务预览体验，激发购买欲望。例如，某旅游服务厂商通过精心制作的 VR 内容，结合目的地的实际景象和旅行套餐的特色，将目的地的迷人风光、高品质酒店和丰富活动展现给潜在客户，打造出高质量的虚拟现实旅行场景，让他们在家中就能体验到旅行的魅力和乐趣，同时结合互动元素，如虚拟导游、实时天气变化等，让顾客能够更加深入地了解旅行套餐的各个方面。此外，服务厂商还可以结合各种营销策略，如限时优惠、抽奖活动等，鼓励顾客在体验虚拟旅行后尽快下单购买。这种创新的营销方式不仅可以增加顾客的购买欲望，还有助于提升服务厂商的品牌形象和市场竞争力，吸引更多潜在客户的关注和信任。

需要注意的是，顾客的想象并不总是完美契合现实，有时他们对产品的预期会偏离实际表现，这可能是受个人的情感、经验或外界的影响。当预期过高时，购买后的失望感可能会随之而来；当预期过低时，则可能让顾客对产品产生不必要的疑虑。为了避免这种情况，品牌应该真实地呈现产品的特性和功能，通过清晰的沟通来校准顾客的期望，提供详细的产品信息、用户评价以及实际使用的场景案例，都是帮助顾客形成更贴近现实想象的有效方法。因此，品牌应该致力于理解并引导顾客的想象，而不是简单地迎合或忽视他们。

六　注意

注意是个体心理活动或意识对特定对象的指向与聚焦，它描述了在众多信息中如何选择并专注于某一部分。顾客的注意力会被某些刺激吸引，同时忽略其他不相关的刺激，这种注意力的分配和持续时间受到外部刺激的特性以及个人主观因素的影响，服务营销学强调在提供服务的过程中，如何有效地吸引、保持并增强顾客的注意力。

指向性和集中性是注意的两个核心特征：指向性表现为对出现在同一时间的许多刺激的选择，例如某餐厅推出了一系列新的健康餐品，并通过广告宣传吸引顾客的注意，在这种情况下，注意的指向性就体现在顾客对餐厅广告中健康餐品的关注和选择上，通过广告宣传，餐厅成功地将顾客的注意力指向了新推出的健康餐品，使其在众多菜品中选择了这些健康选项；集中性则表现为对干扰刺激的抑制，例如一位女士决定去健身房办理会员卡，在健身房内，她面临多种服务和课程的选择，包括私教课程、团体课程等，然而由于她的主要目标是减脂塑形，她的注意力会高度集中在与这一目标相关的服务和课程上，她会直接走向有氧运动区域，关注跑步机、椭圆机等有氧健身设备，并可能向工作人员咨询有关减脂效果最好的团体课程，在整个过程中，她忽略了其他与目标不相关的服务和课程，她的注意力集中在减脂塑形这一目标上，直到她找到最适合自己的健身方案并办理会员卡。

根据产生的方式和特点，注意可以分为无意注意、有意注意和有意后注意。无意注意是一种自然而然发生的、不需要意志努力的注意，服务提供者可以利用突然的变化（如声音、光线、动态视觉元素等）来捕捉顾客的无意注意，然后利用这个机会展示产品或服务信息。例如一家餐厅在午餐时段播放轻松的音乐，突然音乐转变为快节奏的歌曲，这种音乐的转变可能会无意中吸引顾客的注意，使他们抬头看向音乐来源或周围的环境，从而注意到餐厅的特别优惠或新推出的菜品广告。有意注意则是有目的的、需要一定意志努力的注意，服务提供者可以通过提供清晰、有针对性的信息（如产品标签、菜单说明、广告文案等）来帮助顾客保持有意注意，并确保他们能够快速找到所需的服务或产品，如一位顾客走进书店，寻找有关健康饮食的书籍，他会有目的地浏览书架，仔细阅读每本书的标题、作者和简介，以找到最符合需求的那本。有意后注意则介于两者之间，既有明确的目的，又不需要持续的意志努力，如一位经常光顾某家咖啡店的顾客，在点单时已经非常熟悉菜单和点单流程，他不需要仔细阅读菜单或考虑很久，就能快速点出自己喜欢的咖啡和点心，这种熟练的、几乎自动化的点单过程就是有意后注意的表现。

服务提供者可以通过多种方式吸引顾客的注意。首先，无意注意在服务营销中发挥着重要作用。通过创造独特的服务环境、提供新颖的服务产品或利用突发事件等手段，可以引发顾客的无意注意，从而吸引他们关注服务。其次，有意注意在服务营销中同样重要。服务提供者可以通过明确的服务定位、有针对性的广告宣传以及个性化的服务推荐等方式，引导顾客产生有意注意，进而激发他们对服务的需求和兴趣。最后，在服务过程中保持顾客的注意力也是至关重要的。服务提供者可以通过提供优质的服务体验、增强服务的互动性和趣味性与及时回应顾客需求等手段，来维持顾客的注意力，确保他们能够全程参与并享受服务。

第2节　服务购买决策理论

购买服务决策理论主要包括风险承担理论、控制认知理论和多重属性模型。这些理论从不同角度解释了在服务市场上顾客是如何进行决策的,从顾客购买服务的角度为服务营销决策构建了理论框架。

一 风险承担理论

风险承担理论认为,由于消费过程存在不确定性,顾客的消费行为也会面临不可预估的风险性,甚至带来他们不希望或不愉快的消费体验和后果,而这种风险带来的后果需顾客自己承担。作为风险承担者的顾客一般会面临财务风险、绩效风险、物质风险和社会风险四个方面的风险,[1] 其中,财务风险指的是由顾客购买决策失误而产生的金钱损失;绩效风险指的是当前的服务和以往的服务相比无法达到顾客的要求;物质风险指的是由于服务提供不当对顾客的身体产生伤害或者其随身携带的物品产生损失;社会风险指的是由于购买某项服务而降低顾客的社会地位。

相较于有形商品,无形的服务具有难以感知性和不可分离性等特点,加之缺乏统一标准和质量无法保证,顾客在购买服务过程中,要承担更大的风险。因此,顾客需要通过一些购买策略降低或规避购买服务所带来的风险。具体而言,可以采取以下几种策略。

(一) 忠于使用过且满意的服务品牌

顾客通过对某些服务品牌的购买,会筛选出那些具有高体验感的品牌,这些品牌从品质保证、价格机制、服务态度和售后服务等方面带给顾客较高的满意度。顾客在后续消费过程中,为了避免承担新服务品牌带来的风险,更倾向于选择带给自己较高消费体验的已有的服务品牌。

(二) 考察并选择口碑好的服务厂商

口碑是大众对服务品牌的普遍评论和看法,好口碑意味着大众对该服务厂商的认可,代表了品牌具有较高的信誉度和美誉度。顾客可以根据大众对服务厂商的评价判断其服务风险的大小,尤其在风险较高的情况下,顾客选择口碑好的服务厂商可以提升其购买信心。

(三) 参考意见领袖的建议

在顾客行为学中,意见领袖特指为他人过滤、解释或提供信息的人,这种人对某类产品或服务有更多的知识和经验。同时,意见领袖通常不受商家营销手段或者偏见的影响,可以给出更真实、准确的建议,听从意见领袖的建议可以在某种程度上降低或规避购买服务所带来的风险。

---

[1] 叶万春等主编《服务营销学》(第3版),高等教育出版社,2015。

(四) 提升自己的服务购买决策能力

顾客提高服务购买决策能力,意味着更加全面、准确地评估服务选项和相关信息,更清楚地了解自己的需求和目标,更高效地识别和预测潜在的风险,更灵活地把握谈判和合同环节。顾客可通过加强调查研究、借助实验和研判信息等方式提高服务购买决策能力,从而降低购买风险。

值得注意的是,购买服务决策中的风险承担是一个相对主观的过程,不同顾客对风险的认知和承受能力必然存在差异,因此在购买服务时的决策也会有所不同,有些顾客可能愿意承担风险以追求更高的服务质量和创新,而有些顾客可能更偏好于选择稳健的服务选项和产品。

风险承担理论从风险认知的角度解释了顾客购买服务的风险性,同时为顾客如何采取策略降低风险提供了指导。而作为服务厂商,了解顾客的风险承担倾向和需求,提供可靠透明的服务信息,有助于降低购买风险,并促进服务产品的销售和推广。

二 控制认知理论

服务流程必然涉及各种互动过程,包括个体之间的互动、个体与环境的互动等,顾客在这些互动过程中满足了需求,获得服务满意感,而顾客感知到的控制能力决定了服务互动流程的质量。[①] 基于此假设,控制认知理论认为,现代社会的人们不只追求基本生理需求的满足,更追求掌控周围的环境以作为自身行为的驱动力。这种控制包含对认知的控制和对行为的控制。

在服务交易过程中,顾客感知到的控制力度越强,对服务体验的满意度就越高。实际上,服务厂商、服务人员和顾客都期望获得更多的控制权,以此得到更多的利益和优势,但控制的平衡是非常重要的,如果控制失衡就会造成某方力量的损失,带来消极的结果。

当服务厂商具备更强的掌控力度,就可以制定更强势的规则和程序,对于服务人员来说,这些有利于服务厂商的规则和程序,降低了服务人员的服务主动性,引发消极的情绪;对于顾客来说,服务厂商控制力越强,他们获得更多经济利益的可能性就越低。如果服务人员拥有太多的权利,意味着服务厂商成本支出的增加,并使服务厂商面临管理困境甚至是失控的风险。对于顾客而言,服务人员更多地考虑自身的工作效率,则会忽略顾客的需求和感受,降低顾客的交易地位,使顾客感到不满。如果顾客具备较强的控制力,意味着他们讨价还价的能力更强,服务厂商的

[①] Hui, M. K., Bateson, J. E., "Perceived Control and the Effects of Crowding and Consumer Choice on the Service Experience," *Journal of Consumer Research*, 1991, 18 (2), p.174.

利润会降低,其经济地位会遭受损害,而对于服务人员而言,他们的相对地位下降,必须根据顾客的个性化需求提供服务。从行为控制角度看,在服务交易过程中,交易各方通过对控制权的争夺,最终以顾客付出货币和控制权来换取服务厂商和服务人员的服务为目标,交易各方都力求增强自己的控制力,在最大限度的平衡状态下完成交易,而在现实情况中,由于交易各方对服务质量标准认知的差异性,其对交易结果的评价不一。

因此,控制认知理论为服务厂商提供了重要的管理启示,在服务交易过程中,服务厂商要尽可能为顾客提供足够的信息和高质量的服务,提高他们对服务的认知水平,让其感受到拥有更多的主动权和控制权,掌控交易过程,充分了解服务进程和状态,减少风险忧虑,增强消费信心,最终提高顾客满意度,促成服务交易。例如,去饭店吃饭排队时,服务人员要尽可能向排队顾客展示排队进展情况,增强其控制力度,提高服务满意度。

三 多重属性模型

多重属性模型显示服务业具有明显属性、重要属性和决定属性等多重属性。这些属性对服务业的营销具有重要意义。其中,明显属性是引起顾客选择性知觉、接受和储存信息的属性,在服务营销中,服务厂商的明显属性,如品牌、外观、广告宣传等,能够吸引顾客的注意力,使顾客对服务厂商产生兴趣,并留下深刻印象;重要属性是表现服务业特征和服务购买所考虑的重要因素的属性,例如,服务的价格、质量、便利性等重要属性会影响顾客的购买决策,服务厂商需要在这些重要属性上提供高质量的服务,以满足顾客的需求和期望;决定属性是顾客实际购买中起决定性作用的属性,在服务营销中,顾客的最终购买决策往往受到多重属性的影响,但其中一些属性可能起到决定性作用,服务厂商需要了解顾客对不同属性的重视程度,并针对这些属性提供相应的服务,以提高顾客的满意度和忠诚度。

这三种属性在服务营销中共同作用,相互影响。

(一) 它们之间相互依赖

首先,服务的明显属性可能会吸引顾客的注意;其次,重要属性如价格和质量会进一步影响顾客的考虑;最后,决定属性在顾客做出购买决策时起到关键作用。这三种属性在服务营销过程中共同作用,影响顾客的知觉、考虑和决策。

(二) 它们之间存在一种层级关系

首先,明显属性可能会引发顾客的兴趣;其次,重要属性会对顾客的购买意愿产生影响;最后,决定属性决定了顾客是否进行实际购买。这种层级关系反映了顾客在购买服务过程中的心理变化和决策过程。

(三) 这三种属性的地位可能会因为服务环境和服务对象的差异而发生变化

例如，在某些情况下，价格（重要属性）可能成为决定顾客是否购买的关键因素，而在其他情况下，服务的质量和便利性（决定属性）可能更为重要。因此，服务厂商需要根据不同的服务环境和服务对象，灵活调整其服务属性和营销策略，以满足顾客的需求和期望。

通常而言，三种属性影响顾客购买服务的权重有所不同，决定属性是影响顾客是否选择某个服务厂商权重最大的属性，重要属性的权重略低于决定属性但差距不大。顾客可根据多重属性模型对服务属性进行全面评估，最终选定服务厂商进行消费。例如，某乘客要对几家航空公司进行评价，选择出国游的航空公司，可以通过5个指标进行测量，即安全性、低延误率、价格、机型和空姐仪表。该乘客赋予这5个指标的权重分别是40%、10%、30%、10%、10%，乘客根据自己的主观意愿对备选航空公司的指标进行打分（满分100分），分数越高代表越满意，然后针对所有备选航空公司将每一项指标的得分乘以相应的权重，再把5个乘积相加求出每个公司的综合评价分数，这样就可以在备选的航空公司中选择综合评分最高的公司了。

课堂互动 2-1

请你运用多重属性模型对备选的健身房进行选择。

第3节 服务购买决策过程

除理解影响顾客行为的关键影响因素和相关决策理论外，服务厂商要想更好地推广其服务，还需要根据顾客的购买决策过程掌控其消费行为的特点。服务购买决策的过程是一个复杂的过程，涉及多个阶段和因素。总体上，通过购前、消费和购后三个阶段，顾客逐步形成对服务的需求、选择合适的服务提供商、体验和评价服务。顾客服务购买的三阶段模式可以作为服务消费思考框架，以此把握顾客如何制定购买与使用服务决策，消费过程是如何进行的，以及怎样评价消费体验。

一 购前阶段

购前阶段主要是顾客在进行实质性服务消费之前的所有活动，在这个阶段，顾客受到的需求刺激以及寻求如何满足这种需求刺激是主要议题。例如，最近你在微信朋友圈看到很多朋友在全世界旅行，促使你也有出国旅游的打算，但你又觉得出国旅游比较麻烦，就会倾向于寻求专业服务机构的帮助，开始进行咨询，甚至最终购买旅游服务。这一过程，实质上就是从刺激到需求的认知，再对信息进行搜索和可选服务方案的比较，最终做出服务购买决定的一系列过程。在这个阶段，顾客通常要经历需求确认、信息搜集、备选方案评估与选择等过程。

（一）需求确认

顾客购买决策的第一个步骤就是需求确认，当某种刺激引发顾客购买服务的需求时，顾客需要对需求进行确认，需求确认就是顾客界定其所面临问题的过程，这往往意味着服务购买过程的启动。刺激通常来源于内部和外部。内部刺激主要由于个体内在生理需求所产生的压力，如渴了想要喝水，饿了想要吃饭，肩颈疼痛想要找医生做理疗，这类需求往往具有自发性、因果性、可塑性和持续性等特点。而外部刺激主要是由外部环境导致的，如朋友推荐某家美容院，某个服务厂商通过电视打广告，某网红主播在直播间宣传体检套餐，等等，顾客在面对这些外部刺激之前可能并没有相应的需求，一旦接收到外部刺激的信息就很有可能激发对某种需求的认知和确认，抖音带货的兴起实质就是内容电商对顾客潜在需求的引导，区别于传统搜索电商，例如当顾客在看到某个博主的穿搭视频之前并没有购买衣服的需求，但看到短视频之后才产生购买该穿搭视频中衣服的兴趣，而顾客使用传统搜索电商之前就已经有明确的消费目标和需求了。

在顾客受到内部和外部刺激后，会引发他们对需求短缺的认知，或产生未被满足的欲望，进而审视自己是否确实存在对某产品或服务的需要。一种情况是，当界定的短缺程度或欲望值非常高时，由于人性的趋利避害，人们就会产生消除负面情绪的动机，最终引发服务消费行为。另一种情况是，如果顾客通过需求确认，发现对某种商品或服务的短缺和需求并不那么强烈，不足以引发消费动机，那么服务购买流程就会终止。

因此，在需求确认阶段，服务厂商和从业人员要充分了解顾客启动消费行为的特征和规律，找到现状与其偏好之间的差距，发现需求，创造需求，服务需求，满足需求。通过广告、推销等方式挖掘顾客的潜在需求是非常重要的营销手段，同时要注意，对于服务营销而言，因为服务无法像有形产品通过产品本身吸引顾客，把宣传融入服务本身对于引导顾客非常关键，营销人员可以在宣传的同时确认顾客是否存在某些未被满足的需求。另外，不同地区和文化背景的顾客具有不同的群体特点，需求可能一样，但具体的需求可能会有显著的差别，比如蒙古国男性和中国男性对于雄性魅力的看法就有所不同，蒙古国男性更强调绝对力量的展现，而中国男性更希望有肌肉明显的身材。在全球化的时代背景下，服务营销从业者必须细心捕捉不同地域顾客的诉求，以此制定具有差异化的营销策略。

(二) 信息搜集

当顾客对需求进行确认之后，就需要进行有关这种服务的性能、方式等方面购买信息的搜集。在此阶段由于自身经验的局限性导致顾客无法搜集所有可选项，只能考虑有限的备选方案以及这些方案的相关信息，以寻找到能有效满足需求的途径。值得注意的是，顾客搜集信息所耗费时间和资源的投入受到他们经验和对服务重要性的态度的影响，同时，搜集到的信息质量决定了最终选择的备选方案对个体需求的满足程度。

信息的来源主要包括以下 4 个方面。(1) 固有的经验。顾客在进行购买决策信息搜集时，首先进行内部搜索，会在记忆中搜寻类似消费的以往经验和固有认知，比如回忆购买和体验过的相同或相近服务的信息，作为当前决策的参考，这是顾客搜集信息的积极途径。(2) 他人的看法。内部搜索之后就有可能进行外部搜索，顾客从人际关系中获得信息就是一种典型的外部搜索，使用过相关服务或者具有一定购买经验的亲朋好友，他们对服务的看法和评价会比一般性的信息更能影响顾客的购买意愿，因为顾客认为这些人有过亲身经历，更能站在被服务者的角度看待服务产品，可以从他们身上获得更多可信、真实的信息。另外，这些信息被采纳的可能性与顾客对信息发出者的信任程度呈正相关。(3) 服务厂商的推广。服务厂商会通过广告、促销、人员销售等方式为顾客提供服务信息，由于这些商业来源信息具有明显的商业企图，一部分顾客可能对此较为谨慎，当然，高明的服务厂商往往通过掩盖商业目的的信息提供方式取得顾客的信任，比如教育顾客或制造焦虑而引发需求。(4) 公共渠道的信息。大众传媒、政府机构和其他非营利组织等作为服务交易双方的第三方所提供的信息也是顾客外部搜索信息的重要来源，这些公共来源信息常被顾客青睐，主要原因是其与服务厂商并没有直接利益关系而具有较高的客观性和公正性，而这些信息通常具有一定的权威性，它们拥有专业的知识和经验，并且在信息发布前会经过严格的审核和验证，这种权威性使顾客更加信任信息的质量和准确性。另外，公共渠道的消息传播范围广，能够迅速覆盖大量的人群，这使得顾客更容易获取到与自己相关的信息，并了解市场的整体趋势。

(三) 备选方案评估与选择

当顾客搜集到足够的服务消费信息后，就会形成多个可供选择的方案，并对每种备选方案进行评估和选择。该阶段通常有两种评价模式：一种是基于直觉的非系统性评价，也就是按照主观感觉或者随机模式评估并选择方案；另一种是利用程序化方法进行的系统性评价，例如多重属性模型，顾客可利用多重属性指标作为参考系，针对每个备选方案将各属性指标的评价数值乘以相应的权数，然后加总求和得到总体值以显示偏好结果，最终选择综合评分最高的服务方案。

备选方案的评估通常具有条件性和有限性两个显著特征。(1) 条件性。顾客在进行评估的过程中会受到方案本身特性的影响，因此从主观上改变购买意愿，如果方案本身带给顾客的收益是隐蔽的或者无法分解的，则顾客更多采用基于直觉的非系统性评价方法，或方案无法被正向评估，则顾客通常倾向于风险最小的方案。另外，对品牌的忠诚度也会因为机会成本的问题而左右顾客的意愿。(2) 有限性。从顾客角度来看，得出的备选方案是有限数量的，主要是因为在获取信息时，顾客受到资源、精力、知识水平等多种因素的限制，难以全面、深入地了解所有备选方案的情况，也可能由于认知能力有限，难以对所有备选方案进行客观的分析和评估，抑或面临时间压力，只能选择部分方案进行比较，从而做出决策。而从方案本身角度来看，可用于比较的因素或服务产品较少也会导致备选方案的数量限制。因此，服务厂商应该站在顾客的角度充分考虑以上因素，扬长避短，将优势信息高效传播给现有和潜在消费群体。

二 消费阶段

经过购前阶段，实际购买和消费阶段就开始启动，该阶段是整个服务经验的核心环节。该阶段通常包括服务厂商和顾客之间一系列连续的接触和互动，这种互动会影响顾客对最终服务绩效的评估，与此同时都会耗费一定的时间。按照接触时间与互动深度可以将服务接触分为低接触服务和高接触服务，简单来说，低接触服务耗费的时间短且互动程度浅；高接触服务耗费的时间长且互动程度深，涉及了更多的活动，例如去饭店用餐，通常一个小时就可以结束，而去体检中心体检可能要耗费数个小时。另外，由于服务与有形的商品不同，顾客购买有形商品后就几乎脱离了卖方的影响，而服务具有生产和消费同时进行的特点，顾客购买服务的同时也在消费，这就要求服务厂商和从业人员在顾客享用服务的过程中发挥积极作用，意味着服务提供者和顾客作为消费过程的主体缺一不可，顾客对服务的评价不是在购买之后的阶段产生，而是在消费过程中就已经发生了，服务提供者在与顾客打交道的过程中就要格外关注服务是否为顾客带来积极的体验。

消费阶段是买卖双方能否达成交易的关键时刻，在特定的消费场景下，服务提供者尽一切可能为顾客展示服务产品，推销技巧、行为以及顾客期望共同构成了服务的传递过程，在此过程中顾客得到了对服务质量的感知，但如果失控，服务就会终止，回到起点。服务具有的无形性、相连性、时间性和易变性等特点显著地影响着服务过程中的关键时刻。(1) 无形性，由于服务是无形的，顾客通常无法事先完全了解自己将获得什么，关键时刻成为顾客实际体验服务并形成印象的重要时期，服务提供者的态度、效率和专业度等因素尤为重要，因为它们直接影响着顾客对无形服务的感知和评价。(2) 相连性，服务通常是在顾客与服务提供者互动的过程中同时生产和消费的,这种互动在关键时刻最为显著,因为它们直接影响顾客对服务质量的评价,因为二者的每一次交流都是服务体验的一部分,如果互动顺畅、友好且高效,顾客就更有可能对服务感到满意,相反,顾客的不满也会立即显现。(3)时间性,意味着服务提供者需要在特定时间内完成服务交付,关键时刻在这些时间节点上需要得到有效的管理,这对服务提供者的时间管理能力和效率提出了挑战,服务提供者需要特别关注顾客的需求和期望,以确保服务能够按时且高效地提供。(4)易变性,服务质量容易受到多种不可控因素的影响,包括服务提供者的状态、顾客的情绪和环境条件等,这种易变性要求服务提供者具备灵活应对各种变化的能力,以确保服务能够稳定地满足顾客的需求,例如,当顾客突然提出一个意外的问题或需求,服务提供者必须通过有效的应对策略和灵活的服务调整,迅速做出反应并提供解决方案。

为了促成消费的达成和后续较好的评价,服务提供者要注意多方面的因素。(1)消费场景的匹配度。顾客在特定的场景下会有特定的需求和期望,例如在商务场合,顾客更注重服务的专业性和高效性,而在休闲场合,他们可能更注重服务的舒适度和个性化。如果服务厂商能够根据顾客的需求和场景的特性提供相应的服务,将更容易吸引顾客。(2)场景的视觉呈现。场景的视觉呈现是影响顾客第一印象的关键因素,服务场所的装修风格、布局、照明等因素都会影响顾客的感受,一个美观、整洁、有特色的场景能够吸引顾客的目光,激发他们的购买欲望。(3)氛围营造。场景的氛围也会影响顾客的情感反应和消费决策,例如温馨、浪漫、欢快的氛围能够让顾客感到舒适和愉悦,从而更容易产生购买意愿。(4)情境创设。服务提供者可以通过创设情境来吸引顾客的注意力,例如通过音乐、气味、装饰等手段来营造出与顾客需求相匹配的情境,从而提高顾客的购买动力。(5)互动体验。服务人员的专业性、态度以及与顾客的互动方式,都会影响顾客的购买决策,友好的服务态度、专业的服务技能以及快速响应能力都能够提高顾客的满意度和忠诚度。(6)科技应用。在服务场景中,科技的应用可以提高服务的便捷性和效率,例如智能化的设备、移动支付、电子菜单等科技手段可以提升顾客的体验感,从而提高他们的购买意愿。(7)文化元素。在服务场景中融入文化元素可以增加服务的特色和差异化,如果服务厂商能够将地域文化、民族特色等元素融入场景中,将更容易吸引对文化感兴趣的顾客。(8)环境因素。例如天气、季节、地理位置等环境因素也会影响顾客的选择。在炎热的夏天,顾客可能更倾向于选择有空调、环境凉爽的服务场所,而在寒冷的冬天,他们可能更倾向于选择温暖舒适的服务场所。(9)隐私保护。在一些需要保护顾客隐私的场景下,如咨询、理疗等,服务厂商需要提供相应的隐私保护措施,以确保顾客的隐私安全。(10)安全保障。在一些涉及人身安全的场景下,如旅游、交通等,服务厂商需要提供必要的安全保障措施,以确保顾客的安全。因此，服务厂商需要深入了解目标市场的顾客需求和偏好，并根据这些因素在消费阶段优化自己的服务和场景设计，以提高顾客的满意度和忠诚度。

服务生产模型和剧场理论是服务消费阶段两个重要的理论。

（一）服务生产模型

在服务消费阶段，服务生产模型是一个描述服务生产和传递过程的模型，将营销、作业与顾客整合在同一个系统框架内，用来描述顾客可能接触到的服务厂商的实体场景。服务生产模型是一个动态的过程模型，它不仅关注服务的生产和传递，还涉及营销、作业和顾客之间的互动关系，将营销、作业和顾客视为一个相互关联的整体，它们之间的相互作用和影响构成了服务生产和传递的完整过程。服务生产模型将营销作为吸引和满足顾客需求的关键环节，通过市场调研和顾客分析，服务厂商可以深入了解顾客的需求和期望，进而制定有针对性的营销策略，通过这些策略传递正确的服务信息，建立品牌形象，并在竞争激烈的市场中脱颖而出，营销的作用并不仅仅局限于宣传和推广，还在于与顾客建立长期的互动关系。服务生产模型关注作业流程的设计和实施，作业是服务生产和传递的核心环节，它涉及服务的具体操作过程，作业流程的设计和实施需要基于对顾客需求的深入理解，服务厂商需要合理安排资源和流程，提高服务人员的技能和素质，并确保作业流程的高效性和一致性，通过优化作业流程和管理制度，提高效率、降低成本。服务生产模型强调顾客的参与和体验，顾客是服务体验的核心，他们的反馈和意见被视为改进服务的宝贵资源，通过与顾客的沟通和互动，服务厂商可以通过了解他们的需求和期望快速进行调整和改进，并根据顾客的不同需求提供个性化的服务和关怀。

服务生产模型主要关注顾客在接受服务过程中的需求、期望和体验，以及如何满足这些需求和期望。服务生产模型通常包括以下几个关键要素。

（1）顾客需求识别。在服务消费阶段，顾客需求识别是至关重要的。通过了解顾客的需求和期望，服务厂商可以更好地设计和提供符合顾客需求的服务。在这个过程中，服务厂商需要运用市场调研、顾客访谈等手段来收集和分析顾客需求信息。

（2）服务设计。在识别顾客需求后，服务厂商需要设计相应的服务来满足这些需求。服务设计包括确定服务的目标、功能、流程、交互方式等。在这个过程中，服务厂商需要考虑顾客的体验和满意度，以及服务的可行性和成本效益。

（3）服务生产。服务生产是指将设计好的服务转化为实际的服务产品。这个过程涉及服务人员的培训、设备的配置、场地的布置等。在这个过程中，服务厂商需要确保服务的高质量、高效率和高可靠性，以满足顾客的需求和期望。

（4）服务传递。服务传递是指将实际的服务产品传递给顾客的过程。这个过程涉及服务的交付、使用和维护等环节。在此过程中，服务厂商需要与顾客保持良好的沟通，确保服务的顺畅传递和顾客的满意度。

（5）反馈与改进。反馈与改进是服务生产模型的重要环节。顾客在使用服务后，会给出反馈意见和建议。服务厂商需要收集和分析反馈意见，找出服务的不足之处，并采取相应的改进措施。通过不断优化和完善服务，可以提高顾客的满意度和忠诚度，增强服务厂商的竞争力和市场地位。

服务生产模型在服务消费阶段的应用是非常广泛的，深入理解和运用服务生产模型对服务厂商的成功至关重要。它不仅为服务厂商提供了全面的指导，更提供了一种系统性的方法来满足顾客的需求和期望。通过整合营销、作业和顾客，服务生产模型帮助服务厂商建立与顾客之间的紧密联系，提高其服务的质量和效果。同时，它还为服务厂商提供了持续改进和创新的动力，使其能够在激烈的市场竞争中保持领先地位。

（二）剧场理论

剧场理论是一种将服务场景与舞台表演进行类比的模型，用于描述和指导服务消费过程。由于顾客看待服务提供人员为其提供服务的一系列事件如同观看表演，因此服务营销学将剧场的相关概念引入服务接触中，可以更好地解释高接触服务，这就是剧场理论。[1] 该理论的核心要素包括演员（服务人员）、观众（顾客）、舞台（服务场景）和表演（服务过程）。其中，演员是指服务过程中最直接与顾客接触的人员，他们的行为、态度和专业性对顾客体验具有至关重要的影响。演员需要具备良好的沟通技巧、专业知识和服务意识，以确保为顾客提供满意的服务。观众是接受服务的顾客。他们的期望、需求和反馈对服务质量的提升和服务流程的改进具有重要意义。观众的参与和配合程度也会影响服务效果和满意度。舞台是指服务场景，它为演员和观众提供了一个互动的空间。服务场景的设置、氛围和服务设施的配置都会影响顾客对服务的感知和体验。服务场景应当与品牌形象和服务内容相符，为顾客创造舒适、专业的环境。表演是指服务过程，包括服务实时作业处理、服务流程及设计等。服务流程的顺畅性和效率直接影响顾客的体验和满意度。服务提供者需要合理安排工作流程，确保服务的及时性和准确性。

剧场理论一般又包含角色理论与脚本理论。角色理论指的是在服务进程中，服务提供者和顾客按照预定的行为模式来扮演各自的角色，在服务接触的每个时期，互动双方通过各自的行为模式要求扮演角色以求实现自己的预期目标。值得注意的是，这些行为模式往往需要遵守社会期望，比如在一些高档酒店的餐厅或宴会厅中，顾客需要穿着较为正式的服装（如西装、礼服等），以符合场合的氛围和要求，同时也是为了尊重其他顾客的感受。脚本理论则强调服务流程的设计和规划，服务提供者和顾客在整个服务传达过程中遵守脚本规定的行为内容与顺序。脚本理论认为

---

[1] 〔美〕克里斯托弗·洛夫洛克、〔美〕约亨·沃茨：《服务营销》（第6版），谢晓燕、赵伟韬译，中国人民大学出版社，2010，第49页。

服务过程应该像剧本一样进行预先规划和设计，以确保服务的顺畅进行，服务提供者需要提前规划好服务流程，制定好相应的剧本（脚本），明确各个阶段的任务和目标，以便更好地管理服务流程，提高服务效率和质量，而顾客也要根据以往的经验按照脚本行事，任何脱离脚本的行为都可能损害服务交易双方的利益，如果脚本发生变更则必须教育顾客和服务提供者，让双方了解新的脚本内容，以免造成误解。

在服务消费过程中，剧场理论的运用需要强调演员、观众、舞台和表演之间的协同作用。演员（服务提供者）要积极与观众（顾客）互动，了解他们的需求和反馈，以便提供更加个性化的服务。同时，演员（服务提供者）要与舞台（服务场景）和表演（服务过程）保持一致，确保整个服务过程的连贯性和高效性。此外，剧场理论还强调对顾客期望的管理。服务提供者应当通过有效的营销策略和沟通方式，引导顾客对服务产生合理的期望，并在服务过程中努力满足这些期望；也要对顾客反馈进行收集和分析，以不断改进和创新服务。

剧场理论是一个用于描述和指导服务消费过程的实用模型。通过运用剧场理论，服务提供者可以更好地理解顾客需求，优化服务场景和流程，提高服务质量，从而创造优质的顾客体验，为顾客演出一场服务好戏。

三　购后阶段

在服务产品被消费后，顾客的购买行为并没有因此终止，他们还会继续针对所体验到的服务表现进行评估，与预先的经验和期望进行一系列的比较，评价自己的购买决策是否正确，从而影响未来的消费倾向。

一般来说，购后阶段包括服务交付与接收、服务体验与消费、反馈与沟通以及维护与持续支持等环节。

（一）服务交付与接收

在服务购买后阶段的首个环节，服务厂商需根据先前与顾客达成的协议或合同，准时、准确地交付服务。顾客在这一环节中的角色是接收服务，并根据服务的质量和交付的准时性形成初步印象。例如，顾客通过在线平台购买数字娱乐服务（如音乐、电影或电子书），服务可以即时通过云端传输到顾客的设备上，顾客无须等待实体产品的邮寄。此外，许多服务厂商利用增强现实（AR）或虚拟现实（VR）技术提供沉浸式服务体验，如虚拟试妆或虚拟家居设计，使顾客在接受服务时能够获得更加直观和生动的体验。

（二）服务体验与消费

顾客在接收服务后开始实际体验和使用服务。在这一过程中，顾客将直接与服务互动，评估服务是否满足其预期需求和期望。服务的质量、功能性、易用性以及提供商的响应速度等因素都会影响顾客的服务体验，顾客可能会在这一阶段形成对服务的整体满意度和忠诚度。例如，在智能家居和物联网技术的推动下，顾客现在可以通过智能手机或语音助手控制家中的各种设备（如灯光、空调和安全系统），这种智能化的服务体验不仅提高了生活的便利性，还使顾客能够根据个人喜好和需求定制服务。同时，社交媒体和在线评论平台使顾客能够实时分享他们的服务体验，对服务厂商产生即时影响。

（三）反馈与沟通

在服务体验过程中，顾客可能会遇到疑问、问题或挑战，这时他们通常会与服务厂商进行沟通。有效的沟通渠道和及时的响应是这一阶段的关键，顾客可能会提供关于服务的反馈，包括赞扬、建设性的改进建议或投诉。服务厂商应重视这些反馈，将其作为改进服务和提升顾客满意度的宝贵资源。值得注意的是，现代顾客越来越倾向于通过社交媒体、在线聊天机器人或客户支持论坛等数字渠道提供反馈和进行沟通，例如，顾客在社交媒体上发表对某项服务的不满，服务厂商必须迅速响应，通过私信或公开评论解决问题，展示其对客户服务的重视。

（四）维护与持续支持

服务购买后阶段通常还包括一定时期的维护与持续支持。对于许多服务（特别是技术支持或会员服务）而言，持续的支持是确保顾客能够充分利用和享受服务的重要组成部分。服务厂商应提供必要的更新、故障排除和其他支持服务，以保持服务的稳定性和功能性。随着远程工作和云计算的兴起，许多服务厂商现在通过远程桌面工具或在线协作平台提供维护和支持服务，这不仅降低了成本，还提高了服务效率。例如，顾客在使用软件时遇到问题，可以通过在线聊天或远程协助获得即时帮助，而无须等待技术人员上门服务。

（五）服务续约与升级决策

如果服务是定期订阅或有时效性的，那么在服务期限即将结束时，顾客将面临是否续约或升级服务的决策。服务厂商应在这一阶段提供透明的费用信息、展示服务的价值，并处理任何可能阻止顾客续约的问题或疑虑。随着人工智能技术的发展，现代服务厂商利用大数据和机器学习算法来预测顾客的续约和升级意愿变得越来越普遍，通过分析顾客的使用行为、购买历史和反馈数据，服务厂商可以在合适的时间点提供个性化的续约优惠或升级建议，提前发现潜在的流失风险，并通过个性化的续约优惠或升级建议来挽留客户。

（六）口碑传播与推荐

服务购买后阶段的最后一个环节是口碑传播。顾客基于他们的服务体验，可能会向他人推荐或警告不要使用该服务。口碑传播在服务业中尤为重要，因为顾客的推荐往往比传统的广告更有效，服务厂商应通过提供优质服务和积极解决顾客问题来鼓励正面的口碑传播。在社交媒体和短视频平台的影响下，口碑传播在中国发挥着越来越重要的作用，许多顾客通过微信、微博和抖音等平台分享自己的服务体验，并影响其他潜在顾客的购买决策。因此，服务厂商越来越重视与意见领袖的合作，以扩大其服务的影响力和覆盖范围。

经过评估，顾客的期望能否得到满足成了一个关键的结果。顾客对服务产品的满意度，源自他们对服务质量的深入评估与体验。购买后的评价，无论是满意还是不满意，都会直接作用于顾客的重复购买意愿。顾客的个人消费经验，无疑成为最值得信赖的服务信息来源。当满意度达到一定程度时，他们在下一次购买活动中极有可能会选择继续支持该服务产品，并积极地向他人推荐，从而引发正面的口碑效应。然而，如果服务未能达到预期，甚至引发了顾客的不满，那么他们的再次购买意愿便会大幅降低。不仅如此，他们还可能会向服务提供者表达投诉，甚至向周围的顾客传播这种不满的情绪。这种行为无疑会对服务产品的口碑产生显著的负面影响，对服务厂商来说是一个重要的警示。它提醒服务提供者必须时刻关注顾客的需求和期望，努力提升服务质量，以确保顾客的满意度和忠诚度。当顾客对服务表示不满意时，他们普遍倾向于将责任归咎于销售者，而不是反思自己。这种现象背后涉及多种心理因素，例如期望未被满足导致的失望，或信息不对称引发的质疑等，这就意味着顾客的归责并不总是合理的。因此，服务厂商必须认真倾听顾客的反馈，理解他们的需求和期望，并采取积极措施提高服务质量。同时，顾客也应保持理性态度，与生产者和销售者进行积极沟通，共同寻求问题的解决方案，以促进更好的消费体验和服务质量提升。

服务厂商的成功与否，至少在一定程度上，取决于管理层是否具备巧妙处理顾客体验的能力。这种能力体现在将顾客体验塑造为一系列精心设计的互动过程的产物，其中包括顾客之间的互动、顾客与员工之间的交流、顾客与服务厂商内部环境的融合，以及员工与服务厂商之间协同合作的关系。

复习思考题

1. 顾客的感觉和知觉有什么区别？
2. 有效提升顾客注意的策略有哪些？
3. 根据风险承担理论，服务厂商可以采取哪些措施降低顾客感知风险？
4. 根据控制认知理论，服务厂商应如何平衡其与顾客之间的控制力度？
5. 如何理解多重属性模型中三种属性的相互关系？
6. 服务购买过程分为哪几个阶段？对于服务厂商而言，每个阶段的核心任务是什么？

章尾案例 "数字营销赋能品牌破圈成长"——以初创企业 FOH 希望树为例

随着近年来人们对"家"品质的关注显著增加,室内装修过程中的甲醛超标问题日益受到广泛重视。据统计,2021 年美国空气管理市场规模达 362 亿元,而中国家装环境治理市场规模仅为 50 亿元~60 亿元,渗透率更是不足 15%。考虑家庭数量远大于美国,我国的空气污染与家装环境治理市场的增量空间十分可观。加之消费者心智的建立,渗透率在未来也有着较大的提升空间。

目前我国除甲醛业务主要分为线下除醛与自助除醛两种。除甲醛企业早期多以线下除醛业务起家,其业务形式多为专业施工团队上门,采用来自高校实验室或国外的先进技术,对板材、涂料(乳胶漆)等进行精细喷涂治理,随后对室内空气进行持续复检验收,收费一般在每平方米 50~80 元。而自助除醛是指消费者通过在互联网上购买放置类、喷雾类等产品在家自除甲醛,自助除醛不仅操作方便,价格也较线下除醛便宜许多,只需要 200~400 元即可达到相同效果。

2020 年以来,随着互联网的发展加之新冠肺炎疫情的影响,便捷自助除醛逐渐取代线下除醛业务走进大众视野,浙大冰虫、材慧、AIR FUNK、佳允、中科沐森等曾经主打线下的甲醛企业也开始研发自助除醛产品。然而,尽管有老牌企业借自助除醛之势焕发了些许活力,但深得消费者的喜爱和认可且一提到除醛就能立刻联想到的巨头品牌尚不多见。因此,锚定这样一个市场前景广阔且集"大环保、大消费、大健康"于一体的朝阳行业,强力推进落实品牌运营和品牌建设,提前布局"护城河"的企业将大有作为。

在此背景下,除醛新兴品牌"Full of Hope 希望树"(以下简称"希望树")开创了国内首个凝胶形态的除醛产品,并于 2021 年开始借力抖音平台开启数字化营销,凭借其品牌产品的差异化定位和抖音巨量引擎的全链路营销工具,突破品牌建设壁垒、快速抢占市场份额、树立行业品牌形象,实现了白牌到品牌、新兴到头部的飞速蜕变。如今希望树已在抖音、天猫、京东、淘宝等中国各大主流电商平台位居除甲醛类目、环境类目、家清类目的头部。

希望树创始人潘浩早年曾在宝洁、联合利华、百事和美素佳儿任职。2015 年开始独立创业。其间尝试做过品牌咨询、生鲜生意、化妆品业务、电商业务,但都以失败而告终。2019 年 7 月潘浩决定回归老本行——家庭清洁和护理领域,并成立上海时宜品牌管理有限公司,组建了一支集产品研发能力、品牌运营能力和流量运营能力于一体的创业团队。在随后的反复探索与试错中,希望树获知了有关美妆、护肤、家清、个护等日化端的品牌在淘宝各级类目下的精细分类、市场规模、增长速度、客单价等信息,经过多方数据比对,逐步确定了家清赛道。在此期间还有段小插曲，团队的一位核心成员因搬入新家，想尽快解决房子味道重、甲醛浓度高的难题。正是出于对保护家人健康的考量，团队加速锚定了除甲醛这片"蓝海"。2020年6月，FOH除甲醛果冻正式上线，同年11月植物除醛急救喷雾正式上线，除甲醛品类更加丰富。随着产品布局完成，希望树于2021年正式入驻抖音平台、开启了数字化营销之路，在抖音旗下的数字化营销服务平台——巨量引擎的帮助下，品牌销量从此进入了快速增长阶段。面对品牌起量后，模仿品牌的层出不穷，自2021年末，希望树又将营销视角从关注投产转向品牌曝光，其曝光方式也从单纯的明星代言转向扩大与"巨量星图"达人合作，以期树立除醛行业专家的形象。

对于初创品牌希望树来说，想要获得更多的声量和销量，快速找准对本品有需求或潜在需求的客户是关键，而对客户进行精细化运营的第一步在于构建客户画像，并针对不同需求的客户匹配不同的营销内容，引导、满足其个性化需求。根据前期的投放结果与内部商议，团队将品牌用户画像圈定在了一二线城市、25~35岁、对健康安全更敏感的高知宝妈群体。在与抖音平台合作后，后台数据显示本品在精致妈妈、新锐白领、资深中产这三种人群中的渗透率最高，分别达到23.47%、11.68%、14.84%，这也进一步验证了希望树在标的用户投放上的精准性。考虑到消费者触点的多样性以及客户运营的实时性，希望树利用营销自动化工具，设置触发条件，即时进行内容推送；通过对消费者用户信息、行为数据的追踪和分析，不断优化运营策略，提高运营效果。同时，基于对不同营销方式和营销内容下用户行为及产品交易的分析，发现并有效沉淀营销模型。

随着移动互联网技术的进一步发展，以抖音为代表的短视频流量平台迅速崛起，而拥有流量和用户即意味着潜在的消费者和无限的商机。经多方对比分析，希望树发现抖音较其他平台有三大突出优势。

第一，引流力强。作为一款主打即时型消遣娱乐的短视频社区平台，抖音在创立初始就自带大流量和天然娱乐属性。截至目前，抖音平台已经成为当今中国互联网用户日常使用频率较高的新媒体平台，并且使用频率与使用时长还在呈不断上涨的趋势。抖音准入的低门槛带来的不仅是刷视频的观众，更是数量庞大的潜在消费者。

第二，推荐能力突出。抖音的智能算法一方面可以实现用户需求和爱好等信息的协同过滤、用户社交关系的精准推荐和基于内容流量池的叠加推荐；另一方面通过对消费者运营与资产管理追踪，让品牌在营销上的投入更加有的放矢，实现最快路径的流量转换。

第三，适合品牌推广。抖音在视频的画质、创意、规格方面都有严格要求，适合企业拍摄高质量的品牌和内容宣传视频投放。而且抖音平台会记录每个视频的互动反馈、视频完播率，以此作为在第二次流量分配的依据，这样主播可以爆发式涨粉、最大限度地提高广告曝光率。

潘浩认为，抖音用户人群与本品目标客户高度契合，无论是视频内容还是流量分配，抖音平台都非常适合做品牌宣传，它能为本品提供涵盖生意诊断、定向优化、品效爆发的全链路扶持，孵化出满足客群消费需求、品质过硬的新锐品牌，助力本品不断提高自运营能力。反复商榷后，希望树最终将品牌营销的主战场聚焦在了抖音平台，依托其强大的用户基础、营销资源和数据能力，通过持续投放高品质原创短视频内容引流圈粉，登顶日化行业品牌热度指数榜首、获评2021年"十大最具投资潜力的新品牌"。

资料来源：杜雨轩等《数字营销赋能品牌破圈成长——以初创企业FOH希望树为例》，《清华管理评论》2023年第6期。

讨论题

1. 希望树如何通过确认消费需求发现除甲醛这片"蓝海"的？
2. 希望树是如何构建客户画像、圈定目标人群的？
3. 潘浩为什么认为抖音平台能够助力希望树发展？

第3章　服务产品及品牌策略

学习目标

学习完本章后，你应该能够：
- 掌握服务产品的含义和特征；
- 了解服务包的层次；
- 了解服务之花的具体内容；
- 理解服务生命周期的不同阶段和相应营销策略；
- 理解服务产品创新的必要性；
- 了解服务产品创新的类型和流程。

开篇案例　　　　**生活服务数字化：高德地图的品牌升级之路**

自公司成立以来，高德地图始终坚持初心不变，在"更精准、更真实、更智能"的地图数据的目标驱动下，现在已发展成为我国领先的数字地图内容、导航和位置服务解决方案提供商。其中，海量精准的电子地图底层数据是高德开展各项业务的基石和核心竞争力。而这一切辉煌成就的背后，是一次次战略选择后的成长与蜕变。高德地图从"车载导航""出行工具"到"生活服务平台"的一次又一次品牌转型升级，如今的高德地图已顺利走过"我在哪""怎么去"的前两个阶段，正向第三阶段"我去哪"迈进。

2014年高德地图正式被阿里巴巴集团全资收购，背靠阿里巴巴集团强大的信息技术和数据优势，高德地图的数字化进程迎来了新一轮的增长点。加入阿里生态体系后的高德地图被纳入创新业务板块。近几年来，抖音、快手、美团等具有本地生活基因的App都在向生活方式数字化的方向转化，于是高德地图开始在智慧交通、智慧景区、智慧出行平台等领域重点发力，不断探索新的商业化场景和本地生活业务数字化模式。

2021年7月15日，高德地图正式宣布品牌升级，全新定位"出门好生活开放服务平台"，自此，深耕地图领域多年的高德地图将迎来新一轮转型升级，在原有出行导航工具定位的基础上专注于出门后的各种生活服务场景。在数字化技术的推动下，如今品牌升级后的高德地图已不仅仅是一张"地图"，它已成为拥有吃喝玩乐行等多种出门服务场景的全新生活服务平台，正稳步迈向品牌升级的第三阶段——"我去哪"。

本地生活服务的基础支撑是GPS地图，地图的关键命脉是底层数据，而对数据的采集和处理恰恰是高德地图一直以来瞄准的重点。与行业内其他竞争对手相比，高德地图的核心竞争优势主要体现在它自身强大的数据采集和生产能力，牢牢掌控着行业的上游，坐拥海量数据地图资源。除此之外，数据的渠道来源也是高德地图的一大优势，高德地图通过社会众包的方式不断扩大数据来源，让原本"高冷"的数据更加"亲民"，数据来源不仅包括亿级海量用户日常使用高德的数据，还充分调取阿里巴巴体系内电商、物流、运单等数据，更有来自企业、政府、交管和第三方生活服务平台的大数据，全力确保静态地图的实时动态更新，真正打造了一张"活"地图。

一路走来，高德地图不断升级与发展，"地图"二字已不能全面诠释高德地图。如今的高德地图将战略重新定位"生活服务"，携带着成熟完整的出行服务体系以及餐饮、酒旅、打车、房产等众多生活服务场景再次出发。未来的高德地图能否满足用户想要的一切服务，能否将海量地图数据转变为可持续竞争优势，从而在本地生活领域创造并获取更大的价值，给出数字化新服务的最优解，让我们拭目以待。

资料来源：王家宝、刘国、周阳《生活服务数字化：高德的品牌升级之路》，《清华管理评论》2022年第4期。

服务产品和品牌是连接顾客与市场的桥梁，服务厂商必须针对目标市场的顾客需求进行一系列服务产品与品牌的设计。服务产品提供实际价值，满足客户需求，而品牌则建立情感联结，传递信任和独特性。在这个快速变化的市场环境中，只有不断创新和提升服务产品质量，同时塑造鲜明、有吸引力的品牌形象，服务厂商才能在竞争中立足，赢得顾客的喜爱和忠诚。

第1节 服务产品

一 服务产品的含义

服务产品是指为顾客提供某种特定形式的服务为核心利益的综合性产品。服产品是一种特殊的经济产品,其核心在于通过无形的活动或过程来满足顾客的特定需求或期望。与实体产品不同,服务产品更注重服务体验和服务过程,强调服务的效用和满足感。为了提供优质的服务产品,服务提供者需要注重服务质量、服务环境和服务创新。服务质量包括服务人员的态度、技能水平和服务过程的效率,这些因素直接影响顾客的体验和感知。服务环境则指服务场所的设施、氛围和卫生状况,一个舒适、整洁、有氛围的服务环境能够提升顾客的满意度和忠诚度。同时,随着顾客需求和市场的不断变化,服务提供者需要不断创新和改进服务产品,以满足顾客的新需求并保持竞争力。

服务产品具有几个显著特征:首先,它是无形的,顾客无法直接触摸或看到服务产品,而是通过服务提供者的行为和表现来体验;其次,服务产品具有异质性,每次服务都可能因提供者、顾客和环境因素的不同而有所差异;再次,服务产品的生产和消费通常是同时进行的,这要求服务提供者具备高效的服务能力和即时响应能力;最后,服务产品具有易逝性,无法像实体产品那样进行储存、运输或再销售,因此需要有效管理需求和服务能力。

假设你去一家餐厅用餐,这次用餐体验就可以被视为一个服务产品。你无法直接触摸或看到"用餐体验"这个服务产品,而是通过服务人员的接待、点单、上菜、送餐等一系列行为来体验,所感受到的是这些行为营造出的氛围和满足感,而不是一个具体的实体物品。每次在这家餐厅用餐,你可能会遇到不同的服务人员、不同的其他食客和不同的环境因素(如背景音乐、灯光等),这些因素都可能影响用餐体验,造成每次用餐体验不同,这就是服务产品的异质性。当你在餐厅用餐时,服务人员正在为你准备食物、提供服务,而你也在同时消费这些服务,服务的生产和消费是同时进行的,这就要求服务人员具备高效的服务能力和即时响应能力,以确保你能够在需要时得到及时的服务。一旦你的用餐体验结束,这个服务产品就无法再进行储存、运输或再销售,如果你想再次体验这个服务产品,就必须再次前往餐厅用餐,因此,餐厅需要有效管理需求和服务能力,以确保在高峰时段能够提供足够的服务,同时避免在非高峰时段造成资源的浪费。

服务产品是服务提供者通过物力、人力和环境所组成的结构系统来生产、销售和支付的,它能够被顾客购买和实际接收及消费。作为一种综合性产品,服务产品强调了整体性,这就要求服务提供者从多个角度出发,全面考虑顾客的需求和期望,通过提供综合性的服务产品来确保顾客获得完整、一致和满意的体验。因此,我们应该从顾客和服务本身的综合视角进行理解服务产品。

二 顾客利益

理解顾客利益是理解服务产品内涵的重要视角。顾客利益是指顾客在购买、使用和接受服务过程中所获得的收益和好处。服务产品的效用是由顾客感知和接收的，虽然服务厂商能够赋予产品的功能以及为顾客带来的收益，但是顾客付费的目的更多的是为他们所需要的部分买单，服务产品的功能虽然由厂商决定，但是顾客只会关注他们所需要的部分并为此消费。因此，我们要从服务功能的提供和顾客的收益来理解服务产品。

例如一家咖啡店，它提供了多种饮品选择，从经典的拿铁到冰爽的冰咖啡，还有各种口味的甜点和小食。此外，店内装修温馨舒适，提供了免费的Wi-Fi和充电插座，方便顾客休闲或工作。顾客购买咖啡和食物的同时，也在享受一个宁静或社交的场所，他们可以在这里放松身心、完成工作，或与朋友聚会聊天，咖啡的味道、食物的品质和店内的氛围共同构成了顾客的整体体验。虽然咖啡店提供了多种服务（饮品、食物、环境等），但每位顾客可能只关注他们个人偏好的部分，他们要从一系列可能提供的范围中进行挑选，有的人可能只为了品尝一杯好咖啡而来，而有的则更看重店内的舒适环境和工作氛围。

顾客利益具有两大重要的特性：一是服务严重依赖于服务递送体系，这和有形产品有本质上的区别，没有服务递送体系，服务就无法达成，这就意味着构筑一个高效的服务递送体系非常关键，是服务产品的界定上最基础的要素；二是顾客利益主导了服务递送体系中哪些方面需要质量管理。通常状况下，服务产品和服务递送体系紧密相连、难以分割。

关注顾客利益是服务厂商的核心任务之一，但这也可能给厂商带来一些困境和挑战。

（一）顾客需求的多样性

不同的顾客有不同的需求、偏好和期望，同一顾客在不同时期内也可能不同，这使得服务厂商难以满足所有顾客的利益。厂商需要在多样化的需求中找到平衡点，以确保能够满足大多数顾客的期望，这可能会带来市场定位和服务策略上的挑战。

（二）服务质量的控制

服务质量是顾客利益的重要组成部分，但服务质量的控制和标准化比有形产品更为困难。由于服务的无形性和异质性，顾客可能对服务质量有不同的感知和评价。因此，厂商需要制定有效的质量控制措施，并确保所有员工都能提供一致、高质量的服务，这可能需要大量的培训和管理投入。

（三）顾客参与程度的不确定性

在服务过程中，顾客的参与程度会影响服务的效果和满意度。因为顾客的参与程度往往难以预测和控制，一些顾客可能希望更多地参与服务过程，而另一些顾客则可能更希望由厂商来主导。这种不确定性使得厂商难以制定统一的服务流程和标准，需要灵活应对不同顾客的需求。

（四）顾客利益与厂商利益的冲突

在某些情况下，顾客的利益可能与厂商的利益发生冲突。例如，顾客可能期望获得更低的价格或更高的服务标准，但这可能对厂商的盈利能力造成影响，厂商需要在顾客利益和厂商利益之间找到平衡点，以确保长期的可持续发展。

针对以上关注顾客利益带给服务厂商的挑战，服务厂商应该采取以下策略。首先，增强信息透明度。服务厂商可以通过提供详细的服务信息、客户评价和案例研究等材料，帮助顾客更全面地了解服务的质量和价值，还要注意建立有效的沟通渠道，及时回应顾客的疑问和关注，也能够增强顾客的信任感。其次，差异化定价与市场细分。服务厂商可以通过市场细分来识别不同顾客群体的需求和价格敏感性，并据此制定差异化的定价策略，通过提供不同档次的服务选项，满足不同顾客的需求，并在价格和价值之间找到平衡点。再次，建立品牌忠诚度和提供卓越体验。服务厂商应致力于提供卓越的服务体验，超出顾客的期望，通过持续的质量改进、创新的服务功能和个性化的关怀，建立品牌忠诚度。最后，通过建立积分奖励计划、会员制度等营销手段，也可以激励顾客保持忠诚度并推荐给他人。

三 服务包

服务包的概念最早由格罗鲁斯提出，表达的是服务产品的整体概念。根据格罗鲁斯的服务包模型，服务是一个有形服务或无形服务的集合体，它由一系列服务和利益组成，这些服务和利益作为一个整体向顾客提供。服务像一个包裹，从内到外分别是核心服务、便利性服务和支持性服务。[①]

（一）核心服务

这是服务包的核心部分，指顾客可感知及得到的构成服务产品的核心服务和利益，体现服务厂商为顾客提供服务的最基础功能，是服务厂商进入市场并得以存在的原因。例如，对于航空公司来说，核心服务就是提供安全而准时的客运；对于酒店来说，核心服务就是提供舒适而安静的客房以供休息。不同的厂商根据其业务性质、市场定位和客户群体，可能有一种或多种核心服务。例如，一家综合性金融服务公司可能提供多种核心服务，如投资咨询、资产管理、保险代理和贷款服务等，这些服务都是为了帮助客户实现财务目标，但每种服务都针对不同的需求和市场。

（二）便利性服务

这是为了让顾客能够更方便地使用核心服务而提供的服务，如果便利性服务缺

---

① 郑锐洪编著《服务营销》（第 2 版），中国人民大学出版社，2022。

失，顾客就无法方便地使用核心服务，同时，支持性服务是增加服务价值或使厂商同竞争对手的服务区分开来的一系列活动。便利性服务可以包括各种形式，如提供方便的购物环境、快捷的交付方式、灵活的支付选项、易于理解的说明和指导等。这些服务旨在减少顾客在使用核心服务时可能遇到的障碍和不便，从而提高他们的整体体验。例如，在酒店业中，便利性服务可能包括接待服务、行李寄存、叫车服务、旅游指南等，这些服务都是为了使客人在住宿期间更加便利和舒适。在银行业中，便利性服务可能包括ATM机、网上银行、移动支付等，这些服务使客户能够更方便地管理他们的财务。

（三）支持性服务

这是基本服务以外的供顾客能够感受或在其模糊意识中形成的其他利益。支持性服务可能并不是顾客所期望的，但它们能够增加服务的价值，使服务区别于竞争对手。例如，旅馆提供的出人意料美味的餐饮服务、态度热情的客房服务人员或赠送的鲜花就属于支持性服务。与便利性服务不同，支持性服务的目的并不是使顾客对核心服务的消费更加便利，而是增加服务的价值，或是将本厂商的服务与其他厂商的服务区别开来，支持性服务更注重于增加服务的价值和提供与众不同的服务以吸引和保留客户。

专栏视点 3-1

物流服务产品政策特征研究

考虑到物流服务是一种无实体的产品，学者格罗斯研究提出了"服务包模型"理论。根据该理论，物流服务部门的产品被描述为一组不同类型的物流服务共同形成的一个综合产品，其中包括核心物流服务、便利性物流服务、支持性物流服务。

核心物流服务是企业物流进入物流市场的最基本的服务。便利性物流服务有助于核心物流服务的消费，其主要任务是使核心物流服务更具吸引力，增加其成本并使其与竞争企业物流对手区分开。需要注意的是，便利性物流服务与支持性物流服务之间是有区分的。虽然支持性物流服务不是必须存在的，但是支持性物流服务的使用可能是企业形成竞争优势的前提，而且企业不能随意放弃支持性物流服务，否则整个物流服务包可能会不复存在。例如，如果航空运输公司提供的核心物流服务是乘客的运输，则可以将在机场办理登机手续视为便利性物流服务，而将飞行中的影视或餐饮服务视为支持性物流服务。但是应注意，同一物流服务在不同情况下可能具有不同的表现形式。例如，飞机上的餐饮服务在短距离飞行期间可能不是必需的，可将其归类为支持性物流服务，以增加飞行的吸引力，而在长距离飞行期间则是必需的物流服务（当飞行超过3小时，此物流服务已经是必要的）。

资料来源：薛成森《物流服务产品政策特征研究》，《营销界》2022年第5期。

四　服务之花

服务之花是一个在服务营销学中广泛使用的模型,由美国服务营销学者洛夫洛克提出。这个模型形象地描述了服务产品的构成,以及各个组成部分如何共同创造顾客的整体服务体验。在服务之花模型中,核心服务被视为花蕊,围绕核心服务的八种附加服务则构成了花瓣,[①] 这些花瓣与花蕊紧密结合,共同形成了一朵完整的服务之花,花蕊和花瓣之间相互依托,相得益彰。服务之花强调服务的整体统筹,要从整体的角度把握服务的竞争优势,服务厂商要从整体上提升服务质量,而不只是依靠核心服务的竞争。

服务之花具体包括以下内容。

(一) 信息服务

信息服务是服务厂商为顾客提供有关核心服务的详细信息,帮助他们更好地了解和使用服务。这是顾客在消费前、消费中和消费后都需要的一种服务,它包括产品介绍、价格信息、促销活动等,有助于顾客做出购买决策,并更好地了解和使用产品。顾客一般情况下只有获取足够量的信息,才有可能形成消费安全感从而引发购买意愿。

(二) 订单处理服务

订单服务发生在顾客准备购买时,服务提供者开始接受申请、订单和预订,一般涉及顾客下单、确认订单、修改订单等环节。一个高效、准确的订单服务系统能够大幅提升顾客的购物体验,减少因订单错误或延误而产生的问题。另外,订单处理过程需要周到、快捷而准确的服务,这样才能减少顾客的无效等待,从而提高满意度和期待值。

(三) 开具账单服务

开具账单几乎是所有服务共同的要素,这项服务主要涉及为顾客提供详细、准确的消费清单和账单。这不仅有助于顾客了解自己的消费情况,也是厂商透明化、规范化运营的重要体现。顾客期望收到清晰的账单,账单上应该显示出服务费用的完整明细,这样才能减少顾客的不安全感。

(四) 付款服务

付款服务也就是为顾客的付款提供服务,付款服务的便利性和安全性对顾客来说至关重要,提供多种支付方式、保障支付安全、简化支付流程等都是优化付款服务的关键。顾客付款后及时准确地提供收据或发票也是不能忽略的环节。另外,对

---

① 〔美〕约亨·沃茨等:《服务营销》(第 8 版),韦福祥等译,中国人民大学出版社,2018,第 93 页。

于服务厂商来说，通过控制系统督促顾客按时付款也十分关键。

（五）咨询服务

咨询服务就是在充分掌握顾客需求的基础上，设计一个有针对性的解决方案并提供给顾客，咨询服务是顾客在消费过程中经常需要的一种服务。无论是售前咨询还是售后咨询，都需要厂商提供专业、耐心、及时的服务人员来解答顾客的问题，这就要求服务人员具备丰富的专业知识和技能以快速应对顾客的咨询。高效的咨询服务可以促成大量的购买。

（六）接待服务

接待服务是顾客与厂商接触的第一环节，其质量直接影响到顾客对厂商的整体印象。热情、周到、专业的接待服务能够让顾客感受到厂商的诚意和尊重。有些服务要求顾客现场体验，甚至需要他们待在现场直到服务传递结束，例如美容、就医等，这就要求服务人员持续提供接待服务，这个过程能够在非常直观的层面影响顾客对服务质量的评估和看法。

（七）保管服务

保管服务涉及顾客物品的存储和保管。对于需要寄存物品的顾客来说，一项安全、可靠的保管服务能够大大减轻他们的负担和顾虑。这就要求服务厂商进行投入，认真看管好顾客的物品，保证物品完好无损。有些行业，保管服务的好坏直接影响核心服务的质量，例如搬家公司为顾客搬运新家具或者大家电，如果保管服务有失，造成物品的损坏，必然要对顾客进行补偿，并影响厂商声誉。

（八）额外服务

额外服务是指超出顾客期望的、额外的服务项目。这些服务可能不是顾客直接需求的，但能够给他们带来惊喜和愉悦。例如，一些酒店会为客人提供免费的水果、饮料等额外服务。服务厂商应该关注额外服务的需求，如果需求过多，说明原有的程序化活动需要改进。另外，过多的额外服务也可能对其他顾客产生负面情绪，还会加重服务人员不必要的负担。

第 2 节　服务生命周期

一　服务生命周期的概念

在商科的众多研究领域中，生命周期理论作为一种广泛应用的理论框架，其影响力深远。无论是探讨组织的成长与蜕变、行业的兴衰更迭，还是分析产品的市场演进，生命周期理论都提供了有力的分析工具。特别值得一提的是，在服务厂商的市场营销研究中，这一理论同样展现出了强大的适用性和解释力。通过运用生命周期理论，服务厂商能够更深入地理解市场动态，精准把握顾客需求，从而制定出更加有效的市场营销策略。

与有形产品的生命周期一样，服务同样存在类似生物体一样的生命周期。服务生命周期是指某一种服务从进入市场、稳步增长到逐渐衰退的全过程。在服务生命周期的各个阶段中，服务厂商需要采取不同的策略和管理方法，以确保服务能够满足顾客需求并保持良好的运行状态。通过有效地管理服务生命周期，服务厂商可以提高服务质量、降低运营成本并增强市场竞争力。

二　服务生命周期各阶段策略

服务生命周期大体可以分为导入期、成长期、成熟期和衰退期。

（一）导入期

导入期是服务生命周期的第一个阶段，顾客主要是初次尝试者，对服务的功能和用途了解不多，可能持怀疑态度，他们通常通过广告、推荐或社交媒体等渠道得知该服务。他们对产品依赖程度和参与程度都比较低，主要在验证产品是否符合预期，不会轻易付费，可能只是出于好奇或临时需求而尝试免费试用服务。

在导入期，服务厂商应将运营的重心聚焦在提高转化率、深入分析用户转化情况以及每日用户留存率等核心指标上。这些指标对于评估渠道质量、获客成本以及客户质量至关重要，也是吸引并稳固用户群体的关键所在。为了实现这一目标，服务厂商必须深入挖掘目标市场和潜在用户的实际需求与痛点，根据用户特征进行精准的市场细分，从而明确服务的核心受众群体。为确保用户能够快速掌握并充分利用服务，厂商应提供详尽且直观的产品教程和指南，包括视频、图文等多种易于理解和吸收的方式。在这一阶段，新用户引导流程的设置尤为关键，例如首次使用提示、功能亮点展示等环节，均能有效帮助用户熟悉服务的功能和实际应用场景。为了降低用户的尝试门槛，服务厂商可以推出限时或功能受限的免费试用版本，让用户在低风险的环境中体验服务。

在推广方面，厂商应充分利用社交媒体广告、内容营销、合作伙伴关系等多元化渠道，以扩大服务的知名度和影响力。同时，通过定期举办线上或线下活动，如研讨会、工作坊等，吸引潜在用户的关注，进一步提升品牌认知度和塑造良好的品牌形象。

（二）成长期

在成长期，服务所提供的产品或解决方案赢得了市场的广泛青睐，吸引了众多新用户，推动用户基数迅猛增长。随着用户群体的不断壮大和市场份额的稳步扩张，服务厂商的收益也水涨船高，利润达到峰值。同时，随着服务流程的日益成熟和优化，服务成本逐渐降低，而新的服务特性的涌现也促使分销渠道不断拓宽，进一步压缩了平均促销成本。用户对产品或服务的满意度和认可度的迅速提升，催生了市场需求的持续旺盛，服务厂商必须不断扩充业务版图以响应这一市场趋势。然而，市场的繁荣也引来了更多的竞争者，加剧了市场竞争的激烈程度。为了在这场竞争中保持领先地位，服务厂商必须坚持不懈地提升产品或服务的质量，保持持续的创新和优化，从而确保自身的竞争优势不被削弱。

在服务的关键成长期，服务厂商为巩固市场地位并实现持续增长，应采取一系列全面且深入的服务策略。

（1）用户关系管理是核心，通过建立完善的用户管理系统，厂商能更深入地理解用户需求，从而提供高度个性化的服务体验，这不仅增加了用户满意度，还构建了品牌忠诚度。

（2）持续创新对于保持市场竞争力至关重要，服务厂商需要不断推出新功能、新产品或技术解决方案，以满足市场的快速变化和用户的新需求。

（3）扩展市场覆盖是另一个关键策略，通过多元化的渠道和合作伙伴关系，服务厂商能够触及更广泛的用户群体，从而增加市场份额。

（4）品牌形象的建设也不容忽视，一致的品牌信息和优质的客户服务能够提升品牌认知度和美誉度，进而提升市场竞争力。

（5）建立稳固的合作伙伴关系有助于服务厂商利用外部资源扩展能力，加速创新和市场拓展。

（6）风险管理是保障业务稳定增长的基石，服务厂商应全面识别和分析各种潜在风险，并制定有效的应对策略，以确保业务的持续健康发展。

通过这些综合策略的实施，服务厂商能够在成长期稳固市场地位，实现可持续增长，并为未来的发展奠定坚实基础。

（三）成熟期

在服务生命周期的成熟期，随着市场需求趋于饱和，新客户的增长速度明显放缓，服务已广泛被现有客户采纳。随着市场的成熟，竞争也日趋白热化，服务厂商之间的差异化逐渐减少，而价格和服务质量成为客户选择的关键因素。此时，客户对服务细节和体验的要求更为严苛，任何小的瑕疵都可能影响客户的满意度和忠诚度。同时，由于市场格局的相对稳定，大的创新变得不那么频繁，更多的是对现有服务的优化和改进。然而，这并不意味着创新完全停滞，相反，一些细微但富有洞察力的创新往往能在这个时期为服务厂商带来新的竞争优势。此外，成熟期还常常伴随行业标准的形成和规范化，这有助于提升整个行业的服务质量和效率，但也可能导致一些不符合标准的小厂商被淘汰。值得注意的是，由于市场趋于饱和，竞争服务厂商之间的合作和整合也变得更为常见，可能通过共享资源、降低成本并扩大市场份额的方式形成行业寡头。

处在成熟期的服务厂商，主要目标是维持老顾客，维持市场占有率，具体可以采取以下策略。

（1）服务厂商应持续优化客户体验，将顾客需求置于中心位置。通过深入了解客户的偏好和需求，提供个性化、定制化的服务，并建立多渠道的客户反馈机制，迅速响应客户问题，以提升客户满意度和忠诚度。这种客户导向的策略有助于构建稳固的客户关系，为服务厂商带来持续的业务增长。

（2）持续创新与技术升级是保持竞争优势的关键。服务厂商应不断探索新的服务模式、引入先进的技术解决方案，对现有服务进行迭代升级，以提供更加便捷、高效、安全的服务体验。这种创新可以涉及服务流程、交互界面、后台系统等多个方面，确保服务厂商在市场竞争中保持领先地位。

（3）强化品牌形象与差异化也是重要的策略之一。在此阶段，服务同质化现象严重，服务厂商应明确自身的品牌定位，通过一致的品牌传播和优质的客户服务，塑造独特的品牌形象。同时，找出与竞争对手的差异点，并充分利用这些点来宣传和推广自己的服务，以吸引更多潜在客户。

（4）拓展市场与寻找新的增长点也是保持竞争优势的重要策略。服务厂商应积极寻找市场中的未被充分开发的细分领域或潜在客户群体，并制定相应的市场拓展策略。这可能涉及对新的服务领域的探索、对现有市场的进一步细分，或者通过跨界合作进入新的业务领域，为服务厂商带来新的增长机会。

（5）建立稳固的合作伙伴关系也是关键之一。与其他相关服务厂商建立紧密的合作关系，可以帮助服务厂商扩大服务范围、提升服务质量，并共同应对市场竞争。这些合作伙伴可以包括技术提供商、内容创作者、分销商等。通过与合作伙伴的资源共享、风险共担以及加速创新和市场拓展的步伐，服务厂商能够进一步巩固市场地位并保持竞争优势。

（四）衰退期

如果没有在成熟期稳定市场占有率，服务厂商很有可能进入衰退期。在服务衰退期，市场情况发生了显著的变化。随着技术的不断进步、顾客偏好的转移以及新的替代品的出现，服务需求逐渐下降，这直接反映在销售额的减少和顾客流失率的上升上。为了应对这种局面，服务厂商不得不面临更加激烈的市场竞争，这包括价格竞争、品牌竞争和服务内容竞争等多个方面。在这种竞争环境下，一些服务厂商可能会选择降低服务质量以降低成本，维持盈利。然而，这种做法往往会导致顾客满意度的进一步下降，增加投诉和纠纷的数量，从而损害品牌形象和客户关系，这种恶性循环可能会加速服务的衰退进程。与此同时，行业整合也开始加速。一些实力较弱的服务厂商可能会选择退出市场，而留存下来的厂商则通过合并、收购等方式进行整合，以提高市场份额和竞争力，这种整合有助于优化资源配置，提高行业整体的运营效率和服务质量。

然而，在服务衰退期并非只有挑战，它也为一些服务厂商提供了创新的机会。面对困境，一些有远见的服务厂商开始积极探索新的服务模式、技术解决方案或市场领域，以寻求新的增长点。例如，它们可能会将服务与科技相结合，开发出更加智能化、便捷化的服务产品；或者通过跨界合作，拓展新的服务领域和市场空间。这种创新不仅有助于服务厂商摆脱困境，实现转型升级，也为行业的复兴和发展注入了新的活力。因此，服务衰退期虽然充满了挑战，但也孕育着机遇。对于服务厂商来说，只有不断创新、积极应对市场变化，才能在竞争中立于不败之地，实现可持续发展。

处于衰退期的服务厂商，正面临市场的深刻变革。为了应对这一挑战，它们必须重新审视市场环境，深入挖掘那些仍有需求或尚未被充分满足的细分市场。这可能需要服务厂商对现有服务进行细致的调整，甚至彻底转向全新的服务领域。在这一阶段，创新变得尤为重要，服务厂商必须更多地聚焦于对现有服务的优化和升级，以更好地适应不断变化的市场需求。这可能意味着引入尖端技术、提升服务的个性化和定制化水平，或是推出全新的增值服务。随着衰退期的到来，收入和利润往往会出现下滑，这使得成本管理变得尤为关键，服务厂商需要采取更加严格的成本控制措施，包括优化运营流程、采用更高效的技术工具，甚至重新与供应商进行商务谈判以降低采购成本。然而，当服务衰退到无法挽回的境地时，服务厂商必须做出艰难的决策，有序地退出当前市场，并将宝贵的资源和精力投入更有发展前景的领域中。这可能包括出售非核心业务、关闭不盈利的部门，或是进行全面的业务转型，通过这样的战略调整，服务厂商有望在衰退期中找到新的生机和出路。

第3节　服务品牌

一　服务品牌概述

品牌作为顾客购买决策中的核心要素之一，不仅是服务厂商区别于竞争对手的独特标识，更在顾客购买选择阶段扮演着至关重要的角色。顾客在做出购买决策时，往往会先选择品牌，进而在该品牌下具体挑选所需的服务。因此，品牌的选择先于并决定着具体服务的选择。

科特勒将品牌定义为一种名称、术语、标记、符号设计或其组合,其目的是借以辨认某个或某群服务厂商的产品及服务。[①] 品牌的功能远不止于区分不同的服务厂商,它更是连接服务厂商与顾客之间的重要桥梁,承载着价值的传递和共享。通过品牌的形象和文化展示,顾客能够深切感受到使用该品牌产品或服务所带来的心理满足和愉悦。这种满足不仅源于品牌对顾客不安全感的有效消除,更在于品牌所蕴含的深厚文化内涵为顾客带来的精神上的享受。特别是对于服务行业的顾客而言,他们更加注重品牌在精神层面上的满足和共鸣。对于服务厂商来说,品牌的价值不仅仅体现在产品的高价格接受度上,更重要的是其所塑造的产品信誉和顾客忠诚度。这些因素共同构成了品牌的边际效益,为服务厂商创造了持续的经济回报和竞争优势。服务厂商深知,只有不断提升品牌价值,才能在激烈的市场竞争中立于不败之地。

服务品牌是指在经济活动中,服务厂商通过商品或劳务的服务过程来满足顾客的心理需求的一种特殊的品牌形式。服务品牌是服务行业的关键策略,它通过差异化的服务来获得竞争优势,并赢得顾客的忠诚度和口碑。

服务品牌的核心特点在于其综合性、无形性、体验性和差异性。

(一)综合性

服务品牌涵盖了服务观念、服务特色、服务规范等多个方面,是一个综合性的概念。它不仅仅是服务本身的标识,更是服务厂商形象、服务文化、服务质量等多种因素的集中体现。

(二)无形性

与实体产品不同,服务品牌所代表的服务往往是无形的。顾客在购买服务时,无法像购买实体产品那样直接感知到服务的质量和特点。因此,服务品牌需要通过有效的品牌传播和管理,建立起顾客对服务的信任和认可。

(三)体验性

服务品牌的另一个显著特点是其体验性。顾客在购买服务的过程中,会与服务提供者进行互动,亲身体验服务的质量和效果。这种体验对顾客对服务品牌的评价和忠诚度具有重要影响。

(四)差异性

由于服务提供者、服务内容、服务方式等方面的不同,服务品牌之间往往存在显著的差异性。这种差异性使得服务品牌在市场上具有独特的竞争力和吸引力,能够满足不同顾客的个性化需求。

---

① 许晖编著《服务营销》(第 2 版),中国人民大学出版社,2021。

二　服务品牌的构成

（一）品牌识别（包括名称、标识等）

这些是品牌最直观的外在表现，帮助顾客识别和记忆品牌。品牌名称应简洁、易记，并能传达品牌的核心价值，标识、符号和视觉元素应与品牌形象保持一致，增强品牌的辨识度。

（二）品牌文化

品牌文化体现了品牌的价值观和理念，是品牌与顾客建立深厚情感联系的基础。品牌文化不仅为品牌提供了内在的力量和指引，还通过传递品牌的理念和承诺，激发顾客的共鸣和忠诚。一种强大的品牌文化能够成为品牌与顾客之间深厚的情感纽带，为品牌带来持久的竞争优势。

（三）品牌联想

品牌联想是指顾客在提到或接触到品牌时，脑海中首先浮现出的相关记忆、印象或信息。服务厂商应该积极构建品牌与特定功能或情感之间的联系，通过巧妙地将品牌与特定属性相结合，从而在顾客心智中占据有利位置，并强化品牌在顾客心目中的独特形象。

（四）品牌情感

品牌情感是顾客对品牌产生的情感体验和反应，它源于品牌与顾客之间的互动和沟通。一个成功的服务品牌能够通过优质的服务和体验，赢得顾客的喜爱、信任和忠诚。这种深厚的情感联结使得顾客对品牌产生了强烈的归属感和认同感，从而愿意与品牌建立长期的关系，并成为品牌的拥趸。

（五）品牌个性

品牌个性是品牌的独特魅力和个性的体现，它使品牌具有鲜明的特点和辨识度。品牌个性通过品牌的传播方式、形象代言人和产品设计等方面来展现，为顾客呈现出一个立体、生动的品牌形象。一个鲜明的品牌个性能够吸引目标顾客的注意和兴趣，与顾客建立深厚的情感联系。

课堂互动 3-1

有哪些服务品牌让你印象深刻？

三　服务品牌的价值

服务品牌，作为连接服务厂商与顾客的桥梁，其背后蕴藏着多重价值，这些价值不仅关乎顾客的选择,更关乎服务厂商的长远发展和市场竞争地位。

(一) 从顾客的视角来看,服务品牌承载着信任与情感的寄托

在繁杂的市场中,顾客面对众多的服务选择,而服务品牌则如同指南针,为顾客提供方向。它代表着一种对服务质量的承诺,一种对消费体验的保障。当顾客选择某一服务品牌时,他们实际上是在选择一种信任,这种信任来源于品牌过往的表现、口碑以及顾客的亲身体验。同时,服务品牌也满足了顾客的情感需求,成为他们表达自我、追求生活品质的一种方式。

(二) 从服务厂商的角度来看,服务品牌是服务厂商的灵魂的体现,也是其市场竞争力的象征

一个成功的服务品牌不仅仅是服务厂商标识的延伸,更是组织文化的传承和发扬。它代表着服务厂商的核心价值观、经营理念和服务宗旨,是其向外界展示自身实力和形象的重要窗口。一个深入人心的服务品牌能够为服务厂商吸引更多的优秀人才,提高员工的工作满意度和归属感,从而创造更大的价值。

(三) 从市场竞争的角度来看,服务品牌是服务厂商在激烈的市场竞争中脱颖而出的关键

在产品同质化日益严重的今天,服务品牌成为服务厂商之间差异化竞争的重要手段。一个具有独特魅力和鲜明个性的服务品牌能够在众多竞争对手中脱颖而出,为顾客提供独特的消费体验和价值感知。这种独特的竞争优势不仅能够为服务厂商赢得更多的市场份额和利润空间,还能够提升整体竞争力和行业地位。

因此,服务品牌的价值不仅体现在满足顾客需求、提升服务厂商价值和增强竞争力等方面,更在于其背后所承载的信任、情感寄托、服务厂商文化传承和市场竞争地位等多重意义。服务厂商应该高度重视服务品牌的建设和管理,不断挖掘与提升品牌的价值和效应,为其长远发展奠定坚实基础。

四 服务品牌的管理策略

服务品牌管理,作为一项细致且全方位的任务,致力于通过精心策划和实施的多重策略来塑造、巩固并提升服务品牌在目标市场中的独特形象和深厚认知。这一过程中,富含了诸多具体而关键的细节。

(一) 在策略制定的初始阶段,市场调研扮演着至关重要的角色

服务厂商需深入洞察目标顾客的内心世界,努力探索他们的需求、偏好以及消费行为背后的动机。基于这些市场情报,服务厂商得以精准地界定品牌的目标市场细分,并进一步明确品牌的独特定位,以确保品牌在顾客心中占据独特的地位。同时,品牌的核心价值也在这一过程中得以明确和强化,成为品牌与顾客之间建立深

厚情感联系的坚实基础。例如，阿里巴巴集团通过大数据分析，深入挖掘顾客的购物习惯和趋势，为其电商平台提供有力的策略支持。

（二）在形象塑造上，服务厂商要注重品牌的全方位表达

视觉识别系统，作为品牌形象的直观展现，应该被赋予极高的重视。精心设计的品牌标志、恰如其分的色彩和字体选择，共同绘制出品牌的独特形象。同时，声音识别系统和行为识别系统也非常关键，通过广告语、音乐以及员工行为、服务流程等细节，可以确保品牌形象的一致性和卓越性。例如，海底捞火锅以其独特的服务体验，成功塑造了一个深受顾客喜爱的品牌形象，其标志性的热情服务和细致入微的关怀，使其成为众多顾客首选的火锅品牌。

（三）传播推广环节，是品牌与市场互动的关键时刻

服务厂商运用整合营销传播策略，巧妙地将各种传播工具和渠道融为一体。多元化的广告形式、精心策划的公关活动、诱人的促销活动以及新兴的社交媒体平台，共同构建起品牌与顾客之间的多维度沟通桥梁。这些互动和沟通有效地扩大了品牌的影响力，并激发了顾客的购买欲望。例如，美团作为我国领先的生活服务电子商务平台，建立了完善的用户评价系统和客户服务体系，积极回应顾客的反馈和投诉，不断改进和优化服务，提升顾客满意度和口碑。

（四）品牌关系维护，作为一项长期而细致的任务，同样不容忽视

服务厂商建立完善的客户关系管理系统，倾听顾客的声音，深入了解他们的需求和反馈。这种关注不仅体现在产品和服务的持续改进上，也应该延伸到员工培训和激励机制的完善中，员工被激励成为品牌的忠实拥护者和积极传播者，而合作伙伴的稳定支持也为品牌的持续发展提供了坚实保障。例如，小米非常注重线上与线下的公关活动。线上方面，小米经常在新品发布时邀请媒体、行业专家、意见领袖等进行体验，通过他们的口碑传播来扩大品牌影响力。线下方面，小米会定期举办各种粉丝见面会、新品发布会、科技展览等活动，与粉丝进行面对面的互动，维护"米粉"的关系。

服务品牌管理要求服务厂商科学规划，从深入市场调研出发，全方位塑造形象，多渠道传播推广，并精心维护品牌关系。通过这一系列策略性行动，服务厂商可打造独特且受欢迎的服务品牌，赢得市场竞争优势。

第4节 服务产品的创新

根据服务生命周期理论可知，任何服务最终都将面临逐渐衰退的命运。为了追求服务厂商的永续经营，服务厂商必须不断开发新的服务产品，不断进行创新服务的发展，以弥补旧有服务产品销售量下降而带来的利润损失。

一　服务产品创新的必要性

服务产品创新是实现营销差异化策略的根本途径，更是服务厂商发展的原动力。服务产品创新的必要性主要体现在以下几个方面。

（一）满足市场变化与顾客需求

随着市场环境和顾客行为的不断变化，传统的服务产品可能不再适应新的需求，服务产品创新能够确保服务厂商提供的服务与当前市场需求相匹配，满足顾客的新期望。

（二）打破竞争同质化

在高度竞争的市场中，服务产品往往容易陷入同质化的困境，通过创新，服务厂商可以打破这种同质化，提供与众不同的服务体验，从而在竞争中脱颖而出。

（三）创造新的增长点

服务产品创新不仅是对现有服务的改进，还可以是全新服务产品的开发，这种创新能够为服务厂商创造新的业务增长点和收入来源。

（四）提升服务效率和质量

创新往往伴随技术的进步和流程的优化，这可以显著提升服务的效率和质量，高效率、高质量的服务是吸引和留住客户的关键。

（五）增强服务厂商韧性

面对外部环境的快速变化，如技术进步、法规变动或社会趋势变化，服务产品创新能够增强服务厂商的适应性和韧性，帮助其快速应对变化。

服务产品创新对于服务厂商的生存和发展至关重要，它不仅是满足市场和顾客需求的手段，也是服务厂商在竞争中保持领先地位和持续增长的关键。

二　服务产品创新的概念和类型

服务产品创新是指全新服务产品的开发和引入，或从表现形式上来看，以生产新服务或显著改善的服务的形式呈现。这包括新的服务概念的产生，以及基于需求分析的服务产品的功能、形式、服务界面等的设计。

服务产品创新的类型主要包括以下几种。

（一）全新型服务创新

这种创新是一种全新的服务产品的开发和引入，具有全新的服务概念和功能，能够满足市场上全新的需求。

(二) 替代型服务创新

这种创新是指用新的服务产品替代传统的服务产品，以提供更高效、更便捷或更低成本的服务。

(三) 延伸型服务创新

这种创新是在现有服务产品的基础上进行延伸和拓展，增加新的服务内容或功能，以满足客户更广泛的需求。

(四) 拓展型服务创新

与延伸型服务创新相似，但更注重将现有服务产品推向新的市场或客户群体，以扩大服务范围。

(五) 改进型服务创新

这种创新是对现有服务产品进行改进和优化，以提升服务质量、效率和客户满意度。

(六) 包装型服务创新

这种创新主要关注服务产品的包装和呈现方式，通过改变服务的外观、形式或品牌形象，提升服务的吸引力和竞争力。

这些创新类型并不是相互独立的，服务厂商在进行服务产品创新时，可能会同时采用多种创新类型，以实现更全面的创新效果。同时，服务产品创新也需要考虑市场需求、技术可行性、成本效益等多方面因素，以确保创新的成功实施。

三 服务产品创新的流程

服务产品创新的流程通常包括以下几个阶段。

(一) 创意孵化与概念共创阶段

在这一阶段，服务厂商需要积极汇聚内外部的创新力量，不仅依赖内部团队的专业知识，还要引入客户、行业专家等外部资源共同孵化创新概念。通过组织多元化的创意研讨会和合作工作坊，服务厂商的跨界思维能够被激发出来，形成独特且具有前瞻性的服务产品概念。

(二) 需求深潜与精准定位阶段

服务厂商在确定了创新方向后，要进行深入的市场调研，以深入挖掘潜在客户的需求。这包括运用先进的数据分析工具、进行定性访谈和民族志研究等，以获得对市场的深刻洞察。重要的是，服务厂商要将这些需求洞察转化为精准的产品定位，确保推出的服务产品能够准确满足市场的特定需求，并提供独特的价值体验。

（三）原型设计与敏捷开发阶段

在明确了产品定位后，服务厂商应迅速构建服务产品的原型，并采用敏捷开发的方法进行迭代优化。这意味着快速响应市场反馈，以小步快跑的方式不断完善产品设计。通过持续的原型测试和用户反馈收集，服务厂商可以及时调整产品方向，确保其既符合市场需求又具备技术可行性。

（四）市场预热与试点先行阶段

在服务产品准备推向市场之前，服务厂商要进行充分的市场预热活动，通过宣传产品的创新点和独特价值来吸引潜在客户的关注。同时，选择具有代表性的市场或客户群体进行试点推广，以收集实际使用数据和一线市场反馈。这些信息对于产品的进一步优化和市场策略的调整至关重要，有助于服务厂商更好地满足客户需求并提升市场竞争力。

（五）上市规划与执行阶段

在试点成功后，服务厂商制订全面的上市计划，包括确定上市时间、目标市场、定价策略、销售渠道等，加强品牌建设和市场宣传，提升市场认知度和客户期待。然后服务厂商将前期筹备的上市计划付诸实践，通过激活销售渠道、发布产品、启动销售，并密切监控市场表现及客户反馈，实时调整市场策略以确保产品顺利进入市场并被目标客户所接受，从而实现商业目标。同时，建立有效的上市监控机制，跟踪产品上市后表现，并快速响应市场变化和客户反馈。

（六）综合评估与持续进化阶段

服务产品上市后，服务厂商需要建立一套综合的评估体系，从市场份额、客户满意度、盈利能力等多个维度对产品的表现进行全面的评价。基于评估结果，服务厂商要制定持续进化的产品发展路线图，不断引入新的创新点和技术手段，以保持服务产品的领先地位和持续竞争力。

四 服务产品创新策略

服务产品创新不仅仅是引入新技术或简单满足市场需求，它涉及对服务本质的深度理解、对客户需求的细致洞察，以及对服务传递过程中各个环节的创新优化。

（一）重塑服务流程

重塑服务流程旨在通过优化和自动化手段，消除服务中的瓶颈和低效环节，提升整体服务效率。通过引入先进技术如机器人流程自动化，实时监控与动态调整服务流程，服务厂商能够实现更快速、更准确的服务响应，提升客户满意度。例如，某银行引入了智能客服机器人，通过自然语言处理技术，机器人能够准确理解客户的问题并提供即时的解答。同时，该银行还优化了其贷款申请流程，通过自动化审批系统和电子签名技术，大幅缩短了贷款处理时间，提高了客户满意度。

（二）创造沉浸式体验

创造沉浸式体验是通过多感官设计和情感联结，将客户完全融入服务过程中。通过精心打造的服务环境和互动体验，服务厂商能够激发客户的情感共鸣，增强客户对品牌的认同感和忠诚度，从而建立深厚的客户关系。例如，某主题餐厅通过精心设计的装修和布局，将顾客带入特定的时代或文化氛围中。餐厅内播放着与主题相关的音乐，服务员穿着特定的服装，甚至菜品也与主题紧密相连。顾客在用餐过程中仿佛穿越时空，获得了沉浸式的用餐体验。

（三）数据驱动的个性化

数据驱动的个性化是利用大数据和人工智能技术，深入分析和挖掘客户数据，以提供高度定制化的服务。通过精准洞察客户需求和行为模式，服务厂商能够在正确的时间和地点为客户提供恰如其分的产品和服务推荐，实现个性化服务的极致体验。例如，某在线购物平台通过收集用户的浏览历史和购买记录等数据，利用推荐算法为用户提供个性化的产品推荐。当用户浏览网站时，平台会根据其过去的偏好和行为展示相关的产品，提高用户的购买转化率和满意度。

（四）服务社区化

服务社区化是通过构建围绕服务产品的社区，促进客户之间的互动和分享，形成归属感和共同价值。通过社区平台，服务厂商能够汇聚客户的智慧和创意，激发用户生成内容的活力，同时加强品牌与客户之间的情感纽带，为服务产品创新提供源源不断的动力。例如，某健身品牌通过创建线上社区，鼓励用户分享自己的健身经验、成果和心得。社区内设有健身教练的专业指导区，用户可以在这里提问并获得专业的解答。同时，该品牌还定期组织线下活动，如健身挑战赛、健康讲座等，进一步增强了用户之间的互动和归属感。

（五）平台化创新

平台化创新是将服务产品打造为一个开放、互联的平台，吸引第三方合作伙伴加入，共同构建一个互补共生的生态系统。通过开放 API 和集成第三方服务，服务厂商能够拓展服务范围、增加收入来源，同时为客户提供更丰富、更便捷的综合服务体验。例如，某在线教育平台允许第三方教育机构和内容提供者将他们的课程和资源集成到该平台上，学生不仅可以选择该平台自有的课程，还能访问和搜索来自其他合作机构的教育资源。通过这种平台化创新，该在线教育平台成功打造了一个连接多方教育资源和学习者的综合性服务平台，提升了用户体验并扩大了市场份额。

（六）可持续发展整合

可持续发展整合是将环境保护和社会责任融入服务产品创新的核心理念。通过评估服务对环境的影响，推动绿色供应链和可持续资源管理，服务厂商能够减少负面影响，增加正向价值，同时树立良好的服务厂商形象，赢得社会认可和持续增长的机会。例如，某电动汽车制造商在生产过程中注重环保和可持续发展，他们使用可再生能源进行充电，采用环保材料制造车身和座椅，同时还推出了电池回收计划，鼓励用户将废旧电池回收再利用。这些举措不仅减少了环境污染，还提高了服务厂商的社会责任感和品牌形象。

（七）探索新的价值主张

探索新的价值主张是挑战现有市场规则，提出颠覆性的服务理念和产品方案。通过深入洞察市场趋势和客户需求，服务厂商能够发现新的增长点和创新空间，以独特的价值主张吸引并留住客户。这需要服务厂商勇于尝试、快速迭代，并始终保持对市场和客户的敏锐洞察力。例如，某传统书店面临电子书的竞争压力，为了重新定位并吸引读者，该书店转型为一个"文化交流空间"，除销售图书外，还提供舒适的阅读区、定期的作家见面会、主题讲座和文化工作坊。此外，读者还可以在书店内享用咖啡和小食，参与书友会活动，分享阅读心得。通过这种新的价值主张，该书店成功地将自己从一个单纯的书籍销售点转变为一个促进文化交流和社交的场所，吸引了更多热爱阅读和文化的顾客。

复习思考题

1. 如何理解服务产品和服务品牌的含义？
2. 为什么要从顾客利益的角度理解服务产品？
3. 服务包包含哪些层次？
4. 服务之花有哪些内容构成？
5. 在服务生命周期的不同阶段应该采取哪些策略？
6. 为什么要进行服务产品创新？

章尾案例　　　　　基于四维度模型的亚朵酒店服务创新研究

2013年，亚朵酒店在西安开设第一家门店，截至2020年12月11日，亚朵酒店已开设门店600多家，签约门店超过1000家，分布于175个城市。除此之外，亚朵酒店的综合评分为4.9以上，拥有超过2700万优质会员，会员复购率高达57%。短短几年时间，亚朵酒店迅速扩张，在中端酒店市场占据了较大的份额，同时还能保持较好的口碑，这样的成绩在低迷的酒店市场无疑是亮眼的。

亚朵酒店的新服务概念主要体现在精准的市场定位、提供解决住宿痛点的特色产品以及清晰的战略规划等方面。亚朵酒店的目标人群是中等收入群体，服务定位则强调亚朵不是只提供住宿，而是要打造一种生活方式。当前，"80后""90后"成为消费主力，他们普遍接受过良好的教育，在实现物质消费升级之后，他们往往更加注重精神消费升级。亚朵酒店也注意到中等收入群体对于住宿体验的高要求，因此致力于解决住宿中的痛点。对于入住的客人而言，最重要的是睡眠，亚朵酒店就在床品上下功夫。一般的中端酒店的床品不是特别高端，但亚朵酒店为每一个房间提供羽绒枕和记忆枕，使用普兰特定制床垫，虽然成本高，但确实提升了顾客的住宿体验。亚朵酒店成立伊始，创始人就明确表示，"亚朵始于酒店，不止于酒店"。这样清晰的规划使得亚朵酒店在扩张的过程中始终不忘树立亚朵品牌。亚朵酒店对标星巴克，提出第四空间生活方式，之后对标迪士尼，打造亚朵IP。近年来，亚朵酒店与网易云音乐、知乎、QQ等合作，创办亚朵主题酒店，持续打造亚朵酒店注重精神追求、打造诗意生活的品牌形象。

新客户界面就是亚朵酒店与顾客沟通的方式，可以简单分为线上、线下两个部分。亚朵酒店的线上服务主要包括官方网站、微信公众号以及网上店铺提供的服务。为了契合亚朵充满人文关怀的品牌形象，亚朵酒店的线上平台设计十分简洁、富有诗意，每个板块介绍都非常简单，字数很少但都配以诗文，十分雅致。线下服务主要为一线员工与顾客的互动，以及酒店布景、设计对顾客的触动。亚朵酒店的服务12节点将线上线下连接起来，即"网上预订—走进酒店—走进房间—提出服务咨询—吃早餐—等人或需要休息时—非饭点却想吃食物时—离店时—点评时—再次想起亚朵时—向他人推荐亚朵时—再次预订时"。这12个节点涵盖了顾客从初识亚朵酒店到再次订购亚朵酒店的全过程，亚朵酒店就从每个节点的细节处入手，给顾客带来独特的住宿体验。如亚朵酒店预订界面的备注部分带有"有小孩、有孕妇、有老人、无烟、远离电梯"等标识，顾客可以根据自己的情况进行选择，亚朵酒店可以根据顾客的要求提供最适合的房型。同时，房间充足时，亚朵酒店一般会提供免费房间升级服务，给顾客带来惊喜。如顾客进门即有奉茶礼、离店时顾客无须办理手续、阴天出门送伞、冬天离店送一瓶温水等服务细节。在每一个亚朵酒店大厅，都有"竹居"和摄影展示区，"竹居"里摆放了大量的书籍，甚至有一些是绝版书籍，顾客在休息时可以阅读书籍，离开时也可以带走书籍，之后归还给任何一家亚朵酒店即可。摄影展示区一般都是记录当地风情习俗等内容，现在已经成为游客了解当地文化的一个重要途径。阅读和摄影是中等收入群体提升自我、丰富生活的一种重要方式，亚朵酒店借此迅速吸引了大量的忠实顾客。

亚朵酒店利用新技术，除了提供线上订购、线上咨询等基本服务，还充分借助互联网思维，打造互联网众筹和场景电商。酒店迅速扩张就要面对资金压力，亚朵酒店推出酒店众筹，把单纯的消费者变成投资消费者，即将筹备中的酒店作为融资项目发起众筹，根据投资金额，投资人可以享受经营分红，并且成为不同等级的会员，会员等级决定消费者在亚朵酒店所获得的额外服务。根据官方网站的信息，亚朵酒店会员划分为五个等级，不同级别的会员在订房折扣、书籍借阅权限、餐饮、节日礼物等方面有较大差异。数据显示，亚朵酒店众筹项目中65%的投资人是酒店会员。酒店众筹项目一方面解决了亚朵酒店资金紧张的问题，便于迅速开店占据市场；另一方面通过"股东"身份牢牢吸引会员，增强用户黏性。我国的电商市场已经比较成熟，基于此，亚朵酒店开创了"可见即可买"的场景电商模式，亚朵15%的收益来源于此。中等收入群体对价格敏感度不高，普遍注重购物体验与品质，亚朵酒店提供的产品大多符合这一要求，消费者的使用体验好，就有可能产生购买欲望。亚朵酒店抓住这一契机，为消费者提供便捷的购买途径，"亚朵生活馆"便取得了成功。

资料来源：范齐《基于四维度模型的亚朵酒店服务创新研究》，《西部旅游》2022年第13期。

讨论题

1. 亚朵酒店提供了哪些服务产品？
2. 亚朵酒店有哪些服务产品的创新？
3. 如果你是顾客，是否会选择亚朵酒店？为什么？

第4章 服务定价策略

学习目标

学习完本章后,你应该能够:
- 了解服务价格的含义;
- 理解服务价格与实体产品价格相比的独特性;
- 领会服务产品定价的理论基础;
- 明确服务业的三种定价方法;
- 掌握并灵活运用服务产品的五种定价技巧。

开篇案例　　　　　　　　5G 服务套餐:定价的艺术

截至 2023 年,全球正式进入 5G 时代已满 4 年,超过 90 个国家和 200 余个地区的运营商已宣布提供 5G 业务,包括 FWA(固定无线)和移动服务,商用区域也从发达地区向欠发达地区不断拓展。目前,亚太、欧洲、北美是 5G 网络建设和 5G 业务发展较成熟的地区,主要国家和地区已基本实现商用;南亚、东欧、中南美洲、非洲等地区也纷纷进行了 5G 网络部署与预商用。

目前 5G 服务内容主要有以下三种。

第一种是按量定价,即顾客根据其使用服务的量付费。该种定价方法通常用于运营商的套餐数据计划中,顾客根据他们选择的数据量付费,如套餐分为 5GB、10GB、20GB、50GB 等,价格按照套餐流量内容分档。同时,运营商在 5G 流量的基础上,叠加了更加丰富的通信服务,如推出了 5G 家庭分享计划产品,顾客使用服务内容更广泛,可开通更多的 SIM 卡,满足一个家庭所有成员的通信使用需求。采取该定价策略的运营商主要集中在亚洲国家,如日本、泰国等。

第二种是分层定价,即顾客根据他们选择的服务速度支付不同的价格。5G 网络的下行峰值速率为 500Mbps 及以上,最高下载速率能达到 1Gbps;最高上行速率约为 100Mbps。但顾客实际体验速率受网络环境、手机性能、同一时间上网顾客数等因素的影响，因此，运营商为了避免网络拥堵、突出服务的差异化，对 5G 服务进行人为的速率区隔，这种服务模式通常采用的是 5G 不限数据流量，顾客根据选择的服务速度支付不同的价格，如速率区分为 100Mbps、200Mbps、500Mbps 等。

第三种是平价定价，即顾客为无限制使用服务而支付固定的价格。这种模型的产品内容包含不限数据流量服务、语音和消息不限量服务等。不限量套餐可以满足顾客全面的通信需求，但可能存在价格天花板的问题，针对不限量套餐，运营商为了打破天花板，实现 5G 价值收益的最大化，运营商采取了不同的服务锚点，探索不限量套餐的价格分档和价值差异化。日本和英国运营商设置了一档不限量 5G 套餐，作为最高价格的顶配套餐，吸引高价值顾客升档；韩国的 5G 不限量套餐分为 3 档，以提供不同的热点流量额度限制为价格区隔；中国台湾的 5G 不限量套餐分为 4 档，以提供不同的热点流量额度、流量可转赠额度、网外语音数等为价格区隔；中国香港的 5G 不限量套餐根据提供的高速流量额度、限速后的流量速率为价格区隔。

资料来源：黄婷《5G 定价策略：现状与未来发展方向》，《市场瞭望》2023 年第 21 期。

第 1 节　服务价格的含义及定价基础

一　服务价格的含义和独特性

价格是顾客为了获得某个产品或服务的使用价值，而需要支付的货币数量。这是狭义的价格的定义，广义的价格不仅包括货币价格，也包括非货币价格，即顾客为了获取产品或服务而需要付出的非货币价格，如时间成本（顾客为了获得该项服务所需花费的时间）、精力成本（顾客为了获得该项服务所付出的身体方面的精力）、心理成本（顾客为了获得该项服务所承受的心理压力）等，这些成本反映了顾客为了获得服务而不得不花费的时间与不得不忍受的麻烦。

因此，对于顾客而言，服务商品与实体产品的价格含义是不同的，但服务价格究竟有何独特之处？我们从服务的特点出发，总结出服务价格的特点如下。

（一）服务价格难以预估

服务的核心特质在于其高度的灵活性和可定制性，这种特性赋予了服务定价极其复杂的结构。对于顾客而言，服务的这种多变性和差异性使得他们难以进行价格的比较和评估。即便是在同一服务领域内，由于服务厂商、服务内容、服务质量等诸多因素的不同，价格也可能存在巨大的差异。这就要求顾客在选择服务时不仅要具备充分的价格信息，还需要有一定的专业知识来进行判断。

然而，服务市场的信息不对称性使得顾客往往难以获取全面、准确的价格信息。服务厂商可能会利用这种信息不对称性来制定高价，或者通过隐藏价格信息来误导顾客。此外，服务价格的透明度不足也使得顾客难以进行有效的比价和选择。这些因素共同作用，使得服务价格变得难以预测和评估。

对于服务厂商来说，服务的高度变动性和个性化需求使得他们难以在提供服务之前给出准确的价格预估。特别是在医疗、法律等专业领域，服务厂商往往需要根据顾客的具体情况和需求来制定个性化的服务方案，这就导致了价格的难以预测。同时，服务厂商也需要考虑自身的成本、市场竞争等因素来制定价格，这也增加了价格的不确定性和复杂性。

综上所述，服务的高度变动性、个性化需求以及信息不对称性等因素的共同作用，使得服务市场的价格动态变得异常复杂和难以预测。这不仅给顾客带来了选择和评估的困难，也给服务厂商带来了定价和管理的挑战。因此，提高服务价格的透明度和可比性，加强信息披露和监管，对于促进服务市场的健康发展具有重要意义。

（二）非货币价格的重要性较大

在服务市场中，非货币成本（如时间、精力、心理等）对服务价格的影响常常超过货币成本，成为顾客决定购买的重要因素。例如，当顾客选择医疗服务时，他们更关注就医时间、医院距离等非货币因素，而非就诊费用。

对于服务商品，货币价格与非货币价格的权衡显得尤为重要。许多顾客常常面临是否愿意增加其他非货币成本以降低货币价格的选择。例如，在选择就医时，顾客可能需要权衡名医的高等待时间和普通医生的快速服务。而有些名医提供价格较高的特别门诊服务，这使顾客需要在货币价格和非货币价格之间做出抉择。

与实体产品相比，这种权衡在服务市场中更为明显。这也凸显了非货币价格在服务定价中的重要性，使整个服务价格的结构和制定过程更加复杂。因此，服务厂商需要充分考虑非货币因素对顾客价值的影响，以制定出更符合市场需求的服务价格策略。

（三）服务价格的作用更加复杂

由于服务的生产和消费是同时进行的，服务厂商无法通过库存来调节市场需求。因此，服务价格作为调节市场需求的杠杆作用更为突出。例如，通过实施时间差别定价策略，服务厂商可以将高峰期的需求转移到非高峰期，以平衡供需关系。

此外，服务价格还是顾客评价服务质量的重要依据。由于服务的无形性和差异性，使得服务质量难以量化或标准化。尤其在涉及较高风险的服务领域，如外科手术或管理咨询，顾客往往更倾向于选择收费较高、经验丰富的专家或机构，以降低潜在的风险并确保服务质量。

这种趋势使得服务价格不仅起到调节市场需求的作用，还成为衡量服务质量的参考标准。因此，服务厂商在制定价格策略时，需要充分考虑市场的需求、竞争状况以及顾客对价格的敏感度，以确保既能满足市场需求，又能维护良好的品牌形象和信誉。

专栏视点 4-1

Evernote 的差别定价

Evernote 是一款在国外非常著名的笔记软件，其界面和功能与 Onenote 十分类似。它不仅具备强大的笔记捕捉功能，还采用了独特的分类方式，而且支持 Filter 的自动整理、即时搜索。

Evernote 有免费版和高级版两种。高级版具有更大的上载能力以及更强大的共享选项，可提供笔记历史记录等内容的访问权限，还可以搜索 PDF 文档，图像识别更为迅速，不受广告干扰，可授权其他人编辑自己的笔记，从而使 Evernote 成为与他人进行项目合作的强大工具。实现所有这一切仅需 5 美元/月或者 45 美元/年。

资料来源：闫荣编著《神一样的产品经理：基于移动与互联网产品实践》，电子工业出版社，2012，第 263 页。

二 服务产品的定价基础

按照价格理论，影响服务厂商定价的因素主要有三个方面，即成本、需求与竞争。成本是服务价值的基础组成部分，它决定着产品价格的最低界限。如果价格低于成本，服务厂商便无利可图；市场需求影响顾客对产品价值的认识，进而决定产品价格的上限；而市场竞争状况则调节价格在上限和下限之间不断波动并最终决定产品的市场价格。不过在制定服务产品的价格时，由于服务本身的特性再加上前文所述服务价格的独特性，所以服务定价在原有的三个定价基础上又有不同。

（一）成本基础

服务成本主要由固定成本和变动成本两部分组成，但是该成本会随着时间和需求的不同而发生变化。固定成本是指不随产出而变化的成本，在一定时间内表现为固定的量，如建筑物、服务设施、家具、工资、维修成本等。变动成本则随着服务产出的变化而变化，如临时雇员的工资、电费、运输费、邮寄费用等。

服务商品的成本结构通常具有固定成本较高的特点。以航空运输和金融服务为例，它们的固定成本占比高达 60%，这主要是因为它们需要投入大量的资金用于购买和维护昂贵的设备，并雇用众多的人力。相比之下，变动成本在总成本中的比重往往较低，有时甚至接近于零，这在铁路运输和电影院等行业尤为明显。由于固定成本较高，将这部分成本准确地分摊到每个顾客所购买的单一服务商品上是一项极具挑战性的任务。

服务的一个显著特点是其无法储存性，这意味着一旦服务能力处于闲置状态，如何合理地将庞大的固定成本分摊给那些实际利用服务的少数顾客成了一个非常棘手的问题。这种情况要求服务提供者必须精心制定定价策略，以确保在覆盖成本的同时，也能保持对顾客的吸引力。

服务的个性化和人力供给相对不稳定进一步影响服务成本的透明性。如前所述，很多服务商品的价格无法预估，只能在服务完成后才可知晓。以家具定制行业为例，顾客可以根据自己的需求和喜好定制不同的款式、材质和尺寸，但由于每位顾客的需求不同，服务厂商无法提前预测服务的成本，只能在接受订单后根据顾客的具体要求进行成本估算。

在服务成本的估算上，相较于实体物料，人力成本占相当大的比重。例如，假牙的材料成本相对低于牙医的知识与技术成本。但对很多服务而言，顾客需求的不稳定和人力供给的不稳定，导致人力花费的估计相当不易。

服务的规模经济效应无法充分发挥。相对于实体产品，由于很多服务是以人力为基础的，服务的生产相对而言比较难以发挥规模经济，因此成本随着规模的增加而下降的程度也比较有限。例如，美容美发服务是很耗费人力的，很多是一对一进行，因此很难发挥规模经济。所以，服务的经济规模并没有实体产品那么明显。再加上，服务具有易毁灭性和无形性，因此很多服务的提供不是预先准备，而是临时应顾客的需求来提供的，所以很难达到传统上规模经济的成本优势。同时，不少服务具有高度个性化的空间，无法通过标准化来进行量化生产，因此也很难达到规模经济。

综上，服务厂商在制定价格策略时必须考虑不同成本的变动趋势，应用经验曲线有助于营销人员认识服务行业的行为。所谓经验曲线是指在一种产品或服务的生产过程中，产品的单位成本随着服务厂商经验的不断积累而下降。在这里，经验意味着某些特定的技术改进，如先进的生产设备、科学的管理方法等形成了规模经营，才导致服务厂商成本逐步下降。经验曲线是服务厂商降低产品成本的有效分析工具。

（二）需求基础

正是由于服务成本的难以估计且相对重要性较低，所以服务商品的定价多考虑外在的需求因素。需求的价格弹性是首要的考虑因素，需求的价格弹性是指因价格变动而相应引起的需求变动比率，它反映了需求变动对价格变动的敏感程度。价格需求弹性通常用弹性系数（E）来表示，该系数是服务需求量（Q）变动的百分率同其价格（P）变动的百分率之比值。用公式表示为：

需求弹性系数＝需求量变动的百分率/价格变动的百分率

$$即 E_d = \frac{\triangle Q/Q}{\triangle P/P}$$

价格弹性对服务厂商的收益具有显著的影响。一般来说，当服务厂商的销售量增加时，会带来边际收益，但这种边际收益的规模往往受到需求价格弹性的制约。不同的市场环境下，需求对价格变动的敏感程度各不相同。例如，在市区公共交通服务市场中，价格变动往往会引起需求的较大波动，而在我国铁路客运市场中，情况则恰好相反，需求对价格的变动相对不敏感，这与其他国家的铁路客运市场存在显著差异。因此，对于服务厂商而言，深入了解其服务产品的需求价格弹性是至关重要的。

搜寻理论作为现代市场营销学的一个重要分支，对于解释需求的价格弹性具有重要价值。根据这一理论，顾客对价格的敏感度与他们在购买时的选择余地大小密切相关。如果顾客的选择余地有限，那么需求往往缺乏弹性；反之，如果选择余地较大，则需求弹性相应增加。因此，对于服务厂商来说，了解顾客在购买时面临的选择余地，有助于更好地制定定价策略和提升收益。

顾客在购买服务时，其选择余地的大小受到他们对服务相关信息和知识的获取程度，以及他们对服务特征的认知的影响。这些服务特征包括搜寻特征、经验特征和信用特征。如果顾客能够根据搜寻特征来评价服务，由于这种特征相对容易获得，顾客的选择余地会比较大，因此服务需求具有较高的弹性。

然而，大多数服务更多地表现出经验特征和信用特征。尽管如此，价格本身可以被视为一种搜寻特征。在缺乏其他信息的情况下，顾客往往将价格高低作为衡量服务质量的一个指标，因此他们对价格较为敏感。当价格成为顾客判断服务价值的唯一依据时，需求与价格之间的关系就会发生变化。过低的价格会使人们怀疑其价值，过高的价格则超出人们的支付能力，只有适中的价格才能带来最大的市场需求。

综上，由于需求价格弹性的存在，为了平衡服务的供需，可以使用价格差异化的定价技巧调节价格，这在服务商品的定价上十分普遍。例如电话顾客分为服务厂商顾客和居民顾客，服务厂商费用（弹性小）＞居民费用（弹性大）；工业用电和生活用电的价格不同，而每度电的生产成本是一样的；航空服务厂商或旅游服务厂商在淡季价格较便宜，而一到旺季价格就会立即上涨。

课堂互动 4-1

营销人员怎样利用需求价格弹性来调整服务商品的价格？请举例说明。

（三）竞争基础

竞争态势对定价有巨大影响，所有服务厂商都受整个竞争态势的影响，服务厂商无论大小必须考虑动态环境和竞争对手之间的力量对比，这样才能找到正确的定价策略。

在理想化的完全竞争市场环境中，服务厂商众多且规模有限，它们所提供的服务产品具有高度同质性。在这种情境下，顾客对市场信息有着充分的了解，任何单一服务厂商都无法以高于市场均衡价格的水平销售其产品。同时，生产要素和生产资源在行业间的流动不受限制，保证了市场的高效运行。所有服务厂商在此环境中只能接受市场价格，而无法单独制定价格。然而，值得注意的是，这种理论上的完全竞争市场在现实生活中是不存在的，实际的市场环境往往更为复杂多变。

在自由竞争的市场环境下，服务厂商之间所提供的产品存在差异性，这种差异性可能是实质性的，也可能是基于顾客的心理感受。这种差异性为顾客选择特定服务厂商的产品提供了依据，也赋予了服务厂商在接受市场价格的同时，拥有一定程度的价格制定权。正是这种产品差异性，使得服务厂商在市场竞争中能够形成自身的特色和优势，从而在一定程度上影响市场价格的形成。

在寡头竞争的市场环境下，只有少数几家服务厂商能够控制市场价格。这些服务厂商之间相互依存、相互妥协，同时也存在竞争与垄断。在这样的市场格局下，各家服务厂商的价格策略往往会趋近，任何一方都不敢轻易调整价格，以免引起市场的剧烈反应。例如，在无线电通信市场中，通信资费一直是备受关注的敏感话题。由于几家大型的垄断服务厂商占据主导地位，它们之间相互制约，不敢轻易改变资费策略。因此，手机资费价格在这种市场环境下一直保持相对稳定。

在纯粹垄断的市场环境下，服务行业的某种产品由单一厂商独家经营，缺乏竞争对手，这使得服务厂商能够完全掌控价格。为了维护市场公平和顾客利益，政府通常会采取宏观调控措施，将这些厂商的利润控制在合理范围内。以铁路运输行业为例，每年春运前的价格听证会就是一种有效的调控手段，通过公开讨论和决策，确保铁路票价在合理区间内浮动，既保障了铁路服务厂商的正常运营，又维护了广大乘客的切身利益。

市场竞争包含的内容很广，比如，在交通运输行业，服务厂商之间的竞争不仅有不同品种之间的竞争，而且在不同运输工具之间、对顾客时间和金钱的利用方式之间都存在竞争。总之，凡是服务产品之间区别很小且竞争较强的市场，都可以制定相当一致的价格。此外，在某些市场背景之下，传统和惯例可能影响到定价（如广告代理的佣金制度）。

对于服务厂商来说，在市场上除从竞争对手那里获得价格信息外，还要了解它们的成本状况，这将有助于服务厂商分析评价竞争对手在价格方面的竞争能力。无疑，向竞争对手全面学习，对于任何服务厂商都十分重要。服务厂商要借鉴竞争者如何确定其成本、价格和利润率，这将非常有助于服务厂商制定适宜的价格策略。

专栏视点 4-2

阶梯定价的使用方法

阶梯定价有两种：一种是"拾级而下"；另一种是"逐级而上"。

"拾级而下"是指每增加一定的购买量，价格就降低一个档次，目的就是让顾客多买。这种做法最初用于采购谈判中。一般采购报价都会设置几级"阶梯"，采购量每超过一级"阶梯"，价格都会降低一些。所以，当顾客询价的时候，对方都会先问顾客一句："你要多少？"

日常生活中处处有"拾级而下"的阶梯定价，比如健身私教课、早教课、美发卡。再比如，瑞幸的某款美式咖啡分为大杯和超大杯：24 盎司的超大杯卖 23 元，比 16 盎司的大杯只贵了 3 元。也就是说，量大了 50%，而价格只高了 15%，这时消费者一定会想，还有比这更划算的吗？

与"拾级而下"相反，"逐级而上"的阶梯价格，就是用得越多，价格越高，最常见的就是水、电、气这类公共服务的费用。这种定价更多的是由政府做出的，用来调控稀缺的资源、能源，以鼓励居民和企业节约使用、减少浪费。那些必须消耗大量能源用来生产的企业，就不得不接受政府的"价格歧视"，通过多缴纳的费用来补偿自己对生态环境造成的破坏。

另一种常见的是出租车的定价规则。出租车如果走得比较远，就可能会有空驶返回的情况，所以很多地方都规定了"空驶费"。比如在北京，单程载客行驶超过 15 千米的部分，在基础单价上要加收 50%。

资料来源：路聘编著《用得上的商学课》，中信出版集团，2019，第 395 页。

第 2 节　服务定价的方法和技巧

一　服务业的定价方法

（一）成本导向型定价法

成本导向型定价方法是一种主要以成本为依据的定价方法，是最简单且应用相当广泛的一种定价方法。它是指服务厂商在制定价格时主要着眼于服务厂商内部的成本和目标利润，在定价时往往强调制定的价格水平应能使服务厂商收回成本并获得一定的利润。但在市场经济的条件下，此方法只能作为定价的一个基准，而最终价格的确定有赖于多方面的因素的考虑。如服务厂商定价目标、产品组合、市场地位等。基于成本导向型定价法虽然适用的范围不广，但其具有简便易用的特点，常用于制定非竞争性产品的价格。在实践中,具体有成本加成定价法、盈亏平衡定价法及投资报酬率定价法等。

成本导向型定价法相比其他定价方法而言更加简单明了,在考虑服务厂商合理利润的前提下,将盈利维持在一个适当的水平——当需求旺盛时,顾客购买费用可以合理降低。虽然成本导向法简单易用,但多用于制造业或者竞争不太激烈的市场,对于产品本身变动大、顾客需求多样化的服务业而言比较少见,因为成本导向型定价法没有充分考虑市场价格和需求的变动关系、市场竞争环境,也不利于服务厂商降低成本。

(二) 需求导向型定价法

需求导向型定价法又称顾客导向型定价法、市场导向型定价法,是指服务厂商根据市场需求状况和顾客的不同反应分别确定产品价格的一种定价方式。顾客导向型定价法一般是以该产品的历史价格为基础,根据市场需求变化,在一定的幅度内变动价格,同一商品可以按两种或两种以上价格销售。这种差价可以因顾客的购买能力、对产品的需求情况、产品的型号和式样,以及时间、地点等因素而采用不同的形式。常见的需求导向型定价法有认知价值定价法、需求差异定价法等。

需求导向型定价法原则上要求确定顾客对各种不同的产品的感受价值是多少,然而这很难衡量,而且费时费力。顾客对产品的感受价值主要是通过询问在不同时间、地点及场合的情况下顾客愿意为产品付出的最高价格,也就是通过人员访谈或问卷调查的方式来获取定价信息。但这种定价方法的好处是可以使服务厂商定价最大限度地符合市场需求,促进商品销售,有利于服务厂商获取最佳的经济效益。

(三) 竞争导向型定价法

竞争导向型定价法是指在竞争十分激烈的市场上,服务厂商通过研究竞争对手的生产条件、服务状况、价格水平等因素,依据自身的竞争实力、参考的成本和供求状况来确定商品价格。竞争导向型定价主要包括随行就市定价法、产品差别定价法、密封投标定价法等。

竞争导向型定价法的运用与服务厂商的竞争地位和所处的竞争环境密切相关,如果服务厂商处在激烈的竞争环境下,使用随行就市定价法可以有效避免价格战,帮助服务厂商实现平稳落地,但如果服务厂商具备了一定的扩张实力,则可以采用产品差别定价法,但这同时会增加广告、包装、售后服务等费用,且服务厂商要想真正赢得顾客的信任,最终还是要回归到产品质量上来,而不是一味地打价格战。

课堂互动 4-2

有同学认为,价值就是低价,价值就是付出代价后所取得的收益,这种看法对吗?请和同学们讨论一下。

二 服务产品的定价技巧

(一) 成本导向下的定价技巧

1. 成本加成定价法

成本加成定价法是指在单位服务的成本中加入一定比例的利润作为服务的价格的定价方法。其中，服务成本可以是固定成本、变动成本、边际成本，依次构成完全成本加成定价法、变动成本加成定价法和边际成本（边际贡献）定价法。

成本加成定价法的优点如下。

（1）简单易行。该方法简单明了，服务厂商可以根据自己的成本和预期利润制定价格，不需要考虑市场需求和竞争情况等因素。

（2）风险较低。由于价格是在成本的基础上加上一定的利润确定的，因此服务厂商可以确保至少能够收回成本，避免亏损。

（3）灵活性较高。服务厂商可以根据市场需求和竞争情况等因素及时调整价格。

然而，成本加成定价法也存在如下缺点。

（1）缺乏市场竞争力。由于价格主要是根据服务厂商自身的成本和预期利润制定的，没有充分考虑市场需求和竞争情况等因素，因此可能难以在市场上获得竞争优势。

（2）可能导致价格过高或过低。如果服务厂商过于注重成本而忽略了市场需求和竞争情况等因素，可能会导致价格过高或过低，从而影响销售和利润。

（3）容易受到成本波动的影响。如果服务厂商面临的成本波动较大，那么采用成本加成定价法可能会带来较大的风险。

2. 价格底线定价法

价格底线定价法是同时考虑成本与产能的一种定价方法。价格底线定价法的一般原则是：只要边际收入大于边际成本，额外产品的销售可用于增加收益或有助于支付固定成本。除非服务厂商的价格能涵盖其总体成本，否则服务厂商难以长期维持下去。尽管如此，价格底线定价法可以使绩效得以改善。

价格底线定价法适用于以下情况：服务厂商无法以一个足以同时涵盖固定成本、变动成本且符合利润目标的价格来销售全部产能下的总产出。此时，价格底线定价法会将一部分的服务商品，以高于边际变动成本但低于总成本的价格来销售。如此，服务厂商最后的总利润会较大。

一般情况下，服务厂商会使产品价格高于包括平均成本、平均变动成本和单位产品利润在内的总和。但是，当服务厂商出现生产过剩时，就可以采用价格底线定价法，保证产品价格高于边际变动成本，以此来确定最低价格，从而通过尽可能增加销售来获取价值。

3. 盈亏平衡定价法

盈亏平衡定价法是指在销量既定的条件下，服务厂商生产的产品的价格必须达到一定的水平才能做到盈亏平衡、收支相抵。既定的销量就被称为盈亏平衡点，是进行盈亏平衡定价的关键。科学地预测销量和已知固定成本、变动成本是盈亏平衡定价的前提。

盈亏平衡定价法的优点是，可以帮助服务厂商确定在特定销量下不亏损的价格，从而规避了定价过低导致的亏损风险。同时，服务厂商还可以通过调整价格来实现期望的利润目标。

然而，盈亏平衡定价法也存在一些局限性。首先，它假设销量是已知的，但在实际情况中，销量往往是不确定的。其次，它忽略了市场需求和竞争状况对价格的影响。因此，在使用盈亏平衡定价法时，服务厂商需要综合考虑各种因素，并根据实际情况进行调整。

4. 投资收益率定价法

投资收益率定价法又称目标收益定价法，是指服务厂商为了确保按期收回投资并获得利润，在考虑总成本的基础上，根据服务厂商的投资总额、预期销量和投资回收期等因素来确定服务价格。

投资收益率定价法的过程为：

$$销售量 \times 价格 = 固定成本 + (销售量 \times 变动成本)$$
$$销售量 = 固定成本 / (价格 - 变动成本)$$
例：固定成本 = 5000 元、变动成本 = 20 元、价格 = 30 元
$$销售量 = 固定成本 / (价格 - 变动成本) = 5000 元 / 10 元 = 500$$

即销售量为 500 个单位时，销售额等于总成本，利润为零；之后每卖一个单位，则净赚 10 元（价格 - 变动成本）。

服务厂商可借由预测价格与需求量之间的关系，并利用损益平衡分析，来制定合适的价格。假设在 30 元的价格下，预计可卖出 1500 个单位，因而创造 10000 元（10 元×1000）的利润。若这利润符合目标，则接受 30 元的定价；若不符合利润目标，则尝试调整成本或价格，预测新的需求量，以决定是否有更合适的价格水准。

（二）需求导向下的定价技巧

1. 认知价值定价法

所谓认知价值，也称感受价值、理解价值，是指顾客对某种服务价值的主观评判。认知价值定价法是指服务厂商以顾客对服务价值的理解为定价依据，运用各种营销策略和手段，影响顾客对服务价值的认知，形成对服务厂商有利的价值观念，

再根据服务在顾客心目中的价值来确定定价方法。

价值是主观性的，并不是所有的顾客都具有评估和评价他们所得到服务的专业水平。对于信任型服务来说尤其如此，顾客甚至在服务已经消费完毕以后，仍然无法评估该服务的质量。服务的营销人员必须寻找各种方法来与顾客交流关于服务的时间、地点、专家技术等细节，以便能够成功地实现一项咨询服务项目。有效沟通和服务可视化是提高顾客感知价值的关键。

2. 需求差异定价法

所谓需求差异定价法，是指产品价格的确定以需求为依据，首先强调适应顾客需求的不同特性，而将成本补偿放在次要的地位。这种定价方法，对同一商品在同一市场上定两个或两个以上的价格，或使不同商品价格之间的差额大于其成本之间的差额。

根据需求特性的不同，常见的需求差异定价法有：以产品式样为基础的差别定价，同一产品因花色款式不同而售价不同，但与改变式样所花费的成本并不成比例；以场所为基础的差别定价，虽然成本相同，但具体地点不同，价格也有差别；以顾客为基础的群体差别定价，如学生票、儿童票等。

除此之外，根据顾客购买时间、购买数量、支付方式等的不同，可以予以不同的折扣，即折扣定价法。折扣定价法是指对基本价格做出一定的让步，直接或间接降低价格，以争取顾客，增加销量。其中，直接折扣的形式有数量折扣、现金折扣、功能折扣、季节折扣，间接折扣的形式有回扣和津贴两种。

（三）竞争导向下的定价技巧

1. 随行就市定价法

随行就市定价法是指将本服务厂商服务商品的价格保持在市场平均价格水平上，利用这样的价格来获得平均报酬。这是一种防御型定价法，适用于垄断竞争和完全竞争的市场结构条件，在这样的市场环境下，任何一家服务厂商都无法凭借自己的实力而在市场上取得绝对的优势，为了避免竞争特别是价格竞争带来的损失，大多数服务厂商采用随行就市定价法，这样，服务厂商也就不必花费大量成本去全面了解顾客对不同价差的反应，也不会引起价格波动。

采用随行就市定价法，最重要的就是确定目前的行市。在实践中，行市的形成有两种途径：第一种途径是在完全竞争的市场环境里，各个服务厂商都无权决定价格，通过对市场的无数次试探，相互之间取得一种默契而将价格保持在一定的水准上；第二种途径是在垄断竞争的市场条件下，某一部门或行业的少数几个大服务厂商首先定价，其他服务厂商参考定价或追随定价。

2. 产品差别定价法

产品差别定价法是指服务厂商通过不同的营销策略，使同种同质的服务商品在顾客心目中树立起不同的产品形象,进而根据自身特点,选取低于或高于竞争者的价格作为本服务厂商服务商品的价格。因此,产品差别定价法是一种进攻性的定价方法。

例如,低价渗透定价法,又叫市场渗透定价法,指以一个较低的商品价格打入市场,目的是在短期内加速市场成长,牺牲高毛利以期获得较高的销售量及市场占有率,进而产生显著的成本经济效益,使成本和价格得以不断降低。渗透价格并不意味着绝对的便宜,而是相对于价值来讲比较低。该方法需要满足的条件有:①市场需求足够大;②顾客对价格敏感;③顾客对品牌和质量不具有强烈偏好;④可以通过大量生产来产生显著的成本经济效益;⑤低价策略能有效打击现有的和潜在的竞争者。

3. 密封投标定价法

密封投标定价法是指在招标竞标的情况下,服务厂商在对竞争对手了解的基础上定价。这种价格是服务厂商根据对竞争对手报价的估计确定的,其目的在于签订合同,所以它的报价应低于竞争对手的报价。密封投标定价法主要用于投标交易。

许多大宗商品、原材料、成套设备和建筑工程项目的买卖和承包,以及出售小型服务厂商等,往往采用发包人招标、承包人投标的方式来选择承包者,确定最终承包价格。一般来说,招标方只有一个,处于相对垄断地位,而投标方有多个,处于相互竞争地位。标的物的价格由参与投标的各个服务厂商在相互独立的条件下来确定。

4. 拍卖定价法

拍卖定价法是指卖方委托拍卖行,以公开叫卖方式引导买方报价,利用买方竞争求购的心理,从中选择高价格成交的一种定价方法。这种方法历史悠久,常见于出售古董、珍品、高级艺术品或大宗商品的交易中。

拍卖定价法由卖方预先发表公告,展出拍卖物品,买方预先看货,在规定时间内公开拍卖,由买方公开竞争叫价。常见的拍卖出价方法有三种:增价拍卖(英式拍卖)、减价拍卖(荷式拍卖)和密封递价拍卖(美式拍卖)。

(四) 顾客导向下的定价技巧

1. 心理定价法

心理定价策略是指运用一些心理学原理,根据不同顾客购买和消费服务时的心理动机来确定价格,引导顾客采用本服务厂商服务的定价策略。常见的心理定价法有如下几种。

(1) 尾数定价法。尾数定价法,也称零头定价法或缺额定价法,即给产品定一个零头数结尾的非整数价格。大多数顾客在购买产品时,尤其是购买一般的日用消费品时,乐于接受尾数价格。如 0.99 元、9.98 元等。顾客会认为这种价格经过精确计算，购买不会吃亏，从而产生信任感。同时，价格虽离整数仅相差几分或几角钱，但给人一种低一位数的感觉，符合顾客求廉的心理愿望。这种策略通常适用于基本生活用品的定价。

（2）整数定价法。在定价策略中，整数定价法与尾数定价法形成鲜明对比。当服务厂商将产品价格设定为整数时，这往往是为了凸显产品质量。特别是在价格较高的耐用品或礼品领域，以及当顾客对产品了解不足时，整数定价尤为常见。对于高档且价格不菲的产品，顾客往往更加重视质量，并认为价格的高低是衡量产品质量的因素之一。因此，整数定价法能帮助顾客建立"一分钱一分货"的信任感，从而促进产品的销售。

2. 声望定价法

声望定价法是指服务厂商利用顾客对品牌或商标的信任和重视，针对其"便宜无好货、价高质必优"的心理，对在顾客心目中享有一定声望、具有较高信誉的产品定较高的价格。对于一些高级名牌产品和稀缺产品，如豪华轿车、高档手表、名人字画等，这些产品在顾客心目中具有极高的价值感。购买这些产品的顾客往往不太关注价格，而是更注重产品能否彰显其身份和地位。价格越高，顾客的心理满足感就越强烈。因此，声望定价法能够满足顾客对高品质、高价值产品的需求，同时也能够提升品牌的形象和价值。

3. 习惯定价法

有些产品在长期的市场交换过程中已经形成了为顾客所适应的价格，成为习惯价格。服务厂商对这类产品定价时要充分考虑顾客的习惯倾向，采用"习惯成自然"的定价方法。对顾客已经习惯了的价格，不宜轻易变动。降低价格会使顾客怀疑产品质量是否有问题。提高价格会使顾客产生不满情绪，导致购买的转移。在不得不提价时，应采取改换包装或铭牌等措施，减少顾客的抵触心理，并引导顾客逐步形成新的习惯价格。

4. 招徕定价法

招徕定价法是一种独特的定价方法，它充分利用了顾客追求物美价廉的心理特点。在这种方法下，产品的价格被设定得比市场价更低，有时候甚至低于成本。这样的低价吸引了大量顾客，从而带动了销售量的增加。尽管这种方法可能使某些低价产品面临亏损的风险，但从整体上看，它仍然为服务厂商带来了可观的利润。这是因为，通过吸引大量顾客，服务厂商能够有效地促进其他产品的销售，从而实现整体的盈利目标。

5. 关系定价法

关系定价法即制定一种有助于同顾客形成持久合作关系的具有创造性的定价方法。该方法能够吸引顾客多购买本单位的服务，从而客观上达到抵制竞争者提供的服务的目的。如合同方式、会员制方式、折扣方式等。

拿长期合同的定价方法举例。营销人员可以运用长期合同向顾客提供价格和非价格刺激,以使双方进入长期关系中,或者加强现有关系,或者发展新的关系。这样,合同根本转变服务厂商同其顾客之间的关系。他们能将一系列相当独立的服务交易转变为一系列稳定的、可持续的交易。每笔交易都提供了有关顾客需求方面的信息,由此,服务厂商可获得认识与效率方面的利益。同样对于顾客而言,其也随着关系的深入发展而从中受益。来自长期合同的可观稳定收入使服务厂商可以集中更多资源来拉开同竞争对手的差距。

(五) 产品导向下的定价技巧

1. 撇脂定价法

撇脂定价法又称高价法,即将产品的价格定得较高,尽可能在产品生命初期,在竞争者研制出相似的产品以前,尽快收回投资成本,并且取得相当的利润。然后随着时间的推移,再逐步降低价格使新产品进入弹性大的市场。

一般而言,对于全新产品、受专利保护的产品、需求价格弹性小的产品、流行产品、未来市场形势难以测定的产品等,可以采用撇脂定价法。

尽管撇脂定价法能够帮助服务厂商快速回收资金,且能实现产品在各个生命周期的销售量,但从根本上看,撇脂定价法是一种追求短期利润最大化的定价方法,若处置不当,则会影响服务厂商的长期发展。因此,在实践中,特别是在顾客日益成熟、购买行为日趋理性的今天,采用这一定价策略必须谨慎。

专栏视点 4-3

苹果公司的撇脂定价

苹果公司的 iPod 产品自推出以来就获得了巨大的市场成功。第一款 iPod 的零售价高达 399 美元,即使在美国市场,这也属于高价位产品。然而,由于苹果迷们既有钱又愿意购买,这款产品依然受到了热烈的追捧。苹果公司采用的撇脂定价法取得了显著的成功。

然而,苹果公司并不满足于此,认为还有更多的利润可以获取。于是,在不到半年的时间里,苹果公司推出了一款容量更大的 iPod,当然,价格也随之提升至 499 美元。这款产品依然销售得非常好,进一步证明了苹果撇脂定价法的成功。

资料来源:王瑞丽《浅析苹果公司的撇脂定价策略》,《商情》2014 年第 6 期。

2. 组合定价法

组合定价法是指对于互补产品、关联产品,服务厂商在定价时,为迎合顾客的某种心理,往往把有的产品价格定高一些,有的定低一些,以取得整体经济效益的定价方法。除以上含义外，组合定价法又适用于既可单独购买又可配套出售的产品的定价。成套价格一般低于单独购买价格之和。

采取组合定价法的条件是：一要合理确定高价与低价的区域，使顾客易于接受；二要保证产品质量，使顾客产生价廉物美、价高质优的感觉，否则，某种产品质量不合格可能会对整体销售产生较大影响。

常见的组合定价法如下。

（1）产品线定价法。产品线定价法是根据顾客对同一产品线不同档次产品的需要，精心设计几种不同档次的产品与价格点。某些服务厂商宁愿发展产品线而不愿搞单件产品。在零售业中，产品线定价一般是对代表性产品确定适中价格点，然后向上、向下扩展。

例如，男服装店可以将男式西装定在 3 种价格水平上：1500 元、2500 元和 3500 元。有了这 3 个价格点，顾客就会联想到这是低质量、中等质量和高质量的西装。即使 3 种价格都被适当调高了，顾客通常仍会以他们更喜爱的价格点来选购套装。同时，这就需要该品牌的西服从款式、做工、面料等方面提供这种价格差异存在的质量证明。

（2）两段式定价法。两段式定价法是指服务厂商先收取一定的固定费用，在此基础上再加收一定的可变使用费用。两段式定价法的关键是确定固定费用和可变费用的相对比例，考虑怎样设置能获得整体收益的最大化，其一般的设置原则为：对固定费用定价较低，以便吸引顾客使用该服务项目；对可变使用费用定价较高，以保证服务厂商充足的利润。

例如，公园的门票是固定费用，顾客购买门票后往往只能参观公园的普通景点，而一些精华景点就要再另外买票了；又如固定电话收取固定的月租费，顾客再根据通话的情况缴纳话费。

（3）互补定价法。互补产品定价法是指将互补产品中的基本产品定低价、配套产品定高价的定价方法。一家服务厂商或服务厂商集团若生产或经营两种以上有关联的产品时，可采用这种定价方法。如照相机的胶卷、西装的领带、圆珠笔的笔芯、DVD 的影碟等。正因为主产品与配套产品有相互补充关系，所以必须将它们组合在一起定价，这就是互补定价法的依据。对于互补产品的主次产品，在一般情况下，主要有下列两种不同的定价对策。

一是对价值大、使用寿命长、购买频率小的主产品价格有意识定得低些，而对与之配套使用的价值小、使用寿命短、购买频率高的次产品价格定得高些，以便求得综合和整体利益。

二是对于使用价值小、使用寿命短、购买频率高的次产品价格就可以有意识地定得高一些。因为这些次产品价值小、成本低、占顾客收入的比重小，即使将其价格定得高一些，也不会引起顾客的注意。而且当人们购买了主产品，就必须购买与之配套的次产品，即使价格高。

（4）特色定价法。特色定价法，也被称为非必需附带品的定价法，是指服务厂商在提供主要产品的同时，还提供一些具有吸引力的、价格较高的非必需附带品。这些附带品与主要产品相辅相成，可以增加顾客的购买欲望，提高销售量。同时，由于这些附带品具有较高的价格，服务厂商可以通过销售它们来增加利润。这种定价方法可以使顾客感受到产品的低价和更大的选择余地，从而促进销售。

例如，一家以味美价廉闻名的餐馆吸引了众多的顾客，但这里的酒水价格是一般商场的3~5倍，餐馆又规定顾客不得自带酒水。那么餐馆就可以从食品收入中弥补成本费用，而从酒水收入中攫取高额利润。其中，用来吸引顾客的低价服务商品被视为"炮灰产品"。

（5）必需附带品定价法。必需附带品定价法也被称附带产品定价法，这种方法与特色定价法类似，但是附带品与主要产品密不可分，并且利润主要来自附带品。软件服务厂商经常运用这种方法，它可以将开发出的软件低价卖出甚至无偿赠送，但是从不断升级的程序中获取高额利润。

大多数服务厂商采取这种方法时，将其主要产品定价较低或免费奉送主产品，从而鼓励顾客购买其后继产品（连带产品），而连带产品定价较高。以高价的连带产品获取高利，补偿主要产品因低价造成的损失。打印机、相机和流动电话服务厂商都惯用这种定价法。例如，为了以尽可能低的价格将剃须刀卖出去，吉列贴本把剃须刀刀架的零售价定为55美分，批发价25美分，这个价格还不到其生产成本的五分之一。同时，吉列剃须刀片以5美分一个的价格出售，通过刀片的盈利来补贴剃须刀的亏损，因为刀片的成本不到1美分，并且吉列剃须刀只能用其专利刀片。通过这种方式，吉列迅速扩大了市场。

（6）搭售定价法。搭售也被称为附带条件交易，即一家服务厂商要求购买其产品或者服务的买方同时也购买其另一种产品或者服务，并且把买方购买其第二种产品或者服务作为其可以购买第一种产品或者服务的条件。在这种情况下，第一种产品或者服务就是搭售品，第二种产品或者服务就是被搭售品。

搭售行为往往是被顾客厌恶的行为，但并不总是违法的行为。因为在市场交易中，卖方可能会出于各种动机进行搭售。例如，在夏天当超市销售西瓜时，通常会将勺子一同封进保鲜膜里。

首先，法律所禁止的搭售是一种不合理的安排。如果是为了保证产品的质量和稳定性，要求买方购买一定的配套产品不应当属于禁止之列。其次，违法的搭售行为必须具有严重的反竞争后果，即通过搭售会加强企业在市场上的支配地位，从而给市场竞争带来严重的不利影响。在识别一种搭售行为是否具有反竞争性时，应当考虑搭售企业的搭售目的、市场地位、相关的市场结构、商品的特性等许多因素。

（7）副产品定价法。副产品定价法是一种在制造业中常用的定价方法，当主产品的副产品具有销售价值时采用。此方法的关键在于，当副产品的价值较低、销售成本较高时，需要避免副产品对主产品的定价产生负面影响。相反，如果副产品的价值相当高，制造商可以选择具有竞争力的低价位来吸引更多的消费者，从而占据更大的市场份额，从而通过销售副产品来获得利润。

在食品、石油和其他化学产品的生产过程中，常常会产生副产品。如果这些副产品对某些顾客群具有价值，那么应根据其价值进行定价。通过销售副产品获得的收入，可以使公司更容易为其主产品制定较低的价格，从而增强市场竞争力。例如，河南莲花味精集团将其副产品出售给当地农民用于农业生产，既增加了收入，又解决了生产过程中的"三废"排放问题。

（8）成组产品定价法。服务厂商常常将一组产品组合在一起，降价销售。如汽车生产商可将一整套任选品一揽子销售，售价比分别购买这些产品要低。北京音乐厅出售的季度预定套票，售价可低于分别购买每一场演出的费用。顾客本来无意购买全部产品，但在这个价格束上节约的金额相当可观，这就吸引了顾客购买。

然而，某些顾客并不需要成组产品的全部内容。比如一位PC厂商提供的服务中包括免费送货和培训。而购买者是位计算机工程师且自己有车，可能要求放弃免费的送货和培训，以得到较低的售价。顾客要求是"非组合"供应物。如果顾客取消某些项目，则顾客所取消项目的价格需要低于公司提供该项目所带来的成本，这样销售者才能增加利润。如果PC供应商不送货节约150元，而顾客价格减少120元，则供应商增加了30元的利润。

复习思考题

1. 服务定价与实体产品定价的区别有哪些？
2. 服务的特征对其定价有哪些影响？
3. 服务定价的基础是什么？
4. 你如何理解服务定价技巧？常用的服务定价技巧有哪几类？
5. 心理定价技巧具体有哪些方法？

章尾案例　　　　**K健身俱乐部：价格是降本提效的工具**

K健身俱乐部在进行定价时，根据自身情况，分析面向的消费群体，并结合市场竞争情况进行定价。健身俱乐部健身服务产品定价的最终目标，是实现利润的最大化。但在现实经济生活中，这个目标往往要通过各种具体目标来实现。

顾客是否进入健身俱乐部进行健身、进行消费，受到很多因素的影响和制约，最主要的是消费心理和消费习惯。在进行健身消费时就表现出求实、求质、求廉、求名、求新等不同的倾向。

1. 月卡、季卡策略

在健身俱乐部的定价策略中，零数定价特别适用于月卡和季卡等短期会员卡，以及面向大众消费群体的低档俱乐部。这种定价方法是将原本的整数价格稍做下调，例如将月卡价格设定为298元而不是300元。

通过采用零数定价策略，健身俱乐部能够使价格保持在较低的档次，让顾客在直观感受上觉得价格更为实惠。这种策略满足了顾客追求实惠和物有所值的心理，同时也给顾客一种精确、真实的感觉。

尾数定价通常更倾向于采用6、8或9这样的数字，这些数字在中国传统文化中有着吉祥、顺利和发财的寓意，能够增强顾客的购买意愿。通过结合零数定价和尾数定价策略，健身俱乐部不仅能够吸引更多的顾客，还能在顾客心中树立起专业、实惠的形象，进一步促进销售和提升品牌影响力。

2. 年卡定价策略

整数定价策略在K健身俱乐部的应用主要体现在年卡以及高档健身俱乐部的定价上。通常，会员价格以0作为尾数。采用整数定价，K健身俱乐部成功地在顾客心中树立了高价且优质的形象。这种策略凸显了俱乐部的专业性和优质服务，从而赢得了顾客的信任。这种定价策略也让顾客感受到产品具有一定的质量保证，更符合其期望。

因此，整数定价策略对于K健身俱乐部而言，不仅有助于提升品牌形象和信誉，还进一步促进了销售和增加了市场份额。

3. K健身房营运初期定价策略

阶梯式价格是指K健身俱乐部营业初期一定时间内，将价格从低到高分期阶梯式递增，每一个价位保持一定期限与一定人数限制，直到恢复到正常价格。例如在俱乐部营业初期，在年卡的销售上，假如准备将年卡销售价格定为3000元，则第一个销售月购买会员卡的顾客，支付1800元；第二个销售月购买会员卡的顾客，支付2000元；第三个月购买会员卡的顾客，支付2300元，直到价格达到恒定的3000元。采用阶梯式定价方法可以在短期内赢得更多的顾客关注，在较短时间内积累一定量的会员，扩大影响力，提高新建健身俱乐部的市场占有率。

4. 根据季节的不同，采取不同价格定价策略

在K健身俱乐部的会员中，以减肥为主要健身目的的女性顾客占据了很大比例。由于夏季被认为是减肥的最佳时节，因此女性健身者在夏季的数量通常多于冬季。为了吸引更多女性在冬季也能积极参与健身，K健身俱乐部采取了季节性定价

策略，将冬季的价格设定为低于夏季。

这种定价策略旨在通过价格优惠来刺激女性在冬季增加健身活动，从而增加 K 健身俱乐部的总体顾客数量。通过这种做法，K 健身俱乐部不仅能够满足女性顾客在不同季节的健身需求，还能有效提升俱乐部的市场占有率和品牌影响力。

5. 多人定价策略

K 健身俱乐部定价时，对团体购买者采取以下三种方法。

第一种，规定购买一定数量的会员卡时，每张卡享受相同的优惠折扣。

第二种，规定购买一定数量的会员卡时，赠送给牵头前来购买的那个顾客相同等级的会员卡一张，对其他顾客给予相同的优惠折扣。

第三种，只对第一位顾客收取全价，而向其他顾客收取折扣价。例如，健身俱乐部推出情侣卡，某女性到健身俱乐部健身，购买半年卡，最高价格为 1000 元，而陪她健身的丈夫最高价格只有 600 元。健身俱乐部在制定价格时，有以下三种选择。

第一种，每张会员卡都收取 1000 元，丈夫便放弃购买，健身俱乐部只能获得 1000 元的边际贡献。

第二种，每张会员卡都收取 600 元，健身俱乐部就能获得 1200 元的边际贡献。

第三种，采用多人定价策略，向妻子收取 1000 元，向丈夫收取 600 元，健身俱乐部获得 1600 元的边际贡献。

资料来源：《超好用的活动方案》，2022 年 2 月 23 日，https：//mp.weixin.qq.com/s/HpyDS0rfWtaQpc7_ waRTDw。

讨论题

1. 请总结以上列举了哪些服务定价技巧？
2. 请分析你认为对于大学生群体哪种定价策略最友好？

第 5 章 服务渠道策略

学习目标

- 学习完本章后，你应该能够：
- 了解服务渠道的概念、职能和类型；
- 理解服务渠道的影响因素；
- 掌握服务分销渠道设计的基本原则、选择标准和依据；
- 掌握服务渠道位置选择策略；
- 了解租赁服务、共享经济、网红经济的发展前景。

开篇案例　　"惠懂你"五层次打造普惠金融渠道服务

普惠金融渠道服务采用微服务架构，连渠道接入在内共分五层次，每一层次根据用户要求灵活配置，为普惠金融渠道服务的功能裁剪与系统的灵活部署提供了充分支持。

普惠金融渠道服务支持惠懂你 App、微信小程序、"复工复产助小微"快应用渠道接入，实现用户管理、平台营销、基础金融服务、贷款服务、客户服务、智能风控、平台运营等功能。本着开放共享、合作共赢的目标，通过建行开放银行将平台核心产品能力输出到第三方场景，打造开放式获客、全线上一站式服务、全面互联网风控等平台核心支持能力。

普惠金融渠道服务采用互联网分布式架构进行开发和部署。服务采用微服务模式进行设计，采用分布式服务 RPC 架构 Dubbo 进行开发，包括渠道层、渠道接入层、应用服务层、共享服务层和支撑服务层。

渠道层主要指目标平台对外开放的渠道，目前主要包括行内渠道和第三方开发应用，行内渠道包括惠懂你 App、小程序等。第三方开发应用通过开放银行平台对外以 OpenAPI、SDK 的方式进行服务能力输出。

渠道接入层主要负责将接入渠道层的请求转发至应用服务层和共享服务层的服

务，渠道接入层实现流量控制、服务路由和服务编排等功能。

应用服务层主要负责与平台业务应用直接相关的业务服务，包括金融服务、非金融服务和客户服务等，并随着平台的不断迭代和业务创新，逐渐丰富。

共享服务层主要负责普惠平台基础服务中心能力构建，包括金融产品中心、非金融产品中心、风险中心、营销中心、消息推送中心、运营中心等。

支撑服务层主要包括决策服务支持和数据分析服务支持，为共享服务层提供决策和数据分析支撑。

数据层包括 MySQL 数据库和缓存数据库，MySQL 数据库存储平台中的所有关系型信息数据，基于微服务的设计原则，遵循每个服务组独立数据库，即划分为产品库、账户库、用户库、营销库、运营库、消息库等。缓存数据库使用 Redis 集群，存放产品列表、产品详情和用户信息等热点数据。

资料来源：https://finance.china.com.cn/roll/20231222/6064493.shtml。

从开篇案例可以看出渠道是服务厂商连接顾客的桥梁。只有通过一定的渠道，服务厂商的服务才可以快速准确地传递到顾客手中。也就是说，无论服务质量、服务标准怎样，如果不能在合适的时间和合适的地点提供服务，则服务厂商的所有行为都等同于零。因此，科学合理的渠道选择将使服务厂商受益无穷。

第1节　服务渠道内涵

一　服务渠道概念

从某种程度上说，服务分销渠道的选择是服务营销者面临的最重要的决策。[1]分销渠道是产品从生产向消费转移的整个过程，涉及参与这个过程（从起点到终点）的个人和机构。分销渠道可以作为信息传递的途径，对企业广泛、及时、准确地收集市场情报和有关销售、消费的反馈信息起着重要作用。在现实生活中，服务厂商需要找到散布在各地的机构和居民便于到达的地点，使其产品接近目标顾客并便于其购买。

在服务营销中，服务厂商为了获得竞争优势，应该寻找并制定适宜的服务交付方法和交付地点的渠道策略，以方便顾客对服务的购买、享用和受益。服务渠道是指服务从生产者移向顾客所涉及的一系列公司和中间商。通常认为服务销售以直销最普遍，而且渠道很短。但也有许多服务业的销售渠道包括一个或一个以上的中介机构。

---

[1]　许晖编著《服务营销》（第2版），中国人民大学出版社，2021。

专栏视点 5-1

北京 7-11 入驻饿了么　便利店加速全渠道布局

随着中国零售市场的快速发展,传统便利店的优势逐渐弱化,新崛起的创新业态开始瓜分便利店的市场空间,因此,不少便利店开始推出外卖服务,加速线上线下全渠道融合,转型升级以对抗新业态。2019 年 4 月 30 日,北京 7-11 已正式入驻饿了么平台,进一步扩大线上外卖商品覆盖范围。北京 7-11 表示,希望从接入外卖平台开始在电子商务方面积极探索。与 2018 年相比,北京 7-11 在外卖平台上的订单量增长达 120%。截至 2019 年 4 月,北京 7-11 在外卖平台上销售的商品有 1000 多种,社区场景门店的外卖订单通常更多,外卖商品以大容量饮料、好炖等鲜食为主。

事实上,北京 7-11 此前还声称不考虑外卖渠道,其相关负责人表示:"叫外卖不是顾客真正想要的,顾客真正想要的是方便。这一点外卖平台通过送到家来实现,而 7-11 依靠多开门店也可以做到。如果把自己的商品交给外卖平台配送,就没有办法发挥自己的长项。"然而,伴随着全渠道日渐成为行业趋势,北京 7-11 开始妥协。之后,北京市的 7-11 便利店全部接入美团外卖平台,并表示将继续洽谈合作其他外卖平台。在更早之前,成都、重庆、天津等城市 7-11 均已开通外卖业务。便利店推出外卖服务,一个很重要的动因就是在竞争激烈的零售环境下挖掘线上增量市场,导入即时消费的流动客,作为门店销售的补充。近年来,便利店的位置便利正在被到家模式或其他创新业态替代,便利店锁定的目标消费群体是年轻消费群体,这一部分消费群体目前也正是积极接受外卖模式的消费群体。不过,便利店加码外卖服务仍面临许多障碍。食品安全、商品毛利、店铺实际操作等各方面的问题都需要考量,如何融合线上客流和线下客流也是个难题,二者的消费需求和频次都不同,需要对门店和商品结构做出调整。

资料来源:《北京 7-11 入驻饿了么　便利店加速全渠道布局》,《电商报》2019 年 4 月 29 日,https://www.dsb.cn/98522.html。

二　服务渠道的职能

服务渠道是促使服务产品顺利到达顾客手中,被使用或消费的相互依赖、相互协调的系统性组织。随着服务需求的不断膨胀和服务业发展要求的不断升级,围绕服务分销职能展开的探讨越来越多。服务分销的主要职能如下。

(一) 引入职能

引入职能是指服务出现在顾客更方便购买的时间和地点,将更多的顾客引入服务的销售系统中。这一职能可以由服务的中介机构来完成。中介机构地域分布的广泛性能够使服务在更多的地方、更长的时间内进行销售。例如，在音像店中销售音乐会、歌舞剧的门票及足球比赛的门票等。

（二）信息职能

要使潜在购买者了解服务的特点，仅仅依靠媒体广告是远远不够的，还需要销售人员与顾客直接进行服务沟通。依靠中介机构的参与可以缓解服务厂商人员不足的问题，以便向潜在的购买者提供更全面的信息。

（三）陈列职能

通过分销渠道进行服务的有形展示，能够增强顾客对服务的直观感受，引发顾客的购买冲动，进而促进服务的销售。相对于直销而言，中介机构可以代理多种服务，包括竞争性、互补性的服务，甚至可以将主要服务、附加服务打包出售从而形成很强的消费吸引力。

（四）承诺职能

服务厂商关于服务质量保证的承诺能够通过分销渠道有效地传递给顾客，并且更容易接近顾客从而增加质量承诺的可信度。中介机构的介入保证了服务的可靠性。

（五）支持职能

对服务厂商而言，流通环节的外移节约了其固定成本的投入和管理精力，通过中介机构进行销售在某种程度上弱化了服务厂商的市场风险。

（六）后勤职能

对于中介机构而言，在正式服务前的一些准备工作（如旅游团的集合、分组、统一服装等）可以由它们来进行。

（七）跟踪服务职能

后勤职能通常表现为服务前的准备工作，跟踪服务职能则表现为服务后的一些善后工作（包括解答疑问、取得反馈信息等），中介机构的加入能大幅弥补这一职能的欠缺，如在保险服务中这一点体现得非常明显。

三 服务渠道类型

一般可以根据"接触形态"与"通路形态"两个层面来思考服务渠道的类型。

第一个层面是接触形态，指顾客与服务组织的接触方式，其可以分为直接接触和间接接触两种。直接接触是指服务厂商直接与顾客接触，不经过其他中间商。直接接触仍然存在渠道，只是其属于直接渠道。直接接触又可再细分为两种：一种是顾客直接亲临服务地点；另一种是服务厂商对顾客服务到家。而间接接触是指顾客与服务厂商并非直接接触,一旦服务厂商使用了间接的接触形态,那便存在中间商,属于一种间接渠道。服务厂商和顾客可以通过电子渠道或通过实体渠道来进行间接接触。间接接触可以实现远距离的接触,因而可以大大扩展服务的传送范围。

第二个层面是通路形态可分为实体渠道与非实体渠道,也就是服务厂商或其中间商与顾客的接触是通过非实体的电子渠道,或是通过实体渠道来进行接触。根据这两个层面,如图 5-1 所示,服务渠道可分为四种类型。

	通络形态	
	实体渠道	非实体渠道
接触形态 直接接触	直接/实体	直接/非实体
接触形态 间接接触	间接/实体	间接/非实体

图 5-1 服务渠道形态

第一种类型是"直接/实体",服务厂商利用直接面对面的方式,不经过中间商,利用直营店来提供服务给顾客。例如,旅行社自营直接门市,直接提供服务给旅客。

第二种类型是"间接/实体",服务厂商经由实体中间商来和顾客接触。例如,国内旅行社在推出旅游行程时,为了协调规模经济和专业的关系,常常会出现某一大型旅行社专注于某一类服务商品。比如某些旅行社专门经营日本北部的旅游团,但为了实现规模经济,会将一部分名额转包给其他旅行社,因此出现了中间商,但若大致还是以实体渠道来进行贩卖,则属于"间接/实体"类型。

第三种类型是"直接/非实体",服务厂商利用电子渠道来和顾客直接接触。例如,旅行社主要通过网络直接提供服务给旅客。这种渠道并没有中间商。易游网便属于此类渠道。

第四种类型是"间接/非实体",服务厂商利用非实体的中间商来和顾客接触。例如,旅行社通过其他非自营的网站来销售其所规划的旅游套装商品。因此,将其他网站视为中间商。

四 服务渠道与服务传达

根据上述的服务接触形态,服务的传达主要分为直接传达和间接传达。从营销渠道的观点来看，前者称为直接渠道，后者则称为间接渠道。

（一）直接渠道：直接传达服务

和实体产品不同，很多服务商品的分销并非如实体产品一样，将商品经由一连串的厂商，起始于制造商而终止于顾客。很多服务商品是由服务厂商直接提供给顾客，因此服务往往是由服务厂商所创造，直接销售给顾客，并和顾客进行直接互动。例如，美容美体 SPA 套装服务。因为服务的特性，有相当部分的服务商品，并没有办法如同实体产品一样可以移转给渠道成员。也因为服务的易消逝性，服务是难以储存的。所以，很多适合于实体商品的渠道类型并不适合于服务商品。同时，很多传统渠道扮演的功能，也不一定适合服务商品。

（二）间接渠道：通过中间商来传达服务

尽管很多传统渠道扮演的功能并不适合于服务商品，但还是可能存在服务中间商。这些服务中间商还可以执行某些中间商的功能和传达服务，他们可以扮演共同生产者的角色，来帮助服务厂商满足顾客的需求。服务中间商可以使服务能够在当地提供，以满足顾客对于时间和地点上的便利性要求。另外，很多服务中间商也不仅仅代理一种服务。例如，保险业与旅行业，往往同时提供多种服务商品选择给顾客，因此也扮演着零售的功能。此外，很多中间商也负责在服务厂商与顾客之间建立起一种信任的关系。由于服务的无形性和信赖的重要性，中间商和顾客的互动与接触有助于加深彼此的信任关系，降低服务无形性可能产生的风险。常见的服务中间商形态包括实体的中间商与非实体的中间商。实体的中间商包括加盟商、代理商和经纪商，非实体的中间商则主要是指电子渠道。

（三）直接渠道与间接渠道的优缺点

直接渠道与间接渠道是相对的概念，因此直接渠道的优点往往也是间接渠道的缺点。反之，直接渠道的缺点，也是利用间接渠道的好处。以下我们分别说明直接渠道的优缺点。

直接渠道的主要好处在于可以直接完全地控制零售据点。通过完全控制，能够在服务提供上维持一致性。直接渠道能完全地监控和执行，所以对于服务厂商所设定的服务标准，比较能够按其原先的规划和要求来执行。对于服务员工的雇用、解雇和激励具有完全控制权也是直接渠道的一项利益。另外，因为没有合约限制，也比较能够自由地扩大或缩减，在渠道的调整上比较容易。最后还有一项很大的利益是通过直接渠道，服务厂商能够直接和顾客建立关系，因而可以直接掌握顾客的忠诚性，特别是有些服务商品的顾客会忠诚于提供服务的人员，例如发廊的美发师。而直接渠道的服务厂商，因为直接拥有店面和人员，所以能够直接控制顾客关系。

但直接渠道也有坏处。首先，服务厂商必须单独承担所有财务风险，若要扩大，服务厂商也必须先找到所需的资金。所以，资金的压力较大，特别是当资金尚有其他更佳的用途时，这个缺点更加明显。其次，服务厂商虽然对于他们的事业很熟悉，但有时对于当地市场则并不熟悉。所以，一旦服务商品应该根据当地的特性进行调整时，他们可能并不知道应该如何做。特别是当所在地的文化具有很高的异质性时，这种调整更为重要。在此种情形下，或许寻求当地的合作伙伴更为适当，因此比较适合采用间接渠道。

专栏视点 5-2
Udesk 全渠道客服系统帮你解决难题

现代客户使用多种工具与企业进行沟通，客户期待此过程更加便利、快捷并且能够满足客户的个性化需求。这就要求企业更快速、准确地回复客户，抓取客户需求。全渠道客服顺应此潮流，满足企业服务需要，其重要性日益凸显。

沃丰科技是中国人工智能与营销服务解决方案的顶层供应商，将人工智能技术应用到企业的营销获客、销售管理、客户服务及企业内部共享服务等各个场景，为消费品、制造业、生命科学、汽车、央企国企、数字政府、金融等多个行业提供定制化解决方案，全面助力企业实现数字化转型。Udesk 便是沃丰科技开发的全渠道客服服务系统。

从渠道的整合来看，Udesk 具备全渠道触达能力。比如，企业可以通过微信、QQ、电话、音视频、Web 以及 App 等多个渠道实现企业与客户全生命周期的连接和触达。同时，可以帮助企业沉淀客户数据资产，统一识别客户，为客户的个性化需求提供更加快速和精准的服务。

从落地场景化来看，Udesk 基于智能运营逻辑，帮助企业在营销获客、销售管理、客户服务及企业内部共享服务等各种复杂场景中，利用服务优势获取机会，有效提高企业的生产力。

从行业全流程闭环服务看，Udesk 已经为制造业、交通、教育、零售、金融、物流、生命科学、汽车等几十个行业或领域，提供了深度的数字化服务方案，已服务超过 70 家世界 500 强、200 家中国 500 强在内的数万家企业，全面助力全行业实现营销服务的数字化转型升级。

Udesk 具备全渠道接入能力，可为企业发掘更多潜在客户，降低运行成本，并提高客服工作效率。该系统广泛覆盖国内外服务渠道，可接入网页、微信、小程序、App、企业微信、钉钉、飞书、抖音、微博、美团、饿了么、WhatsApp、Facebook、Twitter 等多种渠道，以满足不同客户的需求。

在可靠性方面，Udesk 经过精心调校，确保不丢失消息、不掉线，避免遗漏任何一个客户。这种高可靠性使得企业能够为客户提供稳定、高效的服务。

资料来源：https://mp.weixin.qq.com/s/mCKz_ZAfxEWMXjx4e2Lpzw。

五 服务渠道影响因素

影响选择服务渠道的因素有以下几个方面。

（一）内部因素

（1）服务产品特性。服务厂商提供的服务产品不同，所采用的分销渠道也就不同。航空公司往往要选择大量的中介协助其机票的销售，休闲度假饭店往往需要旅行社代销。相反，以商务为特色的商务饭店适宜采用短渠道或直接销售；餐饮、娱乐、健身业一般情况下多采用直接销售。

（2）服务厂商的规模和实力。服务厂商经营的总体规模决定了其服务产品的市场供应量，而其市场供应量的大小又制约服务厂商分销渠道的选择。若服务厂商服务经营的规模较大，服务产品市场供应量大，其分销渠道应该比经营规模小的服务厂商要长且宽。

实力较为雄厚的服务厂商可以在较少依赖中间商的同时，重视自身分销渠道的建设，建立自己的分销渠道；实力弱的服务厂商则较多依赖中间商。

（二）外部因素

（1）市场特性。服务厂商分销渠道的设计受市场容量的大小、顾客购买频率的高低、市场的地理分布及市场对不同的分销方式的反应等特性的影响。当服务厂商顾客众多时，为了方便顾客预订和购买，服务厂商倾向于使用较多的中间商；如果顾客经常小批量订购，则可采用较长而宽的分销渠道。如果服务厂商的顾客主要集中在某一地区，服务厂商则可在该地区设置自己的办事处或分支机构进行直销。此外，顾客对不同分销渠道方式的反应也会影响服务厂商分销渠道的设计。例如，随着电子商务的发展，网民越来越多，他们可利用计算机网络来预订服务产品，服务厂商在设计自己的分销渠道时，可以利用电子渠道来分销，如火车票的网络订票服务、肯德基的网络订餐服务等。

（2）中间商因素。中间商因素是影响分销渠道设计的客观因素之一，服务厂商应考虑各种中间商的优劣势、具备条件的中间商的数目与状况、中间商的努力度以及中间商分布于销售网络的情况来确定本服务厂商的分销渠道。

课堂互动 5-1

列举两个以上服务类型企业，它们分别属于直接服务渠道还是间接服务渠道？

第 2 节　服务分销渠道的设计

在市场经济条件下,服务提供者与顾客之间存在时间、地点、数量、品种、信息、服务产品估价和所有权等多方面的差异与矛盾。服务厂商提供的服务只有通过一定的分销渠道才能在适当的时间、地点,以适当的价格和方式传递给顾客,从而克服生产者与顾客之间的矛盾,实现服务厂商的市场营销目标。有效的服务分销渠道设计以确定服务厂商所要到达的目标市场为起点。服务分销渠道设计的中心环节是确定到达目标市场的最佳途径。

专栏视点 5-3

中国移动聚焦互联网渠道变革　促进营销服务深度融合

从 2020 年至今中国移动已全面启动营销服务体系改革,将整合中移在线和中国移动集中运营中心成立"在线营销服务中心",聚焦全网线上渠道发展和在线服务质量提升,加快数字化营销服务转型升级。

聚焦互联网渠道变革　推动线上线下一体化

长期以来,中国移动的线上渠道建设受组织架构等影响,呈现多点分散运营的状态。以中国移动系 App 为例,除集团外,各省公司也有自己的线上渠道,这导致用户流量被分散;随着客户的消费场景整体从线下向线上迁移,其对互联网端的服务诉求也越来越多。服务资源不集中、不统一的现状影响了用户体验和满意度,导致其线上发展业务的增量并不理想。

中国移动的此次变革将全面整合线上渠道,做好面向互联网、热线、消息等线上非接触类渠道运营,加快传统线上渠道的互联网化、智能化升级,强化基于场景的精准营销能力,提升基于产品的价值经营能力。

线上触点赋能线下运营　促进营销服务深度融合

中国移动在线营销服务中心也不断加快权益平台建设,以权益超市为载体,打造 5G 时代数字消费;与头部互联网公司、全国性连锁企业开展总对总的 2X2C 生态合作,通过头部攻坚、腰部拓展、权益运营、异业合作等方式,做好"全网生态合作运营的支撑者"。

资料来源:http://it.people.com.cn/n1/2020/1116/c1009-31932510.html。

一　服务分销渠道设计的基本原则

营销活动的核心是使产品或服务被使用或消费,从而为组织带来经济利益。而营销渠道正是促使产品或服务顺利地被使用或消费的一整套相互依存的组织。因此营销渠道决策是组织面临的最重要的决策，其所选择的渠道将直接影响其他所有营销决策。一条成功的、科学的营销渠道能够更快、更有效地推动商品广泛地进入目标市场，为生产商及中间商带来极大的现实及长远收益。

（一）畅通高效的原则

合理的销售渠道首先要符合畅通高效的原则，做到物畅其流，经济高效。尽管服务产品是无形的，但销售渠道要保证信息、资金、使用权等的流通顺畅，并以流通时间、流通速度和流通费用来衡量销售效率。畅通高效的渠道应以顾客需求为导向，将服务尽快、尽好地通过最合理的销售渠道，以最优惠的价格送达顾客方便购买的地点；不仅要让顾客在适当的地点以适当的价格购买到适当的产品，还要努力保证销售渠道的经济效率，设法降低销售费用。

（二）适度覆盖的原则

服务厂商在设计销售渠道时不能仅考虑渠道成本、费用及产品流程，还要考虑销售渠道能否将产品销售出去，并保证一定的市场占有率。因此，单纯追求销售渠道成本的降低可能导致销售量下降。市场覆盖不足，只有在规模效应的基础上追求成本的节约才是可取做法。当然，如果服务厂商过度扩展分销网络，造成沟通和服务障碍，就会使得销售渠道难以控制和管理。

（三）稳定可控的原则

服务厂商设计和建立销售渠道需要花费大量的人力、物力和财力。在销售渠道基本确定之后，服务厂商一般不轻易对它做出更改，如更改渠道成员、转变渠道模式，服务厂商需要保持销售渠道的相对稳定，这样才能进一步提高销售效益，然而，销售渠道在运作过程中受到环境变化及各种因素的影响，难免出现一些问题，这就需要进行一定的调整，以保持渠道的生命力和适应力，适应市场的变化。

（四）协调平衡的原则

服务厂商在设计销售渠道时考虑自身经济利益是理所应当的，但如果为追求自身利益最大化而忽视渠道成员的利益，可能会适得其反。因此，服务厂商在设计渠道时应注意协调、平衡各成员之间的利益。服务厂商对于渠道成员之间的合作、冲突和竞争要具备相应的控制和管理能力，有效地引导渠道成员之间进行良好合作，鼓励成员之间良性竞争，减少渠道摩擦和冲突，确保服务厂商目标的实现。

二　服务渠道的选择标准和依据

一旦服务厂商的决策层认定有必要建立分散的网点，就需要进一步考虑网点数量和地址选择的有效标准，具体可从以下四个方面来看。

（一）营销战略和竞争战略

这是决定服务厂商是否采取多点定位最根本的参照标准。如果一家服务厂商在营销和竞争战略上采取全球扩张、主动竞争的态势，那么它的网点数量和地址选择的标准自然就是基于全球范围的多点定位和全线出击；如果只希望在某一区域内逐步扩张，那么它的网点定位标准就可能是以重点地区的重要网点为中心，进行梯度扩张。

（二）寻求目标和服务特征

所有服务厂商在定位问题上都会以追求某种利益最大化为决策标准。不同的是，竞争性的服务厂商，网点定位策略由成本最小化（如各类服务分销商）或利润最大化（如零售商等服务生产点）决定；而公共服务组织的定位决策则更多地考虑社会整体利益的最大化。

（三）竞争对手的网点分布

这是影响服务厂商网点定位和地址选择的重要条件和标准。在竞争策略上采取积极抗衡、同步竞争策略的服务厂商往往把网点设置在竞争对手网点的邻近区域甚至附近，比如肯德基和麦当劳两大快餐店，网点遍布全球，数量庞大，竞争十分激烈。几乎所有能看到肯德基的地方附近就有麦当劳。

（四）行业的网点分散程度

服务厂商所在行业的网点分散程度也是决策中应当重点考虑的因素。举例来说，对超级市场连锁集团而言，15万人及以上的商圈可以支持一家超市，而在60万人的区域范围内至少应有两家分店，以便居民能在短时间内完成日常购物。类似地，银行、诊所、干洗店、公共浴室等行业内部都存在以距离或居民人口为基础的网点分布惯例。依据这些惯例，可以寻找潜在的可进入的商圈，并兼顾竞争对手的定位和长远发展的潜力确定待进入的商圈，供下一步参考。

在评估了影响网点选择的四个要素后，也就水到渠成地过渡到了网点定位的实质性阶段。但网点定位并不是一蹴而就的，而是一个有步骤的战略性决策过程。一般而言，服务厂商的地理定位包括从地域到地区再到地点三个层次。

地域定位是确定服务上限的最大范围，对待定区域市场的调研和需求评估是地域定位的基础和前提。

地区定位是在选定的区域中选择最易于经营的城区或街区，诸如繁华区、商业中心、专业街等。地区定位主要考虑该地区的人口密集度、服务厂商密度以及服务厂商之间的结合力等。

地点定位是指最狭义的服务设施和店铺的位置选择。在此，引入服务圈的概念。服务圈是指服务网点以其所在地为中心，沿着一定的方向和距离扩展，吸引顾客的辐射范围，简单地说，就是吸引顾客的地理区域。服务圈的大小与顾客购买服务的特点、顾客行为、交通因素等有很大关系。对于新设网点服务圈的划分，往往通过市场调查，包括对市场环境的分析和对顾客基本特征的分析以及竞争网点的调查来进行。虽然客观上地理定位往往由于先入者对地点的垄断性占据而受到阻碍，但主观上有两条定位原则是必须遵循的。一是服务网点"三定位层次"必须坚持统一的定位标准，同时要在考虑同业的集中情况和交通便利情况等基础上做到灵活变通；二是地理位置的选择必须按照"地域—地区—地点"的顺序进行。有些服务厂商先考虑地点，对地区乃至地域的现状和发展趋势分析不够，一旦当地人口外迁、地域经济中心转移，将会导致偏离预期的投资失败。

专栏视点 5-4

"西点大王"好利来如何选址

好利来经营的产品属于休闲类食品，面对的顾客群为具备一定消费能力的人群。因此，在选址时首先要对选定的地方进行人群调查分析，看是否满足开店的基本要求。通常而言，在人口密集的地段开店，成功的概率往往比普通地段高出很多。

1. 在人口密集处开店

好利来经营的产品属于休闲类食品，顾客是具备了一定消费能力的人群。因此，在选址时首先要对选定的地方进行人群调查分析，看是否满足开店的基本要求。好利来在选址之初会通过对人口密度、客流量、人口流动性的测算来预计人口密集的程度。

经过以上相应的数据测算之后，好利来进驻的区域大致包含以下特征。首先，好利来会选择在城市的商业中心或者商务区开店。这些区域人流量大，且面对的顾客多是白领阶层。例如，好利来在北京的西直门、朝外等地的店铺便是如此。其次，在临近居民区的街面房开店，面对的客群主要以当地居民为主、流动客群为辅。最后，包括在学校门口、人气旺盛的旅游景点、大型批发市场门口等地开店也是好利来考虑的区域。

2. 针对不同消费群体选择店铺规模

对于投资者而言，投资开设西饼店是属于周期长且灵活性较小的一种商业投资。店址的经营类型、规模大小和成本高低直接影响着目标市场的选择、促销策略的制定、商品构成的内容等。因此，在开店之初，投资者应对不同类型的店址进行全面准确的评估。店铺的选址很大程度取决于企业经营的产品种类和对目标客户的界定。如果店铺经营是以生日蛋糕为主，那商务中心或者人气旺盛的超市附近则是考虑重点。如果店铺经营是以零食性的点心为主，则黄金地段并非最好的选择。因此，投资者一定要根据不同的经营种类来确定最佳的开店地点。

根据不同的消费群体来选择店铺的规模是好利来在选址过程中坚持的原则。目前，好利来在北京的店铺规模通常为 60~150 平方米，但根据环境的变化也会选择开设 30 平方米的小店铺和 500~600 平方米的大型店铺。

资料来源：https://www.docin.com/p-1517053114.html。

三 服务渠道位置选择策略

许多服务厂商始终按照传统的服务市场定位观念遵循以便利顾客为目标的网点均衡布局模式。随着现代服务营销观念和技术的不断发展，打破传统、寻求创新的网点定位策略已成为各大服务厂商提升服务竞争力和创造力而争相突破的方向。以下为服务渠道位置选择策略。

（一）分散策略

这是将服务厂商的网点布局分散，即多店铺和多点化策略。分散策略通过将网点布局的均衡区域放大，扩大目标市场的覆盖面，提高竞争力，并由此可以获得至少三个优势。

（1）有效扩大知名度。大范围的网点布局辅以统一的形象识别，可以扩大服务厂商的知名度，提高各网点的吸引力。

（2）利用先入优势取得良好回报。服务厂商如果是当地的先入者，则可利用分散布局抢先占领市场，取得良好的投资回报。

（3）统一调度资源，扬长避短。服务网点的广泛分布可以使服务厂商统一调度资源，发挥整体优势，激励各网点扬长避短。

（二）群落策略

群落策略是指服务厂商将分销网点布局在同行竞争者聚集的楼宇、街道或区域，同时，服务厂商自身的各个网点也适当集聚，形成在一定时间和空间内旗舰网点、综合网点、轻型网点等各业态分布的种群集合。群落策略包括竞争群落策略和饱和群落策略。竞争群落策略是指在众多竞争对手集中的地方设立店铺，这样会导致共赢。这是基于对顾客在众多竞争的服务厂商之间选择时表现出的消费行为特征的分析和服务厂商的具体实践总结出来的。饱和群落策略则是竞争群落策略的进一步发展，指在金融街、中央商务区、繁华市区交通流动率高的街区集中、饱和地聚集了众多提供相同服务的场所或店铺。尽管其对资源的理论性浪费显而易见，但在实践中，因此而获得的广告费用的降低、便于监督和识别等优点，远比其缺点更突出。比较著名的马连道京城茶叶一条街、王府井小吃一条街等，都是这种策略运用的体现。

（三）替代策略

网点布局策略的本质在于利用网点抢占市场先机，用最低的成本为最大范围的目标顾客服务。替代策略是指服务厂商不是采用实体店的空间占有方式，而是采取营销中介委托授权、通信运输等替代方式进行分销网点布局，在空间上实现市场扩展。

（1）以营销中介替代网点。这种网点布局思路打破了由服务生产和销售的同时性决定的服务无法分销的定律，充分发展服务分销渠道和网络，利用分销商的信誉和网点出售服务凭证或承诺，是服务厂商实现低成本扩张的最佳选择。实践中，这种替代策略已经为许多服务厂商带来了良好的收益。例如，代办信用卡的零售商便是银行服务的虚拟网点。服务厂商虽然支付了一些佣金，让渡了部分利润，但是节省了网点建设的成本，缩短了建设期，避免了市场风险和经营风险。

（2）以委托和授权替代网点。常规的网点布局强调的是与竞争对手争夺有利的市场进入点，而现代服务营销观念则提出了利用竞争对手的网点来拓展市场的策略。以委托和授权替代网点策略就是指有声誉、有实力的同业服务厂商之间通过委托或者授权的方式建立合作关系，利用对方的网点作为自己的虚拟网点，以此来发展自己的市场策略。这种思路的本质就是通过合作共同将市场做大，这符合大家的共同利益。银行、审计、物流等行业对此运用得越来越多。通过往来银行之间的相互合作，例如自动柜员机联网，每家银行都向自己的顾客提供了更大范围、更加便利的服务；对会计审计业、物流快递业来说，通过委托、授权当地服务厂商完成就近的业务也是节省人力、运力、财力的有效途径。

（3）以通信和运输替代网点。随着网络视频、物联网、人工智能等互联网信息技术的不断发展，信息流对物流的替代趋势已日渐明显。服务营销实践中许多需要当面沟通的活动（如商务谈判、产品或服务展示、文件签署等），现在通过电话和网络就可解决。因此，健康养生业、法律咨询业、银行业、保险业、证券业的一些服务厂商开始把服务平台向通信网络领域转移。互联网的普及使得电子商务、快递物流、订餐外卖等逐渐成为人民美好生活的组成部分。另外，城乡交通体系的完善使运输的成本和时间大大缩减。对许多服务而言，服务厂商根本不需要设立众多网点，通过电话和运输就可以完成服务的提供。例如急救中心没有遍布所有医院，只需打电话就可随时调遣急救车；互联网远程医疗既减轻了患者病痛，使患者得到及时、精准的救治，又降低了医生差旅食宿的成本和时间耗费，而且使得优质医疗资源得以共享和充分利用。

专栏视点 5-5

邮储银行的网点布局

凭借"自营+代理"的独特经营模式，邮储银行形成了中国商业银行中网点数量最多、覆盖面最广的服务分销网络，拥有庞大的客户群体以及广阔的金融需求场景，具有独特的服务营销优势。

邮储银行在广覆盖的网点布局基础上，不断提升网点效能。其积极适应客户行为和需求变化趋势，突出智能化、轻型化和综合化转型方向；以提升客户体验、提高网点效能为核心目标，全面推动网点系统化转型，大力提升网点营销服务能力、全业务服务能力、专业化经营能力和线上线下一体化的全渠道服务能力，持续提升网点价值。

邮储银行通过优化网点选址和布局，以及设备、台席配置，强化网点"硬实力"，完善网点人员管理、服务管理、绩效管理，强化客户营销和服务的"软实力"。随着社会的不断发展，银行网点也在不断接受新技术带来的挑战。邮储银行重庆分行打造了辖内首家智慧网点，通过智慧网点及智慧网点运营管理平台的打造，利用科技赋能，塑造了新服务、新运营、新营销的业务模式，为该行实现线上线下融合、网点生态打造、客户精准营销、智慧运营服务目标奠定了基石。截至2023年初，邮政储蓄银行已经拥有近4万个营业网点，覆盖全国各地。这样广泛的网点布局为储户提供了极大的便利，无论身在何处，都可以轻松地享受到邮政储蓄银行的金融服务。

资料来源：https://www.163.com/dy/article/EV0U5C4D0514TTKN.html。

课堂互动5-2

假设你大学创业，想要在学校周边开设一家甜品奶茶店，你将如何选址提高目标客户的进店率和购买率。

第3节　服务渠道的创新

中国正在大力建设"数字中国"，在"互联网+"、人工智能等领域收获一批创新成果。分享经济、网络零售、移动支付等新技术新业态新模式不断涌现，深刻改变了国人的生活。正是在这科学技术日新月异的时代背景下，租赁服务、共享经济、特许经营等新模式已被广泛应用于服务分销，为服务分销创新注入了活力和新动能。

一　租赁服务

服务业经济一个有趣的现象是租赁服务业的增长，进入21世纪，租赁服务业的增长非常迅速，许多个人和公司已经或正从拥有产品转向租用或租赁产品。采购也正从制造业部门转移至服务业部门，这也意味着许多销售产品的公司增添了租赁和租用业务。此外，新兴的服务机构纷纷出现，投入租赁市场的服务供应。

在产业市场，目前可以租用或租赁的品种包括客车、货车、厂房和设备、飞机、货柜、办公室装备、制服、工作服、毛巾等；在消费品市场，则有公寓、房屋、家具、家用电器、运动用品、帐篷、工具、电影拷贝、录像带等。在租用及租赁合同中，银行和融资公司以第三者的身份扮演了重要的中介角色。

有些产品是不能租用的，尤其是消耗性物品，如食物、礼品和油脂类等。而且在许多情况下，拥有产品比较有利，但也必须根据市场的性质决定。

（一）出租者可以获得的利益

（1）扣除维持、修理成本和服务费之后的所得可能高于买断产品的所得。

（2）租赁可以促使出租者打开市场，否则因为产品成本的因素，出租者根本无法进入市场。

（3）设备的租赁可以使出租者有机会销售与该设备有关的产品（如复印机和纸张）。

（4）通过了解租赁者的要求及其他信息，有助于服务厂商开发、分销新产品，以及配合客户购买或拥有该产品而引发的各种补充性服务。

（二）租用者可以获得的利益

（1）资金不至于被套牢在资产上，而是可以用来从事其他方面的采购。

（2）在产业市场，租用或租赁可能比拥有产品更有利可图。

（三）租用可以减少产品选用错误的风险以及购买后考虑的问题

无所有权消费（consumption without ownership）在消费品市场的扩大可能对服务厂商营销和服务厂商本身产生如下影响。

（1）租赁及租用品的库存投资会提高，随之而来的是，存量周转率降低而对储存的需求增加，同时对维护、修理设施及存货整理和再包装的需求也会增加。

（2）由于大量的存货，衍生出更多的融资和财务需要，这往往会造成金融机构本身在分销渠道中担当所有权功能的角色。但随之产生的现象是，顾客信用需求可能会降低，因为所有权已经被转移到分销渠道内部了。

（3）在租赁及租用情况下，必须有新的库存观念。例如应该多注重占用比率和产能利用率，而不应只注重存货周期。

（4）凡供租赁及租用的产品，必须有较高的质量。耐久性及易于维护和修理都是重要的特点，因为租用物品往往是利用度高且经常被重复使用的。

专栏视点 5-6

服务实体经济　助推高质量发展——中关村科技租赁的创新与实践

随着科技和新经济行业规模不断扩大，轻资产科创企业的占比越来越高。由于科创企业普遍具有"高成长、高风险、高投入、轻资产"的特点，核心资产主要是知识产权等无形资产，如何利用知识产权实现融资成为亟待解决的问题。

中关村科技租赁为了满足科创企业以无形资产作为租赁物的融资需求，在借鉴美国、日本等国家知识产权融资租赁经验的基础上，经过市场调研、专家论证、内部研讨等多轮研判，于2021年8月创新推出知识产权融资产品，包括"售后回租"和"知识产权二次许可"两种模式，以企业拥有的专利等知识产权作为租赁物，为知识密集型和文化创意型企业提供租赁服务。同时，中关村科技租赁还创新了租赁物范围，定向服务"专精特新"企业的科技类知识产权，为科技类知识产权尤其是"硬科技"知识产权融资蹚出了一条新路。在知识产权融资产品推出之后的四个月内，中关村科技租赁完成了多笔项目投放，其中多数科创企业获得知名投资机构股权投资。

在此基础上，中关村科技租赁于2022年第一季度在京津冀区域大力推进知识产权证券化工作，充分发挥国有资本的社会责任，服务区域经济发展。

以某专业研制生产医学影像产品的国家高新技术企业为例。2021年底，企业中标为北京冬奥会提供可移动的CT车、口腔治疗车及方舱手术车，按照工期进度必须在一个月内完成近千万元的资金筹措，才能完成车辆生产、交付任务。但由于一时拿不出足够的固定资产进行融资，企业犯了难。按照知识产权融资租赁惯例，企业需将知识产权所有权转让出去，但对企业来说，知识产权属于核心资产，无法转让。中关村科技租赁的"知识产权二次许可"融资模式帮助企业走出了困局：企业只需转让知识产权的使用权，再以租赁的方式反租回来，仅用一周就拿到了近千万元的资金，顺利完成了北京冬奥会医疗保障车辆的生产、交付。

通过盘活科创企业的知识产权，激活知识产权价值，中关村科技租赁的创新实践不仅维护了企业的智力资本，保障企业稳健发展，并且让高成长、轻资产的企业融资更容易，切实帮助科创企业走出自主知识产权"研发投入大"与"生产收益慢"的困境。

资料来源：https：//www.clba.org.cn/newsinfo/3211495.html。

二 共享经济

（一）共享经济的含义

共享经济（sharing economy）是以获得报酬为目的，陌生人之间的物品使用权暂时转移的一种商业模式。[①] 换言之，共享经济就是将闲置的资源共享给别人，提高资源利用率，并从中获得回报。它由以下三个步骤组成。

---

① 郭国庆编著《市场营销学》（第3版），中国人民大学出版社，2018。

第一步，搜寻过剩资源。当时间、物品、知识技能、人员等资源出现过剩之后，被共享的机会便随之而来。共享经济的第一步就是找到过剩的资源。

第二步，搭建共享平台。网站、App等均可成为供需双方的媒介。共享经济的第二步就是搭建能够连接供需双方的平台。

第三步，获得相应回报。让共享者通过平台获得回报，包括金钱回报、心理回报或满足（如愉悦的心情）等。

2024年2月，国家信息中心发布的《中国共享经济发展报告（2023）》显示，2022年，我国共享经济市场营业额约为32828亿元，同比增长了11.6%；2023年，我国共享经济市场交易规模约为33773亿元，同比增长了2.9%。尽管我国共享经济增速放缓，但仍具有巨大的韧性和发展潜力。随着我国宏观经济的复苏，共享经济增速大幅回升。在5G技术时代下，共享经济的发展与服务厂商级5G技术的结合将更加密切。同时共享经济同样也将面临技术升级，人工智能、大数据、云服务等新技术的应用，将进一步推动共享经济平台在运营、服务、监管等方面的全面升级。在共享经济发展的初始阶段，行业平台产品更多是围绕C端（个人用户）来进行应用落地，未来随着共享经济模式逐渐成熟，围绕B端（商家用户）服务的共享经济应用将实现落地。办公空间共享、服务厂商资源共享、供应链互通等将成为共享经济B端服务的重点挖掘领域。

（二）共享经济的运行机理

实际上，共享经济是所有权和使用权分离的一种经济形态，它在使用权和所有权分离的基础上将用益物权最优化。共享经济主要分两大类：第一类是物的共享，就是所有权和使用权分离；第二类是知识、技能、人才的共享，比如自媒体和互联网直播、知识分享。共享网络平台不是共享产品和服务的所有者，而是信息服务提供者。使用者在该平台上进行信息的交换，然后去交易、去共享。所有权人分享自己商品的使用价值，用户通过购买的方式获得使用价值。也就是说，只是把物的用益物权扩大化，并没有扩大增量和存量，只不过是灵活使用存量。总之，共享经济就是利用别人暂时不用的、闲置的资源，让人人参与并获得相应的回报。共享经济的五个要素是闲置资源、使用权、连接、信息、流动性。共享经济的关键在于如何实现最优匹配、实现零边际成本、解决技术和制度问题。

专栏视点 5-7

共享经济背景下滴滴商业模式创新

滴滴出行目前主要采用O2O的商业模式为相关顾客提供一站式便捷服务，顾客可以通过手机App与司机建立联系，以达到双向选择、高效用车的目的。通过研究发现，滴滴出行相较于传统出行行业，其商业模式的创新主要集中在以下几个方面。

1. 企业价值链创新

在共享经济的时代背景下，滴滴出行通过搭建互联网平台将传统打车行业中的出租车信息与乘客信息进行匹配整合，实现供需对接，有效应用"线上+线下"的结合方式减少车辆空载率，解决了传统模式中双方信息不对称的现实问题，不仅减少了不必要的中介成本，提高了司机的收入，还带来了巨大的社会效益。同时滴滴出行可以通过线上支付获取到大量的用户信息，对此进行深度开发后与多家优质信息平台进行合作，基于用户共享与流量互动，实现合作伙伴之间的共赢，最终实现价值链增值。

2. 产品与服务的创新

首先，滴滴出行打破了传统出租车行业单一服务的局面，根据顾客的多样化需求推出了有针对性的产品服务。由最初的滴滴打车，到之后针对高端需求群体的滴滴专车、针对节约型消费用户推出的滴滴顺风车、针对临时原因不便驾驶用户的滴滴代驾等，滴滴出行不断推出的差异化产品服务，在提高客户满意度的同时，还增强了客户黏性。除此之外，滴滴出行采用O2O的商业模式，将线上线下服务相结合，消费者和司机通过滴滴的线上平台获取信息，实现供需匹配后，共同完成线下出行。在行程结束后，双方可以通过平台进行相互评价，彼此的信用状况等信息得以补充完善，对这些信息的再一次利用可以成为下次出行服务的标准，从而形成了滴滴出行"链条式"服务的创新。

资料来源：张旭文《共享经济背景下的企业商业模式创新——以滴滴出行为例》，《价值工程》2019年第32期。

三 虚拟渠道——网络营销渠道

利用网络进行销售是一种新生事物，相对于传统的服务渠道，它运用系列化、系统化的电子工具，将原有的纸张流动、货币流动甚至人员流动全部变成了电子流动。

（一）网络营销渠道的优势

1. 提供服务的时间随意化、空间虚拟化

这是网络营销渠道的最大特点与优势。从购物时间看，顾客可以任意安排时间，大大方便了顾客；从空间看，网络营销渠道构成的空间没有地域限制，是一个依靠互联网进行交流的虚拟空间。

2. 服务厂商经营成本低廉

首先，设备的购置费用低，而传统的服务店铺需要昂贵的租金。其次，一个经营良好的网上服务点，可以将库存降至最低，减少库存品的资金占压。最后，网上服务可以节省大量的时间，减少通信、谈判、交通等方面的支出，服务厂商与客户可以直接在网上进行沟通。

3. 信息处理快捷

一方面，在网上收集、处理、传递信息以电子化的方式进行增加了沟通的便利性；另一方面，服务厂商可以与顾客就交易的内容在短时间内达成一致，大幅缩短了交易的时间。

4. 强调个性化服务

网络营销渠道的最大特点是以顾客为导向，顾客将拥有比过去更大的选择自由，他们可以根据自己的个性特点和需求在全球范围内寻找服务厂商，不受地域限制。通过进入感兴趣的网站或虚拟店铺，顾客可以获取服务厂商的相关信息，使购物更显个性。

5. 降低成本

在交易成本方面，互联网提供了最低成本的交易途径。研究表明，通过互联网与1000个用户建立联系的成本几乎只相当于采用传统方式与1个用户建立联系需要的成本，也就是说，通过互联网进行交易的边际成本几乎为零，但边际效益大于零。

(二) 服务厂商网站的类型

一般来讲，服务厂商建立自己的网络营销渠道总有其目的，根据侧重面的不同，可以将服务厂商网站分为以下五种类型。

1. 信息型站点

设计目的在于通过间接的途径获取经济效益，例如相关产品的销售和销售成本的降低。收益的根源在于通过网络引起公众对服务的注意，从而增加现实中的交易机会。这种站点的效果应当通过网民冲浪时的注意率以及他们受到的购买诱惑来衡量。

2. 广告型站点

网络电视、广播以及许多期刊型网站走的是广告模式的路子。所有的技术和信息内容编制需要的费用均来源于广告收入。此时，顾客的注意力就成为网站价值的关键衡量标准。

3. 信息订阅型站点

订购的费用可能按周、月或年来支付。最常用的支付手段是信用卡，因为信用卡可以最方便地处理电子事务。

4. 在线销售型站点

一个进行产品销售的网站实际上是一个电子版的产品目录。这些虚拟店铺通过精心编制的图片和文字来描述它们提供的产品、开展促销活动并进行在线交易。一旦产品被购买，该网络服务厂商就安排产品销售的执行，包括包装和运送等。执行过程有时由网络服务厂商来进行,有时则由生产厂家通过配送机制来完成。

5. 售后服务型站点

作为一种有效的沟通渠道,许多服务厂商利用互联网提供技术支持与售后服务。特别是一些 IT 服务厂商,需要对产品进行技术说明,提供免费升级软件利用互联网可以让顾客在网站上寻求技术支持和售后服务,只有技术难度较大和专业知识要求较高时,这些服务厂商才通过传统渠道进行解决。

专栏视点 5-8

美团优选的电子服务分销

美团优选项目的主要内容是美团提供平台服务支持,优选商家提供货品,用户拼团成功后美团方从商家提货并将货送到团长指定的自提点,然后团长分发货品从而完成交易。这样,商家赚取了利润,美团获得了流量,团长获得了收入,用户获得了性价比较高的货品。这也就是社区团购模式下常见的"预售+自提"模式。相比淘宝、天猫等网上购物平台,美团优选送货速度更快,价格优惠,也能弥补美团外卖只递送餐食和药品的局限。

美团优选的优势在于将营销重点放在下沉市场,利用"预售+自提"的模式,赋能社区便利店。美团作为餐饮外卖的巨头,在一二线城市有着很强的影响力,同时在用户群体、流量营销、同域运输上,已经建立起极具竞争力的完整闭环交易服务体系。

资料来源:http://www.cdyyjds.com/gsdt/677.html。

四 网红经济

(一) 网红与网红经济

网红是网络红人的简称。它是指在网络环境中长期持续输出专业知识或因某个事件(行为)而被网民广泛关注从而走红的人。要成为一个名副其实的网络红人,单单在社交平台上拥有大量"粉丝"是不够的,还要有一间商品热销的线上店铺。拿淘宝举例,由于变现能力强大,淘宝已经成为国内网红推广生活方式最大的平台。根据淘宝平台提供的数据,网络红人店铺的女性用户占 51%,其中有 56% 为 18 岁到 29 岁的女性用户,集中在上海、北京、杭州等一线城市。随着抖音、小红书等社交媒体逐渐融入电商元素,允许用户在观看视频的同时直接购买商品。这种"边看边买"的模式为用户提供了更加便捷的购物体验。网红推广生活方式和变现的平台不再只限于淘宝,而是越来越多元化。网络红人的产生不是自发的,而是在网络媒体环境下,网络推手、传统媒体、网络红人以及特定心理受众等相关利益方互动的结果。

网红经济是指将互联网流量资源人格化的一系列商业模式和变现模式，包括网红的开发、培育、养成，网红的产出变现，以及化解和消费网红的一系列互联网商业模式，如电商、娱乐经纪公司、直播平台等。在具体运作中，网红经济是以年轻貌美的时尚达人为形象代表，以网络红人的品位和眼光为主导，进行视觉推广，在社交媒体上聚集人气，依托庞大的"粉丝"群体进行定向营销，从而将"粉丝"转化为购买力的一个过程。

与共享经济一样，开放和自由交易的网络平台为网红经济的发展提供了便利。无论是共享经济还是网红经济，它们都是将传统产业向电商化转型，让服务厂商之间的竞争从线下市场资源的争夺转移到线上信息资源的占用。共享经济将信息的沟通和分享变为生产力，对传统经济进行了颠覆。网红经济也是如此。

（二）网红经济的运营优势

（1）成本低廉。网红依赖于自媒体，而大多数自媒体是免费的，因此产品促销的成本很低。另外，网红电商不需要囤货销售，"粉丝"投票后再生产，产量依据"粉丝"需求而定，因此库存费用也很低。

（2）顾客忠诚。网红电商的顾客大多是其"粉丝"，这些"粉丝"转化成顾客的概率要远远大于陌生人。而且"粉丝"的忠诚度高，重复购买率远超其他店铺。顾客忠诚为其增强核心竞争力奠定了坚实基础。

（3）营销精准。因为网红电商的顾客就是"粉丝"，所以其商铺可以通过"粉丝"回馈快速满足"粉丝"的需求，因而营销的针对性强、精准度高。

五 特许经营

（一）特许经营的含义

特许经营是指特许者将自己拥有的商标（包括服务商标）、商号、产品、专利和专有技术、经营模式等以合同的形式授予受许者使用，受许者按照合同规定，在特许者统一的业务模式下从事经营活动，并向特许者支付相应的费用。合作、动力和团队精神是特许经营成功的重要条件。[1]

（二）特许经营的特征

特许经营具有如下特征。

（1）一个人对一个名称、一项创意、一种秘密工艺或一种特殊设备及其相关联的商标拥有所有权。

---

[1] 郑锐洪编著《服务营销：理论、方法与案例》（第3版），机械工业出版社，2023。

(2) 此人将一种许可权授予他人，允许其使用该名称、创意、秘密工艺及相关联的商誉。

(3) 包含在特许合同中的各种规定，可对受许人的经营进行监督和控制。

特许经营过去基本上与制造业相关，通常以代理机构形态或经销方式出现，如汽车经销商。人们一般熟知的垂直特许经营机构是由两种或多种经销层次构成的。而新发展的水平特许经营，通常是产品或服务的零售商和其他在同一分销渠道的机构有特许经营关系，这种形态又被称为"服务主办者零售特许经营"。目前这方面的增长相当迅速，在发展上方兴未艾的行业有干洗服务、就业服务、工具和设备租用业以及清洁服务。许多服务厂商在积极利用特许经营作为服务厂商的增长策略。

（三）特许经营的优势

特许人可从特许经营中获得的优势和利益如下。

(1) 体系的扩展在某种程度上有助于摆脱资金和人力资源的限制。

(2) 可激励经理人在多处场所营运，因为他们都是该事业的局部所有权人。

(3) 特许经营是控制定价、促销、分销和使服务内容一致化的重要手段。

受许人可从特许经营中获得的优势和利益如下。

(1) 有经营自己事业的机会，而且他们的经营是在一种经测试证明行之有效的服务的观念指导下进行的。

(2) 有大量的购买力作为后盾。

(3) 有促销辅助支持力量作为后盾。

(4) 能获得集权式管理的各种好处，顾客可从特许经营中获得的利益是能得到服务质量的有效保证，尤其是在全国性特许经营情况下，则可享有更多的优势和利益。

（四）特许经营的缺点

随着资本的投入，特许权购买者可能带来激励承诺和原动力，但在这样一个分散经营的环境中确保所有受许人的服务和公众形象一致所需要的费用和遇到的困难可能会抵消这些优点。特许权购买人可能被高度激励，但同样需要特许权出售服务厂商的高层管理人员付出大量时间和努力。在某种程度上，这归因于特许权购买者在法律上独立于特许权出售者。从根本上讲，特许是一种合伙关系，一种不平等的合伙关系，处理这种复杂关系所带来的困难以及潜在的冲突有时会导致特许经营的失败。

课堂互动 5-3

假设你将成为一名网红，以网络红人的品位和眼光来看，你将如何进行视觉推广，聚集人气，将"粉丝"转化为你的购买力。

复习思考题

1. 服务直销有哪些优势？
2. 服务分销网点布局的意义及其考虑因素有哪些？
3. 服务网点布局有哪些主要策略？
4. 如何看待共享经济、网红经济在中国的发展前景？
5. 请分析影响服务分销渠道策略的因素。选择某一项服务，分析它是如何进行渠道设计的？

章尾案例　　小米全渠道的协同效应

1. 全渠道的梯度协同效应

小米全渠道分为三层，分别是小米有品、小米商城和小米之家。小米有品和小米商城是线上电商，拥有更多的小米产品。其中，小米之家负责促进线下线上的相互引流，向用户介绍更丰富的小米产品系列。用户在小米之家购买商品时，店员会引导用户在手机上安装小米商城 App，用户再次购买小米产品时，就可以通过手机完成。此外，用户还可以在小米商城中选购更多产品。

近几年，小米电商一直采用饥饿营销策略，很多产品在发售时需要预约、抢购等，从而激发了人们消费的欲望，所以在小米的线上商城中经常会出现一些爆品断货、存货不足的现象。这时消费者可以选择到小米之家等实体店进行选购，因为线下实体店的客流较少，存货较为充足。这样就形成了一种互补关系：一些线上的客流会被引流到线下，当消费者到实体店中选购时，就很容易浏览其他的产品并发生消费行为，从而提高了线上线下的连带率。

2. 全产品线的协同效应

什么东西好卖，就卖什么。究竟什么东西好卖？小米对此有自己的衡量标准。小米根据之前积累的电商经验及互联网数据来选择出售哪些产品。比如，消费者可以到线下店优先选择线上被验证过的畅销产品；如果是新品，那么消费者可以根据口碑和其他消费者的评论观察和选择。此外，小米也会根据大数据，安排不同地域小米之家的选品，并进行统一调度。

3. 全供应链数据的协同效应

小米在 2010 年至 2015 年这 5 年时间里，聚焦电商，进行小米的电商系统建设和仓储、物流、售后、客服系统建设。在全渠道布局背后，是小米整体供应链的建设。进入 2017 年，小米开始深化集团企业资源计划（Enterprise Resource Planning，

ERP）系统，进行供应链系统推广、部门构建、资源整合，成立了信息部。小米这一系列工作的重点在于提升信息化能力，为市场前端赋能。重中之重则是小米数据中台的建设。数据中台要进行数据采集、数据清洗，形成数据集市，然后通过数据分析员进行 BI 分析，不断改进流程，实现业务效率的提高。

为了更好地利用数据中台，小米成立了专门的数据处理团队进行数据处理，更方便地让分析人员在系统上直接分析全部门的数据，做出可供经营决策的报表。分析人员对数据进行分析后，再进行数据共享，并对问题进行及时处理和反馈。

全渠道的发展，是科技、经济的进步使然，消费者"无论何时、无论何地"，买到自身适合商品的时代已然来临。全渠道打通企业各个渠道的客流、资金流、物流、信息流，成为连接用户的重要方式，基于整体网络布局、物流配送的全渠道模式，实现用户无缝式的购物，打造移动互联环境超越期待的用户体验。

资料来源：吴越舟、赵桐《小米进化论：创建未来商业生态》，北京联合出版公司，2021。

讨论题

1. 结合材料总结小米全渠道服务有哪些建设？
2. 作为消费者，您认为小米在渠道服务建设方面还可以有哪些创新？

第6章 服务促销策略

学习目标

学习完本章后，你应该能够：
- 理解服务促销的概念；
- 了解服务促销的意义与原则；
- 理解服务促销与产品促销的差异；
- 掌握服务促销的一般工具；
- 认识服务促销工具的新发展；
- 把握影响服务促销设计的因素。

开篇案例　　　　跨境电商品牌的整合营销策略分析——以 Shein 为例

在成功出海的跨境电商企业里，2022 年 7 月快时尚品牌 Shein 凭借 1000 亿美元的估值推动了中国企业"走出去"浪潮。Shein 成立于 2008 年，总部位于南京，品牌采用独立站模式主营快时尚女装品类。目前公司经营范围已拓展至服装、配饰、美妆及家居等品类。品牌在 2020 年营收近 100 亿美元，对比 2019 年增长了 250%。根据《金融时报》报道，2022 年 Shein 销售收入约为 227 亿美元，已连续十年实现了经营收入的增长。

多年耕耘，Shein 已经成为中国品牌出海的龙头企业。Apptopia 的最新数据显示，Shein 在 2022 年的全球下载次数达 2.29 亿次，在电商购物类 App 榜单位居第一，远超亚马逊和虾皮的总下载量。在 Google 2022 年 7 月发布的《2022 年 Brand Z 中国全球化品牌 50 强》榜单中，Shein 超越腾讯、安克等企业，位居第十。

高频次的促销活动可以引起消费者购物欲望，提高转化率和保持品牌黏性。在 Shein 的官网页面随处可见折扣展示和倒计时提示，几乎每周、每月、每季度都会有不同优惠程度的包邮促销活动，追求时尚的年轻人很难拒绝这样的优惠。此外，品牌也将国内互联网电商行业的营销经验成功运用到海外，在美国"黑色星期五"、感恩节、圣诞节等重要的时间点，更是采用三折、五折、秒杀的折扣来获得更多订单，Shein 的促销丰富多样，强化了品牌和消费者之间的互动。

社交媒体是品牌推广的一大阵地，社媒营销早已成为 Shein 重要的获客渠道。品牌早在 2011 年就入驻 Facebook、Instagram 等主流的社交平台，利用互联网资源进行营销传播，与消费者线上互动推动社交裂变。在 Twitter、Facebook 等社媒平台，品牌有针对性地投放免费购衣的广告来提高曝光率与知名度。同时，入驻社媒平台的官方账号非常活跃，日常会更新多篇契合目标市场的偏好的推文，据统计，Shein 在各大平台的月均发帖量均为 200 篇左右。

在新媒体营销方面，Shein 将国内电商营销的核心经验复刻到广阔的全球市场，并大获成功。Zara 依靠时装周和设计师来了解大众审美和时尚潮流，而 Shein 通过数字技术追踪流行趋势。其背后依靠的大数据系统，可以爬取各大服装网站的产品销量数据，发现有关服饰的网络搜索热词及上升趋势，归纳整理出当下消费者喜欢的款式，设计出能精准满足用户需求的产品。运用大数据系统，Shein 可以精准刻画用户画像：主要用户是来自信息技术发达的欧美国家的年轻人，其中女性消费者占比超七成。这些人对潮流充满兴趣，但资金有限，经常选择线上购物。Shein 的数字智能中心时刻收集用户的信息并分析出其购物偏好，为这些用户推送个性化的内容，极大地提高了主页内容的吸引力和丰富度，用户留存时间显著提高。

资料来源：郦瞻、田镯《跨境电商品牌的整合营销策略分析——以 Shein 为例》，《对外经贸》2023 年第 12 期。

促销的本质是沟通，是服务厂商与顾客之间建立桥梁、传递信息、理解需求的过程。在这个过程中，服务促销不仅扮演了推动销售的角色，更担当了塑造品牌形象、深化顾客关系的重要任务。通过精心设计的促销活动，服务厂商能够向顾客清晰地传达服务产品的核心价值，同时倾听市场的声音，及时调整策略以满足不断变化的消费需求。

第 1 节 服务促销与沟通概述

一 服务促销与沟通的基本概念

服务促销是指服务厂商向目标顾客及相关公众传递有关本厂商和服务产品的各种信息，刺激顾客消费需求，促使其产生购买意愿与行为，扩大服务厂商销售量而精心设计和开展的营销活动。服务厂商旨在建立与顾客之间的长期关系，提供卓越的服务体验，并最终实现销售和市场份额的增长。例如，一家咖啡馆在冬季推出了"买一送一"热饮服务促销活动。顾客在指定时间内购买任意一杯热饮，即可免费获得一杯同款热饮。这一活动通过店内海报、社交媒体和口碑传播迅速扩散，吸引了大量新顾客前来体验，同时也增加了老顾客的回头率。这种服务促销通过提供优惠和附加价值来刺激消费需求，增加销售额。值得注意的是，在现实情况中，服务促销往往采用组合的形式进行，服务促销组合指的是服务厂商在促销活动中，将多种促销手段进行有机组合和搭配使用，以实现最佳的促销效果。

服务促销的实质是一种沟通活动。它不仅是服务厂商单向地向目标顾客传递服务产品的信息，还是一个精心设计和细致执行的双向沟通过程，旨在与顾客建立深厚的联系、共同传递并创造价值，进而有效刺激并满足消费需求。

在这个过程中，服务厂商首先需要深入了解顾客的需求、偏好、痛点和期望。通过市场调研、数据分析、直接对话等手段，服务厂商能够捕捉到顾客的真实声音，为后续的沟通奠定坚实基础。接下来，服务厂商运用多元化的沟通手段——无论是通过传统的广告、公关活动，还是现代的社交媒体、内容营销——向顾客传递服务产品的独特优势、核心特点和卓越价值，这些信息不仅要吸引顾客的注意，更要激发他们的兴趣和购买欲望。但沟通并未止步于此。服务促销的精髓在于持续的、双向的交流。因此，服务厂商必须保持开放的姿态，积极倾听顾客的反馈、建议，甚至是批评。这种倾听不仅帮助服务厂商及时调整服务策略、优化产品体验，更重要的是，它让顾客感受到被尊重和被重视，从而加深他们与品牌之间的情感联系。最终，这种深度沟通促成了一种共赢的局面，顾客获得了满足需求的高品质服务，而服务厂商则赢得了顾客的信任、忠诚和支持，实现了业务的持续增长和市场的稳定扩张。因此，服务促销不仅是一种营销手段，还是一种智慧的沟通艺术，通过它，服务厂商与顾客实现了价值双赢。

二　服务促销的意义

服务促销对于服务厂商来说具有重要的意义，它不仅是提高销售业绩和市场占有率的有效手段，更是建立品牌忠诚度、提升服务厂商形象和促进口碑传播的重要途径。具体来说，服务促销的意义体现为如下内容。

（一）激活并挖掘顾客需求

服务产品往往是无形的，顾客在购买前很难完全了解其质量和效果。服务促销的关键作用在于它能够通过各种策略和手段，如定制化优惠和试用体验，有效地激活潜在顾客对服务的需求。更进一步地，这种促销方式还能挖掘出顾客可能尚未意识到的服务需求，从而为服务厂商开拓新的市场空间提供可能。

(二) 教育与引导顾客了解服务

对于市场上新兴或相对复杂的服务产品,顾客往往因为缺乏了解或信心而犹豫不决。服务促销通过提供教育内容、产品演示和实际操作工作坊等形式,能够有效地引导顾客了解服务的核心价值和使用方法,进而降低他们的购买风险和学习成本。

(三) 建设与深化顾客关系

服务促销并不仅仅局限于推动单次交易的成功,更重要的是,它能够通过提供个性化的服务体验、关怀沟通和持续的后续服务,成为服务厂商与顾客之间建立长期深厚关系的桥梁。这种关系的建立有助于增加顾客的黏性和忠诚度。

(四) 收集市场反馈并调整策略

服务促销活动通常伴随对市场和顾客反馈的积极收集和分析。这些宝贵的数据和信息能够帮助服务厂商及时了解市场需求的变化、顾客对服务的满意度以及潜在的问题和改进点。基于这些反馈,服务厂商可以快速调整服务策略,优化服务质量和提升顾客体验。

(五) 实现竞争差异化和品牌塑造

在竞争激烈的市场环境中,服务促销成为服务厂商实现差异化和品牌塑造的重要工具。通过创新的促销策略、定制化的服务内容和独特的顾客体验,服务厂商能够与竞争对手形成明显的差异化,进而塑造出独特的品牌形象和市场定位。这种差异化和品牌塑造有助于提升服务厂商的市场认知度和影响力,吸引更多潜在顾客并建立稳固的市场地位。

课堂互动 6-1

请评价你最感兴趣的服务厂商的促销活动。

三 服务促销的原则

(一) 顾客为中心原则

在服务经济中,顾客已不再是单纯的购买者,而是价值共创的参与者。因此,服务促销必须以顾客为中心,这不仅是满足他们的当前需求,更是要预见并引领他们的未来期望。通过深入的市场研究和顾客洞察,服务厂商能够识别出顾客的隐性需求和潜在痛点,进而设计出更加贴心、个性化的服务促销方案。将顾客视为合作伙伴而非单纯的目标市场,是提升服务促销效果的关键。服务厂商可以通过建立顾客社群、开展共创活动等方式,让顾客参与服务设计和促销策略的制定,从而增强他们的归属感和忠诚度。

（二）诚信与透明原则

诚信和透明是构建顾客信任和品牌声誉的基石。在服务促销中，任何形式的信息不对称或隐瞒都可能导致顾客的质疑和不满。因此，服务厂商需要在促销活动的每一个环节都保持高度的诚信和透明度，确保顾客能够清晰地了解促销的条件、限制和可能的风险。诚信和透明不仅是一种法律或道德要求，更是一种战略选择。通过公开、坦诚地与顾客沟通，服务厂商不仅能够赢得顾客的信任和忠诚，还能够及时发现并解决潜在的问题，从而避免更大的风险和损失。

（三）差异化与创新原则

在高度竞争和同质化的市场环境中，差异化和创新是服务促销脱颖而出的关键。服务厂商需要不断地探索新的服务模式、促销手段和技术应用，以打破现有的市场格局和顾客认知。差异化和创新也需要建立在深入的市场洞察和顾客理解的基础之上，确保新的服务促销方案能够真正满足顾客的需求和期望。差异化和创新是一种持续的过程而非一次性的活动。服务厂商需要建立一种鼓励创新、容忍失败的文化和机制，让员工能够积极地提出新的想法和建议，并快速地将其转化为实际的服务促销方案。此外，服务厂商也需要通过持续的市场测试和顾客反馈来不断地优化和完善这些方案。

（四）有效沟通原则

有效沟通是服务促销成功的关键要素之一。在服务经济中，沟通已经不再是单向的信息传递，而是双向的价值共创过程。服务厂商需要通过多种渠道和方式与顾客进行互动和交流，了解他们的需求和反馈，同时也需要积极地传递服务厂商的价值主张和品牌形象。有效沟通需要建立在共同的语言和认知基础之上，服务厂商需要深入研究目标顾客群体的语言习惯、信息偏好和决策过程，以确保促销信息能够准确地传达并被顾客接受。服务厂商也需要通过持续的互动和反馈来建立与顾客的共同认知和情感联系，从而提升沟通的效果和效率。

（五）可持续性与长期价值原则

顾客的价值已经超越了单次交易的范畴，延伸到整个生命周期和社交网络中。因此，服务促销不仅需要关注短期的销售提升，更需要考虑长期的顾客关系和品牌价值的构建。通过提供持续、稳定的高质量服务和增值体验，服务厂商能够培养顾客的满意度和忠诚度，进而实现可持续的业务增长和品牌发展。可持续性与长期价值原则要求服务厂商在设计服务促销方案时具有前瞻性和战略性。服务厂商需要明确自己的长期目标和品牌定位，并以此为指导来制定具体的促销策略和行动计划。同时，服务厂商也需要通过持续的市场监测和顾客洞察来及时调整和优化这些策略和计划，以确保其能够适应不断变化的市场环境和顾客需求。

四　服务促销与产品促销的差异

服务促销和产品促销有很多相似的内容，如二者在整体促销中的角色、促销手段的多样性和促销管理的执行方面等。但由于服务和有形产品的本质区别，二者也存在显著的差异。

服务促销与产品促销在卖方素质特征、顾客购买过程以及促销组合运用三个方面存在显著的差异。

（一）卖方素质特征

在服务促销中，卖方的素质特征至关重要。由于服务具有无形性、异质性等特点，卖方不仅需要具备专业知识和技能，还需要具备良好的沟通能力和人际交往能力。他们必须能够准确地理解顾客的需求，并提供个性化的服务以满足这些需求。此外，服务提供者还需要具备高度的服务意识和职业道德，以确保提供优质的服务体验。例如，在一家高端 SPA 中心，按摩师不仅需要精通各种按摩技术，还需要具备良好的沟通能力和人际交往能力，以准确理解顾客的需求并提供个性化的服务。此外，他们还需具备高度的服务意识和职业道德，确保提供优质的服务体验。

相比之下，在产品促销中，虽然卖方的专业知识和技能也很重要，但对沟通能力和人际交往能力的要求相对较低。产品促销更注重卖方对产品功能和性能的了解，以及如何将这些特点有效地传达给顾客。同时，产品促销也要求卖方具备一定的销售技巧和市场洞察力，以便更好地把握市场机会和顾客需求。例如，在一家电子产品销售店，销售人员需要对各种电子产品的功能和性能有深入的了解，并能够将这些特点有效地传达给顾客。他们通常不需要像 SPA 中心的按摩师那样具备高度的沟通能力和人际交往能力，但仍需要一定的销售技巧和市场洞察力。

（二）顾客购买过程

在服务促销中，顾客的购买过程通常更加复杂和个性化。由于服务的无形性和异质性，顾客在购买前往往难以准确评估服务的质量和效果。因此，他们需要更多地依赖卖方的描述、口碑推荐以及个人经验来做出购买决策。此外，服务购买过程中顾客的参与程度较高，他们需要与卖方进行充分的沟通和交流，以确保获得满意的服务体验。假设某顾客在选择一家旅行社提供的旅游服务时，由于服务的无形性和异质性，他们可能会依赖旅行社的口碑、之前的客户评价以及与销售人员的沟通来了解服务的质量和效果。在这个过程中，顾客的参与程度较高，需要与旅行社进行充分的沟通和交流来定制旅游行程。

而在产品促销中，顾客的购买过程相对简单和标准化。产品具有有形性和同质性的特点，顾客可以通过观察、试用等方式来评估产品的质量和性能。因此，他们在购买过程中更加注重产品的功能、价格、品牌等因素。同时，产品购买过程中顾客的参与程度较低，他们更多地依赖于自己的判断和销售人员的介绍来做出购买决策。

（三）促销组合运用

在服务促销中，促销组合的运用更加灵活和多样化。由于服务的无形性和异质性，服务促销需要更加注重口碑营销、关系营销等策略的运用。通过提供优质的服务体验、建立良好的顾客关系以及鼓励顾客口碑传播等方式，服务促销可以有效地提高品牌知名度和顾客忠诚度。此外，服务促销还可以利用社交媒体、网络平台等渠道进行广泛的宣传和推广。例如，一家提供定制婚礼策划服务的公司，其可以在社交媒体平台上分享精美的婚礼照片和感人的爱情故事，同时提供免费的初步咨询服务，让顾客了解其服务内容和流程，并提供专业的建议和定制化的方案。此外，其还会给予优惠折扣的政策，鼓励客户在朋友圈或与婚礼相关的社群中推荐相关服务。

而在产品促销中，促销组合的运用相对固定和标准化。产品促销通常采用广告宣传、价格优惠、赠品等策略来吸引顾客的注意力和购买欲望。这些策略可以在短期内迅速提高销售量和市场份额，但长期效果可能有限。同时，产品促销也需要注重品牌建设和维护，以提高品牌的美誉度和竞争力。例如，某一品牌家电可能会通过广告宣传、价格优惠和赠品等策略来吸引顾客的注意力和购买欲望，其可能会在特定节日或购物季推出打折活动，或在顾客购买特定产品时赠送一些小家电或配件。这些策略的运用相对固定和标准化，可以在短期内提高销售量和市场份额。

第2节　服务促销工具

一　服务促销工具选择的影响因素

服务促销工具的选择是一个复杂而关键的过程，它受到多种因素的影响。

（一）服务特性

服务的特性，如无形性、异质性、不可储存性和生产与消费的同时性，对促销工具的选择具有显著影响。由于服务的无形性，顾客在购买前往往难以准确评估其质量和价值。因此，服务提供者需要借助促销工具来展示服务的有形证据，如客户评价、案例研究或示范表演，以帮助顾客形成对服务的具体印象。同时，服务的异质性要求促销工具能够突出服务的个性化和定制化特点，以吸引寻求独特体验的顾客。

（二）目标市场特征

目标市场的特征，包括顾客的年龄、性别、收入水平、教育背景和购买习惯等，对促销工具的选择具有重要影响。例如，针对年轻、活跃的社交媒体用户，服务提供者可能会选择通过社交媒体平台进行促销推广，利用短视频、直播互动和社交媒体挑战等创新形式吸引用户的注意。而对于更成熟、理性的顾客群体，传统的广告、公关活动和直接营销手段可能更为有效。

（三）竞争环境

服务市场的竞争环境也是影响促销工具选择的重要因素。在竞争激烈的市场中，服务提供者需要采用更具创意和吸引力的促销工具来脱颖而出。例如，他们可能会通过提供限时优惠、免费试用或会员特权等独特的促销策略来吸引顾客。此外，与竞争对手的差异化定位也需要在促销工具中得到体现，以强化品牌在顾客心目中的独特地位。

（四）营销预算

营销预算的限制也会对促销工具的选择产生影响。不同的促销工具需要不同的投入，包括资金、时间和人力资源等。因此，在选择促销工具时，服务提供者需要权衡其成本效益，确保所选工具能够在预算范围内实现最佳的营销效果。例如，对于预算有限的小型服务厂商，他们可能会选择成本较低的社交媒体推广、口碑营销或合作营销等方式。

（五）技术环境

随着科技的不断发展，新的促销工具和技术不断涌现，为服务提供者提供了更多的选择。在选择服务促销工具时，考虑当前的技术环境和发展趋势至关重要。例如，利用大数据分析和人工智能技术进行精准营销已成为可能，服务提供者可以通过这些技术来识别目标顾客、预测其需求并提供个性化的促销信息。此外，虚拟现实、增强现实和物联网等新技术也为服务促销带来了创新的机会，如通过虚拟现实体验让顾客在购买前"试用"服务。

综上所述，服务促销工具的选择受到多重因素的影响，为了制定有效的服务促销策略，服务提供者需要综合考虑这些因素，并选择最合适的促销工具来吸引和留住顾客。同时，随着市场环境和技术的不断变化，服务提供者还需要保持灵活性和创新性，不断调整和优化其促销策略以适应新的挑战和机遇。

二　服务促销的一般工具

（一）广告：塑造品牌与传递信息

广告，作为最直观和普及的服务促销工具，长期以来在塑造品牌形象、传递服务信息方面发挥着核心作用。无论是传统的报纸、杂志、电视、广播广告，还是现代的数字广告，如搜索引擎营销（SEM）、社交媒体广告等，广告都以其独特的方式影响着潜在顾客。

1. 优势

（1）广泛覆盖。广告能够迅速且广泛地接触大量受众，无论是通过大众媒体的广播式传播，还是基于数字技术的精准投放。

（2）品牌形象塑造。通过精心设计的广告创意，可以有效塑造和提升品牌形象，使其在激烈的市场竞争中脱颖而出。

（3）信息传递。广告是传递服务信息、推广新产品或活动的有效手段，能够激发潜在客户的兴趣和购买欲望。

2. 限制

（1）成本高昂。尤其是在主流媒体和数字广告平台上，广告的投放成本可能非常高昂，对于预算有限的服务厂商来说是个挑战。

（2）信息过载。在信息爆炸的时代，顾客可能面临广告信息过载的问题，导致广告效果下降。

（3）信任问题。部分广告可能因为过度夸张或误导性内容而损害品牌形象，降低顾客信任。

3. 优化策略

（1）精准投放。利用数据分析和目标受众定位技术，实现广告的精准投放，提高广告效果和投资回报率。

（2）内容创新。创作有吸引力和原创性的广告内容，避免与竞争对手的同质化竞争。

（3）多渠道整合。结合传统媒体和数字媒体的优势，实现多渠道广告整合，扩大广告覆盖面和影响力。

（二）销售促进：短期激励与长期影响

销售促进是通过提供价格激励、赠品、免费试用等方式来刺激顾客购买服务的促销手段。销售促进能够迅速提升销售业绩，吸引新客户并促进老客户的重复购买。然而，销售促进可能导致价格竞争，损害品牌形象，且长期依赖价格激励可能导致顾客对价格敏感度提高，不利于服务厂商长期发展。

1. 优势

（1）快速见效。销售促进通常能够在短期内迅速提升销售业绩，吸引新客户并促进老客户的重复购买。

（2）清除库存。通过价格折扣等促销手段，可以有效清除积压库存，优化库存结构。

（3）市场测试。通过销售促进可以测试市场对新产品或服务的接受程度，为后续的市场策略提供参考。

2. 限制

（1）品牌损害。长期依赖价格促销可能损害品牌形象，使顾客将品牌与"低价"而非"优质"联系在一起。

（2）价格敏感度提高。频繁的促销活动可能提高顾客的价格敏感度，导致他们在非促销期间减少购买。

（3）促销疲劳。对于经常进行促销的品牌或产品，顾客可能产生"促销疲劳"，对促销活动的反应逐渐减弱。

3. 优化策略

（1）平衡长短期目标。在制定销售促进策略时，要平衡短期业绩提升和长期品牌发展的目标。

（2）差异化促销。针对不同类型的客户和市场细分，提供差异化的促销策略，避免"一刀切"的做法。

（3）增强附加值。除价格优惠外，还可以通过提供增值服务、增加产品附加值等方式提升促销效果。

（三）公关活动：建立信任与塑造形象

公关活动是通过与媒体、社区、慈善机构等建立良好关系，提升品牌形象和知名度的促销手段，它在塑造品牌形象、建立顾客信任方面发挥着重要作用。公关活动是一种以情感为纽带、精心策划且针对性强的传播活动，通过追求独特创意和有效整合各种传播手段满足公众需求、塑造良好形象。公关活动可以包括新闻发布会、特别活动、赞助和合作等。

1. 优势

（1）信任建立。通过正面的公关活动，可以建立和提升顾客对品牌的信任感。

（2）形象塑造。公关活动是塑造和提升品牌形象的重要手段，有助于在顾客心中形成积极的品牌联想。

（3）危机管理。在品牌面临危机时，有效的公关活动可以帮助品牌化解危机，减少负面影响。

2. 限制

（1）效果难以衡量。与广告和销售促进相比，公关活动的效果往往难以直接衡量。

（2）需要长期投入。建立和维护良好的公关关系需要长期的投入和耐心，短期内可能难以看到明显效果。

（3）风险控制。公关活动可能涉及多方利益相关者，需要谨慎处理各种关系，避免出现负面影响。

3. 优化策略

（1）明确目标。在策划公关活动时，要明确活动的目标和预期效果，确保活动具有针对性。

（2）整合资源。充分利用服务厂商内外部资源，整合各方力量共同推进公关活动的开展。

（3）持续跟进。在公关活动结束后，要持续跟进活动效果和社会反响，及时调整策略并总结经验教训。

（四）人员推销：建立关系与促进转化

人员推销是通过面对面的方式向潜在客户推销服务的促销手段。在服务消费过程中，人员推销以其直接性、互动性和灵活性而著称。推销人员能够与客户面对面交流，深入了解其需求，并通过个性化推荐和演示，提供量身定制的服务解决方案。它在建立客户关系、提供个性化服务体验方面具有独特优势。

1. 优势

（1）关系建立。人员推销能够与客户建立直接的联系和信任关系，为后续的销售和服务打下基础。

（2）个性化服务。人员推销可以根据客户的具体需求和偏好提供个性化的服务体验，提高客户满意度和忠诚度。

（3）反馈及时。人员推销能够直接获取客户的反馈和意见，有助于服务厂商及时调整产品和服务策略。

2. 限制

（1）成本较高。人员推销需要投入大量的人力和时间成本，且培训和管理推销人员也需要一定的投入。

（2）效果依赖个人能力。人员推销的效果很大程度上依赖于推销人员的能力和素质，存在较大的个体差异。

（3）覆盖范围有限。与广告和销售促进相比，人员推销的覆盖范围相对有限，难以触达大量潜在客户。

3. 优化策略

（1）选拔与培训。重视推销人员的选拔和培训工作，提高他们的专业素养和销售技能。

（2）团队协作。鼓励推销人员之间的团队协作和经验分享，形成良好的团队氛围和学习型组织。

（3）技术辅助。利用现代技术手段（如CRM系统等）辅助人员开展推销工作，提高工作效率和客户管理水平。

在实际应用中，服务厂商应根据自身情况、市场环境和目标受众的需求灵活选择和使用这些工具，以实现最佳的营销效果。同时，随着科技的不断进步和市场环境的不断变化，这些工具也在不断创新和发展中为服务厂商营销提供更多的可能性和挑战。

三　服务促销工具新发展

随着科技的进步和全球化的加速，服务促销的形式和手段也在不断地演变和升级，服务促销的工具正经历着前所未有的变革。本节将从以下两个方面详细阐述服务促销的新发展，并探讨其对服务厂商和市场的影响。

（一）口碑传播：重塑服务促销格局

口碑传播，作为一种古老而有效的信息传播方式，在数字时代焕发出了新的生机。传统的口碑传播主要依赖于人际的口头交流，其传播范围和速度相对有限。然而，在互联网和社交媒体的普及下，口碑传播已经突破了地域和时间的限制，成为一种强大且无处不在的促销力量。

1. 口碑传播的意义

（1）口碑传播的真实性和可信度赋予了它极高的促销价值。在信息爆炸的时代，顾客对于广告的免疫力越来越强，他们更倾向于相信来自亲友或网络上的真实评价和推荐。因此，良好的口碑可以为服务厂商带来大量的潜在客户和销售机会。

（2）口碑传播的互动性和参与性使其成为一种高效的促销手段。在社交媒体上，顾客不仅可以发表自己的评价和看法，还可以与其他顾客进行互动和交流。这种参与式的传播方式不仅提高了顾客的参与度和忠诚度，还为服务厂商提供了宝贵的市场反馈和改进建议。

（3）口碑传播的病毒式扩散效应使其成为一种低成本且高效的促销方式。一旦某一服务或产品在网络上获得了大量的好评和推荐，其就有可能像病毒一样迅速扩散开来，吸引更多的潜在客户。这种自发的、去中心化的传播方式不仅降低了服务厂商的促销成本，还提高了促销效果的可持续性和长期性。

2. 口碑传播的蝴蝶效应：从微小波动到市场巨浪

在顾客日益追求真实与体验感的今天，口碑传播已经成为决定服务厂商成败的关键因素之一。口碑传播的蝴蝶效应，正是这一现象最生动的写照：一次微小的口碑波动，有可能在不确定的时候，引发市场的巨大反响。

口碑传播的蝴蝶效应首先体现在其强大的信任编织能力上。在广告信息泛滥的时代，顾客对传统广告的信任度逐渐降低，而来自亲友、网络红人或其他可信赖来源的口碑推荐则成为他们决策的重要依据。一个正面的口碑评价，如同蝴蝶扇动翅膀，可能在顾客心中激起对品牌或产品的好感与信任，进而促使他们做出购买决策。这种信任编织不是局限于个体顾客之间，而是可能通过社交媒体、在线评论平台等渠道迅速扩散，形成群体性的口碑风暴。当越来越多的人加入口碑传播的行列中，这股力量就像滚雪球一样不断壮大，最终可能引发市场的剧烈震荡。

然而，口碑传播的蝴蝶效应并非总是积极的。一旦负面口碑开始蔓延，其破坏力同样惊人。顾客对产品或服务的不满情绪很容易在社交媒体上引发共鸣，进而形成对品牌的抵制和排斥。这种负面口碑的连锁反应，有可能让一家服务厂商苦心经营的品牌形象在短时间内轰然崩塌。

因此，对于服务厂商来说，要充分利用口碑传播的蝴蝶效应，就必须时刻关注顾客的需求和反馈，不断提升产品和服务的质量。同时，还需要建立一套有效的口碑管理机制，及时发现并应对负面口碑，防止其对服务厂商造成不可挽回的损失。只有这样，服务厂商才能在口碑传播的浪潮中立于不败之地，实现持续稳健的发展。

3. 口碑传播的注意事项

（1）精准定位目标群体。口碑传播并非无差别地散播信息，而是需要精准地触达潜在顾客。服务厂商应深入了解目标顾客的需求、偏好和消费行为，确保口碑信息能够引起他们的共鸣和关注。

（2）培养意见领袖。在服务行业中，一些顾客由于其专业知识、社交影响力或独特见解而成为意见领袖。他们的评价和推荐往往能够左右其他顾客的决策。因此，服务厂商应积极识别并培养这些意见领袖，与他们建立良好的关系，并激励他们传播正面口碑。

（3）创造独特的服务体验。在竞争激烈的市场中，独特的服务体验是吸引顾客并激发口碑传播的关键。服务厂商应注重创新，提供个性化、定制化的服务，让顾客感受到与众不同的关怀和价值。这样的体验更容易引发顾客的分享和推荐。

（4）建立多渠道反馈机制。为了及时捕捉顾客的反馈并做出响应，服务厂商应建立多渠道的反馈机制。这包括在线评论平台、社交媒体监测、顾客满意度调查等。通过这些渠道，服务厂商可以迅速了解顾客的意见和建议，及时调整服务策略，防止负面口碑的扩散。

（5）诚信经营，避免过度宣传。诚信是口碑传播的基石。服务厂商在宣传和推广过程中应坚守诚信原则，避免过度夸大或虚假宣传。只有真实、可信的口碑才能赢得顾客的信任和长期支持。

（6）危机管理与口碑修复。尽管服务厂商努力提供优质服务，但难免会遇到一些不可预测的危机事件。在这些情况下，服务厂商应迅速启动危机管理机制，积极与受影响的顾客进行沟通，并提供解决方案。同时，通过积极的口碑修复措施（如道歉、补偿和改进等），恢复受损的口碑。

(二) 数字经济时代服务促销的创新与升级

数字经济时代的到来为服务促销提供了无限的可能性和创新空间。在大数据、人工智能、物联网等新技术的支持下，服务促销工具正在实现精准化、个性化和智能化的发展。

首先，大数据技术的应用使服务促销实现了精准化。通过对海量数据的收集和分析，服务厂商可以准确地了解顾客的需求、偏好和行为特征，从而为他们提供更加精准和个性化的服务。例如，电商平台可以通过分析用户的浏览记录和购买历史，为他们推荐更加符合其需求的产品和服务。

其次，人工智能技术的发展为服务促销带来了个性化的可能性。借助智能算法和机器学习技术，服务厂商可以实时地分析顾客的行为和反馈，并据此调整促销策略和产品设计。这种个性化的促销方式不仅可以提高顾客的满意度和忠诚度，还可以为服务厂商创造更多的市场机会和竞争优势。

最后，物联网技术的应用使服务促销实现了智能化。通过连接各种智能设备和传感器，服务厂商可以实时地了解顾客的使用情况和需求变化，并为他们提供更加智能和便捷的服务。例如，智能家居服务厂商可以通过远程控制和故障诊断技术，为用户提供更加及时和高效的服务支持。

在数字经济时代下，服务促销工具的发展和创新也面临诸多挑战。

1. 市场竞争白热化

数字经济时代的市场竞争日益加剧，服务厂商面临来自全球各地的竞争对手。互联网和社交媒体的普及使得市场进入门槛降低，新的竞争者不断涌现。为了在激烈的市场竞争中脱颖而出，服务促销必须更具创意和吸引力。服务厂商需要开发独特的促销策略，以吸引顾客的注意力，包括利用虚拟现实、增强现实等先进技术提供沉浸式体验，或通过社交媒体平台开展有趣的互动活动。同时，市场变化迅速，服务厂商需要保持敏锐的市场洞察力，及时调整促销策略以适应新的市场趋势。这可能意味着更频繁地更新促销内容，或根据顾客反馈快速调整促销方式。

2. 顾客需求多样化

随着数字经济的发展，顾客的需求变得更加多样化和个性化。他们期望获得量身定制的服务和体验，这对服务促销提出了更高的要求。服务厂商应该加强个性化促销，迅速且大量收集和分析顾客数据，了解他们的偏好和行为模式，然后提供个性化的促销信息。例如，根据顾客的购买历史推荐相关产品或服务。另外，服务促销需要足够灵活，以适应不同顾客的需求，这可能包括提供多种促销选项，如折扣、赠品、积分兑换等，让顾客根据自己的喜好选择。

3. 技术更新换代迅速

数字经济的发展伴随技术的快速更新换代，这对服务促销的技术应用提出了挑战。服务厂商需要持续技术投入，以保持服务促销的竞争力，可以引入人工智能、大数据分析等先进技术来优化促销策略。另外，服务厂商还应该提高技术适应性，除了投入新技术外，还需要能够快速适应现有技术的变化。例如，当社交媒体平台更新算法或推出新功能时，服务厂商需要及时调整促销策略以利用这些变化。

4. 跨渠道整合难度大

在数字经济时代，顾客通过多个渠道与服务厂商进行互动，这使得跨渠道整合成为服务促销的重要挑战。服务厂商需要最大限度地统一客户体验，确保在不同渠道上提供一致、连贯的客户体验，这可能需要整合各个渠道的促销信息、客户数据和服务流程。此外，渠道协同也非常重要，为了实现跨渠道整合，不同渠道之间需要密切协作。例如，线上渠道可以与线下实体店合作，提供线上线下融合的促销体验，这必然涉及跨部门、跨团队的沟通和协作挑战。

因此，市场竞争激烈、顾客需求多样化、技术更新换代快以及跨渠道整合难度大是数字经济时代服务促销面临的巨大挑战。服务厂商需要采取有针对性的措施来应对这些挑战，以保持竞争力和市场地位。

专栏视点 6-1

限时促销对旅游直播消费者即时购买意愿的影响

在观看旅游直播时你可能经历过这样的场景，当主播宣称"链接内的旅游产品仅限本次直播期间下单购买，在短期内不会返场且不会再有这样的折扣或赠品"以激励你购买时，你可能会产生以下两种想法。

（想法 A）这又是主播在吹牛，在其他直播间或旅游购物节期间肯定还有更多福利和优惠，我还要再对比一下，不能这么冲动就下单。

（想法 B）在其他旅游直播间和电商平台，我还没见过这样的旅游产品有这么大的优惠力度，绝不能错过这次省钱的机会，一定要抓紧时间下单。

直播限时促销就是指在直播持续期的特定时段内给予消费者特定的折扣、赠品或出售独特的产品，这种折扣、赠品或产品在平时难以获得。与普通在线购物不同的是，限时促销是直播营销不定时使用的手段，且无须等候至特定的购物节，旅游直播亦是如此。自 2020 年旅游直播营销受到重视以来，限时促销措施发挥了重要的消费激励作用。以 2022 年延吉市举办的首届云上旅游直播购物节活动为例，开幕当天 10 小时就达成销售额 122 万元。这是传统在线旅游购物模式难以实现的，旅游直播限时促销激发了消费者在特定时间段的即时购买意愿。

限时促销作为一种条件促销模式，已成为提升旅游直播营销效果的重要手段，但已有研究较少关注旅游直播领域的限时促销。为弥补现有研究不足，探究旅游直播中限时促销对消费者即时购买决策的影响机制，我们以目标导向行为理论为基础，从反事实思维视角，通过两项情景实验对此进行了剖析，研究发现：（1）旅游直播限时促销能够直接激发消费者的即时购买意愿，其中限时折扣形式比限时赠品效果更好；（2）当消费者具有较强的上行反事实思维时，旅游直播限时促销能够诱发消费者的预期作为后悔，从而降低即时购买意愿；（3）当消费者具有较强的下行反事实思维时，旅游直播限时促销能够诱发消费者的预期不作为后悔，从而提升即时购买意愿。研究结果揭示了旅游直播限时促销所具有的双面性，丰富了旅游直播营销的相关研究，可为旅游企业合理采取网络促销措施提供启示。

资料来源：王雨晨《反事实思维视角下限时促销对旅游直播消费者即时购买意愿的影响机制研究》，《旅游导刊》2024年第1期。

第3节 服务促销设计

一 影响服务促销设计的因素

服务促销设计的好坏直接关系到服务销售的效果和厂商的市场竞争力。然而，与产品促销相比，服务促销设计受到更多因素的影响，需要服务厂商更加细致地考虑和权衡。

（一）市场条件与服务特性

市场条件是服务促销设计的重要影响因素之一。市场条件包括市场竞争状况、顾客需求与偏好、技术发展趋势等。在竞争激烈的市场中，服务厂商需要更加注重促销活动的差异化和创新性，以避免与竞争对手的同质化竞争。例如，可以通过独特的广告创意、新颖的促销方式等手段来突出自身的特色，提高市场竞争力。同时，顾客需求与偏好的变化也会影响服务促销设计。随着顾客对服务品质和体验的要求越来越高，服务厂商需要更加注重提升服务质量和顾客满意度，通过优质的服务来赢得顾客的信任和忠诚。

服务特性的无形性使得顾客在购买前难以对服务的质量和效果进行准确评估，因此服务促销设计需要更加注重口碑传播和品牌形象的建设，以降低顾客的感知风险。服务的异质性则要求服务促销设计能够充分展示服务的独特性和优势，以吸引顾客的注意力。同时，服务与消费的同时性也意味着服务过程中的任何一个环节都可能影响顾客的满意度和忠诚度，因此服务促销设计需要更加注重服务过程的优化和服务人员的培训。

市场条件是任何促销活动都需要首先考虑的外部因素，它决定了服务厂商的竞争环境、目标市场的规模和顾客的需求。而服务特性则是服务产品本身所固有的属性，这些属性使得服务促销与商品促销在策略上存在显著差异。这两者共同影响服务厂商是否能够更准确地判断在当前市场条件下，利用服务特性来设计和实施有效的促销策略。

（二）服务类型与目标顾客

不同类型的服务有不同的特点和市场需求，因此需要采用不同的促销策略。例如，对于高接触度的服务（如医疗、教育、美容等），促销设计需要更加注重人员推销和顾客关系管理。这些服务通常需要顾客与服务人员进行面对面的互动和交流，因此服务人员的专业素养和服务态度对顾客的购买决策具有重要影响。服务厂商可以通过加强服务人员的培训和管理，提高服务质量和顾客满意度，进而促进服务的销售和品牌的建设。对于低接触度的服务（如在线购物、自助服务等），促销设计则需要更加注重网络营销和自助服务体验的优化。这些服务通常不需要顾客与服务人员进行面对面的互动和交流，因此服务厂商需要通过网络营销和自助服务体验的优化来提高服务效率和顾客满意度。例如，可以通过社交媒体营销、搜索引擎优化等手段来提高服务的曝光率和销售量，加强自助服务系统的建设和维护，提高系统的稳定性和易用性，降低顾客的使用难度和感知风险。

目标顾客的特点和需求则直接决定了促销信息的内容、传播渠道和呈现方式。服务厂商需要充分了解目标顾客的需求、偏好和消费行为，以便设计出更具针对性的促销策略。例如，对于年轻人群而言，他们更加注重服务的便捷性和创新性，因此可以通过线上渠道进行宣传和推广，采用新颖的广告创意和促销方式来吸引其关注，而对于中老年人群而言，他们更加注重服务的稳定性和可靠性，因此可以通过传统的广告宣传和线下渠道来传递服务信息，采用更加稳健和务实的促销策略来赢得其信任。

因此，只有在明确服务类型和目标顾客的基础上，服务厂商才可能更有针对性地设计促销策略，提高营销效率和效果。

（三）促销目的与品牌形象

服务促销的目的通常包括提高销售量、树立品牌形象、推广新服务等。不同的促销目的需要采用不同的促销策略。例如，如果促销目的是提高销售量，那么可以通过价格优惠、赠送礼品等方式来吸引顾客；加强广告宣传和市场推广，提高服务的知名度和曝光率，以吸引更多的潜在顾客。而如果促销目的是树立品牌形象，那么需要通过提升服务质量、加强顾客关系管理等方式来提高顾客满意度和忠诚度；注重品牌形象的塑造和维护，通过统一的视觉识别系统、独特的品牌文化等手段来打造品牌形象。

品牌形象对服务促销设计的影响主要体现在品牌知名度和品牌美誉度两个方面。品牌知名度是指顾客对品牌的认知程度，它直接影响顾客的购买决策和品牌的市场份额。因此，服务厂商需要注重品牌知名度的提升，通过广告宣传、市场推广等手段来提高品牌的曝光率和认知度。品牌美誉度是指顾客对品牌的好感和信任程度，它反映了品牌在顾客心目中的形象和地位。服务厂商需要注重品牌美誉度的提升，通过提供优质的服务和产品、加强顾客关系管理等方式来提高顾客的满意度和忠诚度，进而树立良好的品牌形象。

因此，在进行促销设计过程中，服务厂商需要明确促销目的，并确保所有促销活动都与品牌形象保持一致，从而加强品牌的市场地位和顾客认知。

（四）渠道选择与顾客接触点

渠道选择直接关系到促销信息如何传递给目标顾客。不同的渠道（如线上社交媒体、线下实体店铺等）影响着信息的传播速度和覆盖范围。服务渠道包括线上渠道和线下渠道，不同的渠道有不同的特点和优势。线上渠道具有覆盖面广、传播速度快、互动性强等优势，适合进行大规模的宣传和推广；线下渠道则具有实体展示、亲身体验等优势，适合进行深度的市场渗透和品牌建设。服务厂商需要根据自身的情况和市场环境来选择适合的渠道进行促销。同时，注重线上与线下的融合和互动，通过线上线下的协同作用来提高促销效果。

顾客接触点则是顾客与服务品牌互动的关键时刻。顾客接触点包括服务场景、服务人员、服务流程等，这些因素都会影响顾客对服务的感知和评价。服务厂商需要优化顾客接触点，提高服务场景的舒适度、提升服务人员的专业素养、优化服务流程等，以降低顾客的感知风险和提高顾客的满意度与忠诚度。同时，注重顾客反馈的收集和分析，及时了解顾客的需求和意见，以便对服务进行持续改进和优化。

因此，选择合适的渠道并优化顾客接触点，能够显著提高服务厂商促销活动的有效性和顾客满意度。

（五）顾客行为与服务过程

顾客行为和心理对服务促销设计的影响主要体现在服务过程的体验和满意度上。顾客行为研究的是顾客在购买和使用服务过程中的决策过程和行为模式，服务厂商需要了解顾客在服务过程中的需求、期望和感受，以便设计出更加符合顾客期望的服务流程和服务标准。例如，在餐饮服务中，顾客更加关注菜品的口味、卫生状况和服务态度等因素，因此餐厅可以通过提升菜品的品质和口感、加强卫生管理、提升服务人员的服务态度等方式来提高顾客的满意度和忠诚度。

服务过程则是服务厂商提供服务的流程和环节。对于需要顾客高度参与的服务

(如理发、健身、旅游等)，促销设计需要更加注重顾客的体验感和互动性。例如，可以通过提供个性化的服务方案、增加顾客的参与感等方式来提高服务质量和顾客满意度，同时，加强顾客与服务人员之间的互动和交流，建立良好的顾客关系，提高顾客的忠诚度和口碑传播效应。

因此，顾客行为与服务过程的交互作用可以共同影响服务厂商能否更精准地设计符合顾客期望的促销活动，并在服务过程中有效实施这些活动。

(六) 法律法规与行业标准

服务促销设计同样需要遵守相关的法律法规和行业标准。例如，在广告宣传中需要遵守《中华人民共和国广告法》等相关法律法规的规定，避免虚假宣传、误导顾客等行为；在价格促销中则需要遵守《中华人民共和国价格法》等相关法律法规的规定，避免价格欺诈、恶性竞争等行为。同时，行业标准也是服务促销设计需要遵循的重要规范。不同的行业有不同的服务标准和规范要求，服务厂商需要了解并遵守这些标准和要求，以保证服务的专业性和规范性。

此外，随着社会和经济的不断发展，法律法规和行业标准也在不断更新和完善。服务厂商需要密切关注法律法规和行业标准的变化动态，及时调整促销策略以适应新的法律环境和行业要求。同时，加强与相关政府部门和行业组织的沟通与合作，共同推动服务行业的健康发展。

因此，法律法规与行业标准要求服务厂商的促销活动必须在合法、合规的框架内实施。

影响服务促销设计的因素相互交织、相互影响，共同构成了服务促销设计的复杂性和挑战性。服务厂商在制定促销策略时，需要综合考虑这些因素，并根据实际情况进行灵活调整和优化组合，以确保促销活动的有效性和合法性。同时，注重创新和实践经验的积累与总结，不断提高自身的服务水平和市场竞争力。

二 服务促销管理的要点

要实施有效的服务促销管理，必须掌握一系列关键要点，这些要点相互关联，共同构成了成功的促销策略基石。服务厂商在进行促销管理的过程中应该注意以下要点。

(一) 构筑促销策略

构筑促销策略是服务促销管理的首要任务。在制定策略时，服务厂商应全面分析市场环境，包括竞争对手的促销手法、目标客户的消费习惯与偏好、行业发展趋势等。基于这些信息，服务厂商可以设计出与众不同的促销策略，以差异化竞争优势吸引顾客。策略规划还需考虑服务的特性，如无形性、生产与消费的同步性等，这些特性要求促销策略更加注重顾客体验和口碑传播。

（二）明确促销目标

明确促销目标是确保促销活动有的放矢的关键。服务厂商应根据自身的市场定位和发展阶段，设定具体的促销目标，如提升销售额、扩大市场份额、增强品牌忠诚度等。目标设定要具体、可衡量，这样才能有效评估促销活动的成效。同时，促销目标应与服务厂商的整体战略目标保持一致，确保促销活动能够为服务厂商带来长期利益。

（三）规定促销时间

规定促销时间是创造紧迫感和刺激顾客购买欲望的重要手段。通过设置有限的促销期限，服务厂商可以鼓励顾客在短时间内做出购买决策，从而快速提升销售业绩。此外，限时促销还有助于营造市场热度，吸引更多潜在客户的关注。然而，促销时间的设置需合理，既要给予顾客足够的考虑时间，又要避免时间过长导致促销效果减弱。

（四）进行联合促销

联合促销是服务厂商与其他相关服务厂商或品牌合作，共同开展促销活动的一种策略。通过联合促销，服务厂商可以共享资源、扩大宣传范围、降低促销成本，同时为顾客提供更丰富、更优惠的产品组合。在选择合作伙伴时，服务厂商应注重合作双方的互补性和协同效应，确保联合促销能够实现双赢。

（五）健全激励体系

健全激励体系是调动顾客购买积极性和提高促销效果的重要途径。服务厂商可以通过设置各种奖励措施，如积分兑换、优惠券、现金回馈等，来刺激顾客的购买行为。同时，激励机制也应针对内部员工进行设计，通过设立销售目标奖励、优秀员工表彰等方式，激发员工的工作热情和创造力，为促销活动的成功提供有力保障。

（六）重视促销实绩

促销效果是服务促销管理的最终目的。服务厂商应对促销活动进行全程跟踪和评估，收集顾客反馈，分析销售数据，以了解促销活动的实际效果。通过对比预期目标与实际成果，服务厂商可以及时调整促销策略，优化资源配置，确保促销活动的持续有效。此外，服务厂商还应注重促销活动的长期效益，通过不断总结经验教训，为未来的市场营销活动奠定坚实基础。

复习思考题

1. 服务促销的本质是什么？
2. 服务促销的一般工具主要有哪些？

3. 服务促销工具有什么新发展？
4. 影响服务促销设计的因素有哪些？

章尾案例

Temu 仍须提速

"我总是突然看到 Temu 的广告，它是什么？" 2022 年下半年以来，越来越多的美国消费者感受到了这样的困惑。Meta 广告库的数据显示，仅 2023 年 1 月，Temu 在 Meta 各平台投放了大约 8900 个广告，推广其超低折扣商品，比如 5 美元的项链、4 美元的衬衫等。2023 年 2 月，Temu 在 Google Play 和 iOS 应用商店支付了多达 862 个关键词的费用，而沃尔玛当月支付的关键词数量仅为其十分之一，Temu 还在 2 月投放了价值 1400 万美元的超级碗广告，成为"亮相"超级碗的最年轻品牌之一。

拼多多 2023 年 5 月 26 日发布的财报显示，拼多多第一季度销售和营销支出为 162.6 亿元，同比增长 45%，业内人士很自然地将这个增长归结于 Temu 营销投入的需要。Temu 为什么采取这么激烈的营销攻势？这艘出海"新船"将驶向何处？

对于中国消费者和商家而言，可以将 Temu 理解成海外版拼多多，尽管拼多多和 Temu 最近在各自的官方介绍中抹去了"两个平台归于同一个团队"的痕迹，但无论是商业模式还是推广策略都是"熟悉的配方"。Temu 上线同期，拼多多发布了"2022 多多出海扶持计划"，推出多项扶持举措，包括对出海制造企业采取零保证金入驻、零佣金的优惠政策，提供包含国内外仓储、跨境物流以及售后服务等基础设施服务，推出包括语言文化、产品标准、知识产权保护、法律援助、贸易仲裁等服务在内的出海解决方案等。

有 Shein、Shopee、Lazada 等"珠玉"在前，业内对拼多多出海的时间节点多有微词，但拼多多很快就用行动展示出了自己的过人一面。不到一年，Temu 相继开通了加拿大、澳大利亚、英国、德国、法国等十余个站点。在 2023 年 3 月，Temu 登陆澳大利亚市场当天，拼多多首次披露了 Temu 的运营成绩单，女装、小家电等热销产品已经实现单品日销 1 万件，单店最高日销超过 3 万单。截至 2023 年 2 月 23 日，Temu 在 Mac App Store 购物榜、Google Play 购物榜中分别霸榜 69 天和 114 天，新增下载量超过 4000 万次。6 月有消息称，Temu 将开日本站。Temu（或者说拼多多）似乎做了充分的准备，来应对跨境电商业务可能面临的问题。

Shop like a Billionaire 由广告公司 Saatchi & Saatchi 操刀，这条昂贵的广告片，讲述了一位年轻女孩在刷手机时，突然看到让她眼前一亮的裙子，标价 9.99 美元，她点击"添加到购物车"的按钮，又连续给自己选了很多不同风格的时装，她因此有了多个"分身"，都穿上时装从镜子里走出来，接着走上街头，继续给自己还有街头路人换装，背景歌曲则反复吟唱："I feel so rich, I feel like a billionaire." 整体氛

围轻快明亮，像极了当前中国消费者热衷的"多巴胺穿搭"风格。

这是 Temu 品牌意识层面的营销手段，其口号的直白程度与背景音乐的洗脑程度，都与拼多多投放的广告曲"拼多多，拼多多，拼得多，省得多"不相上下。《广告周刊》就受众对该广告的喜好情况在 Twitter 发起投票，结果显示持正面态度的只占 4.3%。尽管负面评论较多，但不耽误广告片成功出圈，很多人因为这个广告第一次读准了 Temu 的发音。

在品牌兴趣以及考虑、购买、留存方面，Temu 也打出了组合拳。

低价横扫对手。在上线之初，Temu 就推出了 1 美分免运费区、三折折扣、免费退货三大促销活动来吸引新客户。不少消费者对 Temu 的低廉价格感到震惊，社交媒体有篇帖子称："你只需要购买它并在 Facebook 上转售就可以赚钱。"过低的定价，已经使亚马逊将 Temu 排除在比价算法系统之外。

新的奖励机制。Temu 推出之初，并没有完全照搬拼多多的"砍一刀"游戏，但它很快"入乡随俗"，推出了"Referral Bonus"（推介奖励），老用户通过分享链接拉到新用户下载并完成注册，就可以获得 20 美元的奖金。这种游戏已经在 TikTok、WhatsApp 等社区流传开。

社交媒体营销。Temu 效仿 SHEIN，在 TikTok 联手美国网红推出了 Try-On Haul（开箱试穿变装）视频活动，这类视频流量非常可观，有助于 Temu 在年轻群体中快速建立品牌知名度，也是品牌"种草"的重要途径。

事实证明，这些方法奏效。在《福布斯》的报道中，梅根·帕耶特被视作一个典型，她居住在伊利诺伊州皮奥里亚郊外，是 3 个孩子的母亲。"我已经让我认识的每个人都注册了。"帕耶特言语中洋溢着自豪，令她喜悦的是，她在这个应用上没有为任何东西付过钱。2022 年在 Facebook 上发现 Temu 后，帕耶特每天要花几个小时在这个购物应用程序上玩游戏，并说服了 250 多个朋友、亲戚和陌生人加入。她获得了 6000 美元的免费商品，包括了 4 台任天堂 Switch 游戏机、为她儿子的生日派对准备的雪糕机、她制作蜡烛的材料以及大量的儿童服装和玩具。

这套获客组合拳下来后，Temu 获得了令人瞩目的增长。Apptopia 的数据显示，Temu 总下载量超过 7000 万次。而 Wish 和 SHEIN 都花了大约 3 年时间来实现 5000 万次下载量。

资料来源：张婷《Temu 仍须提速》，《国际品牌观察》2023 年第 13 期。

讨论题

1. 如何评价拼多多的服务促销手段？
2. 海外版拼多多 Temu 的服务促销手段与中国拼多多有何异同？
3. 展望海外版拼多多 Temu 未来的发展？

第 7 章 服务人员

学习目标

- 学完本章后，你应该能够：
- 了解服务人员的地位和作用；
- 理解内部营销的含义及重要性；
- 熟练掌握服务厂商内部营销的构建；
- 明确失败圈、平庸圈、成功圈的特点及形成这些循环的原因；
- 了解服务文化的含义及重要性；
- 理解服务气氛的含义；
- 熟练掌握并灵活运用服务的人力资源策略。

开篇案例　　　　　贴心的服务最出彩

2019 年乐陵德百广场开业之初，董露露入职运动商场安踏专柜并担任店长一职，入职前的第一课——《企业文化》培训让她记忆犹新，她被德百的创业史及员工的敬业精神感染，下定决心做一名合格的德百人，并用坚守与奉献践行这一初心，为顾客提供贴心周到的服务，得到了顾客的认可。

崔女士是安踏品牌的老顾客，自从和董露露结识后，又成了乐陵德百安踏专柜的 VIP 会员。2020 年冬季的一天，鹅毛般的大雪染白了整个城区，气温也下降到了零下十几度，崔女士来到店内为其上高中的儿子选购羽绒服，她一眼就看上了一款，但很不巧的是，没有适合她孩子的尺码了，董露露经过查看系统库存得知，同城的店内有合适的尺码，为不让顾客失望，她微笑着说："姐，不好意思，现在店里没有适合孩子的尺码，我马上去别的店拿，您稍等一下。"此时顾客非常惊讶地说，外面这么冷，又下着雪，你别出去了，要不改天我再来吧。而董露露却真诚地说道："姐，天气冷了，孩子也需要第一时间穿上羽绒服，放心吧，很快的。"说着，她便拿起电动车钥匙走出商场，十多分钟后，她用冻僵的手将羽绒服递给崔女士，顾客感动万分，连连竖起大拇指："你真是好样的。"她们的缘分也自此开始。每当有购物需求她都会找到董露露，董露露也会贴心周到地满足顾客的需求。

崔女士的儿子属于高瘦型体形，平时很难买到合适的裤子，长度和肥度都很不协调。2023年国庆节期间，崔女士在安踏专柜相中了一条运动裤，但就是没有适合的尺码，董露露便征求她的意见说："崔姐，我看您和孩子都非常喜欢这条裤子，裤长也合适，就是有点肥，这样吧，肥度方面我来解决。"她的建议得到了顾客的认可，下班后，她拿着裤子走访了五家成衣改制坊，终于将裤子改制好，当崔女士看到孩子穿上的效果后，真诚地说："小董，真是没有你干不成的事儿。"

董露露用真诚感动顾客，也收获了顾客的信任，在2023年安踏大促活动期间，崔女士的公司正好组织团建活动，在专柜选购了60余双运动鞋，为货柜带来了可观的效益，她也成了顾客和同事心中最出彩的品牌店长。

资料来源：https：//www.toutiao.com/article/7307423222981771816/？channel=&source=search_tab。

从开篇案例可以看出，作为服务人员的董露露是乐陵德百安踏专柜与顾客直接接触的界面，她的行为、态度和专业性直接影响顾客再次购买的欲望和对乐陵德百安踏专柜的整体印象。可见，服务人员在提升顾客满意度、增强品牌形象、促进销售等方面都具有不可替代的作用。服务厂商的成功与优秀的服务人员密切相关，下面我们将详细讨论服务人员的地位和作用以及如何灵活运用服务的人力资源策略。

第1节　服务人员及内部营销

服务人员对服务厂商具有举足轻重的作用，越来越多的服务厂商已经认识到其不仅要着眼于服务顾客，还要着眼于员工，进行内部营销。服务厂商内部营销活动是一切外部营销活动成功执行的先决条件，成功的服务厂商取得的地位是"战略性的服务洞察力向内转移"的结果。本节着重讨论服务厂商员工的问题，即服务厂商内部营销。

一　服务人员与服务营销

（一）服务人员的地位

在提供服务的过程中，人是不可或缺的因素，尽管有些服务是由机器设备来提供的，如自动售货服务、自动取款服务等，但零售服务厂商和银行的员工在提供这些服务的过程中仍起着十分重要的作用。对于那些要直接依靠员工提供的服务，如餐饮服务、医疗服务等来说，员工因素就显得更加重要。一方面，高素质、符合有关要求的员工参与是提供服务的一个必不可少的条件；另一方面，员工的服务态度和服务水平也是决定顾客对服务满意程度的关键因素。

由于服务的不可分离性，服务的生产与消费过程往往是紧密交织在一起的，服务人员与顾客在服务生产和递送过程中的互动关系，直接影响着顾客对服务质量的感知。因此，服务厂商的人员管理应是服务营销的一个基本工具。服务厂商人员管理的关键在于不断提高内部服务质量。

服务厂商内部服务即服务厂商对内部员工的服务，其服务质量包括两大方面：一是外在服务质量，即有形的服务质量，如财务收入；二是内在服务质量，即无形的服务质量。员工对服务厂商的满意度主要来自员工对服务厂商内在服务质量的满意度，它不仅包括员工对工作本身的态度，还包括他们对同事关系的感受。

考虑到人的因素在服务营销中的重要性，"服务营销理论之父"格罗鲁斯提出服务业的营销实际上由三个部分组成（见图7-1）。其中，外部营销包括服务厂商提供的服务准备、服务定价、促销、分销等内容；内部营销则指服务厂商培训员工及为促使员工更好地向顾客提供服务所进行的其他各项工作；互动营销则主要强调员工向顾客提供服务的技能。图7-1中的模型清晰地展示了员工因素在服务营销中的重要地位。

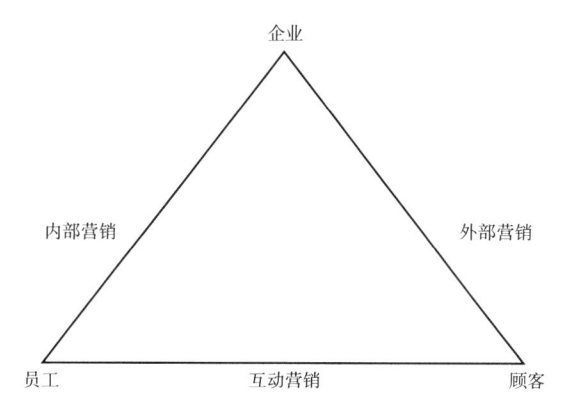

图7-1 服务营销的企业、员工、顾客三者之间的关系

专栏视点 7-1

海亮集团：为员工创造幸福是企业发展的需要

海亮集团创建于1989年8月，集团管理总部位于杭州市滨江区，现有境内外上市公司3家，员工20000余名，总资产超550亿元，营销网络辐射全球。海亮集团

坚持以人为本，维护员工权益，在公司内部营造廉洁、诚信的企业文化氛围，努力营造企业和员工"双赢"的和谐劳动关系，努力铸就受人尊敬的海亮品牌。

为员工谋幸福，就是为企业谋发展。在海亮集团看来，幸福企业就是以人为本、充满微笑的企业，是和谐友爱、共同发展的企业。海亮集团把幸福企业建设融入切实保护员工权益和完善人才管理体系中，不仅海亮集团员工得到幸福所需的物质基础、人际情感，也促进了海亮集团自身的快速发展。

海亮集团建设幸福企业的指导思想在于"三个坚持"：坚持"以人为本"、坚持"诚信共赢"、坚持"兼顾效益与功德"。坚持"以人为本"旨在强调"人"的重要性，事事以人为中心，保障员工的权益；坚持"诚信共赢"，充分发挥制度的约束力、文化的熏陶力和监督的震慑力，目的在于营造风清气正的工作环境，助推企业持续健康发展；坚持"兼顾效益与功德"是为了承担社会责任，以己之力帮助他人，让更多的人感到幸福。

第一，坚持"以人为本"。"员工开心了，企业才做得好事情。其实，对员工好是企业自身的需求，而不是员工的需求。"董事长冯亚丽很早就明白，对员工好是应该的。企业之强在于强人，海亮集团对"人"的重要性的思考在前期就已经觉醒，这也是海亮集团始终坚持"以人为本"的理念基础。海亮集团坚持"不问地缘、血缘、亲缘""有能力就上、没能力就下"的理念，尊重对企业有突出贡献的人员，让他们成为海亮集团最闪耀的明星。海亮集团在初创阶段，主要凭借的是创始人的能力以及其亲属的付出，但很快就摆脱了民营企业家族式依赖的路径，开始引入专业人才、启用职业管理人，踏上了人才强企的发展之路。

第二，坚持"诚信共赢"。以真诚之心，行信义之事，谓之诚信。诚信是立身之本，每一位海亮集团员工都把诚信视为最重要的价值观。人之诚信，需要自律。企业之诚信，更需自律。海亮集团自创立至今，始终把诚信作为经营与发展的基本准则和根本保证。坚守诚信是海亮集团幸福文化的核心特点，廉洁正气、阳光坦诚是海亮集团人的工作作风。诚信贯穿于海亮集团的所有产业板块与日常生产经营中，也体现在所有海亮人的言谈举止之中。

第三，坚持"兼顾效益与功德"。海亮集团一直把对社会贡献的最大化作为企业永恒的追求，秉持"事业即善业，善业即事业"的发展理念，一直以实际行动履行自己应尽的社会责任。砥砺前行30多年，海亮集团始终兼顾企业效益和社会公德，实现自身发展的同时也给社会做出了重要贡献。

海亮集团秉承"透明、博爱"的原则，以浙江海亮慈善基金会为主要平台，串联起海亮在教育、农业、健康等领域的优势资源，情怀桑梓，献己之力，把社会责任融入海亮集团日常经营和公益事业当中。

资料来源：https://m.toutiao.com/is/iMGWQfqP。

(二) 服务人员与顾客

服务人员与顾客是服务营销组合中人员要素的两个方面。

(1) 服务人员。服务业的具体服务人员包括出租车驾驶员、电梯服务员、图书管理员、银行柜台服务员、餐馆厨师、旅馆接待员和餐馆服务员等。这些人可能有生产或操作的任务，但他们与顾客直接接触，他们的态度对服务质量的影响程度和正式业务代表的态度对服务质量的影响程度是一样的。因此，这些服务人员有效地完成其工作任务很重要，服务厂商有效性和效率的衡量指标也应包括顾客对员工的熟悉与适应性。

(2) 顾客。对服务厂商的营销活动产生影响的另一个因素是顾客之间的关系。一位顾客对某项服务质量的感受很可能会受其他顾客的影响，这与受服务厂商员工的影响在道理上是一样的。顾客总会与其他的顾客谈到服务厂商，或者当一群顾客同时接受一项服务时，对服务的满足感往往是由其他顾客的行为间接决定的。

在服务的生产与营销中，人扮演着独特的角色，是服务营销组合中一个不可或缺的要素。服务厂商与制造企业的一大区别是，顾客所接触的服务人员的主要任务是实现服务，而不是营销服务。在产业用品市场，顾客与操作层次的接触很少，对于整个产品的提供，顾客不会有任何责任。但在服务业市场，接触机会就大多了。绝大多数的服务厂商员工与顾客有某些形式的直接接触。

一般而言，服务厂商的人员可分为两类：必须与顾客接触的员工和无须与顾客接触的员工。在研究服务厂商员工与顾客接触的问题时，应区分员工与顾客接触的程度。高接触度与低接触度的界定可依据顾客处于服务体系中的所有时间里接受服务所占时间的百分比。据此，高接触度服务包括大饭店、餐厅和学校等；低接触度服务包括政府主管机构和邮局等。各种不同的服务体系对于营销管理有不同的含义，会影响到服务递送过程。

二　内部营销与服务营销

(一) 内部营销的含义

内部营销是与外部营销相对应的概念，它产生于 20 世纪 70 年代末 80 年代初的美国服务产业领域。随着服务产业的发展和人们对服务营销研究兴趣的兴起，内部营销作为"激励员工提供持续高质量服务的一种手段"，成为服务营销的研究主题之一，开始受到广泛的重视。伴随内部营销理论的不断发展，学者们在内部营销的以下三个内涵上达成了统一。

首先，内部营销是一种观念和哲学。当把组织视为一个市场，把组织内发生的所有交换活动都视为市场营销行为时，组织内的每一个人都既是内部供应者，又是内部顾客。这时，内部营销可以被认为是一种从不同于传统的角度看待组织的观念，甚至是哲学。这种内部营销的观念要求组织中人人都应具有顾客意识、市场意识，同时主张把通常用于外部市场营销的概念和技术用于组织内部。

其次，内部营销是一种人力资源管理的思维和实践。贝里等学者认为内部营销是根据员工的需要设计更好的工作产品，以使员工感到满意和受到激励，从而更好地满足顾客需求的过程。在这里，内部顾客的含义是员工，内部供应者的含义是管理者，而内部营销实际上是对传统人力资源管理理论的发展，其目的是使组织更好地吸引、开发、保留所需的人力资源。

最后，内部营销是一种组织内各部分相互运作的机制。在这里，内部营销可以被理解成服务厂商为了向组织内部传递外部市场压力，在服务厂商内各部分、各环节之间建立的"模拟市场"的关系，以及为了使这种关系得到落实和延续所采取的一系列措施。

格罗鲁斯曾指出，在互动营销过程以及顾客关系管理中，员工的作用非常重要。营销部门的专家不是营销工作中唯一的人力资源，员工的顾客导向、服务意识在顾客对服务厂商的理解以及今后顾客对服务厂商的惠顾方面起着关键作用。因此在营销导向和为顾客提供满意服务的组织中，每个部门都必须具备顾客导向和服务顾客的意愿。他将服务管理中的内部营销的概念界定为："在服务意识驱动下，通过一种积极的目标导向的方法为创造顾客导向的业绩做准备，并在组织内部采取各种积极的、具有营销特征的、协作方式的活动和过程。在这种过程中，处于不同部门和过程中的员工的内部关系得以巩固，并共同以高度的服务导向为外部顾客和利益相关者提供最优质的服务。"[①]

同时，内部营销概念的新内涵是引入了统一的概念，该概念让服务厂商更有效地管理不同的职能和活动，并把它们视为指向共同目标的总体过程的一部分。内部营销的重要性在于它能使服务厂商中的管理工作以更加系统和战略性的方式接近所有的活动。内部营销在服务厂商中存在并非基于它所采用的手段，而是基于其将内部人员导向调整为外部顾客导向或内部顾客导向的流程革新。

本章将内部营销理论的基本精髓归纳如下。

第一，内部营销是一种经营观念。内部营销从一个全新的角度看待员工和组织，即把员工当作顾客，把组织视为市场。同时，内部营销是服务厂商发展战略和经营战略的重要组成部分，它要求服务厂商强化服务内部顾客的意识，在内部顾客满意的基础上，使服务厂商中的每一个人都具备顾客意识和市场导向意识。

第二，内部营销是一项系统工程，其开展必须建立在系统思考的基础上。所谓内

---

① 〔芬兰〕克里斯廷·格罗鲁斯：《服务管理与营销：服务竞争中的顾客管理》（第3版），韦福祥等译，电子工业出版社，2008。

部营销系统，是指为便于在服务厂商内部开展一系列积极的营销协同活动，而构建的包括内部营销导向层、运作层和支持层在内的服务厂商内部多种因素的有机统一体。

第三，内部营销是一种管理工具。它主张在研究组织内部市场时，可运用外部营销的技术和方法来开展内部营销活动，并进行相应的内部营销管理。

第四，内部营销是一种管理过程。要在服务厂商内部顺利推行内部营销，就必须在分析内部市场环境的基础上，制订周密的营销计划，然后采取一系列手段执行营销计划，包括员工招聘、员工培训、员工激励、员工授权、员工沟通以及员工内部服务补救等一系列管理活动。

专栏视点 7-2

著名服务厂商的内部营销

福特公司通过内部计算机系统建立起面向数十万名员工的信息库，使生产部门80%的员工每天都通过它来从事汽车设计、生产、质检和销售。同时，人力资源部门每天向所有员工公布岗位信息及其工资待遇，鼓励员工的内部合理流动。员工可以在第一时间"买"到新的更适合自己的位子。

宝洁的做法更直接，它为全球3万多名顾客建立了消费网页，在将顾客分门别类后，直接和自己的品牌"接驳"，而每一个品牌在宝洁内部是一个"条条"，在外部就是一个"块块"，在"条块兼容"中，通过市场的"串行"来实现品牌的延伸。例如"飘柔"品牌及其"忠诚顾客"就成为一个单元，就像是一家独立的公司，通过一个庞大的"吸盘"将员工和顾客吸附在这个品牌之上。

康师傅创业伊始，就实行了一种"职业安全"的内部营销管理。他们对所有员工进行职业技能培训，培训的内容几乎涵盖了从个人技能到组织设计的各个方面，员工可以在企业内部市场上进行岗位轮换和职务升迁，还可以辞职自办企业，并提供必要的帮助。这种将大门敞开，来去自由的组织模式使员工获得了"终身安全"的信念，以一个"完人"的心态来从事创业——无论是在企业内外，都是在给自己干活的"主人翁"意识油然而生。

美国的3M公司规定，公司内部员工每天可以利用1/3的工作日来干"私活儿"，有了成果后可以"出售"给公司，也可以以公司的名义自行出售，公司为其员工的"营销活动"提供一切可以利用的资源，而反过来要求员工以一定的比例（在余下2/3的工作日）来为公司出力。

资料来源：根据网络资料改编。

（二）内部营销的三个层次

在下列三种情况下，服务厂商需要引入内部营销。[①]

1. 当需要在服务厂商创建服务文化和服务导向时

当服务导向和对顾客的关注成为组织中最重要的行为规范时，服务厂商中就有服务文化存在。将内部营销和其他活动一起应用是一种培育服务文化的有力手段。在此种情况下，内部营销的目标有：第一，帮助各类员工理解和接受服务厂商目标、战略、战术，以及产品、服务、外部营销活动和服务厂商的流程；第二，形成员工之间良好的关系；第三，帮助经理和主管建立服务导向型的领导与管理风格；第四，向所有员工传授服务导向的沟通和互动技巧。

实现第一个目标至关重要，因为员工必须认识到服务、服务导向、顾客意识及自己承担兼职营销人员职责的重要性。做不到这一点，员工就无法了解服务厂商所要达到的目标。第二个目标同样重要，因为服务厂商建立与顾客及其他方面良好外部关系的基础是组织内部的和谐气氛。由于服务导向的管理手段和沟通、互动技巧是建设服务文化的基础，因此第三个目标和第四个目标也是非常重要的。

2. 当需要员工保持服务导向时

内部营销在保持服务文化方面十分重要。服务文化一旦建立，服务厂商就必须以积极的方式去维护，否则员工的态度很容易发生转变。在保持服务导向时，内部营销的目标包括：确保管理手段能够鼓励与强化员工的服务意识和顾客导向；确保良好的内部关系能够得到保持；确保内部对话能够得到保持并使员工收到持续的信息和反馈；在推出新产品、新服务及营销活动和过程之前，先将其推销给员工。

这里最重要的内部营销事项莫过于每一个经理和主管的管理支持、管理风格和手段。当主管把目光集中在为顾客解决问题而不是强调服务厂商的规章制度时，员工会觉得十分满意。

3. 当需要向员工进行服务及营销相关内容的介绍时

在服务厂商规划和推出新产品、服务或营销活动时，如果没有在内部员工中做足够的推广工作，则需要开展内部营销以系统地解决问题。相反，如果无法知道服务厂商发生了什么，对新产品、服务或营销活动不甚了解，或者要从报纸、电视广告甚至顾客那里才能得知服务厂商新服务及广告活动时，无论是与顾客接触的员工还是支持人员都无法表现良好。有利于新产品、服务和外部营销活动及过程的内部营销目标包括：使员工意识到并接受即将开发以及推向市场的新产品和新服务；使员工意识到并确保接受新的外部营销活动；使员工意识到并接受新方式，即应用新

---

① 〔芬兰〕克里斯廷·格罗鲁斯：《服务管理与营销：服务竞争中的顾客管理》（第3版），韦福祥等译，电子工业出版社，2008。

的技术、系统、程序来控制或影响内部和外部关系及公司互动营销业绩的不同任务。

(三) 内部营销的重要性

内部营销措施是指那些为了取得某一特定目标而采取的短期的、具有针对性的举措。这些短期内部营销举措可以帮助服务厂商完成重要的工作，如实施新方案、适应变化、克服困难、应对公司被并购后的生存问题等。

但更重要的是，内部营销是一个不断与员工分享信息，并且认可他们所做贡献的过程，这一持续的过程是构建健康服务文化的基础，员工在这种文化氛围内遵循"我为人人，人人为客户"的理念。持续不断的内部营销也是创建世界一流公司的基石。

总体而言，内部营销的重要性可概括为四个方面。

1. 内部营销有助于激发创新精神

服务厂商通过提高对内部顾客——员工的服务，激发员工对服务工作的热爱与对外部顾客服务的热情，使员工从被动工作变为主动工作，从单纯地被管理变为积极参与管理过程，这必然会增强员工主动服务的意识，充分发挥自身主观能动性。

2. 内部营销有助于减少内部矛盾

在服务营销过程中，需要不同部门的共同协作，各个部门处于工作流程的不同环节，内部营销通过有效沟通可以减少工作中的误解，从而减少内部各部门之间的矛盾。

3. 内部营销有助于提高工作效率

内部营销要求员工为顾客服务，或者为服务顾客的员工服务，这会使各部门员工增强内部服务意识，在服务厂商内部营造出平等、和谐、互助的工作氛围，减少人际关系摩擦及不同服务环节的推诿扯皮现象，从而提高整体工作效率。

4. 内部营销有助于推进服务文化建设

内部营销强调员工满意度的重要性，强调对员工价值的认同，这会增强员工的荣誉感和归属感，自觉维护服务厂商的外在形象，并信守服务厂商的对外承诺。而且内部营销的信息沟通可以使员工及时了解服务厂商的经营战略，当所有员工都响应服务厂商经营的战略并相互合作时，服务文化才能真正深入人心。

专栏视点 7-3

沃尔玛：为员工服务，员工才会为客户服务

作为全球零售业巨头，沃尔玛拥有全球数量最多的员工。虽然身为雇主，但在沃尔玛工作的员工，从不会被当作"雇员"看待，他们是沃尔玛的"同事"和"合伙人"。

在公司内部，明确规定上司要称下属为"同事"而非"雇员"，就连沃尔玛的创始人都不例外。沃尔玛的员工都有各自的明确分工，很少出现歧视现象。与其他服务厂商不同，沃尔玛的服务关系，呈现倒金字塔式，领导者在最底层，员工在中间，顾客在最上面。

在每个沃尔玛员工的工牌上，除了名字，就是"我们的同事创造非凡"的口号，唯独没有标注职务。因为在公司内部，虽然职责不同，但普通员工和老板没有明确的上下级之分，更没有"老板"和"下属"这样的称呼，大家就像朋友一样直呼其名，随处可以感受到亲切、平等、随意的气氛。将平等意识植入员工内心，他们就会觉得自己在公司里同样重要，于是更加热爱和专注于自己的工作，为自己和公司谋取利益。

沃尔玛的管理者，对待员工都必须真诚、亲切，要尊重下属，不能对下属训斥和恐吓。创始人萨姆·沃尔顿认为，人的因素至关重要，优秀的领导者要将这一要素放在对待人和业务的每个环节中。制造恐怖氛围，只会让员工感到紧张，他们不敢提出问题，服务厂商看不到问题，就会越变越糟。

员工的个人品行和家庭状况，也是管理者必须了解的方面，要清楚地知道他们的困难和希望，同时对他们表示尊重和赞赏。

关心员工的变化，才能协助他们成长和发展。作为公司领导者，萨姆·沃尔顿首先做出榜样——有一天，沃尔顿工作到凌晨两点半，在回家的路上，经过公司的一个发货中心时，从装卸工那里了解到，员工宿舍的沐浴设施太过陈旧，第二天他便找人更换了新的设备。这一举动让员工们深受感动。

像沃尔玛这样的倒金字塔式的组织关系，会出现"公仆领导"。他们位于整个框架的底层，中间层是员工，顾客永远在顶层。领导者服务于员工，员工服务于顾客。只有服务好顾客，公司和员工才能获得更多利润。

资料来源：https://m.toutiao.com/is/iMv3LWEQ/。

三　内部营销体系的构建

（一）服务厂商内部营销的整体目标

内部营销的整体目标在于三个方面，即促使员工形成顾客导向和服务意识，并以之为指导为内部顾客和外部顾客提供服务；创造、维护和强化组织员工的内部关系，包括管理层与员工的关系、一线员工与支持员工的关系等；提供来自管理层面及技术层面的支持以保证内部营销活动的顺利开展。这是因为只有员工感觉到了彼此的信任，形成了顾客导向与服务意识，并获得了必要的支持条件，才能持续地以顾客服务意识开展服务营销活动。

格罗鲁斯指出，内部营销涉及两个具体的管理过程，即态度管理和沟通管理。因此，内部营销管理体系对应于不同的内部营销层面，可以区分为态度管理、沟通管理和辅助管理三个方面。服务厂商内部营销应从服务文化培育的导向层、服务传递过程的运作层以及服务过程保障的支持层三个层面来构建。

首先是态度管理层面，即对服务厂商所有员工的态度及他们对顾客意识和服务意识产生的动机的管理。它对应于内部营销导向层面上服务厂商服务文化的培育与保持的系列活动，这是一个致力于在服务战略中占得先机的组织实施内部营销的先决条件。格罗鲁斯认为："如果识别并考虑到内部营销中关于态度管理的实质与需求，内部营销就成为一个持续的过程，而不是一次或一系列活动。"[1] 这需要各层级组织主体的积极努力和配合。

其次是沟通管理层面，即在服务设计、生产、传递、消费及售后等一系列过程中，对组织各层主体的内部营销活动运作状况的管理，确保员工及管理者能以服务意识和顾客导向观念来完成他们的工作。沟通管理是一个广泛的概念，它不仅包括管理组织中的各种信息对服务营销活动的支持与沟通，还涉及员工人力资源管理、员工授权管理及内部服务补救管理等内容。

最后是辅助管理层面，即为保障内部营销职能活动的开展，或进一步优化内部营销过程而对相关辅助支持要素的管理。这些支持要素包括管理支持、信息技术支持等。此外，基于一线员工隐性知识显性化，以编码形式记录下来并在服务厂商内部扩散的知识更新过程的管理，也是辅助管理的重要内容。

因此，一个成功的内部营销过程需要态度管理的引导、沟通管理的执行和辅助管理的支持。态度管理是一个持续的过程，沟通管理是一系列密切相关的独立活动，而辅助管理则是维持内部营销过程的基础和工具，三者有机结合共同构成了组织内部营销管理的基本模型，支撑服务厂商内部营销系统的运行。

（二）服务厂商内部营销体系

服务厂商的内部营销系统依其内在逻辑，可以划分为三个层次，即内部营销导向层、内部营销运作层和内部营销支持层。三个层次及其内部子系统形成了一个完整的内部营销系统。系统论认为，整体性、关联性、等级结构性、动态平衡性、时序性等是所有系统共同的基本特征。系统论的核心思想是系统的整体观念，任何系统都是一个有机的整体，它不是各个部分的机械组合或简单相加，系统的整体功能是各要素在孤立状态下所没有的新特质。内部营销系统的构建即以系统学理论为依据，以导向层、运作层和支持层构成系统的结构，并保持内部营销系统各个子系统之间的相互支持和功能关联，以实现内部营销系统整体功能的最大化和系统的持续稳定性。

内部营销是一个整体的管理过程，它将服务厂商的多种职能集成为两种方式：第一种，它确保服务厂商所有层级的员工都理解和亲身体验自己的工作；第二种，确保员工积极主动地以服务导向的方式行事。内部营销旨在确保在服务厂商成功实

---

[1] 〔芬兰〕克里斯廷·格罗鲁斯：《服务管理与营销：服务竞争中的顾客管理》（第3版），韦福祥等译，电子工业出版社，2008。

施关于外部市场的目标之前,组织和员工之间的内部关系顺畅,以及内部各项活动以顾客导向和服务意识为引导。

(三) 开展内部营销需要注意的问题

内部营销管理源于市场,融于服务厂商,具有与生俱来的灵活性、主动性和能以较低成本实现有效管理的优点。服务厂商在组织实施内部营销活动时,应该考虑以下几个问题。

(1) 服务厂商应努力营造一种内部营销的大环境。内部营销实质上是以营销手段进行的管理,管理层是内部营销的轴心,因而管理人员应当成为理解和实施内部营销的倡议者和推动者。此外,各级管理人员还应身体力行,给普通员工做示范,为服务厂商正确理解和实施内部营销做出表率。为了吸引、发展、激励和保留高水平的员工,服务厂商还需要支持性的人力资源管理政策和计划与控制政策。服务厂商建立客观、简单、恰当和适时的评估标准,经常衡量员工的工作业绩和贡献大小,能让员工在评估、奖励和人事变动中知道什么是重要的,实现服务厂商的策略目标,树立服务厂商的良好形象和建立服务文化。员工缺乏对服务厂商战略的理解,认识不到自己作为营销人员责任的存在和重要性以及缺乏服务技巧,部分是因为缺少服务战略的知识、服务背景下市场营销的特征和范围的知识以及员工双重角色的知识,或是根本没有这些知识,支持性的培训政策因而也成为必要。对员工的培训有三项任务:一是使员工能详尽了解服务战略的运作,理解自己与其他人、与公司的其他功能部门以及与顾客相联系时的角色;二是建立并促进员工对于服务战略和兼职营销人员工作的良好态度;三是建立和增进员工的沟通、销售及服务技能。

(2) 服务厂商应根据市场的变化和自身需要,明确内部营销的重点。服务厂商所处的宏观环境和微观环境都是不断变化的,服务厂商的目标或经营方法也会随之改变。内部营销作为一个灵活的管理系统,能在这种意识渗入服务厂商员工头脑之后自我推动,自我发展,适应市场变化和服务厂商目标变化。但是,仅靠内部营销方法本身传递外部市场信息,在内部进行双向沟通是远远不够的。服务厂商管理人员应主动收集信息,把握动向,有意识地进行态度管理,明确内部营销的重点,引导服务厂商行为。

(3) 服务厂商进行内部营销要强调对员工的调查分析。员工在内部营销中具有双重身份,他们是内部营销的实施者,同时也是内部营销的对象。作为后者,他们的需求应被充分认知,而对员工的期望、态度和关心的事情的猜想往往并不准确。因此,科学的市场营销调查技术在服务厂商内部的应用非常重要。

第 2 节 服务人员管理的循环

在服务人员的管理上,必须注意三个重要的循环。当服务厂商内的人员流动率过高时，就可能会出现失败循环，若服务厂商所提供的工作具有安全保障，但没有激发个人的主动性，则可能会走入平庸循环。例如，很多拥有终身雇用保障的员工可能走入平庸循环，经常可在一些国有机构发现这类员工。然而，若是工作环境管理得很好，同时也能引发服务雇用上的良性循环，就可以进入成功循环，以下分述这三种循环。

一　失败循环

在很多服务厂商中，因为过度重视效率，所以掉入一个陷阱。他们会尽量简化工作流程，并且尽可能地去雇用最廉价的员工。这些员工大多仅仅进行重复性的作业，而不需要进行太多的训练。在此种服务厂商中，便经常会出现失败循环。失败循环包括两种：员工的失败循环与顾客的失败循环（见图7-2）。

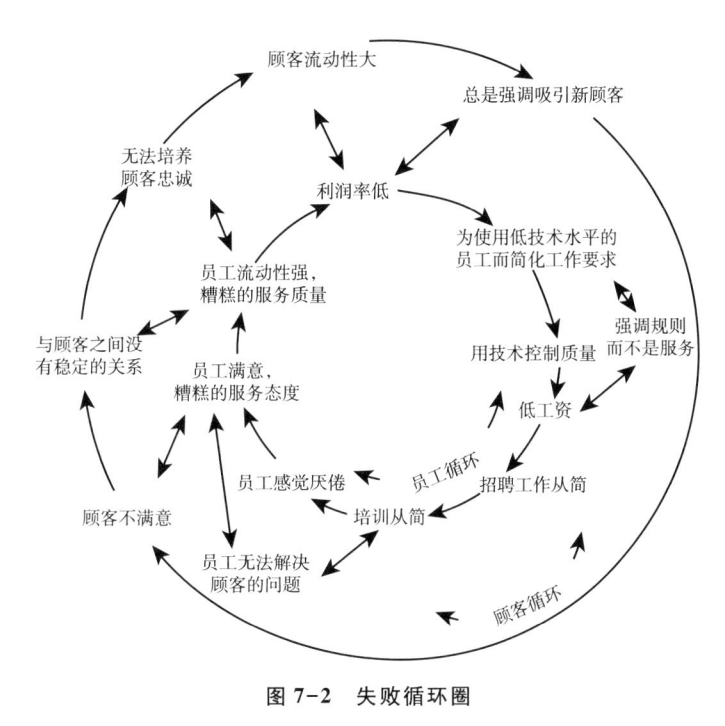

图7-2　失败循环圈

资料来源：Schlesinger, L. A., Heskett, J., "Breaking the Cycle of Failure in Services," *Sloan Management Review*, 1991, 31, pp. 17-28。

员工的失败循环从低技术水平开始，强调规则而不是服务，用技术控制质量。伴随低工资而来的是招聘和培训员工的投入最小化。其结果就是员工缺乏答复顾客问题的能力，对工作不满意，并产生消极的服务态度。对服务厂商造成的后果就是服务质量低，员工流动性大。因为利润率很低，服务厂商不断用廉价的员工在恶劣的环境中工作。

顾客的失败循环是从服务厂商强调吸引新顾客开始的，但是新顾客不满意员工的工作，他们认为频繁更换员工会缺乏持续性。这些顾客无法对服务厂商产生忠诚，因此和员工一样流动性很强。这种情况就要求服务厂商寻找新的顾客以保持销售收入。忠诚的顾客可以给服务厂商带来更大的收益，因此服务厂商非常担心顾客会因不满意而离开。

二 平庸循环

平庸循环是另一种潜在的雇佣关系恶性循环（见图7-3），多见于大型官僚机构中。很多国有垄断服务厂商、行业联盟和垄断行业没有改善绩效的激励措施，也没有竞争者，保守的工会也不希望管理者尝试劳动创新。

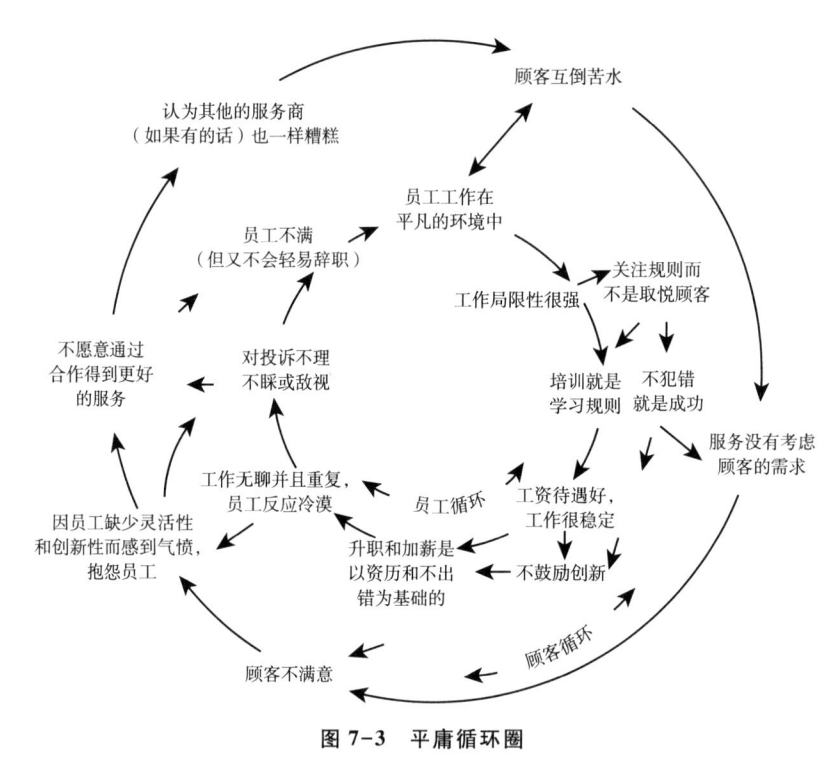

图 7-3 平庸循环圈

资料来源：Christopher Lovelock, "Managing Services: The Human Factor," in W. J. Glynn and J. G. Barnes, eds., *Understanding Service Management*, Chichester, UK: John Wiley & Sons, 1995, p.228。

在这种环境里，服务标准应严格参照规章制度，倾向于标准化服务，重视操作效率，防止员工对特定顾客的欺诈和偏袒。工作职责的界定非常呆板，毫无生气；依据责任的级别和范围严格分类，并进一步因工会的规定而僵化。加薪和升职基本上是论资排辈。衡量成功工作表现的标准就是不出错，而不是高效率和优秀的顾客服务。培训侧重于规则和工作技术层面的学习，而不是如何与顾客以及同事相处。

因为很少允许员工发挥灵活性和创新性，工作就会渐渐变成无聊的重复。但是与失败循环圈不同，这里大多数岗位有优厚的报酬和丰厚的收益，工作稳定性也很强。因此，员工不愿意离开。这样，服务厂商的员工就缺少流动性，缺少可能在其他领域受益的营销技能。

顾客并不乐意同这些服务厂商打交道。烦琐的手续、缺少灵活性的服务以及不敬业的服务人员，这些都使顾客感到愤怒。不满意的顾客向员工发脾气也很正常，但是员工也是身不由己，无力改变身边的环境。顾客们可能也因为糟糕的服务和态度而发火，但仍然只能被"挟为人质"，因为他们也不能去别的地方，要么因为这是垄断行业，要么是"天下乌鸦一般黑"。

员工可能通过漠不关心、墨守成规或以暴易暴的方式来保护自己。其结果就是一直处在一种平庸的恶性循环中，不高兴的顾客抱怨闷闷不乐的员工服务很差劲、态度很不好，员工因此产生更大的抵触心理和缺乏关怀的感觉。在这种情况下，顾客不会与服务厂商合作以获得更好的服务。

三 成功循环

有的服务厂商极力杜绝失败循环圈和平庸循环圈中出现的各种现象。其对于财务绩效有着长远的眼光，对员工进行合理的投资，因此而产生了成功循环圈（见图7-4）。

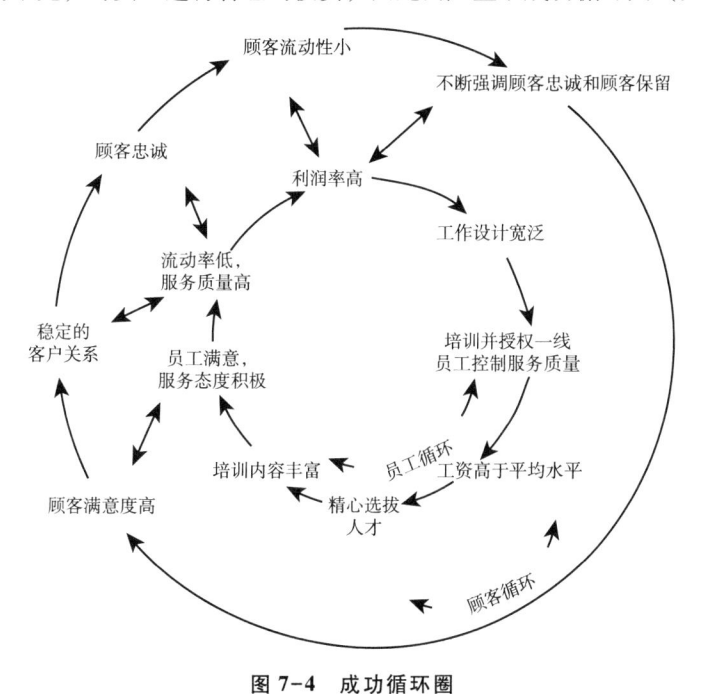

图 7-4 成功循环圈

资料来源：Schlesinger, L. A., Heskett, J., "Breaking the Cycle of Failure in Services," *Sloan Management Review*, 1991, 31, pp. 17-28。

正如失败循环和平庸循环一样，成功循环也同时属于员工和顾客两方。可以通过丰厚的报酬来吸引高素质的员工，以拓展工作内涵、提供培训、授予权力等方式让员工提升服务质量。有针对性地选拔人才、集中的培训和高薪都将使员工感到更开心，从而提供质量更高、顾客更满意的服务。经常光临的顾客因为员工流动性小而对服务关系很满意，从而更加忠诚。由于有更高的利润，服务厂商可以自由地实行顾客保留战略，将营销重点放在提高顾客忠诚度上。这种战略比吸引新顾客收益更大。很多国家的公共服务机构在努力尝试成功循环圈，为顾客提供价廉质优的公共服务。

课堂互动 7-1

联系失败循环、平庸循环和成功循环的特点，说说人力资源管理者应该如何避免失败循环圈和平庸循环圈，走向成功循环圈呢？

专栏视点 7-4

唯品会：花式福利　"霸气"宠爱员工

对唯品会来说，用户和员工就像"手心和手背"。唯品会为超过 5.5 万员工提供了完善的福利体系和弹性的福利政策，毫不吝惜对员工的宠爱。所有全职员工均可享受"六险一金"福利——法定"五险一金"加上"商业保险"，以及年度免费体检，这在行业内极富有竞争力。

唯品人可以享受舒适的办公环境，免费、营养的三餐和零食以及人性化睡眠舱；球场、瑜伽中心和健身设施一应俱全，健康 V 站配备专业人员提供医疗支持，母婴室为新生儿妈妈提供了私密舒适的空间；穿梭巴士全程护送员工上下班。

关爱员工身心健康的同时，唯品会为员工提供有竞争力的薪酬，并帮助员工安居乐业。其中，落户支持包括"安居免息贷款"、"提供集体户口"以及各项人才奖励政策。除上述福利外，成立于 2013 年的"唯爱基金"为员工提供疾病报销、生活困难补助、救急资金借款，10 年来帮扶 1675 人次，缓解员工急难。

在唯品会，假期也颇有人情味。所有员工均享受（除法定之外）额外两天的带薪年假；在职父母享有"家长会假"，用于参加亲子活动。2023 年 11 月 30 日，唯品会内网公开 2024 年春节放假安排。除夕 2 月 9 日（星期五）为公司额外提供的一天"唯品团圆假"（不占用员工假期额度，不需要发起请假流程）。

员工在生日、结婚、生育等重要时刻，会收到唯品会赠予的贺礼或礼金；遭遇亲人住院或离世，也能收到慰问金。唯品会宠爱员工的宗旨，就是"让员工幸福，让员工的家庭幸福"。

资料来源：https：//www.sohu.com/a/169635586_ 134351。

第3节 服务的人力资源管理

本节重点关注有助于优质服务传递的服务人员和人力资源管理。其假设是：即使已经很好地理解了顾客的期望，对服务进行了设计和详细说明以满足顾客的这些期望，但如果没有按照服务的详细说明进行服务传递，服务质量仍可能存在顾客驱动的服务标准与员工的实际服务绩效之间的差距。服务通常由员工来传递和执行，故人力资源问题是差距产生的主要原因。服务厂商通过关注服务员工的关键角色以及开发有效顾客导向的服务实施战略，就有可能会缩小差距。

一 服务文化

组织中员工的行为要受到塑造个人和群体行为的组织文化，或深入人心的标准以及价值观的重要影响。服务文化被定义为"给予组织成员共享价值观和信念的一种形式，可为其提供组织内的行为规范"。

专家曾建议一个顾客导向、服务导向的组织在其内心保有"服务文化"，其定义是，"鼓励优质服务的存在，给予内部和外部最终顾客优质服务，并把这种文化当作自然而然的生活方式和每个人最重要的行为标准"[①]。这是一个含义丰富的定义，对员工行为有许多指导意义。首先，只有存在对优质服务的鼓励，才能形成服务文化。这并不意味着服务厂商要打广告大战强调服务的重要性，而是以一种潜移默化的方式让人们知道优质服务受到鼓励和重视。其次，优质服务既面向外部顾客也面向内部员工。只向最终顾客承诺优质服务是远远不够的，组织中的所有人都应得到相同的服务。最后，在服务文化中，优质服务是"一种生活方式"，是自然而然产生的，因为它是组织最重要的标准。服务文化对一个以客户为核心的企业成长至关重要，也被认为是服务厂商竞争优势的来源。

专栏视点 7-5

京东的企业文化

京东，是以供应链为基础的技术与服务企业，业务涉及零售、科技、物流、健康、研发、工业、自有品牌、保险和国际等领域。由刘强东于1998年创立，公司于2004年进入电商领域。

1. 京东的发展理念

企业要发展，首先得益于组织中"人"的发展，是因为人的发展才带动了京东

[①] 〔芬兰〕克里斯廷·格罗鲁斯：《服务管理与营销：服务竞争中的顾客管理》（第3版），韦福祥等译，电子工业出版社，2008。

的企业发展，"人"是京东发展的核心助推器。京东相信，人的潜能是无限的，人是京东最基本的原动力，对人的深入关怀和挖掘，就是对京东发展战略的彻底实践。同时，京东坚信，创新是京东发展的不二法则，而唯有人能够推动发展创新，唯有京东人不断追求发展创新方能为消费者持续创造价值。

2. 京东的引领理念

作为拥有37万员工的企业，京东在合规治理方面形成了富有特色的"京东治理模式"：从理念上，坚持"正道成功"，提出"合规即发展"，合规理念深深融入各项业务；从顶层架构上，保障合规部门的权威性、独立性；在制度设计上，形成覆盖各业务的合规制度体系；在行业共治上，探索企业共同参与的"阳光诚信联盟"，汇聚治理合力，提高治理效能。合规不仅是一种管理方式，更是一种基于信任的合规文化，融入管理过程和全员工作中。当"只做合规的业务"成为一种坚守，企业就会赢得更多合作伙伴的信任，实现长远持久的发展。

3. 京东的企业标识

2013年京东商城改版、启用新域名时，选择金属狗"JOY"作为京东吉祥物和公司标识，寓意：忠诚、正直和迅速。2017年，京东修改标识，移除标识的金属感，适当调整头部的角度、耳朵、鼻子、眼睛和嘴的位置，放大了头部和身体的比例；删除了"JD.COM"的英文域名只保留"京东"二字。

4. 京东的使命与价值观

愿景：成为全球最值得信赖的企业。

使命：技术为本，让生活更美好。

核心价值观：客户为先、创新、拼搏、担当、感恩、诚信。

核心经营理念：坚持体验第一、客户为先的原则和价值观，坚持"成本、效率、产品、价格、服务"。

资料来源：https://about.jd.com/culture。

（一）展示服务领导层

强有力的服务文化始于组织的管理者，具有说明卓越服务的热情。成功的服务厂商管理者具有相似的核心价值，如正直、乐观、尊重等，并将这些价值灌输到组织的结构中。领导层并不是由出自厚厚的规则手册的一套命令组成，而是关于个人价值的规律、一致性的说明。员工注意到领导接受这些价值后将更容易接受服务文化。与所信奉的价值相比，感知的价值将会对员工产生更大的影响，这些感知价值是员工观察管理者实际行动后得出的。换言之，文化就是员工认为管理所真正反映的，以及他们在与组织中关键角色所接触的日常经验中得出的对组织具有重要意义的东西。

(二) 服务文化的培育

服务营销专家泽丝曼尔认为,只有存在对优质服务的鼓励,才能形成服务文化,这并不意味着服务厂商要打广告强调服务的重要性,最好以一种潜移默化的方式加以实现;优质服务既面向外部顾客也面向内部员工;在服务文化中,优质服务是"一种生活方式",是自然而然产生的,它是服务机构最重要的标准。

文化需要积淀,服务文化的培育是一个长期的过程,是一项系统的工程,需要全员参与、长期努力才能完成。这项工程的顺利实施需要遵循一定的项目流程。

1. 分析和规划

服务文化是服务厂商在长期生产经营活动中形成的。没有足够时间的积淀与延续,难以形成稳定的服务文化。因而,只有正确地认识服务厂商自身的历史和现状,树立正确的服务经营理念,才能形成独立、有特色的服务文化。服务文化的建设需要从分析和规划入手。

(1) 历史回顾。服务厂商要追溯其历史传统,考察历史上的重大事件、成长兴衰历程、服务厂商的精神、礼仪习俗、惯用的思维方式、英雄人物等,对服务厂商的历史进行总结和提升。

(2) 现状分析。服务厂商应对其文化现状进行系统的分析,包括内部环境和外部环境的分析。

内部环境是服务文化生根发芽的土壤,对服务文化塑造具有巨大的影响。诊断服务厂商内部环境,首先要分析服务厂商员工的素质,包括管理人员和普通员工的素质。因为员工的素质影响服务文化的类型,也制约服务文化发展的现实水平和潜在能力。其次要分析服务厂商的管理体制。管理体制是否合理对服务文化的塑造有重要的影响。例如,一个没有民主气氛的服务厂商,在服务文化建设过程中,就应该注意适当分权。最后要分析服务厂商的经营特色,服务文化的塑造应该考虑自身的地方特色。

服务厂商的外部环境是服务厂商自身无法控制的力量,对服务厂商的经营状况和员工行为影响很大。优秀的服务厂商成功的关键在于能够根据服务厂商外部环境的变化,及时调整应对竞争的策略。分析外部环境首先要考察竞争状况,考虑市场变动的趋势。例如,经营服装、家具的贸易公司,因为经营环境变化极为迅速,比较适合风险性文化;对于煤炭制品、能源行业,则更适合建立稳健性文化。其次要考虑新技术的发展与冲击,每一次新服务技术的出现都会给服务厂商带来新的机会和挑战,只有抓住机会才能成功。

2. 组织与实施

服务文化培育的核心工作是服务厂商开展内部营销,让全体员工,无论是管理层员工还是普通一线员工，都能够清楚地认知服务厂商的经营理念和服务文化建设规划，都能够充分地认可服务厂商的服务文化建设规划，并积极主动地参与到其组织与实施的过程之中。具体来讲，组织与实施是服务文化培育的关键阶段，它通常包括以下几个步骤或方面。

（1）全面提高员工的服务素质。服务厂商员工的素质是服务文化建设的基础，国内外的优秀服务厂商无不把提高员工服务素质作为服务文化建设的重要工作。

（2）强化员工的主人翁精神。如果员工能够把服务厂商的工作真正当作个人生活的一部分，他们就会很自然地对服务厂商产生感情，更投入地进行顾客服务。在服务厂商取得成功时，管理人员应该不仅向顾客和公众宣传，而且要向服务厂商员工进行宣传，以强化员工的荣誉感和责任感。鼓励员工积极参与经营决策，也是树立员工主人翁精神和服务厂商意识的重要途径。

（3）调整现有的服务厂商制度。服务厂商制度是服务厂商内部约定的行为规范，是构成服务文化的基础，它具有强制性的特点。在服务文化塑造过程中，需要检查哪些制度条例与服务文化观念有冲突。在调整规章制度时，应充分考虑员工的既得利益和心理承受能力，尽量慎重行事。

（4）开展各种仪式与活动。服务厂商员工只有在亲身实践中感受到服务厂商的价值主张，才能产生对本服务文化的兴趣。一些有远见的服务厂商善于设计组织一些仪式和活动，营造积极的文化气氛，弘扬本服务厂商的文化价值观。

（5）弘扬英雄人物形象。通过英雄人物把抽象的精神层面和文化层面的内涵形象化，对服务文化的培育有着不可忽视的作用。其实，英雄人物的树立就是服务文化价值观的物化和缩影，传递着正能量。

（6）服务文化的网络传播。随着信息技术的发展，网络在服务文化形成与传播过程中往往起着正式传播渠道无法替代的作用。因此，现代服务厂商应重视服务文化的网络传播作用，加强对网络沟通的正确引导，充分利用现代社交媒体帮助服务厂商树立正向的服务文化和传递服务正能量。

二 服务气氛

服务气氛是指一种知觉，这种知觉主要是指服务人员对于"何种实务、程序与行为种类可以获得报酬"的知觉。[①] 一种适当的服务气氛有助于提供良好的服务。塑造服务气氛主要有三项驱动因素：工作辅助工具、部门间的支持、人力资源实务。前两项是服务厂商必须安排妥当的服务基础。服务人员缺乏适当的辅助工具和内部支持，是不可能提供优质服务的。很多服务不单单是靠人来执行，还必须借助一些

---

① Bateson, John, E. G., and K. Douglas Hoffman, *Service Making* (Connecticut: Cengage Learning, 2011).

设备与科技，才能完美达成服务的目的。工作辅助工具的概念可以延伸到工作站与工作场所的设计。服务人员若是缺乏必要的工作辅助工具，往往会感到受挫。因此，工作辅助工具必须到位，例如设备、程序和信息科技都必须被设计和完善。"工欲善其事，必先利其器"便是这个道理。

很多服务人员无法单独运作，他们必须借助其他人员和部门的协助。因此，服务厂商内其他部门和人员的支持也必须到位。但是，上述两项驱动因素到位后，服务厂商还必须建立服务导向的人力资源实务，以配合服务策略。服务导向的人力资源实务，可以由图7-5的服务人力资源之轮来说明。在服务人力资源之轮的核心，是服务厂商所要提供的服务利益与服务人员所应该扮演的角色。角色决定了服务人员所应该表现出来的行为，而服务厂商可以根据所要表现出来的行为来拟定服务人力资源的策略。通过这样的人力资源策略，服务厂商试图找到正确的服务人员来执行这些行为。当然，这些服务人员的行为还需要工作辅助工具和其他部门的支持。

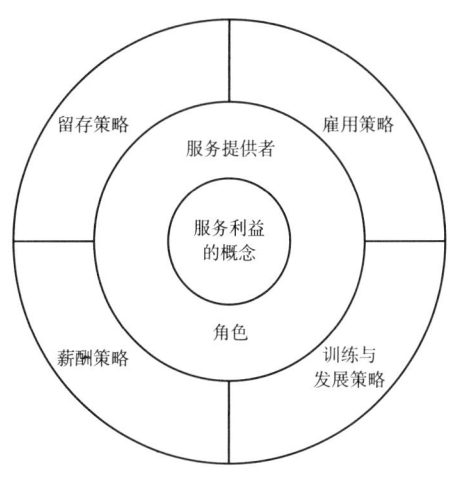

图 7-5 服务人力资源之轮

三 服务的人力资源策略

整个服务的人力资源策略可以根据图7-5的架构来进行，包括服务人员的雇用策略、服务人员的训练与发展策略、服务人员的薪酬策略，以及服务人员的留存策略。

（一）服务人员的雇用策略

服务人员的雇用策略主要在于甄选、雇用正确的人员，以及成为最受喜爱的雇主。并不是每个人都适合做服务工作，因为服务人员除要有热忱、细心等积极特质外，还要忍受工作的压力和紧张。因此，服务厂商必须拟定正确的招募策略，来雇用正确的人员。服务厂商不仅仅互相竞争顾客,也竞争具有才能的员工。他们必须吸引足够的人员来从事服务的工作。一旦找到潜在的员工,服务厂商必须从一堆人选中找到最适合的人才。为了甄选到合适的员工,服务厂商必须运用各种测试来进行筛选。有两个指标相当重要:服务的专业和服务的倾向。服务的专业是指该工作所需的技能与知识,而服务的倾向是指他们是否愿意和有兴趣来执行服务的工作。很多服务厂商使用专业的方法来评估候选人的服务的专业和服务的倾向,甚至利用人格特质的量表来找到适合担任服务人员的应征者。

成为最受喜爱的雇主是吸引最适当员工的方法之一。很多服务厂商会想尽办法成为所在产业或当地最受欢迎的雇主。他们利用良好的媒体关系、完善的员工训练、光明的职业生涯和升迁机会等方式,来使自己成为最受欢迎的雇主。

(二) 服务人员的训练与发展策略

为了提供优良的服务,雇主必须拥有干练的服务人员。培养有才干的服务人员,训练与发展是关键。服务人员的训练与发展策略包括技术与人际训练、员工的赋权,以及建立服务团队等。技术训练是有计划、有目的、有系统地对技术进行学习、提高和完善的过程。例如,酒店的客房服务人员必须具有高效率整理房间的相关技能。人际互动训练是指如何与顾客互动,借以提供有礼貌、高关怀、负责任、同理心的服务,包括口头对话、身体语言、沟通内容等。特别是对于前台的员工,人际互动的训练更是特别重要。

员工的赋权则是指若要真正满足顾客的需要,服务厂商必须对第一线的员工进行赋权,以使其能够在第一线迎合顾客的需求,并且能在服务失误发生的第一时间解决问题。员工的赋权意味着授予员工职权、技能、工具,并激起其欲望来满足顾客的需要。赋权不单单是职权的授予,还需要让员工掌握相关的知识。

专栏视点 7-6

海尔的员工培训策略

海尔集团从一开始至今一直贯穿"以人为本"提高人员素质的培训思路,建立了能够充分激发员工活力的人才培训机制,最大限度地激发每个员工的活力,充分开发利用人力资源,从而使企业保持了高速稳定发展。

海尔在员工文化培训方面进行了丰富多彩的、形式多样的培训及文化氛围建设,如通过员工的"画与话"、灯谜、文艺表演、找案例等来诠释海尔理念,从而达成理念上的共识。"下级素质低不是你的责任,但不能提高下级的素质就是你的责任!"对于集团内各级管理人员,培训下级是其职责范围内所必需的项目,这就要求每位领导,上到集团总裁,下到班组长都必须为提高部下素质而搭建培训平台,提供培训资源,并按期对部下进行培训。特别是集团中高层人员,必须定期到海尔大学授课或接受海尔大学培训部的安排，不授课则要被索赔，同样也不能参与职务升迁。每月进行的各级人员的动态考核、升迁轮岗就是很好的体现。部下的升迁，反映出部门经理的工作效果，部门经理也可据此续任或升迁、轮岗；反之，部门经理就是不称职的。

为调动各级人员参与培训的积极性，海尔集团将培训工作与激励紧密结合。海尔大学每月对各单位培训效果进行动态考核，划分等级，等级升迁与单位负责人的个人月度考核结合在一起，促使单位负责人关心培训、重视培训。海尔的实战技能培训是海尔培训工作的重点。海尔在进行技能培训时重点是通过案例、到现场进行"即时培训"模式来进行的，即抓住实际工作中随时出现的案例（最优事迹或最劣事迹），当日利用班后的时间立即（不再是原来的集中式的培训）在现场进行案例剖析，针对案例中反映出的问题或模式，来统一人员的动作、观念、技能，然后利用现场看板的形式在区域内进行培训学习，并通过提炼在集团内部的报纸《海尔人》上进行公开发表、讨论，达成共识。

员工能从案例中学到分析问题、解决问题的思路及观念，提高自身技能。对于管理人员，则以日常工作中发生的鲜活案例进行剖析培训，并且将培训的管理考核单变为培训单，利用每月的例会、每日的日清会、专业例会等各种形式进行培训。

海尔集团自创业以来一直将培训工作放在首位，上至集团高层领导，下至车间一线操作工人，集团根据每个人的职业生涯设计为每个人制订了个性化的培训计划，搭建了个性化发展的空间，提供了充分的培训机会，并实行培训与上岗资格相结合的制度。

海尔在具体实施上为员工提供了三种职业生涯设计：第一种是针对管理人员的；第二种是针对专业人员的；第三种是针对工人的。每一种设计都有升迁的方向，只要是符合升迁条件的即可升迁进入后备人才库，参加下一轮的竞争，随之而至的就是相应的个性化培训。

（1）"海豚式升迁"，是海尔培训的一大特色。海豚是海洋中最聪明最有智慧的动物，它下潜得越深，则跳得越高。例如，一个从班组长干到分厂厂长的员工，如果让他担任事业部的部长，他可能非常缺乏市场系统的经验，需要到市场上去学习。到市场之后，他必须从事最基层的工作做起，然后从这个最基层的岗位再一步步干上来。如果能干上来，就上岗，如果干不上来，则就地免职。有的经理已经到达很高的职位，但如果缺乏某方面的经验，也要被派到基层；有的各方面经验都有了，但综合协调的能力较低，也要被派到这些部门去锻炼。

（2）"届满要轮流"，是海尔培养技能人才的一大措施。一个人长久地干一样工作，久而久之会形成固化的思维方式及知识结构，这对海尔这样一个以"创新"为核心的企业来说是难以想象的。

(3) 实战方式，是海尔培训的一大特点。比如，海尔集团常务副总裁柴永林，是20世纪80年代中期在企业发展急需人才的时候入厂的。一进厂，企业没有给他出校门进厂门的适应机会，因为时间不允许。一上岗，他稚嫩的肩上就被压上了重担，从引进办到进出口公司的"一把手"，领导们看得出来他很累，甚至他被压得喘不过气来。有一阶段，工作没有进展，但领导发现，他的潜力还很大，只是缺少一些知识，需要补课。为此，就安排他去补质量管理和生产管理的课，到一线（检验处处长、分厂厂长岗位）去锻炼，边干边学，拓宽知识面，积累工作经验。在较短的时间内，他成熟了，担起了一个大型企业副总经理的重任。由于业绩突出，海尔又委以重任，让他接手了一个被兼并的大企业。柴永林不畏困难，一年后就使这个企业扭亏为盈，企业两年走过了同行业二十年的发展路程，成为同行业的领头雁，也因此成为海尔吃"休克鱼"的典型。之后他不停地创造奇迹，被《海尔人》誉为"你给他一块沙漠，他还给你一座花园"的好干部。

资料来源：https：//mp. weixin. qq. com/s/OnX_ z-bl0nk3ggUBQSRLMg。

很多服务工作充满挑战性、挫折，必须高度投入，因此单打独斗是很辛苦的，若能以服务团队的方式来进行，不但能够减轻压力，同时也能增强顾客的满意度。如果服务人员知道其背后有一个团队来支持他们，就比较能够维持自己的热忱，并且也能够维持较高的服务质量。建立服务团队的一种方法是让组织内的员工知道他们尽管没有直接接触顾客，也应该了解其所直接服务的对象，同时也要明确其在整个服务过程中所扮演的角色，以及该角色对于高质量服务传达的重要性。如果每一位员工都认清这些，便强化了服务团队。

此外，团队的目标和报酬机制也有助于建立团队。如果目标和报酬是以团队为基础，而不是以个人为基础，则更能有效激励团队的运作。

（三）服务人员的薪酬策略

服务人员的薪酬策略包括服务人员的控制、评估与薪酬。服务人员的表现会受到服务厂商的薪酬策略的影响。但由于服务的特性，有些员工的绩效可能难以被监控。不少服务程序中包括顾客的参与，因此很多服务人员的行为和绩效会受到顾客互动的影响，所以在绩效监控和评估时应该纳入顾客因素。对于服务来说，整个控制、评估与薪酬都是基于一个重要的基础：服务人员的脚本。员工通常会被赋予一个严格定义的脚本，此脚本会将很多的动作、行为和人际互动包括在内。所以一般服务人员的控制、薪酬与评估会基于这一脚本。因此，正确的脚本是很重要的。报酬可以是外在的，也可以是内在的，有效的报酬机制应该满足以下7个条件。[1]

---

[1] Bateson, John, E. G., and K. Douglas Hoffman, *Service Making* (Connecticut: Cengage Learning, 2011).

（1）可以得到的：报酬必须是可以得到的，并且是足够的。不足够的报酬可能无法使所期待的行为出现。

（2）弹性：报酬必须是具有弹性的。因此要针对不同的情况，对员工在任何时间进行有弹性的报酬奖励。

（3）可撤销性：尽量给予暂时性的酬劳。

（4）联结性：报酬必须和所需的绩效指标产生直接联系。

（5）可视性：报酬必须是可以被看见的，其价值必须让所有员工了解。

（6）实时性：报酬必须在所期望的行为出现后，立即给予。

（7）持久性：报酬的激励效果必须持续一阵。

在服务人员的薪酬策略上不要忽略那些后台的支持人员。可以将前后台之间理解为内部的服务关系，也就是后台人员提供支持服务给前台人员。为了向后台的支持人员提供有效酬劳，必须衡量内部服务的质量以及对内部服务关系进行付酬。衡量内部服务的质量即对提供优良服务支持的员工，虽然没有直接服务最终顾客，但他们服务了同事，因此也应该对他们的支持给予报酬。要做到有效付酬必须先正确地衡量内部服务的质量。内部顾客的服务质量必须和外部顾客的服务质量进行联结。

（四）服务人员的留存策略

服务厂商必须留住最佳的员工，否则会导致顾客满意度降低、员工士气低落，甚至整个服务质量的下降。很多服务厂商花费巨大资源来吸引优秀员工，但不重视如何留住优秀的员工，这是相当不明智的。关于服务人员的留存策略大概分为三种：让员工参与、将员工视为顾客、评估并激励优秀的员工。

服务厂商应该尽量让员工参与组织的决策，这样比较容易产生认同感。例如，服务厂商应该让员工知道服务厂商的使命，也要让其了解他的人生目标和服务厂商的目标以及未来的发展是连接在一起的。

复习思考题

1. 内部营销的含义有哪些？
2. 内部营销理论的基本精髓是什么？
3. 对于服务厂商来说，内部营销的重要性体现在哪些方面？
4. 服务厂商要开展内部营销需要注意哪些问题？
5. 失败圈、平庸圈、成功圈的特点及形成这些循环的原因是什么？
6. 服务的人力资源策略包括哪些？

章尾案例　　　　　　　　玫琳凯：员工是第一营销对象

从创建伊始，玫琳凯就把自己的目标确定为向广大女性提供收入、事业发展等方面的机会，帮助她们了解自身价值并实现梦想。"我的兴趣在于将玫琳凯公司办成一个其他地方所没有的专门向妇女提供事业发展机会的公司。"其创始人玫琳凯·艾施如是说。而在为员工圆梦的同时，玫琳凯也放飞了自己的"粉红色梦想"。

1. 理念：员工是第一营销对象

员工是公司最重要的资产，要把他们作为第一营销对象——只有员工满意，才会有顾客的满意；只有顾客满意了，企业才能获得利润并持续运行。正是基于这一认识，玫琳凯·艾施说，"一旦有人才加入我们公司，我们就会千方百计地使其安心在公司工作。如果他们不能在某一部门发挥出自己的才干，我们会尽量为他们调换合适的岗位"。她相信，每个人都有自己的专长，无论员工在哪个部门，都必须花时间使他们感到自己的重要性。

玫琳凯大中国区总裁麦予甫也说过，员工是公司使命的一部分，员工的全面发展就是公司的目标之一；只有员工全面发展，公司才能全面发展。因此玫琳凯有专门为员工制订的"关爱计划"和完善的职业培训和发展计划，帮助员工的职业发展。麦予甫认为，当公司把员工当成目标来经营时，员工的忠诚度会非常高，他们会创造非凡的财富。

2. 物质赞美

粉红色轿车的赞美：这是对美容顾问的最高奖励，从1969年开始，每年年底，玫琳凯都会送出粉红色凯迪拉克轿车给业绩排名前5的美容顾问（美国是粉红色凯迪拉克，中国还有粉红色别克、桑塔纳等）。这种"带轮子的奖杯"，不仅让金牌美容顾问自豪不已，而且成为玫琳凯公关宣传的流动载体。

豪华游的赞美：业绩一流的销售主任，每年可以携带家眷到曼谷、伦敦、巴黎、日内瓦、雅典等地进行"海外豪华游"。年度竞赛的优胜者，会被盛情邀请参加"达拉斯之旅"，到玫琳凯总部去"朝圣"。

3. 精神赞美

例会上的赞美：玫琳凯各地区分公司每周的例会上，都会有这周销售最佳人员成功经验的叙述和分享，这是一种别样的赞美。主持人在介绍最佳销售员时，每一个美容顾问都会毫不吝啬自己的掌声。

缎带的赞美：每位美容顾问在第一次卖出100美元产品时，就会获得一条缎带，卖出200美元时再得一条，并以此类推。这种仅需要0.4美元的精神鼓励，远比100美元的物质刺激有效。

如上，精神赞美还有"别样的赞美""红地毯的赞美""红马甲的赞美""《喝彩》杂志的赞美"等。

4. 沟通：上下级对话的艺术

从诞生之日起，玫琳凯就确立了这样一条管理原则——"公司中的每一个人都将得到平等的待遇，都将受到最大的尊重，在公司中的升迁要以每个人的条件为基础"。其创造出一种"直接沟通"的管理新法，"上下级的直接沟通，可以使管理者更加了解下属的需要和疑惑，及时找出公司运作中的不足和缺陷，最终形成上下同心的最大合力"。直接沟通包括以下几条要诀：让下属感到自己的重要性、多听少说、唤起每个人的热情。

5. 培训：美容顾问成长的阶梯

刚进入玫琳凯的员工，都要接受3天的入职培训，分公司、部门、个人三个层面进行。

培训结束后，培训负责人将对新员工进行跟进与评估。用专门设计的问卷，了解新员工在企业的工作情况；和主管及同事相处情况；工作压力大不大，对公司价值观是否认可。3个月的试用期满，主管会对新员工做评估。培训后，人力资源部对新员工的表现也会及时跟进，在他入职2个月后，人力资源经理会做面谈。对于那些老员工，玫琳凯也会不定期进行有针对性的培训，介绍一些高级销售技巧。通过这些课程的学习，玫琳凯帮助美容顾问成为一个善于与人沟通的人。如果美容顾问晋升到经销商级别，玫琳凯则会教授一些关于如何发展自己业务的知识及基本的管理知识，取得该课程的培训证书后，意味着员工已从普通的推销员成长为一名管理人员。

资料来源：https：//business.sohu.com/20060705/n244112416.shtml。

讨论题

1. 玫琳凯的内部营销有什么独特之处？
2. 玫琳凯对内部营销的重视给其他服务厂商带来什么启示？

第 8 章 服务过程

学习目标

学习完本章后，你应该能够：
- 了解服务过程的基本概念；
- 理解服务过程与生产率之间的关系；
- 明确服务蓝图的绘制步骤；
- 了解服务过程设计的原则与评价指标；
- 熟练掌握服务过程设计与服务过程再造的方法。

开篇案例　　　　　　　　东方甄选的硬核转型

作为中国教育培训领域的领军企业，随着 2021 年国家"双减"政策的实施，新东方全面暂停教育培训业务，面对公司被砍掉的近半营收，创始人俞敏洪决定带领新东方进军当时方兴未艾的直播行业，并且真正做到了独树一帜。

为应对大数据时代带来的挑战，诸如学大、学而思等教培机构均相继推出了线上直播授课，同样地，新东方在线上渠道的营销费用也不断增加，俞敏洪将发展的目光投到了直播行业上。经过分析后，俞敏洪认为，观看直播带货人群以 31 岁到 40 岁女性为主，他们是家庭必需品的购买者，同时也是自己过去营销进程中的主要受众，他认为，新东方过去在教培行业留下的良好声誉必然会使自己的直播之路受益良多。乘着乡村振兴的东风，新东方成立"东方甄选"，正式开启了自己的直播助农旅程。

但是毕竟隔行如隔山，东方甄选成立后一直处于不温不火的状态，经过一段时间的探索，俞敏洪决定利用自己英语教学的优势和强大的师资力量，开创一种全新的"文化直播"——双语带货，在讲解商品的同时传播知识，东方甄选迎来了自己真正的爆火。正是由于双语直播模式中俞敏洪给予主播较大的自由权利，在某天早上，东方甄选主播董宇辉看着直播间寥寥无几的观众，开始"和大家聊聊天"，从诗词歌赋聊到了人生哲学，直播间的人数也开始水涨船高。就是这样一个偶然的机会，东方甄选彻底爆火出圈。仅仅在两个星期内，东方甄选的粉丝数从100万人涨到了1000万人，新东方在线市值也达到了300亿港元。

在董宇辉爆火后，东方甄选直播间画风开始转变，历史文化教学、地理知识科普等内容也逐渐出现在了直播间。东方甄选直播间不是单纯地卖货，更多的是文化的传播，给商品赋予文化价值，通过生动的故事让粉丝感同身受，让粉丝产生共鸣，还能让其学到知识。粉丝不只是购买商品，也是为知识付费，为情怀买单。

资料来源：根据公开资料整理。

市场为王的年代服务永远至上，新东方在面对"双减"政策带来的冲击时果断选择了转型，虽然发展过程一波三折，但无论是粉丝量、股价还是知名度，无不昭示着其转型的成功。俞敏洪是如何带领新东方在逆境中完成蜕变的？在转型的过程中需要综合考虑哪些要素？在依靠董宇辉等主播获取巨大成功后，东方甄选又要怎样面对其头部主播离职带来的发展新挑战？本章接下来关于服务过程设计与服务过程再造相关知识的讲解将为以上问题的解决提供思路。

第1节　服务过程与生产率

一　服务过程

服务过程是指将一个产品或服务交付给顾客的程序、任务、日程、结构、活动和日常工作的组合。由于顾客通常把服务交付系统感知为服务本身的一个组成部分，因而服务过程是服务营销组合的一个主要因素。

（一）服务过程的类型

根据服务类型、特征及形式的不同，采用不同的划分标准，服务过程可以分为以下几种类型。

1. 根据服务作用的对象及是否接触划分

（1）作用于顾客人体的可接触服务过程。这类服务的结果使顾客个体发生一定改变，如身体状况、外形、地理位置移动等。这类服务要求顾客在服务过程中必须在场，即身处服务设施内，顾客与服务厂商及其员工和服务设施在服务过程中有较长时间接触。

（2）作用于顾客精神的不可接触服务过程。这类服务主要对顾客的精神产生作用，使顾客感到愉悦、增加知识、改变想法、消除疲劳、恢复精力和体力等。这类服务活动的顾客可身处服务设施内，也可以不在服务设施内。在这类服务过程中，服务传递的信息、服务提供者的行为、服务环境及服务组织的政策都会形成顾客可服务感受。

（3）作用于顾客有形资产的可接触服务过程。这类服务过程要求顾客提供其他物品，顾客可在服务现场，也可以不在现场。在很多情况下，顾客可将物品留给服务厂商，或者服务厂商主动上门服务，顾客只需要提出足够的服务要求即可。这类服务顾客与服务人员的接触时间一般较短，顾客的满意度取决于服务质量和服务收费。

（4）作用于顾客无形资产产品的不可接触行为。这类服务包括帮助顾客理财和处理文件、数据等。该服务活动在顾客与服务厂商或人员接触后，顾客就没有必要在场或参与其中。

2. 按照服务过程中消费者交互和定制程度及相应的劳动力密集程度划分

（1）服务工厂。这类服务具有劳动密集程度低、服务设施设备占用比重较大的特点。由此带来服务过程的标准化程序，需求管理要避免高峰和低谷，合理安排服务传递日程，要求积极开展有效的促销活动以及要求服务接触人员的热情服务。

（2）服务车间。这类服务具有劳动力密集程度低，顾客对服务过程中的交互性和定制程度要求高的特点。这一特点决定这类服务强调控制成本维持质量，对顾客在消费过程中的干预做出积极反应，合理安排服务传递日程，有效地进行需求管理。

（3）大众化服务。这类服务具有劳动密集程度高、顾客的交互及定制程度低的特点。因此，这类服务强调员工的招聘培训，服务人员的有效管理和激励，建立具有标准作业程序的相对刚性的管理层级，并加强营销控制。

（4）专业化服务。这类服务具有高劳动密集程度、顾客交互及定制程度高的特点。要求服务厂商高度重视人力资源的开发，培养顾客忠诚并注重个性化服务。

3. 根据服务过程的形式划分

（1）线性过程。在线性过程活动方式下，各项服务活动按照一种既有的安排顺序进行，服务就是根据这种顺序而产生的。这种类型比较适用于标准化服务性质的企业和有大量持续性需求的服务项目。

（2）订单过程。订单生产过程是使用不同活动的组合及顺序，而制造出来各种各样的服务。这类服务可以特别设计和定制，以适合各种顾客的需要以及提供事先预定的服务。这种服务形态其过程富有弹性，应根据不同顾客的需要提供相应的服务。

（3）间歇性过程。间歇性过程是指各种服务项目独立计算，做一件算一件，或属于非经常性重复的服务。这类服务适用于专项市场营销调研、企业管理咨询服务、广告宣传活动设计、管理软件的开发等服务项目。

(二) 服务过程的效果控制

服务的生产和传递过程是一个消费者和企业的互动过程，这个过程不可能完全受控于服务双方的任何一方。因此，服务效果（effectiveness）的好坏——主要是顾客感知服务质量的高低，受诸多方面因素的影响。一个服务营销的特殊概念——顾客容忍区（Zone of Tolerance，ZOT）由此而生。

顾客容忍区是指顾客的一种心理接受跨度，在这个接受跨度中顾客认为所接受的服务是可以接受的，而且顾客在容忍区内对服务质量变化的感知敏感性不如在容忍区外强。帕拉苏拉曼、泽斯梅尔和贝里（以下简称"PZB"）早在1991年就发现顾客对于服务持有两种不同层次的期望。第一种叫作理想的服务（desired service），指顾客渴望得到的服务水平；第二种叫作适当的服务（adequate service），指顾客可以接受的服务水平。PZB的研究结果将顾客的期望由一个点扩展成为一个区域，两种期望水平分别构成了顾客对服务整体期望的上下限，在两种期望水平之间的区域称为容忍区。

课堂互动 8-1

同一类服务在不同的场景下人们常常会因为期望的不同而产生不同的顾客容忍区，请你试就"餐饮服务"谈谈其不同场景下的顾客容忍区。

专栏视点 8-1

中国港口博物馆：非营利组织的营销发展之路

从2008年起全国各大博物馆陆续免费向公众开放，随之而来的不仅有全国博物馆的快速发展，还有严重的同质化现象。在筹建过程中，为了避免以往的重复，中国港口博物馆筹备小组奔赴多家博物馆学习取经，并多次开展方案论证会，最终决定，以北仑博物馆为基础筹建中国港口博物馆。

中国港口博物馆以"海螺"和"风帆"为灵感进行建筑造型，展现了其亮丽而富有科技感的一面，不仅如此，新馆以港口文化为主题，突破行业束缚，创新策展，拓宽藏品体系，活化藏品资源；与国家水下文化遗产保护宁波基地合作，通过引入外力创新博物馆机制，响应国家热点，践行"参与式"理念，让文化享受生活化。如，配合展览出版同名图录，深挖文物内涵，力求将展品以更加生动的形式呈现给观众；以馆藏文物为基础，提取各类特色元素，开发具有港口文化特色的文创纪念品；在策划"港通天下——中国港口历史陈列"时，他们提出了"港口史≠港口技术史"的理念，把以往的港口从一种物象升级为特定的文化形象进行展示，实现由单纯静态到动态文化的升级。

中国港口博物馆还引进新技术开发了"奇妙港口探秘记"AR导览项目，游客在游览过程中仿若置身于古船上，不仅能看到、能听到，更能通过语音指令进行交互，体验"数字+科技+文博"的沉浸式游览。

这种"文化+旅游+服务"的独特模式，让游客以另一种方式解锁了博物馆的全新生活。

资料来源：胡文静等《中国港口博物馆：非营利组织的营销发展之路》，中国管理案例共享中心，2023。

（三）服务过程的关键要素

服务过程是事先规划、人员协调、资源投入与控制，最后将产品传递给客户的全过程，其中发生了成本，产生了效益，得到系统的产出。

服务过程包括如下关键要素。

（1）过程规划。过程规划是对服务行为的规范化和统一化，使服务水平、数量和质量，以及所实现的功能能够达到市场的要求，使顾客能够满意。

（2）设备布局。设备布局是对服务过程中所使用的所有设备的摆放、材料的准备、器具的维修保养，以及对顾客所处地理位置的安排等，这样在正式开始服务时，能使各种材料和人员的流动保持顺畅，从而使服务更加便捷。

（3）时间安排。时间安排是从筹备服务开始到服务结束为止，对服务过程进行详细的时间规划，保证服务能在规定的时间内完成，同时符合资源利用和经济效用原则。

（4）作业规划。作业规划是对服务过程中每项服务活动详细规划，其目的在于使服务符合所要求的质量、价格和成本标准。

（5）库存规划和控制。库存规划和控制主要指对人员和生产能力的规划与控制，是为达到服务所期望和约定的水平而做的准备。

（6）作业控制。作业控制是按照约定日程的特定时间对服务过程进行控制，保证各种服务系统的信息流出和流入畅通，以确保各项服务的顺利进行；配合并监测服务系统内的工作，使服务工作依照必要的程序完成。

（7）质量检测。质量检测是对整个服务过程所涉及的各个步骤和环节的质量进行管理与控制，采取适当的检查和控制技术及管理手段，以确保达成预定的质量水平。

（8）预测。在服务工作中进行长时间的积累后，结合过去和现在的情况，对未来顾客的偏好转移、未来的需求量、未来替代商品的出现等可能发生的变化做出预测，以改进当前的服务质量，为下一期的总体规划做好准备。

以上各个关键要素之间相互联系、相互影响，因此必须事先做好统筹规划，同时在服务过程中需要及时跟踪，以保证服务价值创造与传递的顺利进行。

专栏视点 8-2

天鹅到家——创造更美好的家政

天鹅到家于 2014 年成立，作为互联网家庭服务平台，天鹅到家致力于推进家庭服务的产业标准化、数字化、职业化进程，通过赋能家政劳动者，为中国家庭提供包括保洁、做饭小时工等即时交易服务以及保姆、月嫂的劳动者招聘服务，实现"帮助千万人就业，为亿万家庭服务"。

区别于普通家政企业给月嫂随便编造一个光鲜简历就立马上岗的行为，天鹅到家在月嫂的挑选与培训上追求精益求精，以求给顾客带来更好的服务体验。在月嫂培训阶段，在培训月嫂科学育儿方式的同时，天鹅到家还给月嫂提供蓝领公寓服务，减轻月嫂物质压力，在培训通过之后指导其填写简历，还在每个月嫂正式上岗之前进行体检与背调，签订合同，保证月嫂权益的同时也通过合同的形式保障了顾客的权益。

天鹅到家还有专门的 App"阿姨一点通"，在这个 App 上阿姨可以预约下一次月嫂服务的档期，只要档期匹配，月嫂的资料就会推送给对应客户，再也不需要经纪人给阿姨们一个个打电话确认档期。在 App 上不仅能接单，还能观看官方课程、交流学习经验，App 的"圈子"里还有不少劳动者分享自己的生活。除了 App，天鹅到家还有专门的微信群，经纪人会将近期需要注意的事项视频发在群里，视频一般都在 5 分钟之内，方便阿姨观看。空余时间月嫂还可以参加天鹅到家的培训，考取催乳师证书、小儿推拿师证书、产后康复证书等。对员工成长需要的满足与基本权益保障，在提升服务水平、满足月嫂需求的同时，也能促进月嫂以积极的心态、完美的形象去服务自己的顾客。

资料来源：张立等《真心换真情，让家更美好：天鹅到家实现服务共赢之道》，中国管理案例共享中心，2023。

二 服务过程的生产率

（一）生产率的界定

简言之，生产率测量的是相对于所使用的投入量而言的产出量。因此，改进生产率要求相对于投入量而言，增加产出率。提高产出率的方法有：减少创造一定产出量所需要的资源，或增加在一定投入水平上的产出量。

（二）服务效率、生产率与有效性的区别

服务效率和某个标准的比较有关，通常是以时间为基础的——例如一个员工完成某项特定任务，相对于预先设定的标准而言需要多长时间。而生产率的高低与产出对

投入人产生的经济价值有关；相对而言，有效性则可以定义为组织达到其目标的程度。

（三）生产率提高的通用策略

（1）仔细控制生产过程中每个步骤的成本。

（2）努力减少浪费材料或劳动的行为。

（3）将生产能力定位在所要求的平均水平而不是最高水平，使工人和设备得到充分利用。

（4）用自动化机器代替工人。

（5）给员工提供能够使他们工作更快、达到更高质量水平的设备及数据库。

（6）教导员工如何更有成效地工作。

（7）扩充服务人员所能从事的一系列任务，通过允许管理者把员工分配到最需要的地方来减少瓶颈和在检修期上的浪费。

（8）建立专家体系。

尽管提高生产率可以采取逐渐递增的方式，但最主要的仍然是重新设计整个过程。例如，在健康护理中，当顾客面临无法忍受的漫长的等待时，就该重新设计服务过程了。

课堂互动 8-2

你是否注意到银行人工窗口逐渐减少？请思考这属于哪一种提高生产率的策略以及其潜在风险和相关预防措施。

三 生产率的提高与服务过程

在高度接触的服务业，许多提高生产率的措施是显而易见的。一些变革只不过要求顾客被动地接受；另一些变革则要求顾客在与服务厂商打交道的过程中采用新的行为模式。

在缺乏新技术的情况下，大多数提高服务生产率的尝试会围绕杜绝浪费和减少劳动力成本来进行。削减前台员工数量意味着，要么是其他员工不得不更努力、更快速地工作，要么是没有足够的人手在繁忙时刻及时地服务顾客。尽管员工可能在较短时间内工作得更快，但很少有人能够在较长的时间内保持高速度，他们会精疲力竭、犯错以及匆忙地应付顾客。一次努力做 2~3 件事情的员工，例如一边面对面地服务顾客，一边接电话、整理票据——可能每件事情都做得很糟糕。过度的压力会使他们产生不满和沮丧的情绪，特别是在与顾客接触的员工中，他们陷入努力满足顾客需求的同时，又要实现管理者制定的生产率目标的两难境地。

更好的方式是寻求重新设计服务过程的机会，这样可以大幅提高生产率，同时可以提高服务质量。

第2节 服务过程设计

一 服务流程图

（一）含义

服务流程图是一种用来展现服务程序的特性、步骤与顺序的技术，把服务表现的关键构成要素用图形表示出来，也是一种用来了解顾客在接受服务时，所经历完整体验的很好工具。

（二）流程图的描述

对流程图的描述没有唯一正确的方法，几种不同的描述都能同样达到目的。在流程图设计的过程中，可以用符号的形式将各作业步骤表示出来（见图8-1）。比如，将各种符号定义为：长方形表示流程中的作业（事件或步骤），箭头（流向线）表示流程的方向，倒三角形表示缓冲区（库存点或处于等待状态），菱形表示决策点。

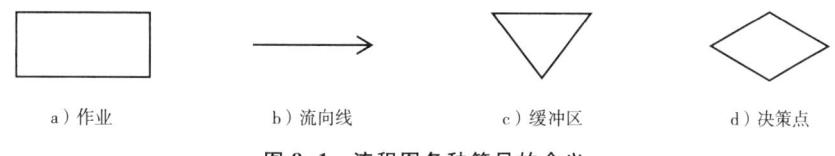

a）作业　　b）流向线　　c）缓冲区　　d）决策点

图 8-1 流程图各种符号的含义

二 服务蓝图

（一）含义

服务蓝图是一种有效描述服务提供过程的可视技术，借助流程图，通过持续地描述服务提供过程、服务环节、员工和顾客的角色以及服务的有形物件能够直观地展示服务。服务蓝图的思想最初由利恩·肖斯塔克在1987年提出，随后融合了工业设计、决策学、计算机图形学等相关知识和技术，逐步发展成为服务过程可视化管理的有效工具。对于服务厂商而言，服务流程与服务蓝图是服务设计的基础工具，它们能帮助服务厂商选择适当的服务系统过程，识别服务系统的各个要素。

（二）构成要素

服务蓝图被三条线分成四个部分，自上而下分别是顾客行为、前台员工行为、后台员工行为和支持过程。四个主要的行为板块由三条分界线分开：前台员工行为与顾客行为由一条互动分界线分开；前台员工行为与后台员工行为由一条可视分界线分开；后台员工行为与支持过程由一条内部互动分界线分开（见图8-2）。

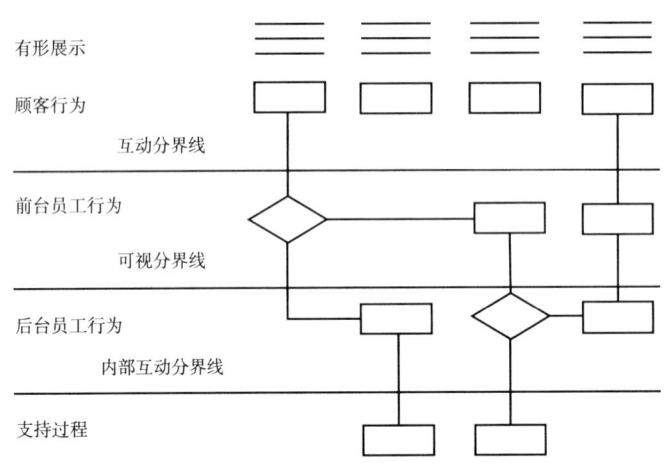

图 8-2 服务蓝图的构成

资料来源：李克芳、聂元昆主编《服务营销学》（第3版），机械工业出版社，2020。

服务蓝图需要重点标示和界定的接触点内容如下。

（1）有形展示。服务蓝图的最上方是服务的有形展示，典型的服务蓝图设计方法是在每一个接触点上方都列出相应的有形展示。由于服务本身是无形的，顾客常常在购买之前通过有形线索或者有形展示来对服务进行评价，并在消费过程中以及消费完成后对服务进行评价。例如，律师事务所的有形展示包括办公室布置、书面文件和律师着装等。

（2）顾客行为。顾客行为是指顾客在购买、消费和评价服务过程中的步骤、选择、行动和互动。例如，在律师服务系统中，当事人（顾客）的活动可以包括选择代理律师、与律师通电话、与律师面谈、接收文件等。

（3）服务人员行为。服务人员行为包括前台员工行为和后台员工行为。前台员工行为是指顾客能看到的服务人员的行为和步骤。例如，在法律服务中，委托人（顾客）可以看到的律师（服务人员）的行为包括最初会面、面谈和出具法律文件等。后台员工行为是指发生在幕后、支持前台行为的员工行为。例如，律师与委托人的会面准备、法律文件交接的准备、查阅相关法律文件等。

（4）支持过程。支持过程是企业的内部服务、支持服务人员的服务步骤和互动行为。例如，律师事务所的员工进行的法律调查、文件准备，事务所的团队组合、秘书为会面所做的准备工作等都是支持行为。

由图8-2可知，每个行为部分中的框表示相应水平上执行服务的人员所经历的服务步骤。用来连接服务行为的箭头是流向线，它表明发生了服务接触，并指明了行为步骤的顺序。以上四个关键的行为被三条水平线隔开，这三条分界线的作用如下。

（1）互动分界线。它表示顾客与服务厂商间直接的互动，穿过互动分界线的垂直线表明顾客与服务厂商间的直接接触。

（2）可视分界线。它将顾客能看到的服务行为与不能看到的服务行为分开，清晰地表示出服务厂商为顾客提供了哪些可视服务。分析服务蓝图时，要分别关注位于可视分界线上方和下方的服务数量。在服务蓝图中，可视分界线下方的区域是顾客不能看见的区域。有些服务活动是前台与后台兼顾的，即部分活动是可见的，部分活动是不可见的。

（3）内部互动分界线。它用来区分服务人员的工作和其他支持服务的工作，是后台活动区域与支持性活动区域之间的分界线，也是服务机构外部服务和内部服务的分界线。如果有垂直线穿过内部互动分界线与之交叉，则表示发生了内部服务接触。

课堂互动 8-3

请思考在"顾客进入酒店进行住宿与餐饮"这一场景下的有形展示、顾客行为、服务人员行为、支持过程都包括哪些要素。

专栏视点 8-3

脱颖而出的"曾三仙"

"天上人间蟠桃会，地上美味曾三仙"，特制铝锅，一锅一份，自开业后，曾三仙就一直人声鼎沸，店内顾客川流不息，开业不到一个月，日营业额突破两万元，那么曾三仙米线究竟有什么魔力呢？

店主曾梦蝶是个地道的重庆妹子，在创业阶段，经过比较分析，她发现米线既可做主食，又可做小吃，南北通吃，受众广，与火锅相比投入的资本更少，经营压力小，价位低，就这样"曾三仙米线"应运而生。曾三仙回归餐饮的本质，聚焦产品与味道的创新与升级，经多月调研、调配、测评与筛选，最终确定6大味型与26种配料，以满足消费者多样化、个性化消费体验。曾三仙提炼以"鲜"为核心的产品理念，为实现这一内核标准，创始人始终专注于汤底的打磨与极致追求，她表示："米线全靠汤，所以采用每日现熬的大骨原汤打底，同时保证汤底绝不过夜。"在口味上，曾三仙一改传统米线清淡的主基调，推出了特色三仙、滋补番茄、养生药膳、四川泡椒、老坛酸菜、牛油火锅六种口味，对应不同人群。在器皿上，曾梦蝶选取了瓢型器具，以附带小碗的方式与传统砂锅相区别，"颜值+口味"双重在线，直击人心。正是种种顾客看不见的努力与差异化举措，曾三仙米线在全国大受消费者好评。

资料来源：曾三仙米线官网，www.zengsanxian.com。

(三) 构建步骤

步骤1：识别需要制定服务蓝图的服务过程

服务蓝图可以在不同水平上进行开发，这需要在出发点上就达成共识。比如，物流公司可以开发蓝图，描述一项完整的物流配送业务及其互联网辅助的服务系统。或者如果发现"货物分拣"和"装货"部分出现了问题和瓶颈，并耽误了顾客收件的时间，针对这两个步骤可以开发更为详细的子过程蓝图。总之，识别需要绘制蓝图的过程，首先要对建立服务蓝图的意图做出分析（如图8-3所示）。

步骤2：识别顾客（细分顾客）接受服务的经历

市场细分的一个基本前提是，每个细分部分的需求是不同的，因而对服务或产品的需求也相应变化。假设服务过程因细分市场不同而变化，这时为某位特定的顾客或某类细分顾客开发蓝图将非常有用。在抽象的意义上，将各种细分顾客纳入同一幅蓝图中是可能的。但是，如果需要达到不同水平，开发单独的蓝图就一定要有针对性，并且清晰、可操作。

步骤3：从顾客角度描绘服务过程

这一步骤包括描绘顾客在购物、消费和评价服务中执行或经历的选择。如果描绘的过程是内部服务，那么顾客就是参与服务的员工。从顾客的角度识别服务可以避免把注意力集中在对顾客没有影响的过程和步骤上。有时，从顾客角度看到的服务起始点并不容易被意识到。如对理发服务的研究显示，顾客认为服务的起点是给理发店打电话预约，但是发型师基本不把预约当成服务的一个步骤。所以，在开发服务蓝图时，一定要从顾客的视角绘图。

步骤4：描绘服务人员的行为和技术

首先要绘出互动分界线和可视分界线，其次从顾客和服务人员的视角出发绘制过程，辨别前台服务和后台服务。对于现有服务的描绘，可以向一线服务人员询问其哪些行为顾客可以看到，哪些行为在幕后发生。在进行技术传递服务或者要结合技术和人力传递的情况下，技术层面所需要的活动也要绘制在可视分界线的上方。如果服务过程中完全没有员工参与，那么这个部分要标注"前台技术活动"；如果同时需要人员和技术的交互活动，这些活动之间也要用水平线将"可见的员工活动"和"可见的技术活动"分开。这种辅助线有助于准确阅读和理解服务蓝图。

步骤5：把顾客行为、服务人员行为与支持功能相连

绘出内部互动分界线，随后即可识别出服务人员行为与内部支持职能部门的联系。只有在这一过程中，内部行为对顾客的直接或间接影响才能显现出来。

步骤6：在每个顾客行为步骤上加上有形展示

在蓝图上添加有形展示，说明顾客看到的东西以及顾客接受服务的经历中每个步骤所得到的有形物质。包括服务过程的照片、幻灯片或录像在内的形象蓝图在该

阶段也非常有用，它能够帮助分析有形物质的影响及其与服务定位和整体战略的一致性。

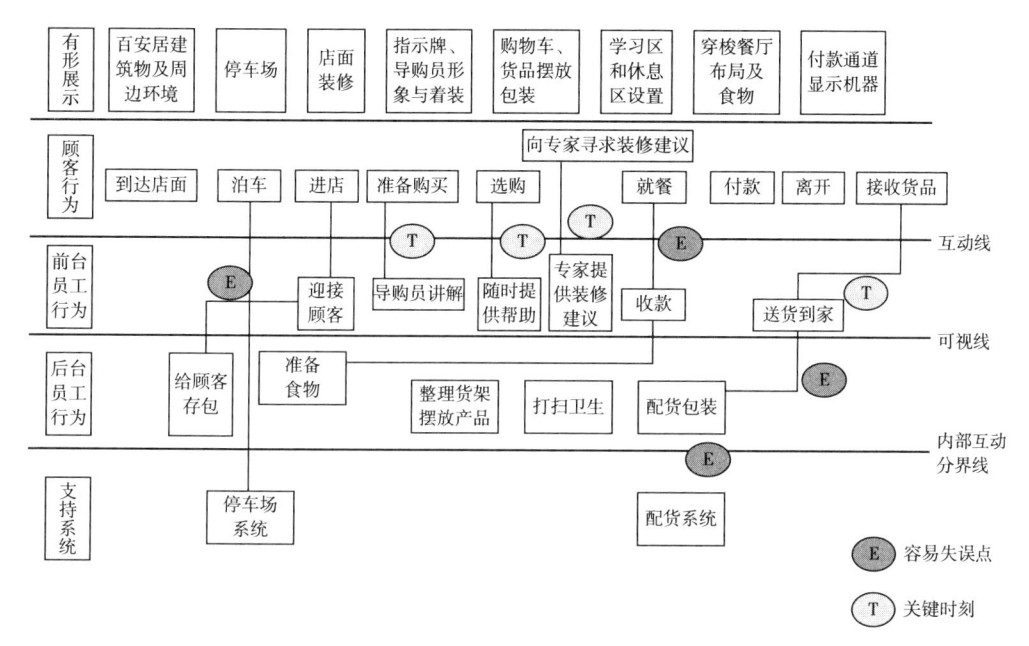

图 8-3 百安居（建材超市）服务蓝图

资料来源：李克芳、聂元昆主编《服务营销学》（第 3 版），机械工业出版社，2020。

三 服务过程设计方法

（一）生产线法

所谓生产线法是指将制造企业的生产线过程和管理方法应用于服务企业的服务过程设计与管理。由于制造业的操作工人各自在生产流水线上完成一定程序的操作，因而工作效率非常高，并且不容易出现差错。鉴于这种方法的优越性，许多服务企业引进了这种方法，用来指导服务过程的设计和管理。

运用生产线法设计和管理服务过程，其目的是达到服务的高效率和规范化。具体方法如下。

（1）明确合理的劳动分工，对工作任务进行简化。生产线方法的基本思路是把工作划分为各类较为具体的任务，使每个人的工作变得简化，并且只需要员工具备相应的一类或几类技能。这样可以提高服务效率，减少服务差错，降低运营成本。

（2）控制服务人员的自主权。标准化和质量的稳定是生产线的优势。对于标准化的日常服务，服务行为和质量的一致性就会受到顾客的关注。对于承诺在任何一家店都能获得同样高质量的服务厂商，顾客就会要求在任何一家店获得相同质量的服务。服务人员只有有限的自主权，流水装配线上的员工任务明确并且只能用规定的工具来完成。员工拥有一定程度的自主权可能会生产出更具个性化的产品，但这样就会破坏产品的一致性。因此，服务人员行为的标准化要求把个人的自主权控制在有限的范围内。

（3）采用各种设施替代服务人员的工作。用技术代替人力，逐步用机器设备代替人力已成为制造业发展的源泉，这种方法也适用于服务业。它要求在服务生产和提供活动的过程中尽量采用各种设施和技术替代传统服务的人工劳动，具体包括采用机械和自动化设备、信息系统等硬技术和现代管理系统等软技术。比如超市通过使用计算机管理存货，这样在货物短缺时计算机会自动发出提示或直接向厂家订货，如此一来便节省了大量的人力、物力，而且一般会更为及时准确。

（4）促进服务的标准化。对服务产品本身重新分析和定位，尽量减少其中的可变因素，使之标准化，为顾客提供稳定、规范化服务。只有这样，相应的服务系统才能进行标准化，也才能明确定义各类服务分工，从而制定相应的服务过程和操作规范，最终实现提高服务效率和规范化的目的。

限制服务种类数目为预测和实现规划创造了机会。服务变成了实现已设定好的常规工作，这可以使顾客有序地流动。标准化便于控制过程，从而也就有利于服务质量的稳定。特许经营就是充分利用了标准化的优势，在全国建立相同的组织也保证了服务的一致性。

（5）服务人员的行为规范化。通过行为规范化，可以提高服务质量的稳定性，提高服务效率，使所有的顾客都能得到一致的服务，减少人为因素的影响，提高服务质量和经营效率。

课堂互动 8-4

请思考生产线法体现了哪些生产率提高策略。

专栏视点 8-4

让超市告别"排大队"

继扫码支付后，中国许多大型超市引入自助结账系统，Scan Ship 自助结账系统就是其中一种。

普通的人工收银，在录入商品、结算金额的时候速度较慢，让顾客等候时间较长。Scan Ship 对消费者和商店都有两个好处。首先，它提供了更方便的结账方式，因为客户只要把物品放在传送带上，每件物品都可通过隧道式扫描仪自动登记。该设备配备了两条平行通道用于打包和付款，工作效率更高。消费者可以在前一个消费者仍在装袋时便开始结账过程，因为该消费者的物品将被放置在第二条单独的通道上。Scan Ship 的设计优雅，这种实用与美观并存的结账系统，在简化烦琐结算流程的同时，增加了消费者购物的乐趣。

这套系统的设计，用技术代替了人力，对收银任务进行了简化，在节省超市人力物力的同时，也减少了消费者的等待时间，提升了消费者的服务体验。

资料来源：http：//www.visionunion.com/。

（二）顾客参与法

所谓顾客参与法是指把顾客作为服务的生产要素纳入服务系统进行服务过程设计和管理的方法。

在很多服务行业中，只有当顾客出现时，服务才能开始。例如，到理发店理发、到餐馆进餐等。顾客并不是一个被动的服务接受者或旁观者，而是积极地参与者或者服务生产的合作者。顾客积极主动参与服务活动，一方面，可以将服务活动转交给顾客，提高生产效率，也就是将顾客变成参与者；另一方面，顾客的参与可以提高服务的定制化程度。例如，在自助餐厅，允许顾客选择自己喜欢的食物，厨师不需要按照每位顾客的要求做食物，只要提前把相应的食物做好就行。如果一个服务厂商把目标顾客集中在那些愿意进行自我服务的人身上，那么让顾客参与到服务中来就能以某种形式的定制来支持成本领先战略。

因此，在进行服务过程设计时，必须认真地考虑顾客的参与程度、需求偏好和特点，将其作为一种服务的生产要素纳入服务传递系统，从而有效地实现服务系统满足顾客的个性化需求，达到提高其满意度和服务效率的目的。

按照顾客的参与程度，可以将服务系统分为从自我服务到完全依赖服务提供者的服务传递系统。顾客参与方法的主要内容包括以下几种。

（1）充分理解和判断顾客的个性化需求和参与程度。根据所提供的服务类型，研究目标顾客的需求和心理特点，分析其偏好，掌握顾客在服务传递过程中的可能行为和考虑各种可能出现的情况；对服务提供的整个过程进行分析，确定哪些工作可由顾客承担，或者可以让顾客拥有更大的控制权，从而准确地判断和确定顾客在不同的服务环节中所能达到的参与程度。

（2）在服务过程设计中充分体现服务提供系统的灵活性。在重新设计和改进服务过程时，要为顾客的参与和控制留下更大的余地或空间，以便使顾客的参与和个性化服务得到有效的保证。同时，还要考虑服务提供系统对顾客学习的支持作用。由于顾客需要在服务过程中更多地参与并发挥自主权和控制权，所以必须使顾客能够快速、容易地掌握各种所需的技能和知识，避免由于顾客参与造成系统营运效率的降低。

（3）在服务提供过程中给员工更大的自主权。在服务过程设计时，为员工制定相应的服务措施和授权方式,使其在顾客个性化服务中发挥主动、积极的作用。

(4)动态监控和评估服务绩效。由于不同顾客的个性化服务要求和参与程度不同,因此要求随时关注服务的提供过程和结果,并及时进行调控和评价。只有这样,才能够不断地改进服务过程和提高服务水平。

与生产线法相比,顾客参与法能够更好地满足顾客的需求偏好,提供更加个性的服务,并能通过顾客主动参与调节供求平衡,使服务效率在某些方面得到改善。但服务的个性化必然影响服务系统的运行效率,因此必须合理确定顾客参与的环节和参与程度,以实现满足个性化需求和提高服务效率的双重目的。

课堂互动 8-5

王者荣耀是一款国民度相对较高的手机游戏,请举例在这款游戏中哪些功能或活动体现了顾客参与法的使用,并思考这样做的好处有哪些?

专栏视点 8-5

在"吐槽"中成长

2021年3月3日,科创板迎来了一只新股的上市,这就是中国投影设备的领先品牌——极米科技(688696)。从2018年开始,极米科技不仅仅连续三年获得中国投影设备出货量第一的成绩,2021年极米科技在中国投影设备市场占有率更是达到了21%,用出道即巅峰来形容极米科技绝不为过。

技术是枯燥的,极米科技认为只要产品到顾客手中体验,需求就是多样的,就一定有痛点,而痛点可能是共性的问题。所以极米科技在产品设计时,想方设法预先了解这些痛点。极米科技每推出一款新品,都是对旧有产品的深度思考和痛点的解决。解决不了顾客的痛点,给顾客带来不好的体验,都是对极米科技品牌价值的一种伤害。极米科技在这方面是不计成本的,每次推出新品前都会先邮寄给业界的技术"发烧友"们,让他们随时"吐槽",而这些吐槽就成了极米科技在产品设计上的前进动力,这也是极米科技能够短时间获得30多项国际大奖的原因之一。这些年,基于顾客的体验,极米科技做了很多创新。机器不能随心所欲摆放?极米科技设计了侧投功能。想看3D电影?极米科技率先推出3D功能。想要好的声音?那就跨界和哈曼卡顿合作定制音响系统。极米科技正是随时随地地挖掘顾客的痛点,一次次满足了顾客的需求。

资料来源:田巍、孙月、栗英姿《极米:消费者体验与产品创新结合的拓展之路》,中国管理案例共享中心,2022。

(三)顾客接触法

顾客接触法是一种将生产线法和顾客参与法有机结合的服务过程设计方法。在服务业中，顾客参与服务过程时，服务传递系统可以分为高顾客接触和低顾客接触，即服务的前台部分和后台部分。高接触部分采用顾客参与法的设计思想，适应不同顾客个性化的需求和参与程度的需要，灵活处理服务过程中可能出现的各种具体情况，以达到较高的顾客满意度。低接触部分采用生产线法的设计思路，实现服务的规范化、标准化，避免了与顾客接触造成的不确定性，从而达到了较高的服务效率。低接触部分就像制造业的工厂一样运行，在这里，制造业中的所有经营观念和自动化设施都可以使用，而且这样的分类还可以让顾客感受到个性化的服务，同时也可以通过批量生产达到规模经济。

顾客接触法主要有以下内容。

（1）合理划分服务提供系统中顾客的高接触部分与低接触部分。首先，在对服务系统进行全面考察和分析的基础上，合理划分高接触部分和低接触部分。其次，在高接触子系统和低接触子系统内分别找出最关键的服务营销目标，明确界定各子系统各环节、各步骤的工作任务。最后，建立前台服务和后台服务的有机衔接关系，保证其能够协同有效地运转。

（2）分别设计高接触部分和低接触部分的业务过程。在前台高接触部分服务过程设计中，详细地评价和判断与顾客接触的各个环节及其步骤的重要程度、顾客的真正需求，并尽量减少影响服务效率的不必要的接触。例如，将部分人工服务改为自动化服务或不必要的接触环节。在低接触部分服务过程设计中，遵循产品线方法设计思想，采用新技术和自动化设备，制定时间、质量和费用标准，对资源要素、过程和产出进行精确的控制。

（3）充分考虑和把握高接触部分和低接触部分业务过程的特点与要求。在服务过程设计的过程中，必须对二者各自的特点和设计要求有明确的认识，才能把握设计的关键，优化服务过程的性能。

（4）用系统和集成的观点对分别设计成的各个部分过程进行全面考察和评价。寻找和发现遗漏、多余或衔接不连贯的环节，全面梳理、优化整个服务过程和系统。具体的设计思路如表8-1所示。

表8-1 高度接触作业与低度接触作业的主要设计思想

设计思想	高度接触作业	低度接触作业
设施地址	接近顾客	接近供货、运输、港口
设施布局	思考顾客的生理和心理需求及期望	提高生产能力
产品设计	环境和实体产品决定了服务的性质	顾客在服务环境之外
过程设计	生产环节对顾客有直接影响	顾客不参与大多数处理环节
进度表	顾客包括在生产进度表中且必须满足其需要	顾客主要关心完成时间
生产计划	订单不能被搁置，否则会丧失许多生意	出现障碍或顺利生产都是可能的

续表

设计思想	高度接触作业	低度接触作业
工人技能	直接工人构成了服务产品的大部分,因此必须能够很好地与公众接触	工人只需要一种技能
质量控制	质量标准取决于评价者,是可变的	质量标准是可测量的、固定的
时间标准	由顾客需求决定,时间标准不严格	时间标准是严格的
工资支付	易变的产出要求按时计酬	固定的产出要求按件计酬
能力规划	为避免销售损失,生产能力按满足最大需求为准设计	储存一定的产品以使生产能力保持在平均需求水平上
预测	短期的、时间导向的	长期的、产出导向的

资料来源：〔美〕詹姆斯·A. 菲茨西蒙斯、〔美〕莫娜·J. 菲茨西蒙斯《服务管理：运作、战略与信息技术》（原书第 5 版），张金成、范秀成等译，机械工业出版社，2007。

（四）信息授权法

信息时代，信息技术已经成为人们日常生活中不可或缺的一部分。信息技术能向员工和顾客授权。

（1）员工授权。服务厂商可以通过建立计算机数据库来保持同顾客和供应商的关系。虽然可以快速精确地保存记录，但仍只是录入数据，订货员、一线服务人员、生产人员还是各自为政。现在数据库的发展改变了这种情况，整合数据库意味着每一个人都可以使用一项业务各方面的信息，这意味着员工授权的时代已经来临。现在，员工可以通过接口互相影响，甚至可以与其他公司的员工互相联系。

（2）顾客授权。利用信息技术可以授权给员工使其更好地为顾客服务，顾客也可以直接由电脑授权，不必完全依赖于本地的服务厂商。

专栏视点 8-6

盒马鲜生的全链路服务过程

盒马鲜生是国内首家新零售商超，创立于 2015 年，首家店在 2016 年 1 月开业，被视为阿里巴巴新零售样本。

盒马鲜生采用"线上+线下"互补、融合的形式创造出了一种新零售商业模式。线下，盒马鲜生通过在一线、二线城市建立实体超市，满足企业自身的仓储和配送需求的同时，为消费者提供丰富的购物和餐饮体验，线上则通过仓配一体化的方式及大数据的整合，为门店附近 3 公里范围内的客户提供 30 分钟内送达餐饮外卖和生鲜产品的配送服务，将线上和线下打通，让用户接受产品的时间变得更短，把控全链路的服务过程的同时服务消费者的情感。

盒马鲜生与传统零售最大的区别是运用大数据、移动互联、智能物联网、自动化等技术及先进设备，实现人、货、场三者之间的最优化匹配。从供应链、仓储到配送，盒马鲜生都有自己的完整物流体系，并且盒马鲜生的供应链、销售、物流履约链路是完全数字化的。商品对于到店、上架、拣货、打包、配送任务等，作业人员都是通过智能设备去识别和作业，简易高效，而且出错率极低。整个系统分为前台和后台，用户下单10分钟之内分拣打包，20分钟实现3公里以内的配送，实现店仓一体。不仅如此，盒马生鲜零售店还包含了一日三餐需要用到的日用品，能够一次性配齐所需物品，并且低于10元也能配送，无须进行二次购物，也无须担心购买量不够的情况，大幅提升了人们的购物效率，也增加该品牌带给消费者的忠诚度和信任度。

资料来源：根据公开资料整理。

四 服务过程设计原则

科学合理的服务过程设计有助于服务厂商提高服务效率、提升服务的满意度。合理的服务过程需要与顾客相配合，要与服务厂商的经营理念与营销目标相一致。因此，在进行服务过程设计时，应当遵循以下原则。

（1）符合顾客需求。服务厂商在设计服务过程时，应当站在顾客的角度，针对顾客的需求来设计各项服务活动，做到有的放矢，使服务内容和形式与顾客的需求相吻合。

（2）灵活机动。服务过程中的各个环节和系统的设计要具有相应的灵活性和机动性，根据情况设置例外过程，从而增强服务过程的适应性。

（3）特色创新。服务厂商在决定服务内容和方式时，要注意创新和突出特色，创造不同于竞争对手的特殊优势，而且不能让竞争对手轻易模仿，同时具有持久性。

（4）成本收益最大化。服务的创新、服务业务过程的重新整合和再造都要考虑投入产出的关系，既要考虑现在的利润水平，同时也要考虑服务对于企业的战略性利益。

五 服务过程设计评价指标

一般在服务程序的设计中，服务厂商希望服务程序的设计能够满足一些绩效的要求。比较重要的绩效指标包括以下四项。

（1）减少服务失误：服务程序的设计应该尽可能地减少可能产生的服务失误。

（2）减少顾客进入与离开服务程序的时间：应该在满足顾客要求的前提下，使顾客停留在服务程序的时间尽可能地减少。也就是在提供满意服务的前提下，使顾客花费在服务程序上的时间最少。

（3）强化生产力：服务程序的设计应该达到最大的成本效益。

（4）增加顾客满意度：整个服务的提供，最终目的是使顾客感到满意。

在理想的状态下，服务程序的设计应该同时满足上述四项绩效指标。

第3节 服务过程再造

一 服务过程再造的概念

服务过程再造是对过时的服务过程的更新，这不一定意味着原来的服务过程设计有问题。科技的发展、顾客需求的变化、服务特征的改变，都会使现行的服务过程发生变化。检查现有的服务蓝图可以发现改进产品的机会。通过识别服务传递系统、增加或删减原有服务过程的某些环节，或重新定位服务以迎合其他细分市场的需求等方法，服务厂商可以改进现有的产品。服务过程再造是基于信息技术的、为满足顾客需求服务的、系统化改进服务流程的一种企业哲学。服务过程再造以流程为导向替代原有的以职能为导向的服务厂商组织形式，为服务企业经营管理提出了一个全新的理念。因此，服务过程再造本身就是一个使顾客满意的理念。这一理念的本质是降低顾客成本，培养顾客忠诚，实现服务企业价值。这就要求服务厂商真正以顾客为中心，切实把顾客和供应商纳入顾客满意流程体系。

课堂互动 8-6

部分App在更换绑定手机号时需要给原来的手机号码发送验证码，你认为这种操作流程会存在什么问题？

专栏视点 8-7

宜家——双钻设计模型探索线上零售新业务

宜家计划在2020年前，提高其电商业务收入占比到10%，而实现这个目标的一个关键前提是，如何尽可能为线上顾客提供更优质的服务，让他们享受到与实体店购物一致的消费体验。为此，宜家组建了一个设计团队采用"双钻"设计模型（double diamond design process）[①] 探索解决方案——发现、定义、深入和交付，即

---

① "双钻"设计模型是英国设计委员（The British Design Council）在2005年推广的一种设计过程模型的名字，它改编自匈牙利裔美国语言学家贝拉 H. 巴纳蒂在1996年提出的"发散—收敛"模型，用于辅助团队或个人进行新项目设计。

"为正确的事情做设计"和"将设计做正确"两个大的阶段。

第一阶段：为正确的事情做设计

首先，宜家设计团队阅读了年度报告和浏览了官网，他们发现，澳大利亚目前仅有南澳大利亚和西澳大利亚两个州有线上购物及配送服务，宜家想要拓展电商业务，势必要考虑到偏远地区的潜在客户群体。但宜家当时的网页设置反映出线上布局的不足。其次，团队着手用户调研，在对调研数据进行整合之后，他们从八类不同的原型中得出了四类用户画像。从这一阶段开始，宜家又重新组建了一个团队进行下一步的工作。这支新的队伍通过新一轮的用户访谈不断对他们的初步调研结果进行提炼。针对初期的调研和访谈，团队得出一个初步的结论：在宜家购物是一个有多个接触点的旅程，这些接触点会因顾客的不同而改变。

第二阶段：将设计做正确

在这一阶段，设计团队进行了完整的服务设计，经过多次优选和聚集，最终方案被陈述为："当顾客需要的时候，能立刻给到他们需要的帮助。"那么这个解决方案如何落地呢？他们的答案就是——设计一份贴心的购物清单。

这份手机 App 内的动态购物清单，能通过产品保持宜家与用户的交互。这将为家庭出行的顾客提供很大的便利，只需在应用端添加想买的商品，系统就会自动生成一份购物清单。同时，这份清单能够随时分享给其他使用软件的顾客，让每个顾客可以分别参与购物决策。当然，在这个阶段，宜家的设计团队还从技术实现层面考虑了方案的可行性。这份手机 App 内的动态购物清单最大的不同在于它是通过近场通信[①]功能（NFC）来实现，不需要借助其他即时通信软件。拿典型的 4 口之家来说，在新方案下，夫妻俩可以不用一起在店内选购了，丈夫可以在休闲区照看孩子，妻子可以自己在店内寻找想购买的商品，并把意向购物清单实时发送给丈夫，而丈夫能立即收到消息并发表自己的意见。如果两人达成一致意见，就可以立刻在手机上下单并支付，商品就会从库房里发出。这样一来，他们实际参与了宜家的线上业务，又实际逛了线下门店，这两者并不冲突。

资料来源：https://runwise.co/applied-leadership/design-thinking/17826.html? source=copy_share。

二 过程再造的控制因素

服务业与制造业不同，具有产出不可储存、与顾客接触频繁、显性服务和隐性服务相结合、不确定因素较多等特点。与制造行业相比，服务厂商进行业务过程再

[①] 近场通信（Near Field Communication，NFC），是一种新兴的技术，使用了 NFC 技术的设备（例如移动电话）可以在彼此靠近的情况下进行数据交换，是由非接触式射频识别（RFID）及互联互通技术整合演变而来的。

造时应更多地关注时机、范围以及人力方面的因素控制。

（一）业务过程再造时机的选择和时间的控制

1. 业务过程再造时机的选择

服务型行业具有产出不可储存、与顾客接触频繁的特点，因此服务能力不宜大幅波动。这就要求服务厂商在业务过程再造时机的选择上，应充分考虑企业经营的平稳性，选择企业外部环境相对稳定的时候进行业务过程再造。企业总体的风险承受能力是有限的，当市场风险相对较大时进行业务过程再造，会使其处于"不成功便成仁"的被动局面，这种背水一战的做法不值得提倡。

2. 业务过程再造时间的控制

所谓"时间就是金钱"，对于服务型行业，由于其产出不可储存，如何控制和缩短过程再造的时间，显得尤为重要。

（二）业务过程再造范围的选择

在市场竞争中，服务厂商要培养并发挥自己的核心优势，准确选定业务经营范围。服务厂商的管理者需要权衡是对服务组织整体进行过程再造，进行大的变革，还是针对某项核心业务或对某个特定职能进行过程再造，强化自身的核心优势，弥补缺陷。一般来看，一次只针对某项核心业务或某些特定职能进行过程再造，成功的概率比较大，在服务行业中也比较可行。相对于制造行业，服务行业中业务和业务之间、职能和职能之间的联系没有那么紧密，因此，一次只针对一项核心业务或某些特定职能进行过程再造是可行的。

（三）业务过程再造中人的因素

显性服务和隐性服务密切结合的特点，使人的因素在服务行业的业务过程再造中显得更加重要。要提升人的积极作用，弱化消极作用，应当从两方面着手。

1. 变革并创新企业文化

企业文化是企业的灵魂，管理者和普通员工则是这个灵魂的载体。一家具有渴望变革、鼓励创新文化的企业，员工对过程再造会抱有一种积极参与的态度，而不会在过程再造过程中迟疑和不愿跟进。这种积极参与的心态，可以使员工迅速适应新的过程，掌握新的知识，使企业缩短业务过程再造的时间和费用，使良好的决策得以贯彻实施。

2. 民主型的领导风格

根据勒温的领导风格类型理论，不同的领导风格会影响企业的决策方式与程序，影响普通员工在决策中的参与程度。业务过程再造是对原有过程的革新，原有过程的员工在工作实践中会积累许多的经验和感悟，产生许多改进的想法。民主型的领导风格能够充分利用员工的智慧，制定出较佳的过程再造方案。对拥有较高文化水平的员工，不是仅仅解决"能不能"的问题，而是要解决"愿不愿意"的问题，即调动他们的积极性。

对于业务过程再造中人的因素，关键还是企业文化的建设，这是一项长期工程。在短期内，负责过程再造的管理者充分考虑人的因素，不仅是为了控制过程再造的结果，也是为了控制整个过程的成本和时间。

专栏视点 8-8
IBM 的经典服务流程再造

IBM 信贷公司是蓝色巨人 IBM 的全资子公司，其主要业务是为 IBM 计算机销售提供融资服务。但是，这种小额信贷的经济效益主要取决于人均业务量。公司向顾客的计算机采购活动提供融资服务，金融风险很小，按理说，这是绝对赚钱的买卖。然而，刚开始，该公司的经营情况并不好，为什么？

其早期的生产流程是按传统的劳动分工理论进行设计的，共包括 6 步流程：(1)"接待部"；(2)"客户信用部"，审查申请人的资金信用情况；(3)"交易条款部"，对公司的标准贷款协议进行补充和修改；(4)"估价部"，确定向客户征收的贷款利率；(5) 业务主管综合所有信息，形成最终报价；(6) 报价通过销售业务代表来通知客户。在这种分工设置下，每份贷款申请无论其业务大小、金额多少，完成整个业务流程平均需要一周的时间，特殊情况下甚至需要两周的时间。从市场销售的立场来看，这样的过程实在太长了。

该公司经过仔细调查发现，每位工作人员在处理分工业务范围内的每份申请时，所需的时间都不长，一份申请整体的累计实际处理时间，即使加上各个部门重复花费在计算机系统输入和查询上的时间，总共也只需要 90 分钟，其他的时间都消耗在部门之间的表格传递和等待传递的搁置上。因此，IBM 信贷公司取消了按照劳动分工设立的业务流程部门，重新设立了"交易员"岗位，使每笔业务从头到尾的全部工作都由一个"交易员"负责。同时，开发出适应新要求的计算机支持系统和成立专家小组支持"交易员"的工作。在绝大多数情况下，"交易员"在计算机系统的支持下完成工作。在"交易员"遇到很棘手的问题时，则可以从专家小组那里得到帮助，或将这些特殊项目移交给专家小组来解决。

在"流程再造"后，该公司为普通客户提供融资服务的平均周期缩短了 90%（由原来的 7 天——168 小时，压缩到 4 小时），特殊客户的特殊情况也得到了更为有效的处理。与此同时，由于客户"满意度"和"忠诚度"的大幅提高，该公司的业务量增加了 100 倍。

资料来源：https://m.sohu.com/a/386696193_795479/?pvid=000115_3w_a&strategyid=00014。

三 服务过程再造的方法

服务过程的重新设计包括重新构造、重新安排或服务过程的置换。这些行为可以分为以下几种类型。

(1) 取消无附加值的步骤。通常,服务过程的开始和结尾阶段可以被简化,重点在于服务接触中创造利益的部分。例如,一位想租车的顾客对填表、付款和还车检查等手续不感兴趣。通过取消无附加值的步骤,服务的重新设计使这些手续得以简化,其结果往往是使生产力和顾客满意度均得到提高。

(2) 转为自助服务。在服务的重新设计中,通过增加自助服务可以实现生产力甚至是服务质量的大幅提高。例如,联邦快递成功地将呼叫中心一半以上的业务转到网上进行,并因此削减了20000名呼叫中心的雇员。

(3) 传递直接服务。这种重新设计包括将服务直接传递给顾客,而不是把顾客带给服务厂商。这样做通常是为了给顾客带来便利,但如果企业能适当舍弃那些租金昂贵的店面,它同样可以为企业带来收益。

(4) 捆绑服务。捆绑服务包括将多种服务捆绑或组合为一种服务,它仅针对某个特定的顾客群体。捆绑服务有助于提高服务生产力(这种捆绑为特定的细分市场量身打造,它使交易更为迅捷,还可以降低每种服务的营销成本),同时通过较低的交易成本为顾客提供附加价值。它常常更适合用于满足特定细分市场的需求。

(5) 实体服务的重新设计。实体服务的重新设计着重于服务过程中的有形因素,包括改进服务设施和设备以改善服务体验。这提高了服务的便利性和服务厂商生产力,通常也可提高一线员工的满意度和生产效率。

表8-2总结了重新设计服务过程的五种类型,概括了其对服务厂商及其顾客的潜在利益,并强调了潜在的挑战和局限。应注意到,这些再设计应该被组合使用。例如,除了货运和付款数据等因素,亚马逊网站成功的关键是通过有效掌握顾客的喜好,将自助服务、直接服务和简化无附加价值的步骤组合使用。

表 8-2 重新设计服务过程的五种类型

方法与概念	服务厂商的潜在收益	顾客的潜在收益	挑战或局限
取消无附加值的步骤	• 提高效率 • 提高生产力 • 提高服务定制能力 • 赋予企业特色	• 提高效率和速度 • 将工作从顾客转移至服务厂商 • 将服务的启动与传递分离 • 定制化	• 需要对顾客和员工进行培训

续表

方法与概念	服务厂商的潜在收益	顾客的潜在收益	挑战或局限
转为自助服务 (顾客扮演生产商的角色)	• 降低成本 • 提高生产力 • 提升技术声誉 • 赋予公司特色	• 提高服务速度 • 降低服务门槛 • 省钱 • 增强控制观念	• 必须使顾客对这个角色有所准备 • 限制了面对面沟通和建立关系的机会 • 难以得到顾客反馈
传递直接服务 (将服务传递至顾客所在地)	• 消除店面的局限 • 扩大顾客基础 • 赋予公司特色	• 增加便利性 • 降低服务门槛	• 增加物流负担 • 可能成本较高 • 需要信用与信任
捆绑服务 (将多项服务集成)	• 赋予企业特色 • 有助于顾客保留 • 提高人均服务的使用率	• 增加便利性 • 定制服务	• 需要对目标顾客有全面的了解 • 可能被认为在浪费资源
实体服务的重新设计 (与服务有关的有形因素的应用)	• 提高员工满意度 • 提高生产力 • 赋予公司特色	• 增加便利性 • 强化功能 • 使顾客产生兴趣	• 容易被模仿 • 实现并保持住成本 • 提高顾客对行业的期望值

资料来源：Leonard L. Berry and Sandra K. Lampo, "Teaching An Old Service New Tricks: The Promise of Service Redesign," *Journal of Service Research*, 2000, 3, pp. 265-275。

复习思考题

1. 你是如何理解生产率与服务过程设计、再造之间的关系的？
2. 服务过程的关键要素有哪些？
3. 如何理解服务流程图、服务蓝图与服务过程设计方法之间的区别与联系？
4. 服务过程再造需要注意哪些关键要素？
5. 服务过程再造的方法有哪些？

章尾案例

乐刻运动的逆势增长

"传统健身房一般以年卡为主，顾客办了卡后不来是常态，这就导致了健身卡效用低，决策成本高。健身行业的问题越多，数字化改造带来的效果就越明显。"简单调查过健身行业后，乐刻运动创始人兼CEO韩伟说道。新冠肺炎疫情期间，运动健身行业公司数量增长了3倍多，但同行业的公司倒闭的占1/3；而乐刻运动GMV（商品销售总额）增长了50%，同时也增加了近400家门店。乐刻运动的逆势增长正是得益于其借助数字化进行了"人货场"的服务过程设计与再造。

经过调查与研究，韩伟发现，长期以来，健身行业始终无法脱离重资产、顾客体验差、资金周转难、推销频繁等刻板印象，于是，韩伟围绕"以顾客为中心"，尝试重新打通商业闭环。第一，乐刻运动通过全产品线上交易、智能门禁、物联网、一键约课、社区和社群搭建，为用户提供一站式的健身体验。第二，乐刻运动还为顾客提供丰富的内容。在内容上，乐刻运动主要是提供团操课。乐刻运动购买了莱美、尊巴等国际著名课程。目前，乐刻运动标准化课程占80%，其中国际课程占70%。第三，乐刻运动为顾客提供个性化服务。顾客与教练、健身房的交互，为平台积累了大量数据。乐刻运动基于顾客使用的数据，根据顾客的年龄、性别、健身偏好、体能数据等信息构建顾客画像，智能化地为用户提供门店查询、团课预约、私教选择等服务，在App首页也会个性化地推荐感兴趣的内容和相关团课与私教。

传统以"销售"为核心导向的年卡制，背后的潜台词是——"一年只需要骗顾客消费一次，如果是月卡，要骗12次"。为了让教练脱离推销回归健身作为服务业的本质，销售的这一部分任务就交到了平台手中。基于平台，顾客的约课、推荐等都在App或者小程序上完成，乐刻运动平台为教练带来了会员流量，同时，这些门店和教练也是乐刻运动收获会员和顾客的触点。此外，乐刻运动利用其运营工具，如线上"发传单""老带新"等通过微信、小红书以及乐刻运动自己的社群进行传播，实现引流。教练脱离推销后，就有更多的时间专注于专业水平的提升。乐刻运动陆续将莱美中国近1/3的培训师收入麾下，为教练提供标准化培训，为教练提供职业生涯规划等服务。通过数字化经营和"人货场"重构，线上和线下链接，运用数据适配产能与需求，成功回归"以顾客为中心"的本质。

资料来源：周文辉、高斯琴《乐刻：数字化如何重构健身服务的"人货场"?》，中国管理案例共享中心，2023。

讨论题

1. 乐刻是如何用数字化手段重塑健身服务过程的？其中涉及了哪些要素？
2. 试绘制乐刻的服务蓝图。

第9章 服务的有形展示

学习目标

学习完本章后，你应该能够：
- 了解有形展示和服务场景的概念与类型；
- 明确有形展示对顾客的影响；
- 明确服务场景设计的原则和步骤；
- 掌握并灵活运用影响服务场景设计的关键因素；
- 理解 SOR 模式和服务场景模式。

开篇案例 　　长沙文和友：怀旧心理下的餐饮品牌

随着互联网的快速发展，人们的生活节奏越来越快，社会竞争也越来越激烈，而通过怀旧勾起人们对过去时光的美好回忆，可以在一定程度上缓解消极情绪。近几年兴起的以怀旧为主题的长沙超级文和友品牌备受人们关注，无论是建筑空间构造，还是内设的餐饮品类，都还原老长沙的场景，让进入其中的人们放下压力，仿佛重回过去的悠闲时光。新时代风口下，这一怀旧品牌是高楼大厦中的一方世外桃源，也是在怀旧心理影响下的人们寻找的独特烟火气息。

长沙超级文和友作为主打重现老长沙20世纪80年代场景的消费空间，多年来吸引外地游客和本地居民前来打卡，热度不减。截至2023年9月，长沙有3个超级文和友主题店，其店内的布局、结构、设备、色彩、音响相互配合，打了一套组合拳，集中体现了老长沙20世纪80年代筒子楼市井社区的古老场景，让顾客进入餐厅大门后仿佛从现代的高楼大厦中脱离了出来，走入了一架时光机来到了四十年前。店内除建筑装修风格外，还有许多老长沙小吃，具有老长沙特色的伴手礼，这些因素结合在一起无疑向顾客渲染出一种自己身在老长沙的感觉，吸引顾客前来体验，暂时脱离快节奏的现代生活。

现阶段长沙拥有3个超级文和友的主题店，分别是海信广场店、化龙池店和天健城店。其中建筑外观最具特色的是文和友天健城，这座建筑原来是长沙粮食仓库，附近曾有220多座苏联建筑，其中像这样的粮食仓库有77栋。如今只剩下一栋，剩下这根独苗后成为天健售楼部，而文和友接手后变为文和友龙虾馆，是地道的历史文物建筑。

文和友品牌的室内空间设计是它对怀旧心理的重点体现形式，位于海信广场的文和友海信是最具特点的店面，建筑内部集中为消费者展现了老长沙20世纪80年代筒子楼市井社区的古老场景，运用了大量怀旧元素再现那热闹的烟火气息，包括楼梯、店面、灯牌、廊道等，消费者在进入餐厅大门后仿佛从现代的高楼大厦中脱离了出来，进入了一架时光机，来到了40年前，成为走街串巷的长沙小孩，新奇地面对这一震撼的场景。

除了空间上的设计，文和友品牌在招牌设计上也下了不少功夫，想要复刻记忆中的老长沙常出现的招牌、灯箱就要找到当时的色彩特点。店内主体色调为带点土气的棕红或者土黄，店内的招牌运用木质雕刻、做旧手工雕刻与老式灯箱的设计形式，使其更加具有复古感，店铺名称也运用当年的取名方法，比如面霸一方、香万里餐馆等，提升消费者的体验感。

资料来源：陈妍伊、文卫民、潘之琳《怀旧心理影响下的餐饮品牌设计探究——以超级文和友为例》，《绿色包装》2023年第9期。

第1节　有形展示的类型和作用

一　有形展示的概念

服务具有无形性的特征，故顾客在购买服务之前，往往是通过服务环境、服务设施、服务人员等有形线索或有形展示对服务进行预估。根据环境心理学的理论，顾客利用感官对有形物体的感知及由此获得的印象，将直接影响顾客对服务产品质量及服务厂商形象的认知和评价。因此，服务营销者利用服务设施、服务人员、服务环境等有形物，有效地设计服务厂商的有形展示，通过有形线索向顾客传递正确的信息对服务厂商至关重要。

有形展示是指在服务营销管理的范畴内，一切可传达服务特色及优点的有形组成部分。实践表明，如果服务厂商能够合理利用有形展示，向顾客传递本服务厂商的服务可以为其提供正向价值的信息，可以有效提高本服务厂商的服务收益，若未能合理利用，将错误的信息传递给顾客，影响顾客对服务产品的判断，则会减少甚至消除顾客与服务接触的机会，影响服务厂商的形象。

二　有形展示的类型

服务营销学者认为一切可以帮助生产服务和包装服务的一切实体产品和设施都是有形展示的内容。从不同角度，可以对有形展示做不同的分类。不同类型的有形展示对顾客的心理及判断服务质量的过程有不同程度的影响。

（一）按有形展示能否被顾客拥有，分为边缘展示和核心展示

1. 边缘展示

边缘展示是指顾客在购买过程中能够实际拥有的展示。这类展示很少或根本没有价值，比如，演唱会的入场门票、电影院的入场券等，只是一种观众接受服务的凭证；酒店客房里的洗漱用具、餐厅里的纸巾，这些以顾客需求为出发点设计的边缘展示，是服务厂商核心服务强有力的支撑点。服务厂商提供这些边缘展示不会导致顾客满意，但没有可能会导致不满意。

2. 核心展示

与边缘展示不同，核心展示是指在购买服务的过程中不能被顾客拥有，但影响顾客购买决策的展示。核心展示比边缘展示更加重要，在大多数情况下，只有当核心展示，如电影的评分、演唱会的歌手、酒店的级别，这些能够满足顾客的需求时，顾客才会做出购买决定。

将有形展示划分为边缘展示和核心展示，对于服务厂商是有一定意义的。它有助于服务厂商的市场定位，并使得服务厂商能够明确哪些有形展示对于顾客而言是最重要的和具有感召力的。但是，这种划分方法也有不足之处，如人员作为服务市场营销组合策略的要素之一，在这里被忽略了，而且此种分类方法也没有清楚地界定不同行业有形展示的特点和范围。

（二）按有形展示的构成要素，分为物质环境展示、信息沟通展示和价格展示

按有形展示能否被顾客所拥有的标准对有形展示进行划分的方法比较粗糙，不仅没有清晰地界定出不同有形展示的范围与角色，而且遗漏了很多因素（如人的因素等）。于是，有学者从构成要素的角度进行了划分，认为有形展示主要表现为三种类型，分别是物质环境展示、信息沟通展示和价格展示。

1. 物质环境展示

朱莉·贝克（Julie Baker）的理论框架将物质环境分成三大类：周围因素、设计因素和社会因素（见表9-1）。

表 9-1 物质环境的组成

类型	概念	内容
周围因素	不易引起顾客立即注意的背景条件	• 空气的质量 • 气温 • 湿度 • 通风情况 • 噪声 • 气氛 • 整洁度
设计因素	顾客最容易察觉的刺激	• 美学因素 • 建筑 • 颜色 • 尺度 • 材料 • 结构 • 形状 • 风格 • 附件 • 功能因素 • 陈设 • 舒适 • 标识
社会因素	环境中的人	• 听众（其他顾客） • 数量 • 外貌 • 行为 • 服务人员 • 数量 • 外貌 • 行为

（1）周围因素。周围因素是指顾客可能不会立即意识到的环境因素，如气温、湿度、气味和声音等，这类因素通常被顾客认为是构成服务内涵的必要组成部分。它们的存在并不会使顾客感到格外兴奋和惊喜，但是，如果失去这些因素或这些因素达不到顾客的期望，就会影响顾客对服务的满意度和信心。周围因素是不易引起人们重视的背景条件，因为它们通常被人们认为是理所当然的，但是，一旦这些因素不具备或令人不快，就会马上引起顾客的注意，导致顾客不满意。

（2）设计因素。设计因素是刺激顾客视觉的环境因素，被用于改善服务产品的包装，使服务产品的功能更加明显和突出，以建立有形的、赏心悦目的服务形象。比如，服务场所的设计、服务厂商形象标识等便属于此类因素。设计因素是主动刺激,它比周围因素更容易引起顾客的注意。因此,设计因素有助于培养顾客的积极感觉,并鼓励其采取接近行为,使服务产品有较大的竞争潜力。设计因素又可分为两类:美学因素(如建筑风格、色彩)和功能因素(如陈设、舒适)。设计因素既可应用于外向服务的设备,又可应用于内向服务的设备。

(3)社会因素。社会因素是指在服务场所内一切参与及影响服务生产的人,包括服务员工和其他在服务场所同时出现的各类人士。他们的言行举止皆可以影响顾客对服务质量的期望与判断。服务人员的外形管理在有形展示管理中至关重要,在有些服务过程中,顾客并不会对服务产品和服务提供者进行严格区分。服务产品展示与一般有形产品展示最大的不同,便是服务产品展示很大程度上取决于人,既然如此,人就必须被适当地包装。

2. 信息沟通展示

信息沟通是另一种服务展示形式,沟通信息来自服务厂商本身以及其他引人注目的地方。这些信息通过多种媒体传播,对服务进行展示。如酒店的简介、宣传单、绿化、企业刊物以及电子屏展示都是服务厂商信息展示的主要方式。从赞扬性的评论到广告,从顾客口头传播到服务厂商标志,这些不同形式的信息沟通都传达了有关服务的线索,影响着服务厂商的营销策略。服务厂商总是通过强调现有的服务展示并创造新的服务展示来有效地进行信息沟通管理,使服务和信息更具有形性。图9-1总结了服务厂商通过信息沟通进行服务展示管理所使用的各种方法。

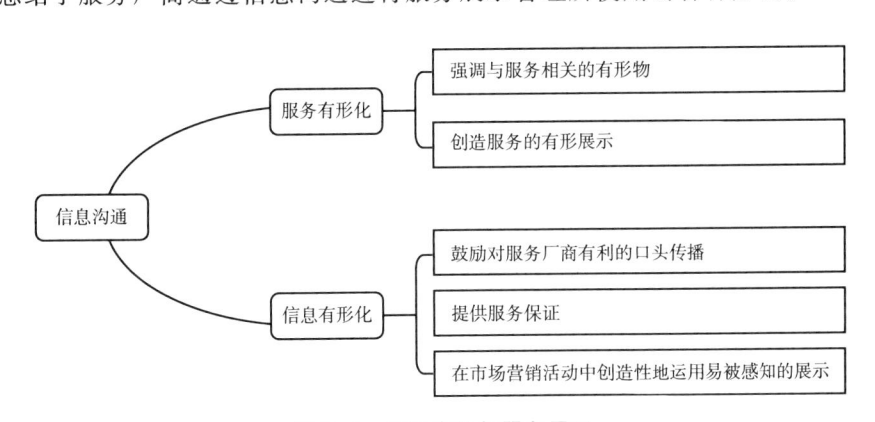

图 9-1 信息沟通与服务展示

信息沟通
- 服务有形化
  - 强调与服务相关的有形物
  - 创造服务的有形展示
- 信息有形化
  - 鼓励对服务厂商有利的口头传播
  - 提供服务保证
  - 在市场营销活动中创造性地运用易被感知的展示

(1)服务有形化。服务有形化是指服务厂商通过创造服务的有形展示,在信息交流过程中强调与服务相联系的有形物,从而把与服务相联系的有形物推到信息沟通的前沿,让顾客能够真切地感受服务。

有道考研出品的考研数学"解:数学棋"礼盒,正是运用了创造有形物这一技巧。"解:数学棋"将考研数学与大富翁游戏相结合,与大富翁玩法一样,从起点开始,积累数学知识卡片,解决数学题目,通过游戏的方式检验自己的数学基础,决定自己最终是"考前崩溃,遗憾破产"还是"知识通关,成功上岸"。以往的考研数学授课大多采用线上线下授课,考试检验的方式,形式较为枯燥,"解:数学棋"将数学与游戏结合起来,内容充实,形式有趣,考研学生能够在高压学习的情况下,得到一定的放松,令目标顾客满意。"解:数学棋"的例子证明了使用有形因素能使服务更容易被感觉,因而更真实。

(2)信息有形化。如果顾客经常选错服务提供者,那么他会特别容易接受其他顾客提供的可靠的口头信息,并据此做出购买决定。因此,鼓励对服务厂商有利的口头传播是信息有形化的一种方法。例如,顾客在选择医生、律师等之前,总会先询问他人的意见。

信息传播者不一定是服务厂商,也可能是新闻媒体或顾客。这些不同形式的信息沟通并非总是准确无误的。尽管如此,它们都在不同程度地展示着服务,影响顾客对服务厂商本身或者服务厂商提供的服务的口碑。因此,服务厂商总是希望周围的环境能够进行有效的信息沟通,展示服务厂商及其所提供的服务美好的一面,以促进服务口碑传播。

课堂互动 9-1

你认为在日常生活中,哪些有形展示属于服务有形化,哪些属于信息有形化?

3. 价格展示

在购买服务时,顾客通常把价格看作有关服务的一个线索。价格能培养顾客对服务的信任,同样也能降低这种信任。价格可以提高人们的期望(这么贵,一定是好货),也能降低人们的期望(你付出这么多钱,得到了什么)。对于服务产品,其无形性的特征使得有形因素对顾客做出购买决定起到重要作用,而价格一定程度上是服务质量和水平的可见性展示,成为顾客判断服务水平和质量的依据。因此,正确定价对服务厂商至关重要。

(1)价格过低。如果营销人员把服务价格定得过低,则暗中贬低了它们提供给顾客的价值,顾客会怀疑,这样低廉的价格意味着什么样的服务?

市场营销中有一个很有趣的现象,质量声誉一般或很差的公司往往把低价作为补偿这些措施的"拐杖",这一策略通常不会成功。因为价格仅仅是顾客全部付出的一部分,低价导致顾客额外付出的其他成本可能会超过顾客从这项服务中所能获得的全部利益。

(2)价格过高。过低的价格会对顾客产生误导,同样,过高的价格也会产生同样的后果。如果服务厂商将服务产品定价过高,可能会让顾客高估服务产品的价值,也可能给顾客带来不关心顾客或"宰客"的不好印象。

三　有形展示的作用

根据环境心理学的理论，顾客利用感官对有形物体的感知及由此获得的印象，将直接影响顾客对服务产品质量及服务厂商形象的认知和评价。有形展示在服务营销中占有重要地位，服务厂商若能合理利用各种有形线索，可以有效帮助顾客感知服务产品的质量和特点，为顾客选择服务产品提供评价依据，从而降低顾客的感知风险，促进顾客购买，有效提高服务厂商收益和形象。

具体来说，有形展示在服务厂商的营销活动中发挥的作用主要包括以下几个方面。

（一）影响顾客对服务产品的第一印象

对于初次购买和享用某项服务之前，顾客往往会根据第一印象对服务产品的质量做出判断。由于服务产品本身是无形的，与服务产品相关的有形展示便成为顾客第一印象的重要来源。有形展示效果的好坏将直接影响顾客对于服务产品的第一印象。

（二）引导顾客对服务产品产生合理的期望

顾客对服务是否满意，取决于服务产品带来的利益是否符合顾客对它的期望。但是，由于服务产品的不可感知性，顾客在使用有关服务之前，很难对该服务做出正确的理解和评价，因此，顾客对于该服务的功能和利益的期望也是模糊的。如果顾客对某项服务的期望过高，不合乎实际的期望导致顾客使用服务后感觉期望与实际相差过大，使其错误地评价服务甚至做出不利的评语；如果顾客对某项服务的期望过低，顾客可能不会选择购买该项服务，以减少购后风险。运用有形展示则可让顾客在使用服务前能够具体地把握服务的特征和功能，引导顾客对服务产生合理的期望，避免因顾客不合理的期望造成的负面影响。

（三）使顾客对服务厂商产生信任感

顾客很难在使用服务产品之前对服务质量有全面的了解。因此，要促使顾客购买，服务厂商必须首先使顾客产生信任感。通过向顾客提供各种有形展示，顾客能够更多地了解服务产品的相关情况，能够有效增强顾客的信任感。例如，目前很多餐厅选择使用透明玻璃作为后厨和用餐区域的隔离材料，进行明厨亮灶，顾客在用餐区域用餐，同时也能看到后厨备菜的全过程，此举可以有效增进顾客对餐厅的信任。向顾客展示服务工作的情况，提高服务工作的透明度，使无形的服务有形化，可以提高顾客对服务厂商的信任，从而促使顾客进行重复购买。

（四）通过感官刺激，让顾客感受到服务给自己带来的利益

顾客购买行为理论强调，产品的外观能否满足顾客的感官需要将直接影响顾客

是否真正采取行动购买该产品。同样，顾客在购买无形的服务产品时，也希望能从感官刺激中寻求到某种东西。因此，服务厂商采用有形展示是希望通过有形物对顾客感官进行刺激，让顾客感受到服务能够给自己带来的好处或利益，进而产生对服务的需求，做出购买决策。

（五）塑造服务厂商的形象

有形展示是服务产品的组成部分，也是最能有形地、具体地传达服务厂商形象的工具。服务厂商通过对其建筑物、服务场景、服务设备和服务人员等有形物的设计与管理，向顾客传递服务厂商的整体形象，可以有效地在顾客心中树立起可识别的鲜明的服务厂商形象。

（六）协助员工培训工作，促使员工提供优质服务

服务产品对于顾客来说是无形的，对于服务人员来说，服务同样是无形的。如果服务员工不能完全了解服务厂商所提供的服务，那就不能保证其提供的服务符合服务厂商所规定的标准。因此，服务营销人员除了将有形展示运用到顾客身上，也可运用到服务厂商内部员工身上，作为培训服务员工的手段，使员工了解如何提供优质的服务，掌握服务知识和技能，为顾客提供优质的服务。同时，做好有形展示管理工作，不仅可以为顾客创造良好的消费环境，还可以为服务人员创造良好的工作环境，使服务人员感受到管理人员对于他们工作环境的关心，进而激励员工为顾客提供优质服务。

专栏视点 9-1

亚朵酒店：体验经济下的新住宿时代

2013年8月，第一家亚朵酒店（以下简称"亚朵"）在西安开业。为满足中产阶级的文化资本需求，亚朵致力于打造属于这个群体的第四空间——"在路上"，这是继星巴克提出的家（第一空间）、办公室（第二空间）、星巴克（第三空间）的再次延伸，将亚朵打造成人们在路途中的伙伴、第四空间。亚朵采用跨界思维，除将顾客的睡觉、洗澡、上网三大核心需求做到极致以外，还融入了阅读和摄影两大文化主题，精心设计顾客的人文生活体验。

每家亚朵都有一个超大 7×24 小时阅读会友书吧，名为"竹居"，提供 24 小时借阅服务。在亚朵的大堂中，客人也都能随手在一面书墙上或者书柜中拿起一本感兴趣的读物，可免押金借阅，为了让客人有完整的阅读体验，亚朵还提供异地还书服务。"书"式体验融入亚朵，让顾客的心多了几分宁静与思考。

摄影是亚朵的另一大文化主题。具有"属地文化"的摄影作品展示在亚朵的每一个角落。顾客在每一个城市的亚朵，都能通过摄影作品开启一段不同的历史。

与其他酒店不同的是，亚朵提供的不仅是一个可休憩的场所，更是一个可学习、可社交、可放松心情的有温度、有颜色的空间。

资料来源：施伟风《亚朵酒店：体验经济下的新住宿时代》，《销售与市场》（管理版）2017年第11期。

第2节 有形展示的管理与执行

一 有形展示的策略

成功服务营销活动的关键是管理与无形服务相关的有形因素，通过有形展示管理向顾客传送适当的线索，这样能帮助顾客更好地理解"我们买什么产品""我们为什么要买它"。这是因为，顾客总要在服务环境、信息沟通和价格中寻找服务的代理展示物，根据有形线索推断服务产品的质量、价值和特点，用来指导其购买选择。

鉴于有形展示在服务营销中的重要地位，服务厂商应善于利用组成服务的有形元素，突出服务的特色，使无形无质的服务变得相对有形和具体化，让顾客在购买服务前，能有把握判断服务的特征及享受服务后所获得的利益。因此，加强对有形展示的管理，努力借助这些有形的元素来提高服务质量，树立独特的服务厂商形象，无疑对服务厂商开展营销活动具有重要意义。

服务厂商采用有形展示策略的原因是服务产品具有无形性的特征，对"无形性"可以这样理解：一是指服务产品不可触及，无法用视觉去触及服务产品；二是指服务产品无法界定，难以从心理上进行把握。因此，服务厂商要想克服营销方面的难题，需要采用有形展示策略，也就是应以以下两个方面为出发点：一方面使服务有形化；另一方面使服务易于从心理上进行把握。

（一）服务的有形化

服务有形化就是使服务的内涵尽可能地附着在某些实物上，正如"康师傅"的一句广告词所描写的那样——"好吃看得见"。服务有形化的典型例子是银行信用卡。虽然信用卡本身没有什么价值，但它显然代表着银行为顾客所提供的各种服务，以至只要"一卡在手，便可世界通行"。

（二）使服务在心理上较容易把握

除使服务有形化之外，服务厂商还应考虑如何使服务更容易为顾客所把握。通常有以下两个原则需要遵循。

1. 把服务与易于让顾客接受的有形物体联系起来

由于服务产品的本质是通过有形展示表现出来的，所以有形展示越容易理解，则服务就越容易为顾客所接受。运用此种方式时要注意：使用的有形物体必须是顾客认为很重要的，并且也是他们在此服务中寻求的一部分。如果所用的各种实物都是顾客不重视的，则可能会产生适得其反的效果；必须确保这些有形实物所暗示的承诺，在顾客使用服务产品的时候一定能够兑现。也就是说，各种产品的质量必须与承诺相符。如果以上的条件不能做到，那么创造出来的有形物体与服务之间的联结，必然是不正确的、无意义的和具有损害性。

2. 重视服务提供者在发展和维护服务厂商同顾客的关系上的作用

使用有形展示的最终目的是建立服务厂商同顾客之间的长久关系。服务业的顾客，通常被鼓励去寻找和认同服务厂商中的某一个人或某一群人，而不只是认同服务产品本身，如广告代理公司的客户经理、管理咨询公司组成的客户工作小组等。所有这些都强调关注以人表现服务。因此，服务提供者在顾客使用服务产品的过程中起很大作用，他们直接与顾客打交道，不仅其衣着打扮、言谈举止影响着顾客对服务质量的认知和评价，他们与顾客之间的关系将直接决定顾客同整个服务厂商关系的融洽程度。

另外，其他一些有形展示亦能有助于发展同顾客的关系。比如，服务厂商向顾客赠送与顾客有关的具有纪念意义的礼物就是出于此种目的。不过，在贯彻上述两个原则时，服务厂商必须做到以下两点：确切了解顾客的需求以及使用该方式想获取的效果是什么；确定独特的推销重点，并将此纳入该服务产品的一部分，且能真正满足顾客的需求。

专栏视点 9-2

国家文化数字网：用数字和网络使文化有形

"国家数字文化网"采用了线上线下相结合的有形展示营销，主要包括以下几个方面：一是对图书馆、文化馆、博物馆等物理馆藏进行数字化，再上传至网站，以实现数字文化资源的展示，如地方戏曲资源库、古琴资源库、国画资源库等；二是对文化和旅游部（原文化部）各项文化示范活动的线上报道及宣传，如"春雨工程"——全国文化志愿者边疆行、"大地情深"——国家艺术院团志愿者走基层和"阳光工程"——中西部农村文化志愿服务行动计划三项示范活动的政策信息、活动情况、典型经验、个人事迹等，在《中国文化报》和"国家数字文化网"开设专栏进行宣传；三是将线下群众文化活动成果转化为数字信息的形式并呈现在网上，如"文化共享杯"全国群众摄影艺术作品征集大展获奖作品展示、"中国梦"主题新创作歌曲展播等。"国家数字文化网"将线下与线上的有形展示相结合，以"互联网+公共文化服务"为手段，转变了其原有的服务模式，推动了公共文化服务效能，有利于引领群众文艺文化繁荣发展，推动公共文化服务体系进一步转型升级。

资料来源：戴艳清、王璐《"国家数字文化网"服务营销策略研究——基于7Ps营销理论视角》，《国家图书馆学刊》2018年第3期。

二　有形展示效果的形式

有形展示的效果一般有三种形式：（1）服务营销策略中的一种有形展示能使顾客了解服务产品的某种利益；（2）可以强调服务提供者和顾客之间的相互关系；（3）可以将服务产品和某一种有形物体联系起来，使服务产品区别于其他产品，使顾客易于辨认。

例如，对银行、干洗店和美发店3种服务厂商的有形展示效果的测定，是以利用这些有形展示所能产生的说服顾客相信服务利益的能力来衡量。每一种服务产品能提供给顾客的特定利益不同，有形展示的形式往往因考虑的利益不同而不同。至于服务提供者与顾客相互之间的展示效果，根据服务提供者和顾客之间对于服务利益的个人信任程度而定。这也就是强调：有形展示的类型必须与顾客寻求的利益相关，如果没有考虑到这些利益，就不应该使用该类型的有形展示。服务营销人员面临的最大挑战是，找出这些利益然后用适当的有形展示去表现。服务厂商所能利用的展示方式有很多，从环境到装潢、设备、文具、颜色和照明等，都可以说是服务厂商形成与塑造环境气氛的一部分。

课堂互动 9-2

美发店的有形展示的效果是哪种类型？银行的有形展示的效果又是哪种类型呢？二者有什么不同？

三　有形展示的执行

有形展示管理不仅仅是营销部门的工作，虽然营销部门应该唱主角，但每个人都有责任传送有关服务的适当线索。下面列出的是一份行动问题清单，所有的管理人员都应定期考虑这些问题。

（1）我们有一种高效的方法来进行有形展示管理吗？我们对顾客可能感觉到的有关服务的每一件事都给予了充分的重视吗？

（2）我们是否积极地进行了有形展示管理？我们是否积极地分析了如何使用有形因素来强化我们的服务概念和服务信息？

（3）我们对细节进行了很好的管理吗？我们是否关注"小事情"？举例来说，

我们保持了服务环境的一尘不染吗？如果我们的灯忽然坏了，我们是立即换呢，还是过后再换？我们作为管理人员有没有举例向员工说明没有任何细节小到不值得管理？

（4）我们将有形展示管理和服务营销计划结合起来了吗？例如，当我们做出环境设计的决定时，是否考虑了这一设计能否支持高层营销策略？我们作为管理人员，是否熟知有形展示在服务营销计划中的作用，进而对计划做了有益的补充？作为管理人员，我们知道在营销计划中什么是首要的吗？

（5）我们通过调查来指导我们的有形展示管理了吗？我们考虑了来自员工和顾客的意见吗？我们预先测定了我们的广告向顾客传递了什么样的信息吗？在服务场景设计过程中，我们征求过顾客和员工的意见吗？我们有没有雇用"职业顾客"对我们的服务环境进行评价？我们作为管理人员，在提高公司整体形象的过程中，是如何运用环境设备和其他有形展示形式的？

（6）我们将有形展示管理的主人翁态度扩展到整个服务厂商范围了吗？在服务营销中，我们向员工讲授了有形展示管理的特点和重要性了吗？我们是否向组织内的每个人提问，让他们回答个人在有形展示管理中的责任？

（7）我们在有形展示管理过程中富有创新精神吗？我们所做的每件事都有别于竞争者和其他服务提供者吗？我们所做的事有独创性吗？我们是不断地提高有形展示水平使之合乎时尚呢，还是沾沾自喜、自鸣得意呢？

（8）我们对第一印象的管理怎么样？与顾客接触早期的经历是否给我们留下了深刻印象？我们的广告、内部和外部的环境设备，标志物以及我们的员工的服务态度对新顾客或目标顾客是颇具吸引力呢，还是使他们反感？

（9）我们对员工的仪容仪表进行投资了吗？我们有没有向员工分发服装并制定符合其工作角色的装扮标准？我们考虑过提供个人装扮等级津贴吗？

（10）我们对员工进行有形展示管理了吗？我们有没有使用有形因素使服务对员工来说不再神秘？我们是否使用有形因素来指导员工完成其服务角色？我们工作环境中的有形因素是表达了管理层对员工的关心呢，还是缺乏关心呢？

第3节　服务场景的设计

在实施有形展示策略时，服务场景的设计往往是服务厂商努力的重点，因为顾客实际上感受到的服务场景，在形成顾客期望、影响顾客服务体验和促使顾客重复购买这一整个流程中，都扮演着很重要的角色。顾客在接触服务产品之前，最先能感受到的就是服务场景的影响，因此，服务场景的设计对于服务厂商来说十分重要。

服务场景是指为进行服务执行、传递以及服务厂商与顾客进行交互所处的实际环境和社交环境，它不仅包括影响服务过程的各种设施，而且包括许多无形的要素。因此，凡是会影响服务表现水准和沟通的任何设施都被包括在内。

一 服务场景的类型

由于不同服务产品生产和消费的方式不同，服务场景对员工和顾客的影响程度与重要性也不同。有些服务厂商对某些具体要素有特殊的要求，服务场景对于其实现组织目标有重要的意义，而对于另外一些服务厂商，服务场景的影响可能不大。比特纳（Bitner）依据两个因素——服务场景的用途和服务场景的复杂性，对服务厂商的类别进行了划分，利用这两个要素可以识别出服务厂商在服务场景管理方面的主要区别，如表9-2所示。

表9-2 基于服务场景的用途和服务场景的复杂性的差异划分服务厂商的类型

服务场景的用途	服务场景的复杂性	
	复杂的	精简的
自助服务（只有顾客自己）	• 高尔夫球场 • 冲浪现场	• ATM机 • 大型购物中心的信息咨询处 • 邮局 • 互联网服务 • 快件递送
交互性服务（顾客与员工）	• 饭店 • 餐厅 • 保健所 • 银行 • 航班 • 学校	• 干洗店 • 小吃摊 • 美发店
远程服务（只有员工自己）	• 电话公司 • 保险公司 • 公共事业 • 众多的专业服务	• 电话邮购服务台 • 自助语音信息服务

资料来源：Bitner, M. J., "Servicescapes: The Impact of Physical Surroundings on Customers and Employees," *Journal of Marketing*, 1992, 56 (2), pp. 57-71.

（一）服务场景的用途

服务厂商中的主要参与者分为顾客和员工两类，根据谁实际进入服务场景并潜在地受服务场景设计的影响这一维度，可以划分为三种类型的服务厂商。

（1）自助服务。一个极端的状态是自助服务场景，在这种场景下，顾客自己完成大部分活动，员工参与非常少，如电影院、球场、ATM机等。对于这些主要是顾客自助服务的服务厂商来说，服务厂商对服务场景的设计应专注于营销目标，如针对适当的细分市场，设计吸引人的、便于使用的设施，为顾客创造独特的服务体验。

（2）远程服务。服务场景用途维度上的另一个极端状态是远程服务场景，在这种场景下，顾客很少或根本没有进入服务场景中。目前最典型的就是一系列在线服务，如在线客服、线上购票等都是在顾客不能直接看到服务场景的情况下提供服务的。在远程服务场景中，服务场景的设计可以着重考虑员工的需求和喜好，较少或几乎不考虑顾客的需求和喜好，所建立的场所应能激励员工，有助于提高生产率、加强团队合作，以提高工作效率为目标。

（3）交互性服务。交互性服务介于自助服务和远程服务之间，在交互性服务场景中，顾客和员工都置身于服务场景中，如餐厅、医院、银行等都属于交互性服务场景的实例。交互性服务场景的设计需要耗费的时间和精力最大，因其需要同时吸引、满足、便利员工和顾客两者的活动。除此之外，对于服务场景如何影响顾客之间、员工之间和顾客与员工之间的社会性交互的属性和质量，也应当给予特别关注。

课堂互动 9-3

1. 你还能想到什么类型的服务场景属于自助服务？
2. 还有哪些类型的服务场景用途属于远程服务？
3. 你认为交互性服务设计最大的难点在哪里？

（二）服务场景的复杂性

有些服务场景非常简单，涉及的因素、空间和设施都有限，这样的服务场景被称为是精简的，如大型商场的顾客咨询台、路边的小吃摊和在线客服系统都可以被认为是精简的服务场景。对于精简的服务场景来说，设计决策相对简单。

有些服务场景则非常复杂，包含很多因素和很多形式。以上海迪士尼为例，作为大型游乐场所，其具有大型游乐设施、游客服务中心、餐厅、走失儿童认领处、护婴中心、医务室等基础设施，同时在某个具体游乐项目中，又具有管理员办公室、紧急场所、等待区和快速通道等规划区。在这种复杂的环境中，理论上通过专业的服务场景管理可以达到所有的营销目标和组织目标。例如，不同游乐项目位置的安排合理，在不同游乐项目间合理位置设置公共厕所以及休息区，既让游客感觉舒适休闲，又保证工作人员的工作效率。

二 服务场景设计的关键因素

在学习服务场景设计的关键因素前，我们需要了解服务场景是通过何种方式、如何组合来影响顾客的,以及顾客对服务场景会产生什么反应。

通过比特纳提出的服务场景模式,我们可以更加全面细致地理解服务场景对顾客的影响(见图9-2)。服务场景模式(The Servicescapes Model)列出了服务场景中的主要层面:环境状态,空间配置或机能性,标志、符号与人造物。一般来说,顾客对服务场景中的主要层面采取一种整体的观点来感受,因此服务厂商必须仔细将这些个别因素适当地组合在一起,才是一种有效的服务场景设计。

在服务场景模式中,"顾客反应"和"员工反应"会受到一些干扰因素的影响。这也就意味着相同的服务场景对于不同的顾客和员工会有不同的影响,主要是看顾客和员工的类型,以及他们的偏好。这一部分是相当主观的。

服务场景模式的主要特色是纳入员工对服务场景的反应。因为员工处于服务场景的时间比顾客多,所以服务场景对于员工的生产力和其提供的服务质量会产生很大的影响,并且这些影响会转移到对顾客的影响上。

员工和顾客的内在反应可以分为认知反应(知觉与评估)、情绪反应(喜怒哀乐)、心理反应(厌烦与舒服)三种。这些内在反应进而会影响员工和顾客外在的行为。外在的行为主要分为"趋"和"避"两种。

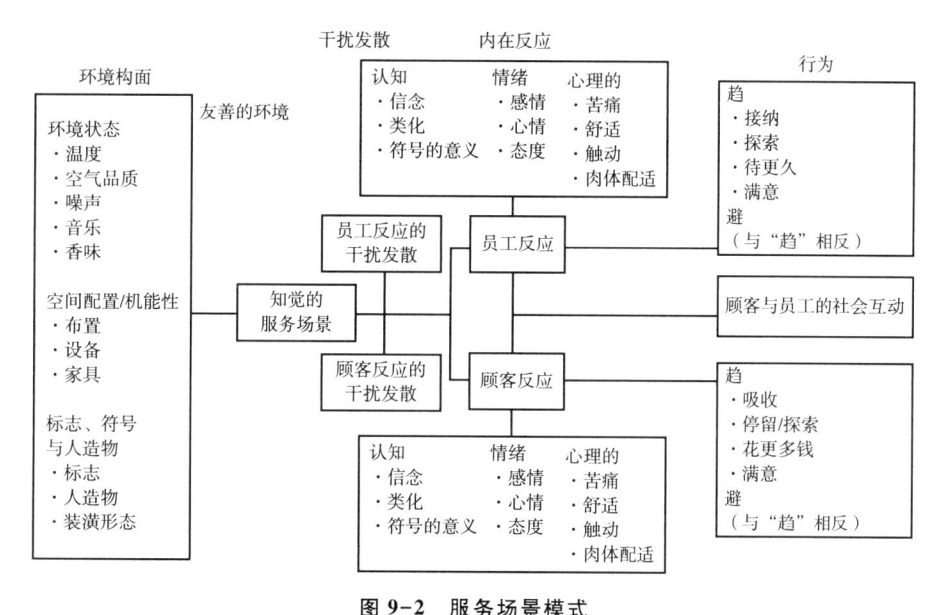

图9-2 服务场景模式

资料来源:Bitner, M. J., "Servicescapes: The Impact of Physical Surroundings on Customers and Employees," *Journal of Marketing*, 1992, 56 (2), pp.57-71。

在进行服务场景设计时,服务厂商必须考虑服务场景对顾客、员工和公司运营产生的影响,但服务厂商在进行服务场景设计时,不可能同时兼顾所有顾客的需求,进行全方位的设计。因此,根据服务场景模式和服务产品特点,科学设计服务场景对于服务厂商来说极为重要。根据服务场景模式,整个服务场景包括环境状态,空间配置或机能性,标志、符号与人造物等主要因素。本节分别针对这些因素进行说明。

(一) 环境状态

顾客主要是通过视觉、听觉、嗅觉、味觉和触觉等感觉来获得对服务场景环境状态的感受,因此以下分别就人的感觉的管理来进行说明。

1. 视觉

视觉是人类获取外界信息的主要手段,人类获得的信息超过80%是通过视觉获得的。服务厂商在设计服务场景时,利用了大量的视觉刺激,例如服务人员的穿着、店内的展示布置和店内设计等。通过大量直接明显的视觉刺激,服务厂商可以与顾客沟通并向顾客传递营销信息,并借以说服顾客。视知觉领域的心理学研究表明,人类视觉对知觉对象的空间特征(如长度、形状或方向)和颜色是最早知觉的,在有意识的注意发生之前,人类已经开始无意识地处理这些物理特征。

(1) 空间特征。空间特征对人类心理的无意识影响主要体现在认知偏差和隐喻认知两个方面。有时,仅仅是形状的微小变化就足以让消费者的判断发生错误,出现认知偏差。例如,消费者通常会认为长高形容器能盛的饮料会比矮胖形容器要多,尽管两个容器的容量是一样的;同样面积的比萨,消费者会认为圆形的更小;盘子的大小同样会影响人们的进食量,当把食物装在大盘子里的时候,人们会不自觉地吃得更多。空间的隐喻意义也会影响顾客的认知。Zhu 和 Argo 研究发现,坐在座位围成圆形的房间里,消费者更易接受家庭导向的劝说信息,而座位围成方形则使得自我导向的劝说信息更有效,这是由于形状这一视觉特征具有隐喻意义,圆形启动归属性需求,方形则启动独特性需求。[①]

(2) 颜色。颜色可以直接影响人们的情绪感受。例如,红色能够吸引更多注意、导致更高的唤醒水平和更强攻击力、提高竞争表现力,而蓝色则使人感到放松。因此,快餐店往往使用红色、橘色等颜色,使人感到饥饿;医院、疗养院则使用蓝色和粉色调使人感到放松,以减轻病人和家属的焦虑。颜色还具有文化上的含义,不同文化对不同颜色的解读不同,例如红色在中国表示喜庆,因此适合婚礼,白色则是丧葬场合的代表颜色;西方则认为白色代表纯洁,适合在婚礼上使用。此外,为了能够强化顾客对服务产品的印象,很多服务厂商发展出了自己企业或产品的独特颜色,例如可口可乐的红色、星巴克的绿色等。除颜色本身外,颜色的强度也会影响顾客对服务场景的感知。

---

① Zhu, Rui (Juliet), and Jennifer Argo, "Exploring the impact of various shaped seating arrangements on persuasion," *Journal of Consumer Research*, 2013, 40 (2), pp. 336-349.

课堂互动 9-4

你认为超市、大卖场等环境下更适合冷色调的颜色还是暖色调的颜色呢？理由是什么？

专栏视点 9-3
太二酸菜鱼：酸爽做自己

正值创办八周年的太二酸菜鱼为年轻人创造了一个"泄压阀"，将上班族用来调侃和自黑的"搬砖"一词玩出了新花样。太二酸菜鱼在北京、上海、广州和深圳四个城市的 CBD 商场建起了快闪砖厂，发出"不按部就班，酸爽很简单"的号召。

太二砖厂总体为工地风设置，现场"无甲方、无领导、禁止甩锅、禁止画大饼"的设定让顾客的代入感达到峰值。砖厂分为"搬砖原地致富"、"工资日结"和"大饼兑现"三个区域，人们可以在挖掘机挖金砖、带薪蹦迪、头顶砖块三种搬砖模式中任选一种，完成搬砖后即可凭借工资单到"大饼兑现"区域兑换带有"暴富之路敲门砖"字样的笔筒等直戳用户痛点的限定周边。除快闪外，太二酸菜鱼还在全国门店上新了搬砖人限定套餐，顾客到店就餐并与店员互动后即可获得限定周边，这一举措使活动摆脱了快闪砖厂局限，将影响力扩展到了全国。

太二酸菜鱼基于对上班族的洞察，抓住年轻人的精神诉求，与他们产生互动，拉近了与他们的距离。同时，太二酸菜鱼通过活动口号也传递了自身"酸爽做自己"的品牌态度，强化了品牌形象。

资料来源：杨思敏《太二酸菜鱼开砖厂》，《销售与市场》（管理版）2023 年第 9 期。

2. 听觉

营销实践对听觉的重视仅次于视觉。音乐和声音可以影响顾客的情绪、感觉和行为。很多广告使用广告音乐来引发顾客对产品的良好联想，或是强化其广告诉求。例如，绿箭口香糖配上轻快的音乐来强化其"口气清新"的诉求；蜜雪冰城通过轻松愉快、朗朗上口的广告歌曲让顾客能够轻松记住品牌名称。

音乐和声音对顾客的影响不仅限于广告，营销人员在服务场所中也常使用音乐来影响顾客的行为。音乐的节奏、音调和音色会影响人们的快乐程度和情绪唤醒程度。有学者研究发现，如果商场中播放的是令人愉悦的音乐，则会让顾客觉得时间过得比实际要快，相反，令人不悦的音乐则会让消费者感到度日如年。如果商店和餐厅播放慢节奏的音乐，相比快节奏的音乐，消费者会停留更长的时间，并且花费更多。除音乐曲风外，声音的速度同样重要。学者研究发现，顾客通常会喜欢比正常语速略快的说话速度。不过对于说话速度对说服效果的影响如何，研究并未获得一致的结论。

3. 嗅觉

嗅觉与呼吸密切相关，因此与人类生命的维系密切相关，在很多情况下虽然我们并没有意识到我们闻到了气味，但脑电图研究显示，阈下的细微嗅觉刺激（个体无法在意识层面识别出的微弱嗅觉刺激）已经可以引发脑电反应。美国嗅觉协会的研究显示，人们在回想一年前的气味时，其准确度大约为65%，然而如果是三个月前看过的照片，准确度仅有50%。

气味可以引发不同的感觉和情绪，对于服务产品，气味格外重要。例如柑橘类的香味可以令人振奋；柔和的薰衣草味可以让人镇静，感到放松。气味同样具有个体差异性和文化意义。例如，闻到香喷喷的烤肉味，荤食者会垂涎三尺，但素食者会感到恶心反胃。不吸烟的人对于烟味的感觉，也和吸烟的人截然不同。螺蛳粉和臭豆腐更是典型范例，一部分人将其视为珍馐，另一部分人则避之不及。

对于服务场所，创造恰当的气味与避免不当的气味同样重要。合适愉悦的气味会强化顾客体验，让顾客满意，相反，不好闻或诡异的气味则会让顾客对服务厂商产生不满。服务场所的味道应和其应有的味道相符，才能强化其形象，如面包房应有浓郁的面包香味。

4. 味觉

餐饮服务的商品和味觉关联最大。当我们在外面逛街的时候，经常可以碰到面包房和糕点店举办的试吃活动，当某家饮品店出新品后，经常会进行"买一送一"或"半价品尝"等优惠活动。对于能满足口腹之欲的产品，与其听餐厅或其他人说得天花乱坠，不如亲身体验一下。若能提供免费的样品给消费者，通过说服顾客的"舌头"，可以说服顾客的"心"。

口味作为产品属性之一固然重要，但生产食品的服务厂商也应注意品牌、颜色和形状同样会对顾客产生心理作用。例如，很多顾客表示成为海底捞的忠实用户，更大的原因在海底捞周到的服务和对顾客的关怀。还有很多网红餐厅，靠食品的"卖相"出圈，也是利用了食品外观的优势，而并非食品口味本身。人们常说"色香味俱全"，表明对于餐饮服务产品，口味是其追求的很大一方面，但还应关注食物的外表、味道等。

5. 触觉

当您在购买衣服时，是否会先触摸所要购买的衣服来感受一下面料的好坏？甚至会试穿衣服，来感受衣服穿在身上的感觉？那样的触觉对您的购买决策是不是很重要？当您在网上购买衣服的时候，是否会担心购买回来的衣物面料不舒适？但由于服务商品具有无形性，因此无法触碰，所以"触感"在服务中的重要性并不明显。但我们可以将其模拟为"体验",很多服务若能提供体验,可能会让顾客更容易下定购买的决心。很多服务便常提供体验商品,例如,美容 SPA 提供低廉的体验价格,干洗店也可能以优惠价格来吸引潜在顾客的试用。

(二) 空间配置或机能性

空间配置与机能设计对于服务场景也很重要。特别是当服务场景试图满足某种特别的服务目的与顾客需求时,更需特别注意空间配置或机能性。

空间配置包括楼板的设计、规模、装潢设计、柜台与机器设备的安置等。机能设计则针对服务场景内的配置能否强化或辅助服务绩效的达成。空间配置或机能性可以创造出有助于服务传达、强化消费视觉与机能作用的服务场景。例如,餐厅过于狭窄的通道,停车位不够,或是缺乏隐私的座位设计,都可能使顾客体验感不佳。

空间的开放性也很重要。开放空间可以经由视觉来强化顾客对服务商品与服务厂商的知觉。通过开放空间可以让一些人(包括潜在顾客)"看到"服务。例如,餐厅将其厨房做成开放空间,可以让顾客看到厨房内部的作业,从而强化其卫生性与高质量。

服务据点的地点安排也属于空间配置。对于低接触的服务商品,服务厂商可以选择比较偏远的地点。但高接触的服务商品则刚好相反,必须考虑地点对顾客的便利性。服务厂商的地点安排应注意两点。第一点,服务厂商是否容易被看到。因此服务厂商的地址最好选在交通要道上,这样比较容易被顾客看到。第二点,服务厂商所选的地点最好能与其所经营的事业相关。例如,旅游景区附近的街道上会有很多当地特产店,而大型医院附近也存在很多医疗相关的服务业,这便是从相关性的角度来选择服务据点的例子。

(三) 标志、符号与人造物

很多服务场所的实体对象也在传达服务厂商的形象。服务厂商往往利用标志、符号与人造物来引导顾客进入服务程序。这对新顾客和流动顾客占比较高的服务类型,以及自助程度较高的服务类型,或是服务人员较少的服务类型特别重要。标志、符号与人造物常用来强化服务场所的行为准则,或是沟通相关的服务内容,或是传达服务厂商的形象。

例如,公司的建筑虽然是硬件,但对顾客传达了三件事:公司业务的本质;公司的强势和稳定性;服务的价格。服务厂商的标志与招牌也传达两件事:帮助辨识;吸引和招揽顾客。此外,公司的信封、名片以及招牌也都会传达给顾客很多信息。因此,必须注意服务厂商的这些硬件设施能否支持其定位与形象。

公司灯光对消费者的影响也很重要。灯光决定了服务接触的心情、音调以及步调。当灯光较暗时，顾客的谈话音量便会降低，服务接触的步调便趋缓；若灯光较亮，服务环境则可能会渐趋吵闹，顾客与服务人员的沟通也较频繁。

除以上三点，服务厂商在设计其服务场景时，同样要兼顾以下几点，从而设计出符合本企业形象，同时满足顾客需求的服务场景。

第一，服务厂商的目标或服务产品属性。服务厂商核心服务的性质决定其场景设计的参数。例如，大型商场必须有卫生间、吸烟区、休闲区等满足顾客基本需求的区域设计；医院必须设计足够数量的病房和足够的空间存放医疗设施。除了这些基本的需要，服务场景设计还能对定义服务做出进一步的贡献。它可以形成直接的认同，如海底捞的品牌logo"Hi"的设计就是如此，既与"海"的发音类似，也展示了海底捞优秀的服务水平。

第二，柔性。成功的服务厂商是可以适应需求数量和性质变化的动态组织。服务对需求的适应能力在很大程度上取决于当初设计时赋予它的柔性。柔性也可以被称为"对未来的设计"。在设计阶段提出的问题可能有：怎样设计才能使之能够用于将来新的不同服务？面对未来的设计，最初设计时可能需要花费一些额外的费用，但在长期运作中，它会给服务厂商带来更多的收益。

服务场景的设计要考虑到员工和顾客的需求，对于交互性服务，还要特别考虑到员工和顾客之间的交互活动。服务场景对顾客的感觉和行为有显著影响，同时，对服务人员及其提供的服务也有显著影响。服务场景的设计应综合运用心理学、美学、人体工程等学科的理论知识，充分考虑服务过程中服务人员和顾客的需求，从而进行有效的服务场景设计。

对服务场景设计来说，最重要的莫过于其对社会和环境的影响。例如，社区的设计必须能保证社区居民的安全；干洗店必须在其设计中保证有害的化学物质不会影响到当地的环境；大型商场的设计要保证有足够大的地方停车，保证人流量大时的安全问题等。

专栏视点 9-4

西西弗书店：闹市里的静谧时光

西西弗书店于1993年8月8日正式诞生于中国贵州遵义，目前总部位于重庆。西西弗书店是一家全国性主题体验标准化连锁书店，其外形统一，标志性的红绿配合散发着英式书店严谨又浪漫的气质。门面左侧是西西弗书店统一的固定制式风格，而右侧则是根据分店所在城市的文化，赋予书店文化传承的功能定位。门店外墙都设计有玻璃橱窗，橱窗内精心摆放了造型独特的书籍墙和装饰物，吸引顾客驻足观赏；店内的装修风格以复古英伦风为主，暗红和墨绿交织形成西西弗书店独特的风格气质，与暖黄色灯光相互辉映，给人一种温馨宁静的感觉，可以让浮躁的心安静下来享受静谧时光。

资料来源：赵伟晶、王丽莎《西西弗书店体验营销研究——基于体验媒介角度》，《市场周刊》2019年第7期。

三 服务场景设计的原则和步骤

（一）服务场景设计的原则

要想设计出理想的服务环境不是一件容易的事情。除了要花费大量的资金，一些不可控因素也会使环境设计困难重重。一方面，我们现有的对环境因素及其影响的知识和理解还不够；另一方面，每个人都有不同的爱好和需求，他们对同一环境条件的认知和反应也各不相同。尽管如此，服务厂商如果能够深入了解顾客的需求，根据目标顾客的实际需要设计环境，仍然可以达到理想的营销效果。比如，虽然顾客之间需求各异，但某些顾客群体具有需求共性，如同一年龄段的顾客、处于同一阶层的顾客或者其他群体等。服务厂商根据他们的需求共性来设计服务环境，无疑将获得更多的潜在顾客。

在进行服务场景设计时，服务厂商主要应遵循以下原则。

（1）设计理念集中于统一的具体形象，各设施要素必须相互协作，共同营造一种形式统一且重点突出的组织形象，一点小小的不和谐因素都可能破坏整体形象。

（2）服务的核心利益应该决定其设计参数，外部设计要为服务的内在性质提供暗示，如学校应设计有教学楼和运动场。

（3）设计必须适当，如加油站可以采用色彩亮丽的材料。

（4）设计的柔性，即考虑未来的设计。如果忽略此点，则顾客有可能拖着沉重的旅行箱走过长长的通道才能到达登机口。

（5）美学与服务流程是服务场景设计中时刻要考虑的两个因素。

（二）服务场景设计的步骤

服务厂商在设计服务场景的过程中，既要考虑营销因素，也要考虑组织行为学的观点。一方面，公司需要调查服务环境，进而做出战略性的计划；另一方面，在场景设计的决策中必须考虑最终顾客和各职能部门的要求。

1. 调查服务环境

服务场景设计的前提是进行服务环境调查，通过调查了解顾客对不同类型环境的偏好和反应。常用的调查方法有问卷调查、观察法和实验法。任何服务营销决策都必须坚持顾客导向观点，只有建立在顾客认知基础上设计的服务场景才能发挥服务场景的作用，达到预期的效果。

（1）环境调查。服务环境调查是指服务厂商通过调查问卷的方式，让顾客或员工回答预先设定的问题，从而了解他们对不同场景设计的需求和偏好。

环境调查的优点在于方便理解和管理结果。一般情况下，通过标准化问卷收集得来的数据格式统一，输入计算机软件后可以进行标准化分析，便于结果的分析和理解。问卷结果的回收方式也具有多样化的特点，既可以选择线下填写纸质问卷后回收，也可以在线填写问卷后回收，还可以通过电话和电子邮件的形式进行收集，因此，可采用的样本很多，还可以对环境变量进行进一步的研究。当然，环境调查也存在一些缺陷，主要表现在问卷的结果可能不如其他实验方法得出的结果有效，不能反映人们真实的感觉和行为。

（2）直接观察。经过专业训练的观察人员可以使用一定的观察手段详细描绘环境的条件，同时观察并记录服务场景中顾客和员工的行为与反应。

直接观察法的优点在于，观察所获得的信息具有一定的深度和准确性。使用这种方法，观察人员可以将整个环境中各个因素的相互关系以及反映参与者之间相互影响和相互关系的因素记录下来，这样更能提高调查结果的准确性。在重新设计服务场景时，这些发现很有用。直接观察的缺点在于其时间和经济成本都比较高。一方面，观察服务场景的调查人员要经过特殊的训练，包括行为学和文化等方面的训练，这样就增加了数据采集的成本；另一方面，观察人员需要进行一段时间的观察，对详细数据的理解也相当耗费人力。此外，直接观察的数据一般不能输入计算机进行分析，而要用有效的定性的方法来进行分析。

（3）实验法。实验法能够评定特殊顾客和员工对服务场景的真正反应与偏好。该方法是将几组顾客放在不同的场景配置中，观察各自的反应。例如，测试顾客没有享受到之前餐厅承诺的折扣价时的反应：给第一组顾客观看一家服务环境整洁有序的餐厅的照片；给第二组顾客观看混乱无序的餐厅的照片。实验结果表明，第一组顾客对餐厅的错误更加宽容，第二组顾客对餐厅的错误则显得不能容忍。

实验法的主要优点在于其调查结果相对可信度更高。但是，与直接观察法一样，实验法的缺点在于其成本和时间花费较多。

在理想状态下，应设计模拟实际情况的多种方案，从而获知顾客对各种方案做出的不同反应。但是，受限于建设实际服务场景的费用，可以采用某种形式的模拟方法，比如言语的描述、照片或幻灯片、比例尺模型、计算机模拟等。环境心理学家和营销人员的相关研究表明，模拟的环境中顾客对各种方案的反应可以很好地反映现实情况。

2. 拟定服务场景的设计目标

在设计服务场景之前，先要明确服务场景的战略目标。服务场景的设计目标要与服务产品的概念和服务厂商的总体目标或愿景相一致，否则容易造成服务信息之间的不一致甚至冲突。因此，服务厂商在做计划时要明确基本的服务概念及目标市场，同时要明确对未来的构思，知道各个具体目标分别是什么，然后决定展示策略如何提供支持，因为很多展示的决定与时间和费用有关，所以要专门计划和执行。

3. 绘制服务场景蓝图

服务场景蓝图是一种非常有效地描述服务展示的方法，它有多种用途，能够从视觉上抓住有形展示的机会，可以把人、过程和有形展示在服务蓝图上明确地表示出来。通过服务蓝图可以看出服务传递所涉及的行为、过程的复杂性、人机交互作用的点，这些点提供了服务展示的机会和每一步的表示方法。

服务场景蓝图给出了在顾客行动时应提供的每一步服务。它清楚、有条理地提供了一个文档，记录了某一特定服务情形中当前存在的有形展示。在有形展示的状态变化之前，所有相关人员都应该清楚有形展示的当前状态。服务场景蓝图生动地描绘了事物的当前存在状态，为有形展示的分析提供确定的条理性。

4. 协调各职能部门

服务有形展示的设计过程可能需要服务厂商不同的部门共同参与。例如，有关员工制服的决定由人力资源部门做出，服务场景设计的决定由设备管理部门做出，加工设计决定由业务经理做出，广告和定价决定由营销部门做出，等等，因此，各职能部门之间的协调工作非常重要，否则会造成有形展示的不一致，进而误导顾客形成错误的期望和判断。为此，有必要组成一个探讨服务场景设计的多功能小组，从而对各职能部门进行协调运作，并对服务场景的战略、设计等做出一致的决策。

四　服务场景对顾客的影响

刺激-有机体-反应（SOR）模型的理论基础主要是环境心理学，用来帮助说明服务场景对顾客行为的影响，图9-3展示了罗素的刺激-有机体-反应模型。SOR由三个部分组成：一系列刺激物（Stimuli），即服务场景；一个有机体（Organism）的组成部分，即顾客与员工；一系列反应或结果（Responses/Outcomes），即内部反应、行为。

SOR模型的主张为：刺激影响了有机体，而使其产生反应。这可以用来解释服务场景对顾客行为的影响。SOR模型中的刺激（Stimulus）主要是由五官所接收，也就是顾客经由视觉、听觉、嗅觉、触觉和味觉来感受服务场景所呈现的刺激，进而形成由五官综合感受形成的刺激集合体。对于服务厂商来说，有机体主要包括顾客和员工，根据SOR模型，顾客和员工会对服务场景的刺激做出反应，形成对服务场景的期望和知觉。

罗素提出的刺激反应理论（Stimulus-Response Theory）是一种典型的SOR模型。

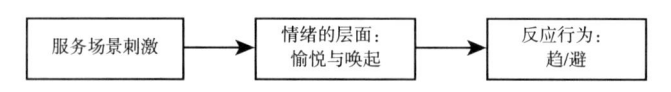

```
┌──────────────┐    ┌──────────────┐    ┌──────────────┐
│  服务场景刺激  │──▶│  情绪的层面：  │──▶│  反应行为：   │
│              │    │  愉悦与唤起    │    │  趋/避        │
└──────────────┘    └──────────────┘    └──────────────┘
```

图 9-3 罗素的刺激-有机体-反应模型

在有机体接收到由五官所感受到的刺激集合体后，罗素提出情感模式，用于了解有机体对服务场景的感受。这一模式将人们对环境的情绪反应依据愉悦和唤起两个层面来划分（见图 9-4）。愉悦是指一个人对环境的喜欢或不喜欢所引发的直接和主观的反应，是一种主观的正面或负面的感受。唤起是指一个人所感受到的刺激强度，从熟睡（内部活动的最低水平）到高空弹跳（内部活动的最高水平），属于外界刺激强度。

	高唤起	低唤起
高愉悦	兴奋	松弛
低愉悦	愁苦	无聊

图 9-4 罗素的情感模式

资料来源：Wirtz, Jochen, and Christopher Lovelock, "Services Marketing: People, Technology, Strategy," *World Scientific*, 2021。

根据罗素的情感模式，人们对环境的情绪反应可以划分为四种类型，分别是愁苦（低愉悦-高唤起）、兴奋（高愉悦-高唤起）、无聊（低愉悦-低唤起）和松弛（高愉悦-低唤起）。当我们对于服务人员的一个服务失误感到愤怒时，即可归入低愉悦和高唤起，即愁苦的情感状态。当人们接收到刺激，并形成情感反应后，会对此服务产品选择"趋"或"避"。罗素模式最大的优点是简单，可以用来直接评估顾客对服务场景的感受。

课堂互动 9-5

1. 在什么情况下，我们的情感会处于兴奋状态呢？
2. 在什么情况下，我们会处于无聊的情感状态呢？
3. 在什么服务场景下，我们会处于松弛的情感状态呢？

复习题

1. 什么是有形展示，它有哪些类型，会产生哪些影响？
2. 有形展示的执行要注意哪些问题？
3. 什么是服务场景，它有哪些类型？
4. 进行服务场景设计要考虑哪些因素？
5. 简述服务场景设计的步骤。
6. 如何理解 SOR 模式和服务场景模式？

章尾案例　智云健康：医疗 SaaS 先行者的商业破圈之路

智云健康是中国领先的一站式慢病管理和智慧医疗平台，其主要产品是医院 SaaS 系统"智云医汇"、药店 SaaS 系统"智云问诊"、在线医院平台"智云健康"和"智云医生"App。自 2014 年成立以来，智云健康在中国慢病管理领域取得了两个"第一"：2016 年推出中国第一个用于慢性病管理的医院 SaaS 产品；2018 年在中国大型三甲医院推出第一个用于全院管理的医院 SaaS 解决方案。两个"第一"使得智云健康具备了依靠院内、院外两大服务场景打造全生命周期数字化慢病管理服务体系的能力，于是智云健康以梦为马，深入慢病管理各场景，逐步实现并不断提升医院、医生、患者、药店、药企五大主体互联协同的服务能力，成为中国最大的数字化慢病管理解决方案提供者。根据 36 氪研究机构发布的《2022 年中国医疗 SaaS 行业研究报告》，智云健康从 2021 年起在医院 SaaS 应用、药店 SaaS 应用和在线处方等方面成为医疗 SaaS 行业的领先厂商。

在宏观大环境存在各种不确定因素的条件下，智云健康注重企业内功的修炼和有确定性的创新，在战略上"去肥增瘦"，打造丰富产品矩阵以巩固领先地位，构建了针对院内、药店和个人慢病管理三个解决方案，真正解决了慢病管理持续难、预防难等痛点。智云健康从 App 起家，用移动端医疗服务逐梦互联网医疗浪潮，明确价值主张，创造客户价值；从 App 转型到 SaaS，打造智云健康品牌，稳固盈利模式，创造公司价值；从体系到生态，升级赛道，用生态型商业模式贴合用户，整合关键资源实现客户价值；从独角兽到港股上市，拓展新领域寻求新突破和可持续发展之路，逐步构建带有智云标签的核心竞争力，实现公司的商业和社会价值，凭借具有韧性的"价值主张—盈利模式—关键资源—关键流程"四位一体商业模式构建了以"患者为中心"的数字化慢病管理生态，从智云 1.0 升级为智云 4.0，在医疗 SaaS 行业绽放光彩。

智云 1.0——从 App 起家

在 1.0 阶段，智云健康的初心就是为慢病用户提升核心价值，凭借软硬件深度结合的新兴技术模式，根据用户需求建立了一个全面的健康管理平台，为糖尿病患者提供智能化的血糖仪，探索出慢性病管理和商业保险相结合的创新商业模式，切实用移动端的医疗服务帮助了慢病患者。因此，重视用户价值的"掌上糖医"成为糖尿病患者的福音，用户数量不断攀升，更是获得了资本巨头 IDG 的青睐，为后续的商业发展充分蓄能。

智云 2.0——从 App 到 SaaS

在 2.0 阶段，智云健康坚守为慢病用户提升核心价值的同时，凭借独一无二的"医院为先"战略构建了可持续变现的盈利模式，拥有了一批专业的医生，聚集了大量黏性较高的患者用户，有效融合了医院、患者、零售三个场景，闭环式打造慢病管理长期方案，形成了"院外数据管理+商业渠道+医疗电商"三者合一的商业模式，实现了从 App 到 SaaS 的转型升级，在客户价值和公司价值之间找到联结点，拓宽了智云健康的发展之路。

智云 3.0——从体系到生态

在 3.0 阶段，智云健康的发展不仅仅局限于对产品功能的完善，还进行了"SaaS+X"多维度的商业价值延伸和针对客户价值实现的技术优势升级。从体系到生态，智云健康在创造客户和公司价值的基础上，凭借技术优势更广泛更充分地整合资源要素，纵向挖掘产业链价值，横向拓宽客户价值，通过自主研发的医院 SaaS 系统、药房 SaaS 系统和互联网医院平台，连接起医院、患者、药企、保险、药店等产业链各方，成功构建了能够实现客户价值的慢病管理生态商业模式。

智云 4.0——从独角兽到港股上市

在 4.0 阶段，智云健康聚焦主营业务，坚持为慢病用户提升核心价值，用数字技术和完善的系统提升各个业务场景的效率和效果，明确了其核心竞争力。首先是"智云医汇"和"智云问诊"两大强劲的 SaaS 系统以及从中延伸出的药品数字营销能力，其次是融合众多先进医疗资源的强大医疗服务能力，最后是以慢病用户为核心的全覆盖服务场景。从 App 出发创造客户价值和 SaaS 化创造公司价值开始，到生态化实现客户价值，智云健康回归初心，实现了公司价值的落地和延续。

作为互联网医疗强势力和医疗 SaaS 先行者，成立于互联网医疗起步阶段的智云健康一路坚守，勇于破圈，凭借对市场行情的深度洞察、对客户需求的极致钻研和一系列高瞻远瞩的战略决策，在慢病管理这个从无到有的领域深耕厚植，成长为具有商业韧性的独角兽，"逆势"实现港股上市，走出了自己的商业破圈之路，创造了智云"价值主张—盈利模式—关键资源—关键流程"四位一体的可持续商业模式。

资料来源：颜卉、俞锦丹《智云健康：医疗 SaaS 先行者的商业破圈之路》，《清华管理评论》2023 年第 Z2 期。

讨论题

1. 作为一家在线医疗服务机构，智云健康采用了哪些有形展示策略？
2. 顾客或员工会对智云健康的有形展示策略做出何种反应？

第 10 章 服务质量管理

学习目标

学习完本章后,你应该能够学到:
- 服务质量的概念、内涵及构成要素;
- 服务质量的维度;
- 服务质量的测定方法;
- 服务质量差距模型及分析;
- 提高服务质量的策略;
- 服务承诺及实施措施。

> **开篇案例** 美团校园专送:提高服务质量 赢得顾客满意

随着高校学生这一外卖消费群体的不断壮大,美团推出了校园专送的新型服务模式。美团校园专送是以高校为主要切入点、以学生作为服务消费生力军的新型零售形式。结合时代发展现状和高校大学生这一主体的特点,美团多措并举推进校园专送服务质量的提高,进而带动其顾客满意度的增长。

首先,在顾客参与度最高的下单或预订环节中,美团校园专送保证服务器的稳定、客户端界面的美观和操作便捷;其次,在向配送人员派单的环节中,美团校园专送结合配送服务范围的划分情况和商家与顾客之间的距离长短,高效精准地分配配送任务;再次,合理安排配送时长限制,在遇到恶劣天气和夜间配送的情况时适当延长配送时间,配送的过程中使用能够有效保护外卖包装的配送工具和设备,配送过程中须保证餐饮口味不变,及时响应顾客要求;最后,配送人员与顾客交接时周到的服务和优质的态度对提升服务质量十分重要,美团校园专送通过推广电话或短信提醒外卖放置地点,还提供送餐到校或送餐到楼等服务,若顾客有售后服务需要,平台也会及时受理。

除此之外，从有形展示的角度来看，美团校园专送的配送人员在统一着装的基础上，还佩戴兔子头盔等。美团校园专送在安排配送服务时也重视合理规范的配送工具、干净整洁的配送车辆以及有条不紊的配送流程。更值得一提的是，美团校园专送对人员的管理是必不可少的环节。不论是采用自营配送，还是采用众包配送模式，美团校园专送都对配送服务人员进行全面而系统的职前培训。培训的内容不仅涉及最基本的服务流程和服务规范，还注重培养配送人员的服务态度和应急事件的处理能力。美团校园专送还采用技术手段对配送服务进行随机抽检，做好人员的在职评估工作，建立顾客评价体系，充分倾听顾客的心声，推动配送人员提高自身服务质量，并结合顾客需求探索调整平台对配送人员的常规管理与绩效考核方案。

资料来源：张筱婧、张盛威、王娟《美团校园专送服务质量对顾客满意度影响因素实证研究》，《物流工程与管理》2022年第2期。

从开篇案例可以看出美团校园专送将赢得顾客满意作为自己的核心目标，用实践不断优化用户体验，在为顾客实现快速、准时的送餐服务的同时，更为用户创造了便捷、舒心的用餐体验。由此可见，在服务业竞争日趋激烈的今天，服务质量管理在现代服务业中至关重要。下面我们将详细讨论服务质量管理的构筑。

第1节　服务质量概述

一　服务质量的概念

服务质量是产品生产的服务或服务业满足规定或潜在要求（或需要）的特征和特性的总和。服务质量从本质上而言是一种感知，由顾客的服务期望与感知到的服务实际绩效之间的比较来决定。服务营销就是让顾客实际感知到的服务质量与其期望的质量相一致，从而使顾客感到满意。

从服务质量概念角度来说，服务质量有预期服务质量和感知服务质量之别。

预期服务质量即顾客对服务厂商所提供服务预期的满意度。感知服务质量则是顾客对服务厂商提供的服务实际感知的水平。如果顾客对服务的感知水平符合或高于其预期水平，则顾客获得较高的满意度，从而认为服务厂商具有较高的服务质量；反之，则会认为服务厂商的服务质量较低。所以从这个角度看，服务质量是顾客的预期服务质量同其感知服务质量的比较。

预期服务质量是影响顾客对整体服务质量感知的重要前提。如果预期服务质量过高、不切实际，则即使从某种客观意义上说他们所接受的服务水平是很高的，他们仍然会认为服务厂商的服务质量较低。预期质量受四个因素的影响，包括市场沟通、服务厂商形象、顾客口碑和顾客需求。

市场沟通包括广告、直接邮寄、公共关系以及促销活动等，直接为服务厂商所控制。这些方面对预期服务质量的影响是显而易见的。例如，在广告活动中，一些服务厂商过分夸大自己的产品及所提供的服务，导致顾客心存很高的预期质量；然而，当顾客一旦接触服务厂商则发现其服务质量并不像宣传的那样，这样就使顾客对其感知服务质量大打折扣。

服务厂商形象和顾客口碑只能间接地被服务厂商控制，这些因素虽受许多外部条件的影响，但基本表现为与服务厂商绩效的函数关系。

顾客需求则是服务厂商的不可控因素。顾客需求的千变万化以及消费习惯、消费偏好的不同，决定了其对预期服务质量的巨大影响。

另外，鉴于服务交易过程的顾客参与性和生产与消费的不可分离性，服务质量必须经顾客认可，并被顾客识别。因此，服务质量的内涵应包括以下内容。

（1）服务质量是顾客感知的对象。

（2）服务质量要有客观方法加以制定和衡量，更多的要按顾客主观的认识加以衡量和检验。

（3）服务质量发生在服务生产和交易过程中。

（4）服务质量是在服务厂商与顾客交易的真实瞬间实现的。

（5）服务质量的提高需要内部形成有效的管理和支持系统。

服务质量同有形产品的质量在内涵上有很大的不同，两者的区别如下。

（1）服务质量较有形产品的质量更难被顾客评价。

（2）顾客对服务质量的认识取决于他们的预期服务水平同实际所感受到的服务水平的对比。

（3）顾客对服务质量的评价不仅要考虑服务的结果，而且涉及服务的过程。

专栏视点 10-1

喜茶联名：如何打造超越预期的服务体验

2012年喜茶的出现完全意义上敲响了"网红茶饮"品牌的大门。喜茶率先将芝士、奶盖与茶融合，成为芝士现泡茶的首创者，也收获了多数年轻顾客的追捧，迅速拓展至全国，成为当之无愧的"网红品牌"。茶饮因其客单价不高，顾客试错成本低，因此顾客愿意去尝试新鲜事物的概率更大，他们愿意购买茶饮市场联名营销中的产品，所以茶饮市场的品牌方纷纷开展联名营销活动。品牌的"单身"时代正在慢慢消亡，跨界营销才是主流，联名营销成为茶饮品牌的"制胜法宝"。

在这种联名盛行的情况下，喜茶品牌联名营销能否满足顾客对联名服务的预期质量也成为品牌重视的问题。

喜茶的联名营销对象涉及多个品类，除了食品、服饰和家居等常见联名和相关联名品类，还包括书画、游戏、应用等多种不常见的联名品类。从喜茶与潮流中国风的独立设计师品牌密扇、日本超人气杂货店 LOFT 的联名也可看出喜茶联名的多元取向。在此基础上，喜茶为更好地满足顾客对联名 IP 的需求，深挖联名内核，加强顾客体验。喜茶在白色情人节推出与恋爱互动手游《光与夜之恋》的联名茶饮，除推出定制茶饮、包材等周边物料外，还有可以让玩家与喜爱角色"领证"的人物合照透卡。喜茶甚至将全国的 7 家门店布置成"领证中心"，还可以给顾客的喜证压制钢印。换言之，喜茶将二次元带到线下，给顾客带来了超过预期的情感共鸣体验。由此可见，对于顾客而言，联名 IP 是联名对象本身的虚拟延伸，要想满足顾客的体验需求就要更加注重联名对其本身的理解是否正确、活动细节是否到位，尽可能通过联名将联名 IP 粉丝转化为品牌的忠实顾客。

在联名浪潮下，喜茶除了正向发起的联名营销外，还授权了反向被联名。好利来作为喜茶第一个反向授权品牌，推出"多肉葡萄雪融芝士"等一系列联名产品；盒马鲜生联名喜茶推出了"阿华田波波青团"和"爆浆芝士豆乳青团"，只在盒马鲜生门店销售；多芬与喜茶联名出品了"芝芝桃桃沐浴泡泡"。在盒马鲜生、多芬、好利来的消费场景中，顾客能够看到喜茶的身影和选择相关喜茶产品。这意味着喜茶在茶饮之外的更多消费场景中获取用户客群，来满足顾客不同场景下的体验需求，并且将自己的热门饮品 IP 化。

总而言之，喜茶品牌创造出了具有竞争力的且立足于顾客需求的产品及联名服务，让顾客的良好口碑、评价等广泛传播，同时也在不断打磨喜茶的联名产品以及固有产品的品质，以获得更有价值的营销效益，追求顾客预期之外更高的服务体验。

资料来源：张炙尺《喜茶联名营销策略研究》，《商业经济》2021 年第 6 期。

二　服务质量的构成

服务质量既是服务本身的特性与特征的总和，也是顾客感知的反映，因而服务质量既由服务的技术质量、职能质量、形象质量和真实瞬间构成，也由感知质量与预期质量的差距所体现。

技术质量是指服务过程的产出，即顾客从服务过程中所得到的东西。例如，酒店为旅客休息提供的房间和床位，饭店为顾客提供的菜肴和饮料，航空公司为旅客提供的飞机、舱位等。顾客能够较为容易地识别并评价技术质量的优劣。

职能质量是指服务推广过程中顾客通过与服务人员的交互所获得服务体验中的非物质性利益与享受。其具体内容包括服务人员所展现的行为举止、服务态度、着装风貌及职业仪表等。职能质量取决于顾客的主观感受，难以进行客观的评价。技术质量与职能质量构成了感知服务质量的基本内容。

形象质量是指服务厂商在社会公众心目中形成的总体印象。它包括服务厂商的整体形象和服务厂商所在地区的形象两个层次。服务厂商形象可以通过视觉识别系统、理念识别系统和行为识别系统多层次体现。顾客可从服务厂商的资源、组织结构、市场运作和服务厂商行为方式等多个侧面认识服务厂商形象。服务厂商形象质量是顾客感知服务质量的过滤器。如果服务厂商拥有良好的形象质量，些许的失误会得到顾客的谅解；如果失误频繁发生，则必然会破坏服务厂商形象。

真实瞬间则是服务过程中顾客与服务厂商进行服务接触的过程。这个过程是在特定的时间和地点，服务厂商能够向顾客展示自己服务质量的时机。真实瞬间是服务质量展示的有限时机。一旦时机过去，服务交易结束，服务厂商也就无法改变顾客对服务质量的感知；如果在这一瞬间服务质量出了问题也无法补救。真实瞬间是服务质量构成的特殊因素，这是有形产品质量不包含的因素。

服务生产和传送过程应计划周密、执行有序，防止棘手的"真实瞬间"出现。如果出现失控状况并任其发展，出现质量问题的危险性就会大大增加。一旦真实的瞬间失控，服务质量就会退回到一种原始状态。服务过程的职能质量更是深受其害，并会进一步对整体服务质量造成恶劣影响。

专栏视点 10-2

赞酱烤肉的服务魅力：点燃味蕾　温暖心扉

赞酱川式烤肉创始于 2017 年，开店以来一直垂直专注于川式烤肉这个细分品类，独家研发秘制、香辣、蒜香等 10 多种味型，"选""制""腌""烤"四步法独具特色，区别于日式、韩式烤肉，多年来一直致力于将四川本土的川味与烤肉很好地结合起来，不断研发新品，打磨团队的运营内功，做更年轻更有价值的川式烤肉品牌。其仅成立六年就已在川渝地区打响口碑，被誉为"烤肉界的海底捞"。

赞酱川式烤肉从菜品质量到员工服务都秉持高标准，服务年轻化、氛围感强，从排队等位到结账离开的整个服务过程都提供了恰到好处的优质服务，把握住了服务质量的真实瞬间。店内的装潢让人眼前一亮，橘色调让人觉得活力满满。服务人员在顾客踏入店门时会热情迎接，点单时会耐心介绍烤肉的各种品类及烹饪方法。在用餐过程中，服务人员会默默关注顾客需求，提供周到的服务。值得一提的是，在整个服务过程中服务人员会注意分寸感，给顾客留有享用空间，不会让顾客感到过于热情而不适。这样的高质量用心服务为赞酱川式烤肉积累了许多"回头客"，提升了品牌的口碑。

由此可见，做到"恰到好处"才是服务的最高境界。服务人员要善于把握服务的"火候"和"度"，做到让顾客满意甚至超出客人期望值、确立顾客对品牌的诚信度，从而以完美的服务过程树立高质量服务的品牌形象。

资料来源：《活力十足的烤肉店品牌设计！将"赞"作为 IP 形象！》，《餐饮视界》2024 年第 19 期。

三　服务质量的维度

对于服务质量的构成和测定，美国的服务管理研究专家组合帕拉苏拉曼、泽斯梅尔和贝里（以下简称"PZB"）于 1985 年提出了评价服务质量的十大标准，其后贝里等在大量定性研究和对采集的数据进行分析处理的基础上，设计了感知服务质量模型。

目前，PZB 提出的服务质量五要素形成模式，即有形性、可靠性、反应性、可信性和移情性，被广泛认可，并在实践中广泛运用。

（1）有形性，亦称规范化和技能化。通过规范化、技能化和程序化的服务，顾客相信服务供应方具有规范的服务营销体系、厚实的资源和必要的知识、技能，解决顾客疑难问题，并能灵活地根据顾客要求随时加以调整。

（2）可靠性。顾客确信，无论发生什么情况，他们都能够依赖服务厂商。服务厂商能够遵守承诺，尽心竭力满足顾客的最大利益。

（3）反应性。顾客知道，无论何时出现意外，服务厂商都将迅速有效地采取行动，控制局势，进行自我修复，寻找新的可行的补救措施。

（4）可信性。顾客感到服务人员用友好的方式主动关心照顾他们，并以实际行动为顾客排忧解难。顾客相信，服务厂商的经营活动可以依赖，物有所值。

（5）移情性。顾客对服务厂商的服务感到满意，愿意再次购买服务厂商的服务。即使其他竞争者在价格、促销等方面采取措施，顾客也不会动摇。

研究服务质量维度问题必须注意以下三个问题。

一是对于不同的行业来说，服务质量维度有可能是不同的。在度量顾客感知服务质量时，很多学者针对研究对象的特点，在研究过程中采用了不同的质量维度。

二是对于不同的服务业，质量维度的重要性可能会存在差异。高接触度的行业和低接触度的行业，服务质量维度的重要性肯定是不同的；以设备为主的服务和以人为主的服务，其服务质量维度的重要性也会存在差异，这是毫无疑问的。

三是不同的顾客，特别是不同文化背景的顾客，对服务质量维度的理解也会存在差异。

课堂互动 10-1

如果你是酒店前台接待，你将如何为顾客提供优质的服务体验？从五要素的角度分析为什么提供这样的服务？

第2节 服务质量衡量模式

一 服务质量测定的方法

（一）SERVQUAL 模型

SERVQUAL 模型对顾客感知服务质量的评价是建立在顾客期望的服务质量和顾客接受服务后感知的服务质量基础之上的。在研究的过程中，（见表10-1）提出了服务质量 5 个维度的观点，并根据这 5 个维度设计了包含 22 个问项的调查表，通过问卷调查等方式让顾客针对每个问题给出对服务的期望以及实际服务感知的分数，然后通过综合计算得出服务质量分数，学者们后来将其称为 SERVQUAL 评价方法。

表 10-1 SERVQUAL 模型内容

属性	具体描述	顾客期望 完全不重要 — 非常重要	顾客感知 完全不同意 — 完全同意
可靠性	企业承诺在某段时间内做到某事	1 2 3 4 5 6 7	1 2 3 4 5 6 7
	当顾客遇到问题时企业尽力帮助顾客解决问题	1 2 3 4 5 6 7	1 2 3 4 5 6 7
	企业应该自始至终提供良好的服务	1 2 3 4 5 6 7	1 2 3 4 5 6 7
	企业应在承诺的时间内提供服务	1 2 3 4 5 6 7	1 2 3 4 5 6 7
	企业应该告知顾客开始提供服务的时间	1 2 3 4 5 6 7	1 2 3 4 5 6 7
响应性	顾客期望企业员工提供迅速、及时的服务	1 2 3 4 5 6 7	1 2 3 4 5 6 7
	企业的员工应当总是乐于帮助顾客	1 2 3 4 5 6 7	1 2 3 4 5 6 7
	员工无论多忙都应及时回应顾客的需求	1 2 3 4 5 6 7	1 2 3 4 5 6 7
	传达提供服务的时间信息	1 2 3 4 5 6 7	1 2 3 4 5 6 7
安全性	企业员工的行为举止是值得信赖的	1 2 3 4 5 6 7	1 2 3 4 5 6 7
	企业应当是顾客可以信赖的	1 2 3 4 5 6 7	1 2 3 4 5 6 7
	企业员工应当始终热情地对待顾客	1 2 3 4 5 6 7	1 2 3 4 5 6 7
	企业员工应该具备足够的专业知识回答顾客的问题	1 2 3 4 5 6 7	1 2 3 4 5 6 7

续表

属性	具体描述	顾客期望 完全不重要　　非常重要	顾客感知 完全不同意　　完全同意
移情性	企业应该对顾客给予个别的关照	1　2　3　4　5　6　7	1　2　3　4　5　6　7
	企业的员工应该对每位顾客给予个别的关注	1　2　3　4　5　6　7	1　2　3　4　5　6　7
	企业应当了解顾客最感兴趣的东西	1　2　3　4　5　6　7	1　2　3　4　5　6　7
	企业的员工应该了解顾客的需求	1　2　3　4　5　6　7	1　2　3　4　5　6　7
	企业的营业时间应该使顾客感到方便	1　2　3　4　5　6　7	1　2　3　4　5　6　7
有形性	企业应该有现代化的设备	1　2　3　4　5　6　7	1　2　3　4　5　6　7
	企业的设备外观应该吸引人	1　2　3　4　5　6　7	1　2　3　4　5　6　7
	企业员工应该穿着得体、整洁干净	1　2　3　4　5　6　7	1　2　3　4　5　6　7
	与所提供服务相关的资料应当齐全	1　2　3　4　5　6　7	1　2　3　4　5　6　7

资料来源：Parasuraman, A., Zeithamal, V. A., and Berry, L. L., "SERVQUAL: A Multiple-item Scale for Measuring Consumer Perceptions of Service Quality," *Journal of Retailing*, 1988, 64（1）, pp.12-40。

SERVQUAL评价方法自提出后，得到了管理者和学者的广泛应用。对于学者来说，SERVQUAL评价方法为各个领域的服务质量研究奠定了基础；对于服务厂商来说，通过对SERVQUAL评价方法的应用，能够更好地了解顾客对服务期望和实际质量的感知，从而有针对性地提高服务厂商当前的服务质量。需要注意的是，PZB指出，在不同行业中应用SERVQUAL评价方法时，需要对问项进行有针对性的调整。

SERVQUAL作为服务质量评估上最常被提及的一个架构，对于服务厂商有以下启示。

1. 接触顾客的服务人员很重要

从SERVQUAL模型中可以发现，顾客对服务质量的知觉主要是根据所接触到的服务人员的态度与表现。例如，服务质量中的可靠性、安全性、响应性与移情性都是受到顾客与服务人员的互动影响，而有形性也是受到服务人员的行为举止、着装风貌及职业仪表影响。

2. 服务的过程与结果一样重要

在顾客对于服务绩效的判定上，服务的过程与结果一样重要。服务的传达和服务的次数及本质一样重要。因此，服务的生产与服务的消费对顾客的满意度具有同等的影响力。由于服务的过程和结果都很重要，服务厂商必须同时从操作系统和顾客观点两个角度来制定标准。

3. 顾客的知觉是难以预测的

顾客对服务质量的评估，很多不在服务厂商所能控制的范围之内。例如，顾客的情绪与心情会影响服务质量的评估，但这是服务厂商很难控制的。顾客在判定服务质量上，常会使用多种线索，这牵涉到归因的问题。有时顾客会将服务失误归因于他们自己，而认为厂商应该免责；有时他们也可能将自己造成的服务失误归因于厂商，因此过度责怪厂商。

SERVQUAL 评价方法提供了较为科学实用的服务质量评估工具，是目前国内外营销学界普遍认可的服务质量评估模型。但是，这种方法也存在一些不足之处。例如，主要根据顾客对服务结果的满意度来确定服务质量存在一定的风险。如果顾客的期望值较低，而服务厂商提供的服务的实际感受情况比顾客的期望水平略高，那么就无法确定顾客是否得到了高质量的服务。在这样的情况下，SERVQUAL 评价方法显得有些无力，因此，需要在今后的研究和实践中不断发展和完善，也可以与其他的服务质量衡量工具相互结合。

专栏视点 10-3

基于 SERVQUAL 模型的全民健身公共服务质量评价及改进

党的十八大以来，以习近平同志为核心的党中央把促进人民健康摆到更加突出的位置，在党的二十大报告中更是将建设体育强国、健康中国列为 2035 年发展目标，强调要广泛开展全民健身活动。从全民健身公共服务的推进实践来看，我国已经取得了重大进展，但人民日益增长的健身健康需求与体育公共服务发展不平衡不充分之间的矛盾仍然存在，二元社会结构的特殊性导致的全民健身公共服务发展速度与服务质量的地区差异等问题，严重阻碍构建更高水平的全民健身公共服务体系目标的实现。因此，应准确把握影响全民健身公共服务质量的关键因素，并据此提出可操作性的质量提升策略。高质量的全民健身公共服务实质在于全民健身公共服务供给更加符合公众期望，公众满意度高。因此，了解公众的期望和感受，是衡量和改进全民健身公共服务的依据和前提。基于此，运用改进的 SERVQUAL 模型对全民健身公共服务质量评价及提升等问题展开探讨（见表 10-2）。

表 10-2 全民健身公共服务 SERVQUAL 模型

属性	具体描述	顾客期望 完全不重要　　　非常重要	顾客感知 完全不同意　　　完全同意
可靠性	公共服务部门向公众的健身承诺能及时兑现	1 2 3 4 5 6 7	1 2 3 4 5 6 7
	公众遇到健身困难时相关部门能表现出关心并及时给予帮助	1 2 3 4 5 6 7	1 2 3 4 5 6 7
	公共服务部门的政策法规合情合理	1 2 3 4 5 6 7	1 2 3 4 5 6 7
	公共服务部门能准时提供健身服务	1 2 3 4 5 6 7	1 2 3 4 5 6 7
	公共服务部门准确记录并保留所提供的服务内容	1 2 3 4 5 6 7	1 2 3 4 5 6 7
响应性	公共服务部门能告知公众提供健身服务的准确时间	1 2 3 4 5 6 7	1 2 3 4 5 6 7
	期望公共服务部门提供便捷的健身服务是现实的	1 2 3 4 5 6 7	1 2 3 4 5 6 7
	健身服务人员的服务态度友好	1 2 3 4 5 6 7	1 2 3 4 5 6 7
	健身服务人员提供的健身服务能满足公众需求	1 2 3 4 5 6 7	1 2 3 4 5 6 7
安全性	健身服务人员信守承诺、值得信赖	1 2 3 4 5 6 7	1 2 3 4 5 6 7
	公开公正的制度让公众参与健身活动时心情舒畅	1 2 3 4 5 6 7	1 2 3 4 5 6 7
	健身服务人员廉洁奉公、态度礼貌	1 2 3 4 5 6 7	1 2 3 4 5 6 7
	公共服务部门可以为公众提供一定健身服务支持	1 2 3 4 5 6 7	1 2 3 4 5 6 7
移情性	公共服务部门会针对公众提供个别健身服务	1 2 3 4 5 6 7	1 2 3 4 5 6 7
	健身服务人员能对特殊群体的健身需求给予特殊对待	1 2 3 4 5 6 7	1 2 3 4 5 6 7
	健身服务人员了解公众的健身需求和意愿	1 2 3 4 5 6 7	1 2 3 4 5 6 7
	公共服务部门优先考虑公众利益	1 2 3 4 5 6 7	1 2 3 4 5 6 7
	公共服务部门提供的健身服务时间符合公众基本需求	1 2 3 4 5 6 7	1 2 3 4 5 6 7
有形性	现代化的全民健身服务设施与技术	1 2 3 4 5 6 7	1 2 3 4 5 6 7
	全民健身服务场地设施具有吸引力	1 2 3 4 5 6 7	1 2 3 4 5 6 7
	健身服务人员仪容仪表整齐、得体、大方	1 2 3 4 5 6 7	1 2 3 4 5 6 7
	健身设施与政府所提供的服务相匹配	1 2 3 4 5 6 7	1 2 3 4 5 6 7

基于以上模型分析，提出以下提升全民健身公共服务质量的建议。

有形性：完善基础设施配置，优化公众健身参与体验。

可靠性：健全公共政策体系，提升公共部门公信力。

响应性：畅通民众发声渠道，增强业务人员服务意识。

保证性：打造全民健身品牌，推动健身服务品质升级。

移情性：注重个体运动差异，推进以人民为中心的健身服务。

资料来源：闫静等《全民健身公共服务质量评价研究——基于改进的SERVQUAL模型》，《河北体育学院学报》2024年第2期。

（二）顾客感知服务质量模型

顾客对服务质量的评价是由期望服务质量和感知服务质量的差异决定的。结合服务质量的构成与组织形象，格罗鲁斯提出了顾客感知服务质量模型，如图10-1所示。

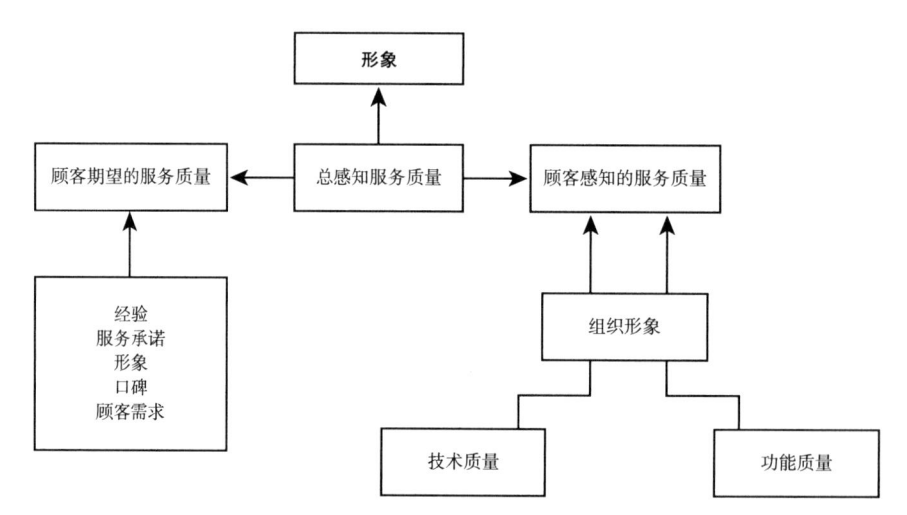

图10-1　顾客感知服务质量模型

资料来源：〔美〕克里斯蒂·格鲁诺斯《服务市场营销管理》，吴晓云、冯伟雄译，复旦大学出版社，1998，第42页。

从图10-1可以看出，技术质量和功能质量的总和共同决定了顾客感知的服务质量，组织形象会对顾客服务质量感知起到"过滤器"的作用。顾客会利用这个过滤器"过滤"对组织的技术质量和功能质量感知评价。如果服务组织的形象较好，则会产生保护作用，即使在服务的过程和结果中出现了问题，也都有可能被顾客忽略；而如果组织的形象较差，则会对服务质量感知产生负面影响，服务中出现的任何问题都有可能被放大。

此外，期望也是顾客感知服务质量的重要组成部分。如果顾客感知的服务质量与期望的服务质量的差距较小，甚至超过期望的服务质量，那么顾客对服务厂商的服务质量评价较高；但是，如果顾客感知的服务质量远远达不到顾客期望的服务质量，那么顾客对服务质量的评价则较差。而关于顾客期望的影响因素，包括形象、口碑、顾客需要等方面。

专栏视点 10-4

屈臣氏：迭代换新　能否追回年轻人的心

2019 年，是屈臣氏来到中国的第 30 个年头。在不断扩张店铺的同时，屈臣氏的一些门店却不那么红火。年轻人似乎不太愿意去屈臣氏了，是什么转移了他们的视线？"几年一代，更迭很快。既要留住现在的老顾客，又要面向未来的新顾客。对于品牌来讲，'年轻人真正需要什么，如何留住年轻人'，是一个经久不衰的课题。"

1. 营业现场的服务问题："销售卖的应该是恰当的服务态度"

人与人的沟通在服务业中尤为重要，店内服务人员是否与顾客进行有效的沟通极大地影响着服务质量。屈臣氏的导购过度热情、没有分寸感而使顾客感到不舒服，是严重影响业绩的原因之一。除此之外，服务人员是否真正理解品牌理念和目标客户群体的需求至关重要，避免盲目推销也是提高业绩的必由之路。

2. 产品问题：跟随时代发展的改进需求

屈臣氏国际主流品牌数量相比早年出现了严重下滑，自有品牌价格偏高、口碑堪忧，却又占据大量营业市场份额。随着时代的发展，线上购物成为消费习惯，但屈臣氏在 O2O（线上与线下）方面做得不理想：线上消费 App 鲜为人知，线上线下活动优惠不统一，双线销售无法打通。

为俘获年轻人的心，屈臣氏正在求变。在线下，屈臣氏吸引年轻人的动作不断，2023 年与泡泡玛特合作打造 RYO 品牌馆；在各个领域开展联名，如与中国航天跨界推出男士剃须刀、与薇尔卫生巾联合送福利、与动物救助组织一起清洁毛孩子等；2024 年上半年，蛋仔派对互动门店开业；闪耀暖暖主题店落地 5 个城市。在线上，屈臣氏也频频出招。在"全球进口好货"Campaign 中，和深受当下年轻顾客喜爱的美妆 KOL 进行合作；针对"95 后"新世代极具个性、追求自我的特点，推出全新品牌主张；在小红书、抖音等平台活跃，依托社交平台强化互动。目前，屈臣氏已推出第八代店铺。在改造升级方面，由统一风格改为个性化布局。同时，屈臣氏的六大服务最大限度地满足了顾客需求：闪电送、门店自提、扫码购、AR 试妆、皮肤测试、会员预约免费化妆。目前，屈臣氏在多渠道平台，如屈臣氏 App、天猫、京东/京东到家、饿了么、美团等，能为顾客提供最快 1 小时内送货上门或在订货后 30 分钟内门店自提的便捷服务。屈臣氏打通线上与线下，构建闭环，实现线上销售、线下体验，把原有模式与互联网相结合，并提升顾客体验感，直抵顾客底层心理需求。屈臣氏的"年轻化"能否留住年轻消费群体，仍需要时间来验证。

资料来源：梁伟《迭代焕新　屈臣氏能否追回年轻人的心？》，《商学院》2019年第5期。

二　服务质量差距分析

经过长期营销实践，美国服务问题专家建立了一个差距分析模型，专门用来分析质量问题的根源。服务过程是由顾客预期认知、服务质量标准化、服务传递等一系列行为构成的有机整体。这些前后承继、互相制约的行为，由于涉及多个自身就十分复杂的主体，往往难以有效实施，从而造成服务递送中的各种差距，影响服务质量。由图10-2可知，服务质量的高低取决于服务递送过程中自然产生的五种差距，差距越小，表明递送越充分，与顾客预期的差距越小，服务质量越高。

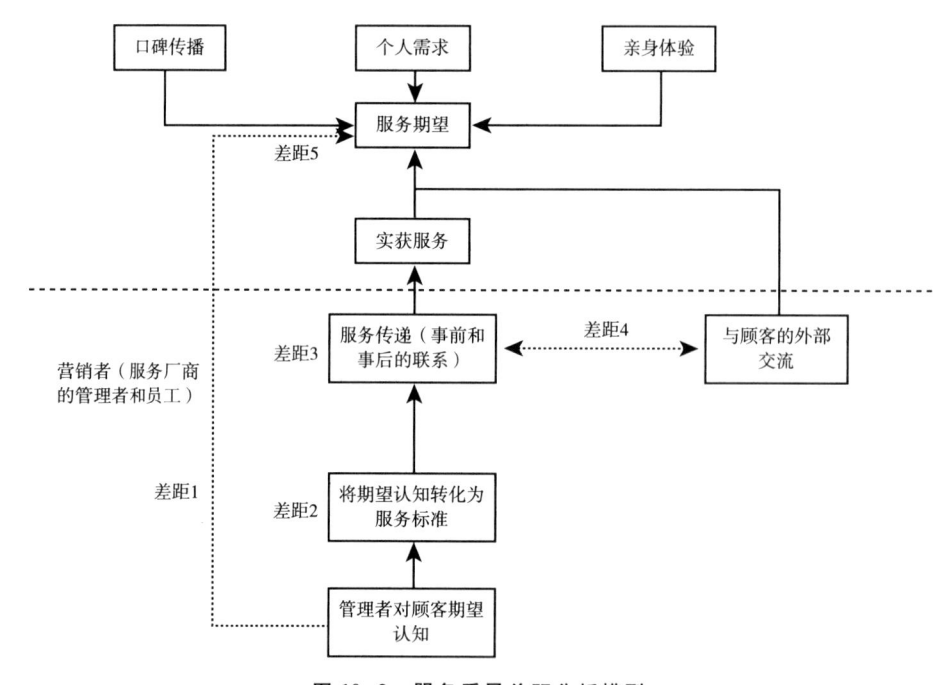

图10-2　服务质量差距分析模型

服务质量差距分析模型说明了服务质量是如何形成的。该模型的上半部分涉及与顾客有关的现象。顾客期望是顾客的口碑传播、个人需求以及亲身体验的函数，另外，也受到服务厂商营销传播活动的影响。感知服务是一系列内部决策和内部活动的结果。在服务交易发生时，管理者对顾客期望的认识对确定组织所遵循的服务质量标准起指导作用。

分析和设计服务质量时,该模型说明了必须考虑哪些步骤,然后查出问题的根源。要素之间有 5 种差距,也就是所谓的质量差距。质量差距是由质量管理前后不一致造成的。最主要的差距是服务质量的感知差距(差距 5),5 种差距及其造成的结果和产生的原因分述如下。

(一) 管理者认识的差距(差距 1)

这一差距是指管理者对期望质量的感觉不明确。其产生的原因如下。

(1) 市场研究和需求分析所使用的信息不准确。

(2) 对期望的解释信息不准确。

(3) 没有需求分析。

(4) 从与顾客接触的员工流动到管理者的顾客信息均不准确或者是扭曲的。

(5) 臃肿的组织层次阻碍或改变了在与顾客联系中所产生的信息。

消除这一差距的措施各不相同。如果问题是由管理引起的,需要改变管理或者改变对服务竞争特点的认识。

(二) 质量标准差距(差距 2)

这一差距是指服务质量标准与管理者对质量期望的认识不一致。其产生的原因如下。

(1) 计划失误或计划过程不够充分。

(2) 计划管理混乱。

(3) 组织无明确目标。

(4) 服务质量的计划得不到最高管理层的支持。

管理者认识差距的能力决定着计划能否成功实施。但是,即使在有关顾客期望的信息充分和正确的情况下,质量标准的实施计划也会失败。出现这种情况的原因是,最高管理层没有保证服务质量的实现,质量没有被赋予最高优先权。在服务竞争中,顾客感知的服务质量是成功的关键因素,因此在管理清单上把质量排在前面非常必要。

(三) 服务交易差距(差距 3)

这一差距是指在服务生产和交易过程中员工的行为不符合质量标准。其产生的原因如下。

(1) 标准太复杂或太苛刻。

(2) 员工对标准有不同意见,例如一流服务质量可以有不同的行为。

(3) 标准与现有的服务厂商文化发生冲突。

(4) 服务生产管理混乱。

(5) 内部营销不充分或根本不开展内部营销。

（6）生产系统和技术没有按照标准为工作提供便利。

可能出现的问题是多种多样的，引起服务交易差距的原因也是错综复杂的，很少只有一个原因在单独起作用，因此消除差距并不那么简单。导致这一差距的原因可粗略分为三类：管理和监督；员工对标准规则的认识和对顾客需要的认识；缺少生产系统和技术的支持。

（四）营销沟通的差距（差距4）

这一差距是指营销沟通中所做出的承诺与实际提供的服务不一致。其产生的原因如下。

（1）营销沟通计划与服务生产不统一。

（2）传统的市场营销和服务生产之间缺乏协作。

（3）营销沟通活动提出一些标准，但组织不能按照这些标准完成工作。

（4）有夸大其词、承诺太多的倾向。

（五）服务质量的感知差距（差距5）

这一差距是指感知或经历的服务与期望的服务不一样，它会导致以下后果。

（1）消极的质量评价（劣质）和质量问题。

（2）口碑不佳。

（3）对公司形象的消极影响。

（4）丧失业务。

这一差距也有可能产生积极的结果，可能会出现相符质量或过高质量的产品。服务质量感知的差距产生的原因可能是以上讨论的众多原因之一或者是它们的组合。当然，也有可能是其他未被提到的原因。

专栏视点10-5

快递行业：巧用"差距"识别优势与不足

快递行业是典型的服务行业，所以用服务质量差距分析模型分析快递行业服务质量的形成过程是可行的，在应用该模型的过程中，要考虑快递服务厂商的管理者、快递员和顾客三个层次的期望与感知以及他们之间的逻辑关系（见图10-3）。应用该模型，快递服务厂商可以准确地找出产生服务质量问题的根源，有利于其对症下药，制定正确的发展策略。

图10-3中的差距共同对快递服务厂商的服务质量产生影响。每一种差距产生的原因不同，快递服务厂商要根据自身的服务特点减少服务质量差距的产生，从而为顾客提供高水平的服务。

资料来源：杨静、石盛林《基于差距模型的快递企业服务质量研究》，《物流技术》2015年第1期。

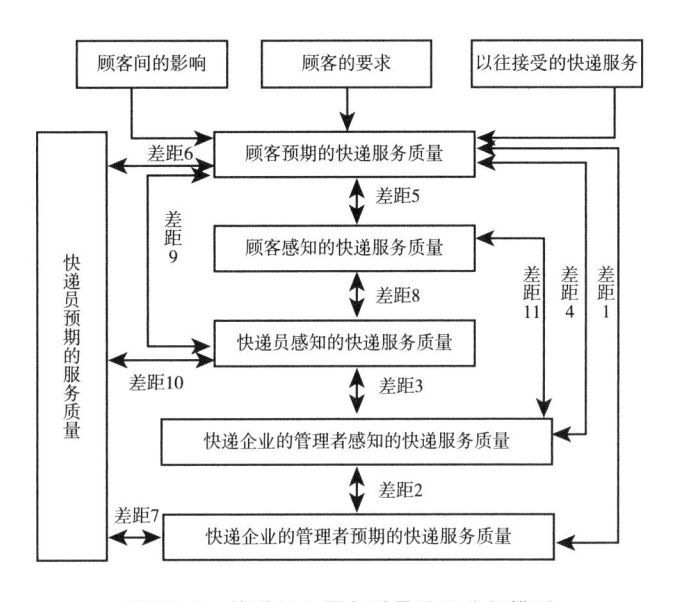

图 10-3　快递行业服务质量差距分析模型

服务质量差距分析模型能指导管理者发现引发质量问题的根源，并寻找适当的消除差距的措施。因此，服务质量差距分析模型是一种直接有效的工具，它可以发现服务厂商与顾客对服务观念存在的差距。明确这些差距是制定战略、战术以及保证期望质量和现实质量一致的理论基础。

三　服务质量问题的其他分析工具

在服务质量相关问题的分析上，比较常见的工具有以下几种。[①]

（一）鱼骨图

鱼骨图是一种因果分析，因其形状近似鱼骨而得名。通过鱼骨图，服务厂商可以系统地找出某一项服务品质问题产生的可能原因。导致服务质量问题的因素可以分为几类，例如设备、程序、人员、物料、信息及其他因素。在绘制鱼骨图时，起先要尽可能地找到问题产生的所有可能原因，并将所有原因根据类别来呈现。一旦找到所有的潜在原因。服务厂商便可根据每一项原因对产生的问题进行评估和改善。

（二）柏拉图法则

在经济学上有柏拉图法则，或称为 20/80 法则，其目的是找出所观察到的服务质量问题产生的主要原因。这是一种经验法则，主要是指少量的原因却是整个问题

---

① 林建煌：《服务营销与管理》，北京大学出版社，2014。

产生的关键。运用到服务质量分析上可以发现，在造成服务厂商质量问题的原因中，少量的原因（例如所有原因数量中的20%）却造成了大量的服务质量问题产生（例如导致了80%的服务质量问题）。因此，服务厂商应该将有限的管理精力与焦点集中在这些少项但高度重要的原因上，而不应花费在那些大量而低度重要的原因上。可以将柏拉图法则和鱼骨图结合起来使用。

（三）顾客回馈系统

顾客回馈系统也可以找到服务所产生的问题，通过这些回馈信息的分析，也可以帮助服务厂商达成组织学习与服务改善。有效顾客回馈系统的关键目标如下。

（1）可以作为服务质量与绩效的评估与标杆。顾客回馈系统可以回答"顾客有多满意"，从而可以了解一个服务厂商相对于其主要的竞争者表现得如何；与其先前的表现相比如今的表现如何；从顾客满意度来看，某些服务项目的投资是否值得。另外，可以将一些绩效项目和员工酬劳相联结，如此更可激励管理者和服务人员去提高绩效。

（2）顾客驱动的学习与改善。这一目标主要是回答"什么导致顾客的满意或不满意"，以及"什么是要去表达的强项，什么是要去改善的弱项"。通过这一目标，可以引导服务改善的方向，并且指出可以产生较高收益的项目。

（3）创造顾客导向的服务文化。这一目标是将服务厂商的焦点集中在顾客的需求与顾客的满意度上，并在服务厂商内部塑造一种顾客导向的服务文化。

专栏视点 10-6

东北文旅：注重顾客反馈　打造"听劝"文化新潮流

随着旅游业的蓬勃发展，东北地区的文旅部门逐渐意识到顾客反馈的重要性。近年来，东北文旅部门在注重顾客体验和满意度方面取得了显著成效。特别是在哈尔滨旅游爆火之后，东北文旅部门更加注重顾客反馈，积极推行"听劝"文化，以提升游客的体验和满意度。

哈尔滨旅游的爆火，一方面吸引了大量游客前来观光旅游，另一方面也给当地文旅部门带来了巨大的机遇和挑战。面对游客的拥入，哈尔滨文旅部门迅速采取措施，积极提升服务质量。他们不仅安排了丰富的旅游活动，如热气球、人造月亮、网红企鹅等，还为游客提供了贴心的服务。这些"宠粉"行为让游客感受到家的温暖，也赢得了当地居民的认可。

哈尔滨的成功经验引起了其他东北城市的关注。吉林、沈阳、大连、牡丹江等地的文旅部门纷纷效仿，在社交媒体上积极倾听游客的建议，努力提升当地旅游业的发展水平。这种"听劝"文化的兴起，不仅有助于提高游客的满意度和忠诚度，也为东北地区的旅游业发展注入了新的活力。

"听劝"文化不仅是东北文旅部门对顾客反馈的重视，更是一种服务理念的转变。通过深入了解顾客的需求和偏好，服务厂商可以发现新的市场机会和进行服务的创新。同时，积极响应顾客的建议，以顾客为中心的服务导向，能够增强顾客对服务的信任和忠诚度。这种服务模式将为东北地区的旅游业带来持久的发展动力。

总之，东北文旅部门注重顾客反馈和推行"听劝"文化，是旅游业发展的明智之举。通过以顾客为中心的服务导向，东北地区的旅游业将不断提升服务质量，为游客带来更加美好的旅游体验。同时，这种服务模式也将成为旅游业界的典范，引领着更多地区实现旅游业的高质量发展。

资料来源：《"尔滨"这次8天164亿！》，东方财富网，2024年2月19日，https：//finance.eastmoney.com/a/202402192988263845.html。

第3节　提高服务质量的策略

一　基于服务差距模型的差距弥合方法

根据服务质量差距模型可知，提高服务质量可以通过缩小顾客服务期望与服务感知之间的差距来实现。其中最有效的办法就是弥合差距，并使其处于持续弥合状态。服务厂商可以采取以下措施和方法来弥合这些差距。

（一）管理者认知差距弥合方法

（1）通过调研、抱怨分析、顾客清单等了解顾客期望。

（2）为了增进了解，增强管理层与顾客的直接互动。

（3）从一线服务员工到管理层，提高沟通水平。

（4）将信息与观点转化为行动。

（二）服务质量规范差距弥合方法

（1）确保高层管理者重视的质量与顾客定义的质量相一致。

（2）质量规范需在所有工作单元建立、沟通和强化。

（3）培训管理者具有领导员工提供优质服务的技能。

（4）接受新的经营方法，打破提供优质服务的障碍。

（5）通过使用机器代替人员接触，改进工作方法（软技术），将重复性工作标准化，以确保一致性和可靠性。

（6）建立明确的、具有挑战性的、能满足顾客期望的服务质量目标。

（7）区分能够最大限度地影响质量的工作任务，并给予其最高的优先权。

（8）确保员工理解并接受目标及其优先权。

（9）评价绩效并定期反馈。

（10）奖励达到目标的管理者和员工。

（三）服务传递差距弥合方法

（1）明确员工角色，建立工作团队。

（2）确保所有员工理解其工作如何使顾客满意，评价员工绩效，将薪酬与服务质量认知相联系。

（3）将有能力和具有服务技能的员工安排到适当的岗位上。

（4）为员工提供高效完成工作所需的技术培训。

（5）开发新的培训方法，吸引最优秀的员工，寻找留住员工的新方法。

（6）选择最合适的、可靠的技术和设备，提高服务水平。

（7）教会员工理解顾客期望、顾客感知和顾客的问题，让顾客了解他们在服务中的作用，培训和激励他们。

（8）培训员工掌握人际沟通技能，特别是在有压力的情况下接待顾客。

（9）让员工参与制定标准，减少员工的角色冲突。

（10）培训员工学会优先安排工作和管理时间。

（四）市场沟通差距弥合方法

（1）当开发新的广告计划时，从一线服务员工那里寻找灵感。

（2）在广告发布前，允许服务提供者预览广告。

（3）让销售员工加入一线服务队伍，与顾客面对面沟通。

（4）开展服务厂商内部的教育活动、激励活动和宣传活动。

（5）确保在不同地点提供标准一致的服务。

（6）确保宣传内容正确反映顾客所关注的那些重要服务特征。

（7）通过让顾客明白什么是可能的、什么是不可能的及其原因，从而管理顾客期望。

（8）区分并解释服务缺陷中的不可控因素。

（9）根据不同的价格为顾客提供不同水平的服务，并对这种区分予以解释。

二　服务管理系统

按照传统有形产品的管理模型，可以通过建立管理系统来促进质量管理提升。同样地，服务系统是由输入、处理、输出等功能组成的，通过对服务的输入、处理、输出功能进行管理，可以有效地提高服务质量，提升顾客对服务的满意度（见图10-4）。

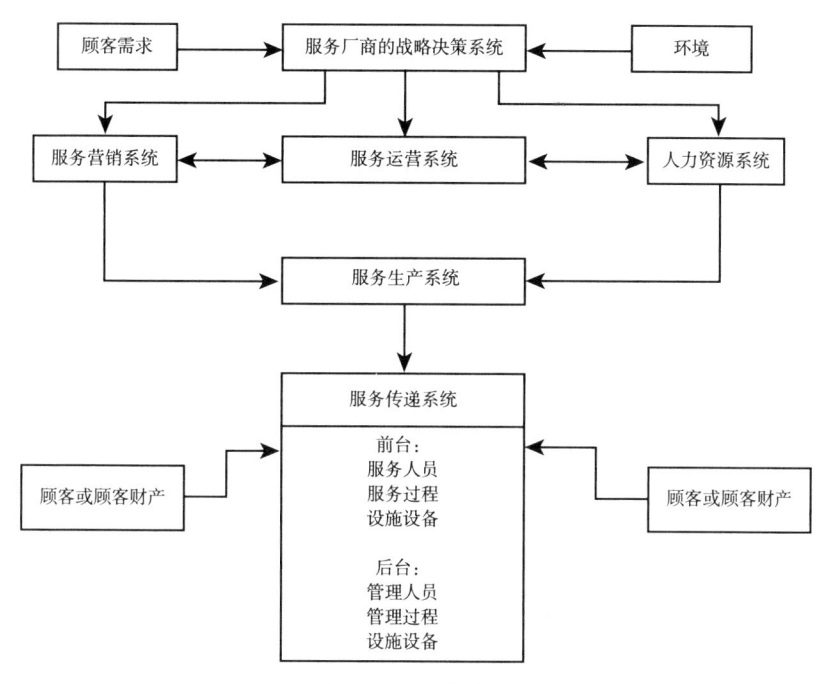

图 10-4　服务管理系统

资料来源：Wilson, A., et al., "Services Marketing: Integrating Customer Focus Across the Firm," *McGraw-Hill*, 2012。

（一）服务厂商的服务战略

在服务的输出端，是服务厂商管理人员对顾客需求、外部环境以及服务厂商内部资源等因素进行综合考虑后制定的服务战略。服务战略既指导了服务厂商进行管理和经营的基本方向，也是为顾客提供满意服务的根本方法。完整的服务战略主要包括 5 个方面的内容：树立服务理念、确定顾客服务需求、服务的设计与实施、服务人员的管理和服务质量的管理。

目前，服务厂商所采用的服务竞争战略有以下三种。

1. 成本领先战略

与有形产品成本领先战略相同，服务厂商也可以通过对服务的成本管理在市场中占据领先地位。例如，当顾客在使用电器遇到一些简单的故障时，维修人员会通过电话指导用户对产品进行基础的维修，以减少现场服务作业的人力成本。

2. 差异化战略

差异化战略的基本思想是为顾客创造一种被重视的感受。实现服务差异化的方法包括服务定制化、降低感知风险等。通过差异化服务，服务厂商可以培养更多的忠诚顾客。

3. 集中化战略

集中化战略的实质是为特定细分市场提供服务,在特定的目标市场中,服务厂商可以更好地满足顾客需求,并有效地控制服务成本。

(二) 服务运营

制定战略和设计服务系统之后,就需要对服务运营进行管理了。对服务运营的管理包括对服务运营过程以及运营系统的设计、计划、组织和控制,为服务的生产和传递做好准备。

1. 服务运营的组织

由于服务过程中存在较大的不确定性,很难为服务制订详细、周密的计划,即使是制定好了服务的程序,仍然会由于顾客与服务人员之间的互动而产生不同。因此,服务运营的组织需要以人为中心进行考虑。

2. 服务运营系统的设计

对服务运营系统进行设计的关键在于服务生产和传递的同时性,因此,对两者的设计是不可分离的。

3. 服务运营的能力与需求控制问题

由于服务的易逝性,服务厂商无法通过提前生产或储存的方式来调节供需矛盾。例如,航班的空座位不能储存起来卖给第二天的顾客。所以,对服务厂商来说,其服务的生产和传递能力需要进行控制和规划。

4. 服务运营过程中的顾客参与效果

与有形产品不同,在服务厂商向顾客提供服务时,顾客往往参与其中。通常情况下,顾客在服务中会起到积极或消极两种作用。因此,服务厂商需要制订正确的服务运营计划,正确引导顾客,控制顾客对服务的消极作用,使其对服务质量的提高产生积极效果。

5. 服务不同职能之间的界限划分

对于有形产品来说,服务厂商很容易对各个职能进行清晰的划分,而对于服务来说,职能的划分往往是模糊的。例如,对于有形产品,生产和销售两个职能部门能清晰地划分,各司其职;但对于服务,生产和销售则常常在一起发生。所以必须用一种集成的方法对其进行管理。

6. 服务运营中场所的选择

服务场所的选择会受到顾客意愿的影响,这是因为顾客会参与到服务的生产和传递过程中。因此,服务厂商需要在靠近顾客的地方设立服务场所。

7. 服务运营中的员工管理

与传统的有形产品制造不同,服务产品的制造和传递都依靠服务厂商一线的服务人员来完成。在服务过程中,一线服务人员说话的态度、方式、语气等都会成为影响服务质量的重要因素。因此，服务人员的专业技术培训和学习对服务厂商来说非常重要。

8. 服务运营的竞争力

由于服务的无形性，服务厂商不能像管理有形产品那样通过专利的形式对服务进行保护。服务厂商的竞争者可以很容易通过模仿的方式提供相同的服务，所以，服务厂商应提高自身服务运营的竞争力。

9. 服务运营的评价

对服务运营的评价很大程度上取决于顾客的满意度。服务厂商应通过顾客对满意度的反馈来获取服务运营的相关评价，帮助服务厂商对服务运营进行改进。

（三）服务生产和传递

由于服务的不可分离性，服务的生产和传递是同时发生的。服务的生产和传递与有形产品的生产和传递存在一定的差异，具体包括以下几点。

1. 同时管理

与有形产品生产和传递的分开管理方式不同，服务厂商需要对服务的生产和传递同时进行管理。

2. 质量评价标准

对于有形产品的生产和传递，服务厂商通常采取客观的标准进行统一管理。以服务厂商产品分销商为例，双方需要签订明确的合同来规范各自的行为。但对于服务的生产和传递，服务厂商不仅需要建立客观的服务生产和传递标准，还需要考虑顾客的主观意见，将两者结合在一起，建立服务质量标准。

3. 反馈机制

对于有形产品的生产和传递，反馈机制主要聚焦在产品的生产流程、硬件设施的改善以及传递流程等方面。而对于服务的生产和传递，服务厂商则通常将信息直接反馈给一线的服务人员。

专栏视点 10-7

探索良品铺子背后的秘密：智能化服务管理新生态

良品铺子，作为全国休闲食品市场的佼佼者、高端零食第一股，不仅凭借卓越的产品品质与优质的服务脱颖而出，更在服务管理系统进行精心构建和持续优化。良品铺子以顾客体验为初心，通过大数据技术融合供应链管理，基于全渠道销售体系提供产品和服务，建立了集市场研究、食品研发、采购质检、物流配送以及全渠道销售于一体的全产业链品牌运营模式。

为了更好地贴近市场，满足不同区域顾客的需求，良品铺子采用线上线下并行发展，其线下门店数量超过2300家，覆盖全国15个省份的98个城市，特别是在华中地区实现了从核心商圈到居民社区的密集覆盖，能够满足不同客户群体在不同消费场景下的购买需求。

为了满足顾客日益增长的个性化需求与对服务品质的高要求，良品铺子深刻认识到，传统的服务模式已难以满足市场变化。因此，公司自2013年起便全面拥抱"互联网+"，致力于服务管理系统的全面升级。通过引入先进的数字化技术，良品铺子的数据资源已经成为驱动服务厂商管理的核心资产，实现了从顾客接触、订单处理、物流配送到售后反馈的全链条数字化管理以及对组织体系所有功能和节点的全覆盖。在服务队伍管理上，良品铺子通过制定远比行业平均水平严格的供应商管理制度，以及严格执行到位的日常管理行为，确保为顾客提供高效、优质的服务。

此外，良品铺子尤其重视顾客服务体验，特别强调顾客体验的反馈和优化。在物流配送方面，良品铺子目前形成了中心仓、区域仓、门店仓的三级仓储体系，广泛分布在全国13个主要城市，85%以上的订单可以实现隔日送达客户，给顾客带来了良好的购物体验。良品铺子的服务管理系统以顾客为中心，通过大数据分析技术，构建精准的顾客画像，进而根据不同人群在各种消费场景的需求，进行产品设计与研发。同时，良品铺子深知售后服务对于提升顾客满意度的重要性。通过服务管理系统实现工单的快速响应与处理，并监控处理进度，确保顾客问题得到及时解决。良品铺子还注重顾客反馈的收集与分析，定期梳理顾客抱怨信息，作为服务优化的重要依据。

良品铺子凭借其智能化的服务质量管理，不仅赢得了市场和顾客的认可，更树立了行业内的服务标杆。在当今消费需求多样化、市场环境竞争激烈的背景下，良品铺子仍在积极应对变革，不断完善其服务质量管理系统。

资料来源：周志龙等《企业高质量发展评价的理论模型研究——基于良品铺子的案例分析》，《宏观质量研究》2021年第1期。

复习思考题

1. 如何理解服务质量的内涵？
2. 服务质量的构成要素有哪些？
3. 服务质量的维度是什么？
4. SERVQUAL评价方法的内容是什么？
5. 如何理解顾客感知服务质量模型？
6. 服务质量差距模型包含哪些内容，如何实施服务质量差距管理？
7. 如何建立服务管理系统？
8. 服务承诺有什么意义，实行服务承诺应采取哪些措施？

开篇案例

智慧物流：优化服务质量的无限可能

智慧物流具有自动化、智能化、可控化和网络化等特点，基于智能技术将物流要素信息化，通过数据应用与整合实现物流效率和资源配置的不断优化。现有研究主要包括智慧物流体系的构建和发展模式两个方面。

以客户内在需求为导向，结合智慧物流服务流程，明确最需优化的智慧物流服务质量要素，通过修正 SERVQUAL 模型，从可靠性、响应性、保证性、有形性和移情性 5 个维度获取智慧物流服务质量要素关键指标，以推动智慧物流高质量发展。可靠性是指服务厂商提供智慧物流服务的时效和准确度，主要获取了"货物在智能系统规定时间内送达""货物信息准确智能分拣""货物完好无损智能装卸搬运"3 个服务质量要素指标；响应性是指服务厂商及时提供智慧物流服务的意愿，主要获取了"及时处理申诉信息并赔偿""及时更新物流信息"2 个服务质量要素指标；保证性是指服务厂商提供智慧物流服务的知识技术储备和可信度，主要获取了"智能调度系统规划最优路径运输货物""智能仓储系统匹配最近仓库出库货物"2 个服务质量要素指标；有形性是指服务厂商提供智慧物流服务时的设施设备，主要获取了"无人配送设备送货上门""智能快递柜存放待取货物"2 个服务质量要素指标；移情性是指服务厂商提供个性化的智慧物流服务，主要获取了"预约货物寄送时间""绿色环保智能一体化包装货物"2 个服务质量要素指标。

根据以上智慧物流服务质量要素，提出相应的智慧物流服务质量提升对策。

1. 重视智能技术创新，提高物流服务效率

应重视智能技术创新给智能仓储和智能装卸带来的数字化变革，提高分拣准确度并降低货损率，以提升物流服务效率和加速物流行业数字化转型。

2. 优化智能运输系统，增强物流服务柔性

应在数字经济下利用数字技术革新加快优化智能运输系统，提高物流服务柔性和协同性，为客户提供更快速和便捷的服务，提升客户满意度。

3. 完善智慧物流平台，提升服务响应时效

智慧物流服务平台整合各方资源实现信息共享和数据互通，为客户提供可视化服务。应完善智慧物流服务平台，提高智能信息处理能力，构建配套的保障体系，快速响应客户需求，运用人工智能提升客户的智慧物流服务体验。

4. 强化环保智能包装，构建绿色低碳物流

智慧物流服务的最终价值实现是满足客户需求。应洞悉客户个性化智慧物流需求并考虑不同客户的差异性，构建绿色低碳和集约高效的智慧物流体系，实现智慧

物流高质量发展。

资料来源：蒋旋、孟凡会《智慧物流服务质量提升研究》，《河北北方学院学报》（社会科学版）2023年第5期。

讨论题

1. 智慧物流服务质量要素指标是如何确定的？
2. 思考智慧物流服务质量提升对策如何实现对关键要素的提升。
3. 在案例基础上，思考如何建立有效的服务管理系统，以确保智慧物流服务质量的持续提升。

第 11 章　顾客管理

学习目标

学习完本章后，你应该能够：
- 了解顾客的角色；
- 理解顾客关系的类型；掌握全面顾客关系管理策略；
- 明确顾客满意度指标；
- 掌握顾客忠诚之轮；
- 明确服务失误的分类；
- 掌握顾客对服务失误的反应；
- 明确服务补救的原则；
- 明确服务承诺设计的原则以及不需要服务承诺的情形。

开篇案例　　　　　山姆会员商店是如何黏住顾客的？

　　山姆会员商店是世界500强企业沃尔玛旗下的高端会员制商店。自1983年4月首家商店在美国俄克拉何马州的米德韦斯特城开业起，山姆会员商店已有超过30年的历史。20世纪90年代初，山姆会员商店开始进入国际市场，发展至今山姆会员商店在全球已拥有800多家门店，成为全球最大的会员制商店之一，为5000多万个人与商业会员提供优质的购物体验。

　　山姆会员商店是专门针对会员的超市，仅针对持卡会员开放，目前山姆会员卡分为两种：一种是标准卡，会费为260元/年；另一种是卓越卡，会费为680元/年。无论哪一种卡均有一张主卡和一张亲情卡，都需要实名制，都需要上传使用者本人五官清晰的照片。一般购物频率高，购买金额大的，推荐办理卓越卡，可以积分，每个月有一张免邮费的券和一张免费的洗车券，标准卡则没有这些额外的权益。

山姆会员商店没有花哨的摆设，也没有耀眼的灯光，更多依靠性价比最高的商品，以简单、便利的陈列吸引会员。不同于大卖场动辄2万~3万种的单品数量，山姆会员商店仅提供有限的单品选择——在中国的单品数量从1万种削减到约4400种。卖场每增加一个单品，都需要经过"采购、配送、收货、上架"等流程，这势必会涉及物流、人工和运营成本，因此，如果将单品总数控制在一定范围，就能控制成本，从而降低销售价格。

由于单品数比一般大卖场少得多，山姆会员商店采购团队的工作比一般超市更有挑战性。譬如：同一个品类，其他超市采购的10个单品中可能只有一两个畅销商品，而山姆会员商店必须准确识别出可能最受消费者欢迎的二三个单品，方能持续吸引并留住会员顾客。在繁多的商品中，判断出潜在的畅销单品，成为山姆会员商店采购团队面临的课题。

采购团队每天都会问同一个问题：怎样让山姆会员商店拥有更多与众不同的商品？要做到这一点，就要求山姆会员商店的采购知道自己在服务什么顾客，并学会像会员一样思考，才能知道顾客真正需要的商品。山姆会员商店采购团队坚持"做会员的采购代理"原则，严格考察品牌、产地、供应商、品质、价格等要素，层层筛选出性价比最高和最为畅销的单品。

资料来源：据公开资料改编。

第1节 理解顾客关系

一 顾客的角色

顾客在服务和实体产品中的角色大不相同。在购买实体产品时，顾客主要扮演消费者的角色。然而，在服务生产和传递过程中，顾客的作用变得更为复杂和多元。

（一）顾客作为生产者

在很多服务场景中，顾客实际上参与了生产过程。他们投入时间和精力，甚至是资源，以实现服务的高效生产和优质输出。这种参与不仅影响了服务的数量和质量，也给服务提供者带来了挑战。由于顾客的需求、态度和行为难以预测和控制，他们往往成为服务提供者面临的不确定因素。因此，在服务管理中，将顾客从核心服务流程中隔离出来，有助于提高服务的效率。然而，也有人持相反观点，他们认为通过积极引导顾客参与服务过程并发挥其合作作用，可以大大提高服务的创造力和传递效率。基于这种观念，许多服务提供者开始将部分任务交给顾客来完成。但如果顾客的参与仅仅是为了降低服务提供者的成本，而没有给顾客带来其他益处（如更高的质量或更节省时间），那么顾客可能会对此产生抵触情绪，不愿意参与其中。

（二）顾客作为贡献者

在服务中，顾客的另一个重要角色是他们为提升服务质量和服务满意度做出的贡献。当顾客积极参与时，他们更有可能满足自己的需求，并获得期望的利益。在许多服务领域，比如减肥服务和教育服务，顾客的参与程度对服务绩效有着显著影响。对于这类服务，只有当顾客能够有效地履行自己的义务（如按量进食或课后认真复习），才能实现预期的服务成果。

（三）顾客作为竞争者

顾客也可能扮演潜在竞争者的角色，因为他们有时会选择自己提供服务给自己。例如，自己照顾婴儿而不是雇用月嫂，或者自己打扫清洁而不是雇用小时工。顾客是否选择自己提供服务或向服务厂商购买服务，主要取决于以下因素。（1）专业技能。如果顾客具备相关的专业技能，他们可能会选择自我服务。（2）相关资源。除了专业技能，顾客还要拥有必要的资源，如时间、人力、空间、设备和工具等，以实现自我服务。（3）足够报酬。如果自己提供服务的报酬高于购买外部服务的报酬，例如在心理上获得满足感或在经济上更加划算，那么顾客可能会倾向于选择自我服务。

课堂互动 11-1

描述一次你选择自我服务而不是购买服务的情形，你为什么决定自我服务，什么会改变你的想法，使你选择购买服务？

二　顾客关系的发展

随着时间的推移，服务厂商与顾客之间的关系是不断发展变化的。从基本层面来看，这种关系通常经历以下四个阶段。

（一）陌生人阶段

当顾客对服务厂商一无所知，并且与服务厂商没有任何交易或互动时，顾客经常被视为陌生人。从服务营销的角度来看，此时顾客尚未成为接受服务的顾客，最多只是潜在顾客。由于服务厂商与顾客之间尚未建立关系，服务厂商的主要目标是开始与潜在顾客进行沟通，以吸引他们的注意力并争取他们的光顾。在这一阶段，服务营销的重点在于让潜在顾客熟悉服务厂商的产品，并鼓励他们尝试使用。

（二）熟客阶段

当顾客了解服务厂商并尝试其产品后，他们可能成为服务厂商的熟客，这意味着双方已经建立了交换关系的基础。在这一阶段，服务厂商的主要目标是满足顾客需求,并提供比竞争对手更有价值的服务。随着双方不断交易或互动,顾客的消费经验增加,对厂商的服务商品也更加熟悉。这种互动减少了顾客对服务利益的不确定性,增加了服务厂商对顾客的吸引力。通过持续的互动,服务厂商可以更好地了解顾客,并为后续的营销活动提供支持。

(三) 朋友阶段

当顾客持续购买服务厂商的服务并获得相应的价值后,服务厂商能够获取更多关于顾客的信息,从而更准确地了解顾客的特殊需求,提供更合适的服务。通过提供独特和差异化的服务与价值,服务厂商能够将双方的关系从熟客转变为朋友。在这个阶段,双方建立起信任关系。尤其是对于体验型和信赖型的服务商品,顾客对服务厂商的承诺是否具有足够的信任至关重要。在这一阶段,服务厂商的主要目标是保持顾客的忠诚度。

(四) 伙伴阶段

随着顾客和服务厂商持续的互动,双方之间的信赖程度逐渐加深,顾客可能会获得更加个性化的服务商品和互动体验。然而,要将顾客视为伙伴关系,信赖只是必要条件,还需要将信赖转化为承诺。一旦建立了承诺,顾客就不再需要持续寻找更好的替代方案,因为所提供的服务已经高度个性化,很难被其他竞争厂商替代。这一阶段的成功关键在于比竞争对手更成功、更有效地利用顾客信息。随着时间的推移,通过持续的调整和承诺,双方之间的互信将进一步加强。在这一阶段,服务厂商关注的是强化彼此之间的关系。一旦关系得到强化,顾客就不容易被竞争者拉走,并会购买服务厂商的更多其他服务商品。这种高忠诚度的顾客将成为公司的坚实基础,也是未来服务厂商成长的保证。

三 顾客关系的类型

根据服务厂商与顾客关系的深度不同,顾客关系可以分为五种类型。

(一) 基本关系

服务厂商与顾客之间仅保持最基础的业务往来,交易完成后,服务厂商不再主动与顾客进行任何联系,不做任何售后服务或咨询。这种关系适用于服务厂商的顾客数量庞大,且单位产品或服务的利润较低,再进行过多的营销努力将导致成本过高,效益不明显。

(二) 被动型关系

当顾客在购买产品或服务后有任何咨询或不满时,服务厂商会设立专门的部门来处理和回应。一旦问题得到解决,服务厂商不会再主动与顾客进行进一步的交流或互动。

（三）负责型关系

服务厂商会主动关注顾客对已售出产品或服务的感受，通过各种方式了解顾客的预期是否达到，收集顾客对产品或服务的改进建议，并将这些信息及时反馈给服务厂商的相关部门。这种关系体现了服务厂商积极负责的态度。

（四）主动型关系

服务厂商服务营销人员经常主动地与顾客保持联系，了解顾客对产品或服务的体验，收集顾客对服务厂商各方面的意见，提供新产品和服务的信息，以促进新产品的销售。这种关系体现了服务厂商积极主动的服务态度。

（五）合作型关系

服务厂商与顾客之间建立了高度亲密和合作的关系，产品或服务的整个生命周期都需要双方的共同参与。例如，飞机制造公司根据特定航空公司的需求进行产品开发和生产，并保持紧密的合作关系。这种营销关系适用于顾客数量较少但产品和服务边际利润较高的服务厂商。

服务厂商可以根据顾客数量和产品边际利润的不同，与顾客建立不同层次和类型的相互关系，如图11-1所示。服务厂商的顾客关系类型是可以变化的，一般来说，服务厂商应该努力改进顾客关系，以更好地满足每个顾客的需求，同时提高产品的边际利润。

顾客数量		
基本型	被动型	负责型
被动型	负责型	主动型
负责型	主动型	伙伴型

→ 边际利润

图 11-1　服务厂商与顾客的关系类型

资料来源：王广宇《客户关系管理》（第3版），清华大学出版社，2013。

四　顾客关系管理

顾客关系管理（CRM）起源于20世纪80年代初的"接触管理"，即收集和整理顾客与服务厂商之间的所有互动信息，旨在提升服务厂商的经营效率和营销效果。到了20世纪90年代中期，"接触管理"已经演变为包括呼叫中心和数据分析在内的"顾客服务"。进入21世纪，CRM逐渐形成了一套完整的管理理论体系。它不仅是一种以市场为导向的营销理念，还提供了一种优化市场、服务和销售业务流程的方法，旨在加强服务厂商部门间的协同能力，提高顾客服务的响应速度，并提升顾客的满意度和忠诚度。

（一）顾客关系管理的概念

CRM 是利用销售和营销自动化工具，优化客户服务与支持，从而提升与顾客之间关系的一种营销手段和流程。它既是一种规则制度，也涉及软件和技术的运用。CRM 的目标在于降低销售成本、增加销售收入、开拓新的市场和渠道，并提升顾客的满意度和忠诚度。顾客被视为服务厂商的重要资产，而顾客关怀则是 CRM 的核心所在。通过关怀顾客，服务厂商可以与他们建立长期稳定的业务关系，更好地了解他们的需求，从而获取更大的利润和市场份额。

（二）顾客关系管理的功能

CRM 涵盖了各种营销理念、策略和战略，例如根据顾客行为的改变来调整分销渠道，利用顾客数据来规划和执行分销、促销和服务策略等。总的来说，CRM 的核心功能主要集中在以下三个方面。

1. 顾客获取

通过 CRM，服务厂商可以识别并吸引最具价值的顾客。系统能够收集顾客的数据资料，进行详细的分类和分析，从而筛选出服务厂商的目标顾客群体。对于那些重复购买的顾客，服务厂商可以给予一定的奖励，让他们感受到良好的双向沟通，并认为自己得到了特别的关注和奖励。这样能够增强服务厂商与顾客之间的交往和沟通，强化彼此之间的长期合作关系，并建立互利互信的基础。此外，服务厂商还可以运用顾客数据资料来设计和开发符合这些顾客喜好的产品和服务。通过深入了解顾客的需求和偏好，服务厂商可以提供更加个性化的服务，或者针对某一特定顾客群体提供专门的服务。这样能够更好地满足顾客的需求，提高顾客满意度和忠诚度，进一步促进服务厂商的发展。

2. 顾客开发

借助 CRM，服务厂商可以站在顾客的角度，研究顾客需要什么样的产品，在什么时间，以何种付款方式来满足他们的具体服务需求。根据这些需求，服务厂商可以运用分销、促销和服务等营销战略及策略来改进服务，降低成本，并赢得顾客的忠诚。为了做好顾客开发，服务厂商需要做好以下工作。首先，在顾客需要的时间和地点提供他们真正需要的产品和服务，以最大限度地增加利润。其次，了解顾客的价值和行为特征，以此为基础，优先安排营销方案，有效配置服务资源。再次，借助多种营销手段、促销方式和渠道来改进服务并降低成本。最后，通过销售产品，对顾客个人或家庭实施更大规模的市场渗透，以提高服务厂商的市场占有率。

3. 顾客保持

在维护现有顾客方面，服务厂商需要做到以下几点。首先，建立并保持顾客的忠诚度。其次，利用顾客数据资料进行有针对性的促销和交叉销售活动。最后，扩大每位顾客参与的服务范围,从而建立更加牢固的顾客关系。这些都可以通过 CRM 来完成。

(三) 全面的顾客关系管理策略

服务厂商应该如何进行顾客关系管理呢？图 11-2 提出了与 CRM 策略相关的 5 个关键流程整合框架。

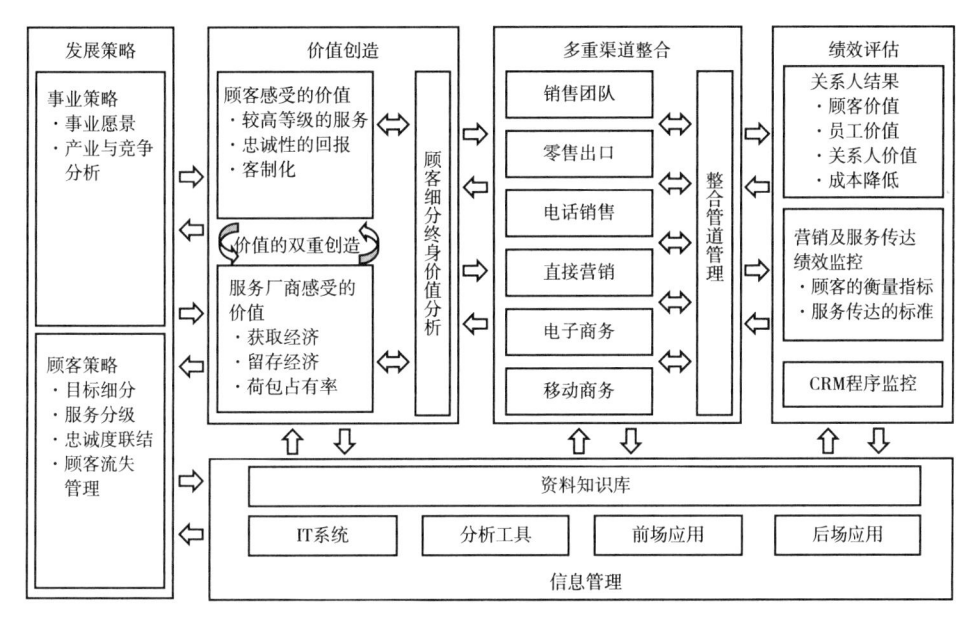

图 11-2 CRM 策略的整体框架

资料来源: Adrian Payne and Paine Frow, "A Strategic Framework for Customer Relationship Management," *Journal of Marketing* 2005, 69, pp. 167-176。

1. 发展策略

首先要进行产业和竞争分析,并根据分析的结果来发展出服务厂商的事业策略。一旦拟定事业策略,服务厂商便须据此来发展出顾客策略。顾客策略的内涵包括选择目标的细分市场,根据顾客基础来进行顾客的等级区分,设计忠诚度相关的联结,以及进行顾客流失管理。

2. 价值创造

价值创造是指服务厂商必须将事业策略与顾客策略转换成特定的价值。价值创造包括两种：顾客所能感受到的价值和服务厂商所能感受到的价值。顾客所能感受到的价值包括服务本身所传达的价值、服务厂商对于忠诚顾客的回馈、针对顾客的个性化与个人化。服务厂商所感受到的价值则包括可以降低"争取顾客"与"留存顾客"所付出的成本,以及增加其利润。

3. 多重渠道整合

大部分的服务厂商通过多重渠道来和顾客互动,也就是服务厂商要通过很多潜在的接口来服务顾客，而形成一种经由联结的顾客接口来传达个性化与个人化的服务。多重渠道的整合便是服务厂商很大的挑战。

4. 信息管理

若要通过多重渠道来传达服务，则必须依赖服务厂商通过从多重渠道来搜集顾客信息的能力。服务厂商必须将搜集到的信息与其他相关信息结合，并提供这些相关的信息给位于所有接触点的第一线服务人员来运用。信息管理过程包括数据库、IT系统、分析工具、前场应用、后场应用等。

5. 绩效评估

在实施CRM时，必须解决以下三个关键问题。第一，CRM策略是否真正创造了利益相关者（顾客、员工和股东）的价值？第二，CRM是否真正达成营销与服务传达的绩效目标？第三，CRM程序本身的表现是否达到期望的水平？绩效评估的动作必须能够引发CRM策略本身的持续不断改善。

第2节 顾客满意与顾客忠诚

一 顾客满意

（一）顾客满意的定义

顾客满意是指顾客对服务满足其需求的实际表现与个人期望进行比较后所产生的主观感受。在购买产品或服务之前，顾客会对即将体验的服务产生一定的预期。在消费过程中，顾客会根据实际体验对服务的质量、性能、特色和价值等进行感知与评价。当感知效果达到或超过预期时，顾客会感到满意；如果感知效果未能达到预期，顾客则可能感到不满意。满意程度的高低取决于实际感知与预期之间的差异：低于预期会导致不满意，符合预期则是满意，而超过预期则可能带来非常满意、愉悦或欣喜的情感体验。

（二）顾客满意度效应分析

从个人层面来说，顾客满意度是顾客对产品或服务消费体验的内心感受状态。顾客的满意可以来自多个方面，比如对一件产品、一项服务、一种理念、一次机会或一套体系的满意，甚至也可以是对某种社会或精神追求的满足。

顾客所获得的总价值，是指在消费服务过程中获得的一系列利益。这些利益可以归纳为产品价值、服务价值、人员价值和形象价值的综合。而顾客为获取这些利益所付出的总成本则包括货币成本、时间成本、信息成本、精力成本和维护成本等。

在服务营销领域，影响顾客满意度的主要因素有三个，即体验服务质量、预期服务质量和感知服务质量，具体如图11-3所示。

图 11-3 顾客满意度心理分析

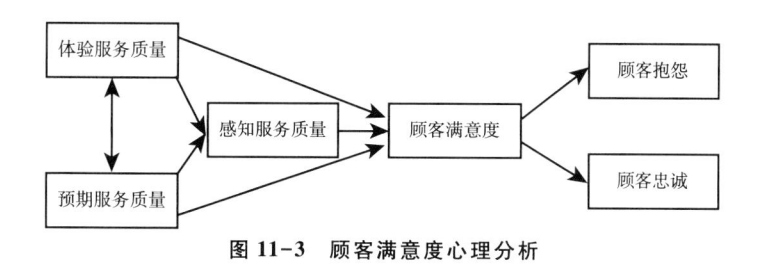

1. 体验服务质量

顾客对近期服务消费体验的总体评价，称为体验服务质量。这一评价对顾客满意度具有直接且重要的影响，因此通过顾客对体验服务的评价可以测量其满意度。为了使体验服务质量的评价更具可操作性，我们必须关注服务的定制化程度和可靠度。服务的定制化程度指的是服务厂商为不同的顾客提供个性化服务的能力。例如，美国花旗银行为全球不同地区、不同阶层的顾客提供定制化的服务，仅存款一项就有 100 多种服务选择。服务的可靠度则是指服务厂商提供完全可靠的、标准化服务的能力。在顾客感知质量的各种属性中，定制化程度和可靠度对顾客对服务质量的总体评价影响最大。

2. 预期服务质量

顾客预期服务质量是指基于对服务厂商过去服务的体验和评价，对未来服务质量的预期。这涉及过去所有服务的质量体验和信息，以及对服务厂商未来一段时间满足市场需求能力的预测。在服务表现一定的条件下，顾客的预期服务质量决定了他们的满意程度。

3. 感知服务质量

顾客感知服务质量是指顾客根据所付出的价格，对服务质量的评价和感知水平。在顾客体验服务质量一定的情况下，感知质量的提高与顾客满意度之间存在正相关关系。服务厂商必须通过准确测量顾客感知服务质量来寻找各项价值的增值点，以便在现有的价格水平上努力提升服务质量。

从服务厂商层面来说，顾客满意度是一套用于评估和提升市场表现、以顾客为中心的指标体系。它可以通过顾客消费服务获得的总价值与付出的总成本的比例来衡量，是评估服务厂商经营质量的重要标准。如果顾客对服务厂商的产品和服务感到满意，他们可能会将这种良好的消费体验传播给其他人，从而扩大产品的知名度，提升服务厂商形象，并为服务厂商的长期发展注入新的活力。

（三）顾客满意度指标

顾客满意度的评价指标由五个部分构成，它们共同反映了每位顾客对服务的整体评价。[1]

---

[1] 郭国庆、王霞、梁栋编著《营销决策模型》，高等教育出版社，2019。

第一部分评估顾客对服务的预期质量。在这一部分，顾客被要求回顾他们以往的服务体验，并据此设定对即将接受服务的预期质量水平。具体的衡量标准包括：对服务整体质量的预先期望（在消费之前）；对服务个性化程度（即服务能否满足个性化需求）的预期（在消费之前）；对服务可靠性（或服务出错频率）的预期（在消费之前）。

第二部分衡量顾客实际体验到的服务质量。这一部分主要包含以下三个方面的评价：对服务整体质量的实际感受（消费后评价）；对服务个性化程度的评价（消费后评价）；对服务可靠性的评价（消费后评价）。

第三部分评估顾客对服务质量的感知。这部分要求顾客基于支付的价格来评价他们所感知的服务质量水平。主要包含以下两个方面：在给定价格下，对服务质量水平的评价，这一指标主要用于在同一行业中进行同类服务的横向比较；在给定服务质量下，对价格水平的评价，这一指标适用于在同一市场定位的不同服务项目之间进行竞争力比较研究。

第四部分评估顾客的整体满意度。主要评价指标包括：总体满意度；预期与实际服务水平的差距（次于或优于预期服务水平）；服务表现与理想服务水平的差距。

值得注意的是，这里的"预期服务水平"和"理想服务水平"是两个不同的概念。顾客满意度是通过比较服务表现与这两个水平的差距来测量的。

第五部分评估顾客的抱怨程度。通过观察顾客的抱怨是正式的还是非正式的，可以大致了解顾客的抱怨水平。这一指标可以反映服务厂商的顾客沟通水平和抱怨管理水平。

（四）提高顾客满意度的途径

1. 提升产品和服务的质量

服务厂商通过提供有形的产品为顾客提供服务。因此，除了提升服务质量，服务厂商还需要注重提升有形产品的质量。两者相互补充，相得益彰。例如，美容院为顾客提供美容服务时，非常重视对美容院内部设施的管理和更新。此外，服务厂商还可以通过调研等方式更精准地了解顾客需求，从而更有针对性地提供产品和服务。

2. 创造愉悦的情绪环境

研究表明，积极的情绪会对顾客满意度产生正面影响。虽然服务厂商在服务开始前难以预测顾客的情绪，但在服务过程中应该努力营造良好的情绪环境，从而提高顾客的满意度。例如，在服务环境中设置一些能让顾客感到归属感的设施和标识；播放恰当且令人愉悦的音乐；鼓励员工帮助顾客回忆美好的事情，并站在顾客的角度处理负面情绪。

3. 建立透明的信息服务体系

顾客对一些关键信息非常敏感，如价格、优惠和服务项目等。因此，服务厂商应确保这些敏感信息的透明度,让顾客感受到公平和公正。在提供服务后,主动提供售后服务,主动询问可能出现问题的地方,消除顾客的疑虑,并为顾客提供情感关怀,以提高顾客的满意度。

二 顾客忠诚

(一) 顾客忠诚的概念

顾客忠诚是指顾客对服务厂商产品或服务的依赖和认可、坚持长期购买和使用,从而表现出的在思想和情感上信任和忠诚的程度,是顾客对服务厂商产品在长期竞争中所表现出的优势的综合评价。在营销实践中,它通常被定义为顾客购买行为的连续性。顾客忠诚度即顾客忠诚的程度,是指受质量、价格、服务等诸多因素的影响,顾客对某一服务厂商的产品或服务产生感情,形成偏爱并长期重复购买该服务厂商产品或服务的倾向。[1]

根据顾客的忠诚度和与服务厂商的关系密切程度,阿德里安·佩恩(Adrian Payne)将顾客市场划分为五个不同层次:潜在顾客、新顾客、现有顾客、支持者和宣传者。他形象地描绘了顾客忠诚度的关系营销阶梯,如图11-4所示。从图11-4中可以清晰地看到,服务厂商在经营过程中不应仅关注吸引新顾客和潜在顾客,而应将重心放在发展与顾客之间的关系,努力培养他们的忠诚度。

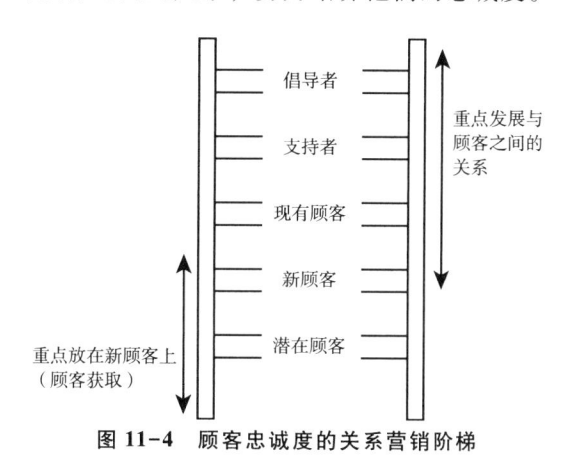

图 11-4 顾客忠诚度的关系营销阶梯

资料来源:郭国庆、王霞、梁栋编著《营销决策模型》,高等教育出版社,2019,第220~221页。

顾客忠诚度对服务厂商具有重要的营销价值和战略意义。在关系营销中,吸引新顾客和维系老顾客是两个不可或缺的环节,而维系老顾客尤为重要。"漏桶理论"认为,桶之所以出现漏洞,是因为在服务营销过程中会出现一些差错和缺陷,例如服务

---

[1] 郭国庆、王霞、梁栋编著《营销决策模型》,高等教育出版社,2019,第220~221页。

质量差、技术水平低或服务态度恶劣等，导致水从桶中流失，服务厂商失去一部分老顾客。为了保持一定的营业额，服务厂商必须不断注入新的水——新顾客。然而，这样的过程是昂贵的，服务厂商通常需要付出较高的代价。这些代价包括以下内容。

1. 为了说服新顾客，服务厂商需要增加一定的成本

相对于说服老顾客再次购买，争取新顾客所需花费的成本至少要多出六倍。而对于那些因不满而离开的顾客，重新争取他们所需的费用更是高达25倍之多。服务厂商需要为新顾客提供初始服务，并做大量的重复性前期宣传工作，这无疑会增加服务厂商的成本。

2. 老顾客的离开意味着大量销售额的流失

美国《哈佛商业评论》上的一篇研究报告指出，多次光顾的顾客比初次登门的顾客能够为服务厂商带来更多的利润，这个比例为20%~85%。当市场占有率超过50%时，重复购买和更新购买的数量会大大超过首次购买的数量。失去20%的老顾客意味着将失去80%的市场。

3. 不满意的顾客会给服务厂商的形象带来极大的负面影响

研究显示，一个不满的顾客会把他们的经历告诉大约11个人，而这些人又会继续传播，最终可能导致60个人知道这件事情。这种传播的连锁反应会对服务厂商的形象造成巨大的损害。服务厂商需要投入一定的资金来修复形象，这无疑会增加服务厂商的经营成本。

（二）顾客忠诚的测量

服务厂商可以通过评估顾客对服务再消费的倾向性来衡量顾客忠诚度。具体来说，包括以下三个指标。

1. 再购意愿

再购意愿指消费者是否愿意再次购买或重复消费服务厂商所提供的服务。

2. 提价容忍度

提价容忍度指假设顾客已经表示可能再次消费该服务，当服务厂商提高服务价格时，顾客愿意接受的价格上限。这个指标能够反映顾客的忠诚度。

3. 降价容忍度

降价容忍度指假设顾客已经表示不可能再消费该服务，当服务厂商降低服务价格时，顾客愿意接受的价格下限。这个指标反映了顾客对服务的潜在不满以及服务厂商为了挽留顾客需要付出的代价。

（三）顾客忠诚之轮

忠诚之轮（Wheel of Loyalty）便是用来思考如何建立顾客忠诚度的架构，如图11-5所示。一般来说，忠诚之轮包括以下三项策略。

图 11-5 忠诚之轮

资料来源：Christopher Lovelock and Jochen Wirtz, *Service Marketing: People, Technology, Strategy*, Seventh Ed., Upper Saddle River, NJ: Pearson Education Inc., 2011, p. 345。

1. 建立忠诚的根基

建立顾客忠诚的基础在于对市场进行正确的细分，确保顾客的需求与服务厂商的能力相匹配。"我们应当服务于哪些客户？"是服务厂商必须经常深入思考的问题。因为并非所有客户的需求和价值追求都能被服务厂商的能力、技术和策略满足，所以服务厂商必须首先确定正确的目标客户。

服务厂商应当追求价值，而非单纯追求数量。许多服务厂商只关注顾客的数量，而忽视了顾客的价值。例如，经常购买的顾客相比于偶尔购买的顾客，购买数量更大，因此产生的价值也更大。因此，这类顾客更重要。此外，一些只追求最低价格的顾客并不是理想的顾客，因为他们往往不断地寻找最低价格，往往不是高度忠诚的顾客。忠诚的顾客应该是那些能够从服务厂商处获得真正独特价值的顾客。当然，不要认为"最大"的顾客就是目标顾客。目标顾客应该是指能够从服务厂商处获得独特价值的顾客，他们通常很难从其他服务厂商获得相同的满足。因此，服务厂商必须经常审视自己能否为其目标顾客提供不可替代的价值。

2. 创造忠诚联结

创造忠诚联结有以下三种策略。

（1）深化关系

深化关系本质上是指加强服务厂商与顾客之间的联结。为此，首要步骤是确保与顾客之间维持持续、不间断地交流与互动。服务厂商及其团队必须致力于这种持续性的接触，因为它是构筑双方长久信赖与合作关系的关键策略。具体实践中，可以通过诸如发送生日贺卡、赠送生日礼物以及定期的问候等方式来实现，这些举措旨在通过持续的关怀与接触，向顾客传达服务厂商对他们的重视与关怀，从而进一步加深双方的关系。

很多服务厂商也通过提供额外、无费用的服务作为手段，来巩固与顾客之间的情感纽带。这些无偿服务超越了常规服务范畴，以细致入微的关怀形式呈现，往往能给顾客带来意外的喜悦与温馨感受，进而加深顾客的忠诚度。以德芙巧克力为例，他们会随产品附赠小玩偶等小礼品，这种贴心的举动正是为了提升顾客的满意度与品牌忠诚度。

深化关系的另一种方式是将服务进行搭售或是进行交叉销售。搭售是指将两种服务配套销售。例如，健康检查便经常将很多种检查服务一起配搭销售。交叉销售是指销售了某种服务后，又推销另一种服务。举例来说，美容美体行业中的服务厂商通常会先向顾客推广SPA服务，当顾客体验到满意的服务后，再顺势推荐塑身服务。顾客在同一厂商处持续购买多种服务，无疑会促进双方关系的深化。因此，那些能够提供一站式全方位服务的厂商，相较于仅提供单一服务的竞争对手，更容易与顾客建立起紧密和深厚的联系。为了进一步强化这种关系，服务厂商常常会采用价格优惠策略，通过服务的搭售或是交叉销售，吸引顾客增加消费，从而加深彼此之间的合作与信任。

（2）创造忠诚的回报

服务厂商应该提供适当的诱因给顾客，如此可以引发其忠诚度。当顾客因表现出忠诚而享受到额外的回报时，这种正向反馈将进一步巩固和激发其忠诚行为。回报可以分为财务回报与非财务回报。例如，很多服务厂商对于常客提供价格上的优惠或是特殊的待遇。

航空公司广泛实施的里程累积计划，是一个鲜明的财务激励手段，旨在提升顾客的忠诚度。随着顾客使用特定航空公司服务的增多，他们累积的里程也随之增加，进而能够兑换到诸如免费机票等实质性的财务回报。而除这种直接的财务回报外，非财务回报同样重要且吸引人。例如，对于经常乘坐的顾客，航空公司可能会提供专属的快速通道服务，减少其等待时间，或是给予免费的舱位升级，这些非财务的礼遇让顾客感受到被重视和特别对待，进一步加深了他们对航空公司的情感联结和忠诚度。

（3）建立较高级的联结

第一，建立社会联结。在专业服务提供者（如律师、理财顾问等）和个人关怀提供者（如理发师、保健师等）与顾客之间，人际关系和情感交流是普遍存在的。

在去美发店理发时，如果发型设计师能够直接称呼顾客的名字，这就是发型设计师试图建立的一种社会联结。这种联结主要基于买卖双方之间存在的个人关系。没有什么比记住顾客的名字更能让顾客感到亲切和重要的了。通过记住名字，服务人员能够将与顾客的关系个性化，从而给顾客留下深刻而积极的印象。

除了顾客的名字，记住顾客过去的消费历史也是至关重要的。这种记忆能让顾客感受到尊重，使他们觉得自己是服务厂商的重要客户，从而更容易与服务厂商建立紧密的联系。此外，如果顾客对成为服务厂商的忠实客户感到满意和自豪，这也能够成为一种社会联结。社会联结的建立并不容易，但这同时也意味着它不容易被破坏。相比之下，现代超市中买卖双方通常没有深厚的关系，因此社会联结几乎不存在。这与过去传统的小区杂货店所建立的深厚邻里关系截然不同。

第二，建立个性化联结。个性化联结比财务刺激和社会联结更具深度和内涵。例如，销售商不仅努力与顾客建立强烈的个人承诺，还依靠系统的反馈来实现定制化服务，以满足顾客不断变化的需求。在定制化联系策略中，有两个常用的术语：大规模定制和顾客亲密接触。这表明，通过深入了解顾客的情况和制定个性化的解决方案，可以提升顾客的忠诚度。

大规模定制并不意味着无休止地为满足顾客需求而提供解决方案。它的核心是通过必要的努力为个体提供定制化的服务。为了成功有效地实现这一点，服务厂商需要拥有一个高度复杂的顾客信息系统来进行数据库营销。数据库营销涉及建立、维护和使用顾客数据来进行交流和交易。这种营销方式具有很强的针对性，是一种利用先进技术实现的一对一营销，可以看作顾客化营销的特殊形式。

第三，建立结构性联结。结构性联结是整合财务联结、社会联结和个性化联结，进而建立并维持与顾客的关系。这种联结的形成，是通过提供具有特殊设计和量身定制的服务传递系统，使服务厂商和顾客之间建立起结构性的相互依赖关系。结构性关系涉及彼此共享的信息、程序或设备，甚至共同的投资。例如，许多在线旅游公司或机票网站建立了完整的顾客数据库，使顾客可以轻松查询消费记录和个人详细信息。这样，顾客在下次订购时就不需要再填写大量个人数据，从而大大节省了时间和精力。再比如，天猫和京东等电商平台在货物发出时，会实时追踪并披露相应的物流信息。从货物出库、揽件、运输到派送，顾客可以方便、准确地追踪到每一环节的信息。这种信息透明化，不仅提升了顾客的购物体验，还建立了服务厂商、平台和顾客之间的紧密依存关系。结构化联系手段是竞争者难以模仿的技术性手段，通过这种手段建立起来的相依关系很难被竞争者打破。因此，基于这种联系手段建立的竞争优势具有持久的生命力。

3. 消除不满意因素

减少顾客的不满有助于提升顾客的忠诚度。常见的消除不满意因素的方法如下。

(1）强化核心服务的提供

核心服务的提供是建立稳固顾客关系的基础。如果基本的核心服务无法让顾客感受到价值，无法满足顾客的需求，那么所有的顾客关系管理都是脆弱的。所有的顾客关系管理都是基于服务厂商能够提供具有竞争力的服务质量与价值。因此，强化核心服务的提供是减少顾客不满的首要步骤，也有助于提升顾客的忠诚度。

（2）进行顾客流失管理

为了有效地进行顾客流失管理，服务厂商需要首先深入了解顾客流失的原因。为此，他们需要进行顾客不满原因分析，以及进行顾客流失诊断，包括对顾客流失的数据进行分析。此外，对重要的个别客户进行预警也是重要的步骤。服务厂商可以通过运用流失预警系统来监控个别顾客的活动，并预测可能的顾客流失。对于可能流失的客户，服务厂商需要采取预防措施来挽救。

（3）增加顾客的转换障碍

为了减少顾客流失，增加顾客的转换障碍是一种有效的方法。许多服务商品本身就具有天然的转换障碍，例如，更换产检医院可能需要重新填写大量的文件和表格，过程相当烦琐，导致许多孕妇选择继续在原医院产检并生孩子。此外，服务厂商还可以通过创造惩罚机制来增加顾客的转换成本。例如，对于那些以优惠手机价格办理手机号码的顾客，如果他们想要更换电信运营商，可能需要支付一定的差价罚款。此外，一些软件的学习需要一定的时间，因此当用户想要更换软件时，他们可能需要重新学习操作，这也可能构成较高的转换成本。

（4）服务人员的安排妥当

人是服务提供的核心力量，因此，合理的人员配置是确保顾客满意和维持顾客忠诚度的关键因素。服务厂商的服务作业和策略的实施，都离不开员工的参与和执行。因此，服务厂商必须认真考虑人员配置问题，这包括以下几个方面。

①保持正确的服务心态。无论是服务厂商的管理者还是服务人员，都应该始终认为满足顾客需求是服务厂商存在的根本目的。

②培养员工忠诚度。员工的忠诚度能够传递给顾客，进而引发顾客对服务厂商的忠诚。因此，服务厂商必须首先培养员工对服务厂商和主管的忠诚度，以塑造正确的服务文化。

③培训和授权员工。为了提供优质的服务给顾客，服务厂商必须确保员工具备提供优质服务的能力。因此，需要对员工进行适当的培训，并赋予他们必要的职权和工具。

④建立信任关系。信赖是顾客与服务人员之间的重要因素。服务人员需要具备专业性、可靠性和对顾客的关心，才能赢得顾客的信赖。因此，服务厂商必须确保其服务人员具备这些因素。

⑤保持灵活性。服务厂商需要保持灵活性，不要因为坚持公司的政策而拒绝满足顾客的小要求。过于僵硬的政策可能会被视为缺乏人性，导致顾客流失。

⑥以人员互动为主。在和顾客互动的时刻，服务厂商应尽量使用人员代替机器。例如，过多的语音电话可能会让顾客感到冷漠，缺乏温暖的人员互动。

⑦及时提供帮助。当顾客遇到问题时，服务厂商不应回避。这是顾客最需要帮助的时刻，如果能够及时提供真诚的关心和帮助，可以提升顾客的忠诚度。

第3节　服务失误与服务补救

一　服务失误

（一）服务失误的原因

服务失误是在服务过程中由于各种原因导致的顾客不满意的状态。服务失误通常发生在关键事件的服务接触中，这些关键事件或"真实瞬间"构成了顾客与服务厂商之间的交互瞬间。消极的关键事件会导致服务失误，进而影响顾客的服务体验。

服务接触中的服务失误之所以不可避免，与服务的独特性有关。由于服务的无形性，制定明确的质量标准在很多情况下是困难的，顾客对服务感知与期望的比较是一种高度主观的评价，服务厂商很难对其进行精确的控制。此外，由于服务的异质性，不同人员提供的服务存在很大差异，不同顾客对同一种服务的感知也有很大差异，这增加了服务质量的控制难度。另外，由于服务的易逝性，供给与需求往往难以吻合，顾客在服务中有时会遇到延误的情况，员工有时会失去耐心。此外，服务的生产、传递和消费过程通常同时进行，问题通常是即时出现的，顾客或多或少地参与到服务的生产过程中，这增加了问题出现的可能性以及确定问题的难度。因此，与有形产品的质量控制相比，服务质量控制的难度要大得多，服务过程出现失误的可能性也更大。

（二）服务失误的分类

服务失误在所难免，但服务失误的类型是可以预见的。比特纳、博姆斯和泰特罗特从顾客、员工和服务厂商的角度将服务失误分为四种：服务传达系统失误、对顾客的需要和请求的反应失误、员工行为导致的失误、问题顾客导致的失误。

1. 服务传达系统失误

服务传达系统失误是指公司提供的核心服务出现问题。例如，餐厅上错菜、旅馆未能及时整理房间、干洗店把顾客衣服弄坏等。

一般来说，服务提交的系统失误包含以下三种情况。第一，服务不可用。通常可用的服务现在无法提供或不存在。第二，服务不合理或缓慢。服务提供速度不符合顾客的期望或不合理地缓慢。第三，其他核心服务的失误。各种核心服务出现问题，如金融服务、健康保险、旅游、零售等不同行业的核心服务都有自己特有的问题。处理这种服务失误时，服务厂商需要采取相应的措施，尽可能减少其造成的影响，并努力提高顾客的满意度。

2. 对顾客的需要和请求的反应失误

第二种服务失误是对顾客的需要和请求的反应失误。这种失误涉及员工对个别顾客的特定需要和特别请求的响应。顾客的需求可能是隐含的，也可能是明确的。

一般来说，员工的反应失误由以下四类组成。第一，特殊的需要。满足顾客在医疗、饮食、心理、语言或其他方面的特殊困难需求。例如，为素食者准备素食就满足了他们的特殊需要。第二，顾客的偏好。员工能够结合顾客的需求来修改服务提交系统。在饭店里，顾客要求替换食物就是顾客偏好的典型例子。第三，顾客的错误。员工需要解决由顾客自身引发的问题或混乱，例如，要求电影院内的观众保持安静，或者要求顾客不在饭店的非吸烟区内吸烟。第四，其他混乱。员工需要解决其他由顾客引起的混乱或问题。处理这种服务失误时，服务厂商需要采取相应的措施，尽可能减少其造成的影响，并努力提高顾客的满意度。

3. 员工行为导致的失误

第三种服务失误是由员工行为引起的，这些行为是顾客所不期望的，并且既不是由顾客自己造成的，也不属于核心服务提交系统的一部分。

这种服务失误还可以进一步细分为以下几类。第一，注意程度。员工在服务过程中未能给予足够的关注或注意力，导致服务失误。第二，异常行为。员工表现出不符合常规或职业标准的异常行为，如态度不友好、语言不当等。第三，文化惯例。员工对不同文化背景的顾客的习俗或惯例不了解，导致服务失误。第四，形态。员工的服务形态或姿势不适当，影响顾客的感知和服务体验。第五，不利条件。由于外部环境或资源不足等不利条件，员工无法提供满意的服务。处理这种服务失误时，服务厂商需要采取相应的措施，改进员工培训和行为规范，并提高员工的职业素养和顾客服务意识，以减少这种失误的发生，提高顾客满意度。

4. 问题顾客导致的失误

最后一种服务失误是由顾客自身的不当行为造成的，既不是员工的过失，也不是服务厂商的过失。这种服务失误包括以下几种情况。第一，醉酒。醉酒顾客的行为会对其他顾客、服务人员或服务环境造成不利影响。第二，语言和肢体滥用。一对情侣在饭店里争吵甚至动手，这种情形就属于语言和肢体滥用。第三，破坏公司政策。顾客拒绝遵守员工施加的政策，例如不遵守排队规定。第四，不合作。那些粗野、不合作或提出不合理要求的顾客，即使服务人员试图满足他们的需求，他们往往仍不满意。处理这种服务失误时，服务厂商需要采取相应的措施，如提供清晰的政策和指导，培训员工如何应对不同情况的顾客，并确保顾客意识到自己的行为对其他顾客和服务人员的影响。同时，服务厂商还可以考虑提供反馈机制，让顾客对他们的行为负责并承担相应的后果。

二 顾客抱怨

(一) 顾客对服务失误的反应

当服务出现失误时，顾客会产生不同层次的失望或不满情绪。这些情绪会导致顾客产生不同的行为（见图11-6），他们可能选择采取行动，也可能选择保持沉默。同时，他们会根据服务厂商对待他们行为的态度做出决策，选择退出还是继续留在该服务厂商的服务流程中。

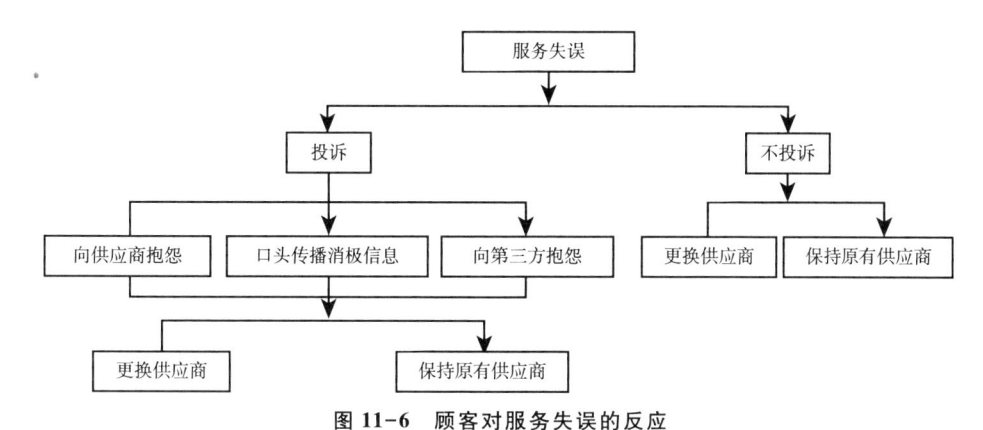

图 11-6 顾客对服务失误的反应

资料来源：〔美〕瓦拉瑞尔·A.泽丝曼尔、〔美〕玛丽·乔·比特纳、〔美〕德韦恩·D.格兰姆勒《服务营销》（第7版），张金成、白长虹等译，机械工业出版社，2018，第155页。

在服务提供者出现失误后，如果顾客选择采取消极态度并保持沉默，他们再次与服务提供者接触的可能性相对较小。即使他们再次光顾，如果服务厂商没有意识到上次的失误并再次提供不满意的服务，这些顾客很可能会选择离开。因此，服务厂商不应该消极对待不满意的顾客，因为这样做是不明智的。

对于那些可能采取行动的顾客，他们的选择也是多种多样的。当顾客对服务质量不满意时，他们可能会当场向服务提供者投诉并等待服务厂商的回应，或者选择间接的方式，例如在服务结束后通过电话、微信或信件向供应商投诉。只要顾客在遇到服务失误后向服务厂商表达他们的不满和要求，服务厂商就有机会进行补救。这种情况对于服务厂商来说通常是最好的，因为服务厂商还有第二次机会满足顾客的要求，从而避免负面口碑的传播。

在不同的情境下，有些顾客可能会选择不向服务提供者抱怨他们感受到的劣质服务。由于情绪控制、场合不合适或性格原因，他们可能不会让服务厂商了解他们的负面情绪。相反，他们可能会向朋友、同事或亲属发泄不满，传播有关服务厂商的负面信息。这种顾客行为不仅会加剧他们的负面情绪，而且会将这种负面信息传播给其他人。如果服务厂商没有收到投诉并感受到这种负面情绪，其将失去对失误进行补救的机会。随着时间的推移，顾客可能会逐渐流失，并影响到服务厂商潜在顾客的范围和数量。

顾客可能会采取的第三种行动是向第三方抱怨，例如消费者协会或行业协会等。无论顾客选择上述哪种行动，或者根本不采取任何行动保持沉默，他们最终都会做出决定，是否再次光顾该服务厂商或者转向其他服务厂商。

（二）决定顾客抱怨行为的因素

1. 顾客对补救服务失误成功的预期

顾客对补救服务失误成功的预期，也就是当服务出错时，顾客对于服务厂商是否愿意并能够采取措施进行补救的看法。这种预期取决于服务厂商的态度和实际操作。一些服务厂商会为了维护自身信誉，积极采取措施来补救服务失误；另一些服务厂商可能会因为各种理由，比如员工权限不足或政策僵硬，而不对顾客负责任，甚至无视顾客的投诉。因此，顾客对于补救服务失误成功的预期是一种认知，这种认知基于服务厂商的意愿和具体政策。如果服务厂商缺乏补救失误的意愿，或者虽然有意愿但投诉程序过于复杂，都会让顾客认为成功的可能性很小，从而降低他们提出抱怨的可能性。研究结果表明，当服务失误发生时，顾客认为成功的可能性越大，他们向服务厂商提出抱怨的可能性也就越大。

2. 抱怨收益

抱怨收益，即顾客在提出抱怨后所获得的利益与所付出的成本的比较。这些利益可能包括物质和非物质的收益。而顾客为提出抱怨所付出的成本则包括时间、精力、金钱和声誉等方面的代价。如果获得的利益大于付出的成本，那么抱怨收益为正；如果获得的利益小于付出的成本，则抱怨收益为负。这个衡量过程往往是主观的，因为很难进行量化的衡量。顾客会根据自己的认知来评估进行抱怨所需的成本和可能获得的利益。如果收益越高，顾客越有可能提出抱怨。

3. 不满程度

即顾客对于服务失误给自己造成损害的严重程度的主观认知，也可以理解为问题的严重性。通常来说，如果顾客的不满意度越高，服务厂商应该更加重视他们的投诉。

4. 消费事件的重要性

在酒店进行的婚宴、寿宴、大型商务活动等，这类消费事件在顾客看来非常重要。一般而言，顾客期望酒店对住宿或宴会活动给予足够的重视，酒店需要明确哪些消费事件是极其重要的，哪些是重要的，以及哪些可以按照常规流程进行。此外，消费事件的重要性还可以根据涉及的金额大小、参与者社会影响力等因素进行区分。

5. 顾客的购物智慧与经验

顾客的购物智慧与经验包括顾客对产品的了解程度、对消费权益的认知、对质量和满意度的认识深度，以及他们选择抱怨渠道的依据。顾客的购物智慧与经验受到服务厂商市场宣传活动的影响，同时也受到顾客个人生活经历和知识储备的影响。例如，经常旅行的顾客对酒店的服务和运作有着深入的了解，他们几乎成为酒店的"常客专家"，对酒店的服务质量和细节保持着高度敏感和判断力。

6. 顾客的转换成本

顾客的转换成本指的是当顾客遇到服务失误时，由于服务的提供商众多且提供的服务差异不大，顾客可能会选择离开。如果转换成本较低，顾客可能不会抱怨而是选择悄悄离开。如果转换成本较高，顾客则可能会选择投诉。此外，其他因素（如年龄、收入、教育程度、职业、果断性和自信心等）也会影响顾客是否抱怨。

（三）顾客抱怨的类型

顾客的抱怨并非千篇一律，抱怨分为明示抱怨和自反抱怨。明示抱怨主要针对除抱怨者之外的其他人或事件，而自反抱怨则主要针对抱怨者的内在因素。明示抱怨将问题的根源归咎于外部的其他人和事件，而自反抱怨则认为问题的根源在于抱怨者自己。大多数顾客更倾向于明示抱怨。这主要是基于两个原因：首先，人们不愿意对自己进行负面评价，以免损害自尊心；其次，人们通常不愿意向他人传达自己的负面属性。由于大多数顾客更倾向于明示抱怨，如果他们的抱怨是工具性抱怨，服务厂商就有更大的可能性进行失误修正。

此外，抱怨还可以分为工具性抱怨和非工具性抱怨两种类型。工具性抱怨的主要目标是改变某种不理想的状态。例如，当顾客抱怨餐厅的菜品太咸时，他们的主要目的是避免再次吃到太咸的食物。然而，工具性抱怨在所有抱怨中仅占一小部分。相比之下，非工具性抱怨则是一种并不期望情况会得到改善的抱怨。例如，当顾客向朋友抱怨他们上次吃过的差劲的餐厅时，这种抱怨更多的是为了抒发情绪和表达不满，而不是真正希望未来情况会有所改善。

（四）顾客抱怨的处理

处理顾客抱怨不仅会增加服务厂商的成本，还会分散员工的精力，影响员工的工作热情，甚至会破坏服务厂商的正常运作。因此，服务厂商必须妥善处理顾客抱怨，最重要的是服务厂商必须从顾客的角度出发，为顾客着想。具体来讲，服务厂商应该把握以下三个原则。

第一，迅速及时。服务厂商必须让顾客感受到关注，一旦顾客出现抱怨，应立即采取行动。如果服务厂商未能迅速应对，顾客的不满情绪会随着时间的推移而加剧，这可能会让服务厂商付出更大的代价。

第二，真诚服务，稳定顾客情绪。真诚是解决矛盾的有效方式。当顾客出现抱怨时，服务厂商的员工千万不要和顾客争论，应以真诚的态度，从顾客的角度出发，肯定他们的感受，这样才能稳定顾客的情绪，有助于问题的解决。

第三，关注顾客伤害，洞悉顾客意图。顾客抱怨是他们发泄不满的方式。在处理抱怨的过程中，服务厂商应该尽早发现顾客不满意的原因，以及这些原因对顾客造成的伤害。此外，服务厂商还应深入了解顾客抱怨的真正意图，为提供相应的服务补偿做好准备。

三 服务补救

（一）服务补救原则

顾客是服务厂商的核心资产，为了确保这一宝贵的资产不会流失，服务厂商必须构建高效的服务补救机制，以妥善处理服务失误。一个有效的服务补救机制必须满足以下三个准则。

1. 使顾客易于反馈

许多服务厂商通过优化其反馈系统，例如提供免费电话、在线平台和顾客反馈卡，来让顾客能够轻松地提出意见和建议。然而，有些顾客在遇到不满意的服务时，可能并不会进行抱怨。这主要是由于存在一些阻碍顾客抱怨的因素。因此，服务厂商应该采取相应的策略来减少这些障碍，使顾客更愿意表达他们的不满和意见。常见的阻碍顾客抱怨的因素如下。

（1）反馈不便的障碍

有些顾客可能会因为找不到合适的投诉渠道或程序而感到不便，这增加了他们表达不满的难度。为了解决这个问题，服务厂商需要建立有效的机制，使顾客能够更方便地传达他们的反馈。服务厂商可以采取一些措施来消除这些障碍，例如提供清晰的投诉指南和渠道，确保顾客能够快速找到正确的反馈途径。此外，服务厂商还可以考虑提供多种反馈方式，如在线表单、电话和社交媒体等，以满足不同顾客的需求。通过建立方便的反馈机制，服务厂商可以降低顾客抱怨的障碍，鼓励他们表达不满和意见，从而更好地提高服务质量和顾客满意度。

（2）疑惑的障碍

有些顾客可能会对抱怨的有效性产生疑虑，他们担心在提出抱怨后，服务厂商不会采取积极的措施来解决相关问题。为了消除顾客的疑虑，服务厂商需要确保顾客相信他们认真对待顾客的抱怨，并会采取适当的措施来解决问题。

服务厂商可以通过多种方式建立顾客的信任感，例如提供清晰的投诉处理流程，并向顾客保证他们的抱怨会被认真对待。此外，服务厂商还可以通过及时响应和解决顾客问题，以及提供积极的补救措施来增强顾客的信心。通过消除顾客的疑虑障碍，服务厂商可以鼓励他们表达不满和意见，并确保顾客相信他们的抱怨会得到认真处理。这有助于服务厂商提高服务质量和顾客满意度，并维护顾客忠诚度。

（3）不愉快的障碍

有些顾客可能会担心在抱怨时受到不礼貌的对待，或者陷入尴尬的人际关系困境，甚至引发更多麻烦。为了消除顾客的这种担忧，服务厂商需要确保顾客的抱怨回馈经历是积极的。服务厂商可以通过友善、专业和耐心的态度来处理顾客的抱怨，让顾客感受到被尊重和理解。同时，服务厂商还应该采取适当的措施，确保顾客的问题得到妥善解决，避免给顾客带来麻烦。通过将顾客的抱怨回馈转变为积极的经验，服务厂商可以消除顾客的不愉快障碍，使他们更愿意表达不满和意见。这有助于服务厂商提高服务质量和顾客满意度，并建立良好的品牌形象。

2. 高效有力的服务补救措施

服务补救不是只解决因服务失误引发的问题，而应是一种积极主动、有计划、经过完整训练并充分授权的过程。因此，一个高效的服务补救系统需要在顾客提出抱怨之前，主动地发现并解决问题。此外，服务人员需要密切关注顾客的不满迹象，并主动询问顾客是否遇到任何问题。

服务厂商应针对服务失误制定应急预案，明确一旦发生服务失误时应遵循的处理原则。特别需要注意的是，对于那些无法预见但总会出现的问题，服务厂商需要制定相应的应对措施。为了确保顾客在遇到问题时能够迅速获得协助，服务厂商必须对服务人员进行充分的培训。这样，当顾客遇到问题时，服务人员能够迅速提供帮助，将顾客的不满转化为满意。最后，服务补救系统需要对员工进行适当的授权，确保员工拥有足够的职权来做出决策，以解决服务中出现的问题。在处理非常规性的失误时，这一点尤为重要。为了保持灵活性，员工应被激励运用其判断和沟通技巧来制定适当的解决方案，以满足抱怨的顾客的需求。

3. 建立适当的补偿水平

当服务厂商出现服务失误时，他们应该给予顾客多少服务补偿是一个值得探讨的问题。仅仅一个道歉是否足够，还是需要采取更多措施？这主要取决于以下几个因素。

第一，服务失误的严重程度。服务失误的严重程度是决定补偿程度的关键因素。轻微的失误可能只需要简单的道歉和纠正，而严重的失误可能需要更实质性的补偿，如退款、折扣或其他形式的补救措施。

第二，对顾客造成的影响。服务失误对顾客造成的影响也是决定补偿的重要因素。如果失误对顾客造成了明显的损害或不便，服务厂商可能需要提供更全面的补偿措施，以恢复顾客的满意度和信任。

第三，服务厂商的声誉和口碑。服务厂商的声誉和口碑也会影响他们应对服务失误的方式。一个有着良好声誉和口碑的服务厂商可能更倾向于采取积极的措施来补偿顾客，以维护其品牌形象。

第四，法律法规的要求。在某些情况下，法律法规可能规定了服务厂商应对服务失误所必须采取的补偿措施。服务厂商应遵守相关法律法规，并确保给予顾客适当的补偿。

（二）服务补救的时机

不同的服务补救时机和方式对顾客感知服务质量产生显著影响。服务补救可以分为三种类型：管理式服务补救、防御型服务补救和弹性服务补救。

1. 管理式服务补救

管理式服务补救，又称为被动型服务补救方式。它不是在服务失误发生后、服务流程尚未结束时立即解决问题，而是等待整个服务流程结束后，由专门负责处理顾客抱怨的部门来解决问题。这种补救方式将服务补救作为一个单独的服务环节，列在主要服务之后。管理式服务补救与传统的顾客抱怨处理方式相似，容易导致忽略因服务失误引发的顾客情绪问题，从而直接影响顾客对服务质量的感知。即使顾客最终得到了完全合理的赔偿，服务失误对顾客感知服务质量的负面影响并未消除。

2. 防御型服务补救

这是一种主动的服务补救方式，在服务流程设计中，服务补救被视为一个独立的环节，但它被整合到主要的服务片段中。一旦出现服务失误，在服务流程尚未结束之前，顾客不必前往特定的部门提出正式的意见，问题就已经得到解决。这种补救方式要求顾客自己采取措施解决问题，而正式的补救措施则会在稍后实施。虽然防御型服务补救没有充分考虑顾客的情绪问题，但它对顾客感知服务质量水平的影响相对较小。因此，这种服务补救方式能够在一定程度上挽回服务失误对顾客感知服务质量的不良影响。

与传统的顾客抱怨处理相比，防御型服务补救更注重在服务失误发生后立即解决问题，而不是等待整个服务流程结束后再进行处理。这样可以更快地恢复顾客满意度，并减少服务失误对顾客感知服务质量的负面影响。

3. 弹性服务补救

弹性服务补救，又称为超前服务补救方式。它强调在服务过程中一旦出现失误，立即采取措施解决问题，而不是等到整个服务流程结束后才进行处理。这种补救方式将服务补救视为顾客服务主流程中不可或缺的一部分。按照弹性服务补救的方式，服务提供者能够更好地解决顾客的情绪问题。顾客会对服务提供者的补救行为感到惊喜，从而提高顾客感知服务质量水平。与防御型服务补救相比，弹性服务补救更注重在失误发生后立即采取行动，以减少对顾客感知服务质量的负面影响。

专栏视点 11-1

海底捞的服务补救

当出现服务失误时，顾客是需要得到安抚和补偿的，但是由于现实中服务员受权利所限，必须去请示领班或经理，领班或经理来了需要再次询问事情经过，甚至被其他事情牵绊不能及时前来处理，导致顾客更加生气，矛盾开始升级。

在这类问题的处理当中，决定顾客满意度的关键是态度和速度。把这些服务补救的权力下放给服务员，让他们更快速地做出处理，是更好的选择。此外，还可以拉近服务员与客人之间的距离，让他们和客人成为朋友，使坏事变成好事。

海底捞服务员美荣，在服务客人的时候，不小心弄翻了客人的啤酒，把啤酒洒在了客人的裤子上。美荣非常不好意思，赶紧给顾客道歉，但这位顾客没有表现出不满意。美荣为了表示自己的歉意，随即让水果房给这位顾客免费做了一个果盘。此外，在结账的时候，美荣又拿出了 50 元对顾客说："实在对不起，我把啤酒洒您身上了，我要承担责任，这 50 元就给您做干洗费吧！"这位顾客当时就说："没关系，这条裤子反正我也不喜欢了，等回去我就会换掉……"

事后，店经理表扬了这位服务员，并把她的服务案例纳入公司案例库，供其他服务员学习。这位员工也非常高兴，觉得为公司做了小小的贡献，自己也很有成就感。

资料来源：https://www.sohu.com/a/147859815_758426。

（三）服务补救的策略

当服务失误发生后，服务提供者必须迅速考虑如何进行补救。以下是几种常见的服务失误弥补策略。

1. 赔偿策略

这种策略是一种通过向顾客提供赔偿来弥补服务失误的方法，这种赔偿旨在覆盖顾客在金钱、情绪或时间等方面可能遭受的损失。具体赔偿形式多种多样，可以是赠送菜品给对送餐速度不满的客人，为对服务不满意的顾客提供折扣或折价券，将不满意的旅客从经济舱免费升级至商务舱，或者为对住宿体验不满意的客人提供免费升房型等辅助产品。通过这些赔偿措施，服务提供者旨在恢复顾客的满意度，重建顾客信任，并提升品牌形象。

2. 恢复策略

这是通过提供全新的相同商品、修缮原先的商品或提供替代商品来弥补服务失误的方法。这种策略旨在恢复顾客对服务提供者的信任，并提高顾客感知服务质量。具体而言，恢复策略包括以下几种方式。第一，完全更换。服务提供者将问题商品替换为全新商品，或者重新提供服务，以确保顾客得到满意的解决方案。第二，修缮。如果问题商品可以进行修缮，服务提供者应对其进行修复，以恢复其原有功能或提高其性能。对于有瑕疵的服务，服务提供者也应采取相应的修补措施。第三，替代品。服务提供者可以提供一个替代商品或服务来换回有问题的商品，以确保顾客在整体上获得满意的体验。

3. 道歉策略

这是通过服务厂商向顾客真诚地表达对服务失误的歉意，以弥补失误的方法。这种策略通常由一线服务人员或相关部门经理人员来执行，但有时也可以由更高层级的经理人员来实施。当由高层经理人员致歉时，顾客通常会更容易接受并感受到服务厂商的诚意。道歉策略的实施方式多种多样，包括口头致歉、书面致歉或通过社交媒体等渠道传达致歉信息。无论采用哪种方式，关键是要传达出真诚的歉意和解决问题的决心。

4. 撤销策略

这是通过退费的方式来弥补服务失误的方法。在这种策略中，服务提供者将退还顾客支付的费用，以弥补服务失误带来的损失。由于退费导致顾客的需求没有得到满足，因此撤销策略通常适用于严重或关键的服务失误。当服务失误导致顾客无法享受所期望的服务时，服务提供者应立即采取撤销策略，退还顾客支付的费用。这种补救措施能够最大限度地减轻顾客的经济损失，并表达服务提供者对顾客权益的重视。

需要注意的是，撤销策略是一种比较极端的补救措施，应谨慎使用。在实施撤销策略之前，服务提供者应仔细评估服务失误的严重程度、影响范围以及退费可能带来的成本和后果。只有在服务失误严重影响顾客利益，且其他补救措施无法弥补的情况下，才考虑采取撤销策略。

5. 不回应策略

不回应策略是指服务提供者在面对顾客的抱怨时选择不进行任何回应或反馈。这种情况通常发生在服务提供者认为问题是由顾客的错误或无理取闹引起的，或者服务提供者过于自信而忽视顾客的反馈。

然而，不回应策略往往不是一个明智的选择，因为它可能导致顾客感到被忽视和不被尊重，进而加剧他们的不满和负面情绪。这种策略可能会损害服务提供者的声誉和形象，导致顾客流失和口碑下降。

第 4 节　服务承诺

服务承诺是一种特殊的服务补救工具，尤其适用于非实体性、生产和消费同时发生且具有较大变动的服务行业。在过去，由于服务的特性其难以被保证，许多服务厂商对此感到困扰。然而，随着经济的发展，越来越多的服务厂商意识到服务承诺所带来的巨大利益，并开始深入研究其内容和形式。

服务承诺不仅为服务厂商的服务补救策略提供了有力的补充，更成为服务厂商实现服务补救的有力工具。通过精心设计服务承诺，服务厂商能够增强顾客信心、提高顾客满意度、巩固顾客忠诚度，并在竞争激烈的市场中树立独特的品牌形象。

（一）服务承诺的作用

为了减轻顾客对服务厂商或服务商品的疑虑，服务厂商有时会提供服务承诺。以下是服务承诺发挥的作用。

（1）服务承诺有助于促使服务厂商专注于顾客期望的服务质量，更好地满足顾客需求。

（2）通过设定明确的标准，服务承诺向顾客和员工清晰地传达了服务厂商所坚持的事项，增加了透明度。

（3）当因服务不佳需要向顾客赔偿时，服务承诺能够促使管理当局更加重视服务质量，因为这显示了服务失误的财务成本。

（4）服务承诺推动服务厂商设计有效的顾客反馈机制，以便及时发现问题并采取相应措施。

（5）服务承诺促使服务厂商深入分析失败的原因，并鼓励他们发现和解决潜在的服务问题。

（6）服务承诺可以降低顾客的购买风险，提高顾客对服务厂商的信任和忠诚度。

（二）服务承诺设计的原则

服务承诺的实质是服务厂商对顾客正当权益的一种保障，旨在赢得顾客的信任和好感，巩固现有顾客基础，并吸引更多潜在顾客。为了确保承诺对顾客产生应有的影响力、震撼力和激励作用，服务承诺的内容应以顾客需求为依据，而不能仅凭服务厂商的主观想象。通过深入了解顾客需求，服务厂商可以制定出更加精准、具体和可行的服务承诺，从而更好地满足顾客期望。

1. 无附加条件

当服务厂商向顾客做出承诺时，应避免包含"假如""除了"等附加条件。这些条件会给顾客一种不真诚、不实在的感觉，导致顾客对服务厂商承诺的信任度降低。在顾客心中设立一道无形的障碍，使顾客在不舒服的情况下接受承诺，承诺就失去了应有的效力。此外，设置附加条件还可能给服务厂商内部个别部门和员工提供不认真履行承诺的借口。这些员工可能会将这些附加条件作为推卸责任的依据，从而破坏服务厂商的服务承诺和声誉。有效的服务承诺应该是无条件的，这样才能真正发挥其应有的作用。通过无条件的承诺，服务厂商可以充分挖掘内部潜力，提高服务水平，从而提高顾客的信任和忠诚度。

2. 承诺具有意义

"具有意义"在这里包含两层含义。首先，对于那些显而易见的事情进行承诺对顾客来说毫无意义。这些显而易见的事情是指每个竞争者都能做到的事情。其次，赔偿应该是有意义的。顾客希望在接受服务补救时，服务厂商能够对其不满、花费的时间甚至引发的争论给予充分的赔偿。因此，服务厂商在做出服务承诺之前，应该对服务失误出现的可能性和程度进行分析与预测。针对意外情况可能给顾客造成的损失，服务厂商应该反复考虑顾客在接受服务补救时的各种可能性，以制定合理的服务承诺和补偿措施。

3. 承诺是容易理解的

服务承诺的内容应该简洁明了，让顾客能够充分了解并利用它来获取服务厂商提供的附加利益，同时让内部员工明确自己的工作目标和职责。为了实现这一目标，服务承诺应该尽量能够量化，以便顾客和员工更好地理解和执行。例如，承诺"迅速解决这一问题"就不如"两天内解决这一问题"更具体和易于执行。如果承诺的词语含混不清、语句冗长或包含太多的约束条件，无论是顾客还是员工都可能无法准确理解服务厂商所承诺的内容。这会导致员工在实施服务补救时质量低下，而顾客可能仅从自己的角度来理解服务承诺的内容。如果服务补救的结果与顾客的理解不一致，顾客就可能无法真正满意，服务承诺不仅会失去效用，甚至可能产生负面影响。

4. 承诺易于引用、验证、值得信赖

当服务厂商出现服务失误时，要求顾客提供关于服务失误的书面证明，会使得援引承诺变得费时，难以有效实施。特别是当服务的货币价值相对较低时，顾客可能觉得不值得花费时间和精力提供证明。当发生服务失误时，解决问题的程序应该简单方便，顾客不应遇到任何阻碍和问题。服务厂商应该提供快速、高效的服务补救措施，确保顾客的满意度和忠诚度。

（三）不需要服务承诺的情形

在某些情况下，服务承诺可能不是必要的，也就是说，有些服务厂商不需要提供服务承诺。这些情况如下。

1. 高风险服务

对于一些高风险的服务，如医疗手术或航空飞行等，提供服务承诺可能不适用或不被要求，因为这些服务的复杂性和风险性使得提供绝对保证变得不可行。

2. 法规限制

在某些行业或地区，法规可能限制或禁止某些类型的服务承诺，以保护消费者权益或防止不公平竞争。

3. 服务性质

对于一些不可预测或随机性较强的服务，如天气预报或赌场游戏等，提供服务承诺可能是不切实际的。

4. 个性化服务

对于高度个性化的服务，如定制的服装或艺术品等，由于每个服务都是独特的，提供一般性的服务承诺可能不适用。

5. 创新性服务

对于一些新兴或创新性的服务，由于其独特性和不确定性，服务承诺可能不是必要的，或者需要时间来验证其可行性和可靠性。

6. 以信誉赢信任

当服务厂商在服务质量方面已经建立了良好的声誉，并获得了顾客的高度信任时，可能并不需要提供服务承诺。有时，这样的承诺反而可能让顾客感到困惑。对于这类服务厂商来说，他们只需专注于做他们认为正确的事情，而无须提供额外的服务保证。

这是因为顾客已经对他们的服务质量有着高度的信任和认可，服务承诺可能不再是必要的。顾客可能会基于之前的经验和服务质量，对服务厂商产生自然的信赖，因此不需要额外的承诺来增加信任。

7. 质量先行，承诺在后

当服务厂商自身的服务质量有待提高时，首要任务应该是专注于提高服务质量，而不是急于提供服务承诺。只有在服务质量水平超过所承诺的标准时，才能提供服务承诺。否则，顾客可能会根据服务承诺来要求赔偿，导致成本增加。

这是因为服务承诺通常是基于服务厂商对自身服务质量的信心和保证。如果服务质量不佳，提供服务承诺可能会导致顾客对服务质量的期望与实际体验之间的差距，进而引发不满和投诉。

在这种情况下，服务厂商应该将重点放在提升服务质量上，通过改进流程、提高员工素质、优化产品等方面来提高服务水平。只有在服务质量达到一定水平后，才能提供相应的服务承诺，以确保顾客的满意度和信任度。

专栏视点 11-2

爱奇艺 VIP 权益危机：服务承诺与用户权益的博弈

经过多年的发展，付费会员市场日趋成熟，用户已形成对优质内容付费的观念和习惯。爱奇艺的 VIP 会员服务是其主要的利润来源，同时也是增加用户黏性的关键。然而，近期爱奇艺对 VIP 会员权益的调整引发了广泛争议，甚至在网络上引发了舆论危机。争议的焦点在于爱奇艺 VIP 会员服务承诺的兑现问题。对于付费会员而言，他们期望享受到的是无广告、高清画质、多设备登录等特权。然而，在实际服务过程中，这些权益并未得到充分保障。

首先，关于广告问题，VIP 会员发现他们仍然会在某些情况下看到广告，这无疑打破了他们的服务预期。其次，关于多设备登录问题，VIP 会员反映他们无法在多台设备上同时登录账号。投屏观看与直接在电视端观看不同，它是将手机内容同步到电视上。因此，投屏观看应被视为手机会员权益的衍生，而非跨端使用会员权益。在此之前，爱奇艺黄金会员已享有高清投屏功能，且平台提供了详细的投屏使用教程。这意味着黄金会员的高清投屏功能是平台与用户之间约定俗成的权益内容。如今，平台单方面更改、剥夺已开通会员的投屏权限，无疑忽视了顾客的需求和权益。

危机管理的关键在于视频平台如何应对会员权益相关危机事件。平台应及时向用户告知事实，解释清楚会员权益变更的原因。若用户对此不满意，平台应做出相应的利益补偿。对于利益受损的顾客而言，危机管理方的承诺意味着弥补损失的可能性。这意味着视频平台仍将顾客置于首位，成为危机事件引导的情绪转折点。若变更的会员权益导致顾客极度不满和社会舆论危机，视频平台应恢复原有的会员权益，确保与过去向顾客保证的会员条款相符，保证前后一致性，弥合危机发生前后人们对当事主体的认知和评价落差。同时，应向顾客表明弥补过错的态度。

资料来源：程滢《爱奇艺在 VIP 权益争议中的管理缺陷分析——基于"事实-价值"模型》，《上海商业》2023 年第 6 期。

复习思考题

1. 什么是顾客忠诚？如何提高顾客忠诚度？
2. 什么是顾客满意？如何测量顾客满意度？
3. 服务补救的原则是什么？
4. 服务承诺的原则是什么？
5. 回想您或者您的亲友所进行的一次顾客抱怨，并说明服务厂商的处理方式以及处理结果。

章尾案例   西贝的服务承诺

西贝餐饮集团创立于 1988 年。经过 35 年发展，西贝成为拥有超 400 家直营门店，遍布全国近 60 个城市的中国头部餐饮品牌，员工 2 万余人，每年为超过 6000 万名顾客提供高品质美食和服务。2021 年，经权威机构评估，西贝餐饮集团获"服务家庭超 1 亿人次"及"中餐领先"认证。

目前，西贝餐饮集团旗下品牌包括西贝莜面村、贾国龙中国堡、西贝功夫菜、西贝海鲜、九十九顶毡房。从正餐、快餐到零售产品，西贝始终坚持"好吃"战略，选用优质食材，让顾客得到高品质的消费体验。

走进西贝就餐的人都会发现，每次点完餐之后，服务员都会将一个沙漏倒置在桌面，这是西贝对顾客的承诺，在沙漏漏完之前，所有的菜品需要上齐，而这个沙漏漏完仅需要25分钟。

2023年10月，有消费者发帖吐槽西贝莜面村的一款菜品"莜面蒸饺"售价离谱，其称，三个饺子要价29元，一个饺子（近）10块钱，"西贝真的上天了"。还有网友表示，"如果是明码标价，不欺诈消费者就没问题"。有些网友直呼："吃不起！"另有网友表示，"觉得贵了，可以选择不吃"。2023年10月31日，西贝莜面村就"29元3只蒸饺被吐槽'太贵'"一事进行回应。以下是西贝莜面村官方微博回应的全文。

顾客朋友们：大家好！

针对2023年10月31日微博上讨论"西贝莜面蒸饺"的相关话题，西贝餐饮集团高度重视，首先感谢广大顾客对西贝莜面村的监督与建议。

莜面蒸饺作为一道西贝的经典菜，已经连续热卖多年。为了保障菜品品质，莜面蒸饺使用有机莜面粉，历经"三生三熟"6道工序，搭配虾仁、鸡蛋和韭菜，在门店现包蒸熟端上餐桌。面皮柔韧筋道，三鲜馅清香，产品因此受到大部分顾客的关注与好评。

但我们也同时关注到，顾客对产品的价格、分量提出了切实的意见与建议，我们已详细记录了大家的意见。

西贝对产品始终坚守"好吃"战略，并向全体顾客承诺：闭着眼睛点，道道都好吃；不好吃，不要钱；25分钟上齐所有菜品。

同时，西贝餐饮集团今日决定，2024年拿出3000万元用于践行我们的好吃承诺！退菜承诺！言出必行！

坚守实心诚意的西贝待客之道，是西贝的第一核心价值观，作为一家35年的中国餐饮服务厂商，我们将始终把顾客满意作为工作的第一要务。

再次感谢顾客朋友对西贝的意见与建议。

西贝餐饮集团
2023年10月31日

资料来源：西贝餐饮集团官网及西贝莜面村官方微博。

讨论题

1. 西贝"25分钟上齐所有菜品"的服务承诺有什么作用？

2. 面对顾客对"莜面蒸饺售价离谱"的相关讨论，西贝承诺"闭着眼睛点，道道都好吃；不好吃，不要钱"，此承诺合宜吗？为什么？

3. 西贝应该如何做来提高顾客满意度？

第 12 章　网络服务

学习目标

学习完本章后，你应该能够：
- 明确顾客服务的发展趋势及特征；
- 了解网络时代顾客的需求；
- 领会网络服务的内涵及外延；
- 掌握网络服务策略的分类方式及类别；
- 理解网络服务工具的类型及其作用。

开篇案例　　　　　　　　星巴克的"第四空间"

近年来，随着星巴克在中国咖啡市场上"统治"地位被瑞幸等一众咖啡连锁品牌动摇，星巴克中国的业绩陷入了持续的低迷。其中虽然有过去几年线下受挫的影响，但也反映出了星巴克"第三空间"的局限性（星巴克的"第三空间"：是指除了生活、工作之外可供我们感到轻松、愉悦、抚慰精神的社会空间）。为了打破此局限性，星巴克将"第三空间"的拓展放入了下沉市场，而在竞争激烈、门店饱和的一二线城市，星巴克大力做起了"第四空间"。所谓"第四空间"，即以星巴克 App 为主要平台，通过数字化赋能，在线上为顾客带来更好的服务和体验。一定程度上而言，啡快、专星送、沿街取均属于"第四空间"的范畴。

在 2022 年 9 月，星巴克中国 App 完成了一次版本更新。更新后，App 在建设"第四空间"中承担起了更多的使命，既要持续输出咖啡文化对品牌进行反哺，又要给星巴克的咖啡服务业务带来正向反馈。

在"第四空间"中，"啡快"和"专星送"是两大已有的重要板块。具体来看，"专星送"为星巴克自建的外卖服务体系，"啡快"则是线下自取的服务。在"啡快"的业务基础上，星巴克还铺开了"啡快"概念店，其门店模型与瑞幸咖啡相似，主要体现为缩减"第三空间"的面积，通过店内的中央厨房，为客户提供自提和外卖的服务。在客流高峰时段，啡快概念店将分担附近门店的专星送订单，减少商圈内其他门店顾客的等候时间。"沿街取"实际上是"啡快"的一种延伸服务，让店员多走一步，多服务一步，以此打开开车买咖啡的场景。

在2022财年里，星巴克中国市场有40%以上的销量来自数字渠道（包含专星送、啡快等）。据其2023财年一季报（2022年10~12月），专星送销售额同比增长24%，销售占比达到创纪录的29%。

资料来源：《星巴克"颠覆"星巴克：冲破第三空间》，消费站官网，2023年3月22日，https：//www.cbndata.com/information/270534。

从开篇案例可以看出，星巴克中国运用网络技术突破了"第三空间"对自身业务的局限，通过网络顾客服务打造了所谓"第四空间"，不断拓展星巴克的市场业务和份额，并且获得了实质性的成绩。可见，在信息技术时代，高质量的网络服务能够影响产品的销售量、最大化服务厂商的利润。因此，下面我们将详细讨论网络服务及其策略、工具。

第1节 网络时代的顾客服务

一 网络时代顾客服务的转型

随着网络时代的全面降临，服务厂商的营销策略、顾客服务也经历着前所未有的深刻变革。在数字信息技术的支持下，互联网不再只是传递信息的工具，它演变为一个无缝连接全球信息的虚拟纽带，链接了不同地区、不同时间的人们。对于顾客而言，网络逐渐成了他们表达意见、分享购物体验和获取产品信息的重要渠道，他们可以坐在家中轻松地购物、预订服务、提出问题，利用自动化客服系统、聊天机器人等智能工具，享受24×7不间断的服务。对于服务厂商而言，新兴的数字信息技术，包括人工智能、机器学习和大数据分析等，使得他们能够更好地了解更多顾客的需求，提供更多元的个性化服务。

（一）传统的顾客服务

传统的顾客服务主要以面对面的互动和直接沟通为主要特征，它包括两个阶段：前大众营销时代（20世纪50年代以前）以及大规模营销时代（20世纪50年代至21世纪初期）。

在第一个阶段，顾客服务受制于空间的限制，依靠口碑传播扩大销售，商家与顾客之间的互动主要发生在实体店铺或服务窗口。顾客通常是本地社区的居民，他们在日常生活中通过口口相传的方式了解商家的信誉和产品或服务质量。而商家则通过面对面的顾客服务建立信任，满足顾客需求，口碑成为商家获取新客户和维持老客户的主要途径。例如，在20世纪早期，美国的许多音乐商店引入了试听台，这里配备了唱机、耳机和单曲样本，顾客可以在这里可以体验新的音乐，从而有利于做出购买决策。

在第二个阶段，随着大众传媒、即时通信以及交通技术的进步，空间的影响力逐步衰退，商家开始借助这些新兴技术不断拓展产品市场，包括广告宣传、电话与电视产品促销等方式，服务厂商服务范围开始脱离地方的束缚。1992年，珠江频道推出了中国第一个电视购物节目《美的精品TV特惠店》，通过电视直观展示产品引导顾客购物，电视购物从此迅速崛起，成为服务厂商产品销售的重要渠道。至今为止，这种方式仍然存在，并且在部分地区仍是主流的产品销售形式。但是，这种模式虽然依靠新兴技术确立了远程销售渠道，但逐渐失去了服务厂商与顾客的亲密关系，它们将顾客视作统计报表中的数字，而非有需求差别的个体。

在传统时代，顾客服务的演变历程呈现面对面互动、地域口碑传播向大规模营销、远程通信的转变。这两个阶段见证了技术和社会发展对商业模式的影响，也展示了顾客服务从个体关系建立到市场规模扩大的演变过程。

（二）现代社会对传统顾客服务的挑战

随着全球化的市场取代了有限选择性的国内市场，经济、社会得到了快速发展。一方面，顾客的购买力得到了提升、消费需求也有了增加，如何快速满足顾客的需求成为服务厂商面临的挑战。另一方面，顾客的意识逐渐觉醒，他们不再满足"批量式"的产品服务，转而寻求定制的、个性化的服务。服务厂商为了在竞争激烈的市场中生存和发展，必须积极转型，采用更灵活、快速、个性化、社交化和透明化的服务模式，以满足网络时代顾客日益增长的需求和期望。

同时，21世纪是信息技术快速发展的时代，以网络平台和数字技术为代表技术引发了顾客服务的真正"革命"，而这种趋势不仅仅是技术的升级，更代表了一种商业哲学的深刻演变，标志着服务厂商与顾客互动方式的改变。具体而言，一方面，新兴的网络技术拉近了顾客与服务厂商的距离。顾客不再受限于传统的办公时间和地点，他们可以在任何时间、任何地点使用在线工具与服务厂商进行"零距离"互动，随时随地分享意见、评价产品，甚至参与服务厂商产品决策的讨论。而通过这种技术，服务厂商也能更加快速、精准了解顾客的需求，及时回应顾客的问题、加速问题解决的过程。例如，在淘宝购物时，顾客可以通过阿里旺旺App或者淘宝App直接与客服沟通，提出与产品相关的问题，客服会根据这些问题，提供建议，帮助顾客更好地选购。另一方面，网络平台和数字技术的体验突破了大规模营销时代对顾客的漠视，为顾客带来了更加个性化的顾客服务。新兴技术为顾客提供了全方位的商品信息展示，顾客通过网络能够从多渠道了解产品的内容，他们开始脱离大众范畴，成为具体独立决定能力的消费行为个体。因此，服务厂商面临的不再是规模范畴的大众，而是建立在网络信息基础上的一个一个消费个体。对于服务厂商而言，网络平台和数字技术也为其应对独立消费个体提供了可使用的工具，通过分析顾客购买行为的数据，服务厂商能够更好地了解顾客的需求和偏好，从而为每一个人提供定制化的服务。例如，当使用抖音 App 购买产品后，顾客在继续使用该软件时，抖音平台会推出与购买产品相关的产品。而当顾客发现服务厂商能够提供符合他们需求的定制化服务时，他们的购物满意度和对服务厂商产品的忠诚度会得到提升，并且更有可能选择重复购买，甚至愿意推荐服务厂商给他们的朋友和家人。对于服务厂商而言，个性化服务能够帮助服务厂商将产品精准投放到购买倾向最明确的群体，从而增加服务厂商的销售额。

但是，随着顾客服务的网络化发展，顾客与服务厂商也面临一些风险，比如信息安全和隐私问题、非理性消费等。同时，技术的更新迭代速度也极快，服务厂商在使用技术提升服务水平的同时，还需要考虑对下一代技术的研发，服务厂商的生产成本也呈现明显的递增趋势。

专栏视点 12-1

服务转型与数字化：一间小店的成功故事

裕丰熟食铺子，位于黑龙江省大庆市高新区，是一家经营传统熟食的小型店铺。在经历了长时间的平淡经营后，店主刘岩决定通过线上营销来寻找新的增长点。最终，刘岩利用抖音"超值团"实现了销售的剧增，从而改变了店铺的命运。

1. 版本 1.0：传统的线下营销

刘岩首先尝试了传统的线下营销策略来增加店铺的曝光率。她投资设计了显眼的大红色招牌，并制作了巨幅的烧鸡广告牌，挂在店外以吸引路人的注意。这些措施旨在让店铺在周边社区和过路客中建立起基本的品牌认知。虽然这些广告牌确实吸引了不少路人驻足观看，但实际到店的顾客数量并未显著增加。刘岩意识到，单纯的实体广告并不足以突破店铺的客流瓶颈，尽管店铺可见度提高了，但没有有效转化为实际销售。

2. 版本 2.0：线下推广活动

为了进一步提升店铺的知名度和吸引力，刘岩开展了第二阶段的营销策略——线下推广活动。她搭建了彩虹门，发放传单，并在小区内张贴广告。刘岩还引入了"加群有礼"的社群运营策略，鼓励顾客扫码加入微信群以获取优惠。尽管这些方法初期吸引了一些新客户，但其转化率和客户增长速度均不理想。长达一年的时间内,尽管有一些小幅度的提升,店铺的整体营业额和客流量仍没有显著改善。刘岩认识到,传统的线下推广手段已无法满足店铺对更大客流量的需求。

3. 版本3.0:数字化转型与"超值团"应用

面对传统方法的局限性,刘岩决定迎接数字化挑战,升级到3.0版本。她选择了抖音作为新的营销平台,并积极参与了抖音生活服务的"超值团"活动。这个功能专门为价格具有竞争力的优质商品提供流量扶持,帮助商家获得更多曝光机会。刘岩为裕丰熟食铺子选择了售价25.8元的烧鸡作为首个团购产品,团购价设定为19.8元。她深知,这样的价格策略不仅能吸引客户的关注,还能提升到店率。尽管刘岩在初期对这种方式的效果有些担忧,但她仍决定坚持下去。为了确保营销效果,她和弟弟一起分析数据,调整产品和价格,不断优化运营策略。

通过不断试错和调整,刘岩发现,像烧鸡、猪头肉这样客单价低且日常的"流通品"更容易受到消费者青睐。随着对超值团其他成功案例的学习,她逐步摸清了产品定位和价格策略的门道。裕丰熟食铺子在参与"超值团"后,迅速迎来了大规模的客流,排队购买的场面成为常态。

裕丰熟食铺子的成功凸显了传统营销手段与数字化营销之间的显著差异。虽然传统的线下推广方法能够提高品牌可见度,但未能有效转化为实际销售,暴露出其在现代市场环境下的局限性。刘岩通过转向数字化营销,特别是利用抖音"超值团"这一网络服务,成功突破了传统营销的局限,实现了显著的客流量增长和销售提升。

这一过程展示了数字化工具的强大优势——不仅能够触达大量潜在客户,还通过价格优惠和精准的流量扶持策略显著提高产品的曝光率。通过在抖音上参与"超值团"活动,裕丰熟食铺子能够以更具竞争力的价格吸引消费者,从而在激烈的市场竞争中脱颖而出。这种策略使得传统小店能够以较低成本获得广泛的市场曝光,突破了线下推广的地理限制。此外,刘岩在数字化转型过程中还注重持续优化产品和价格策略,并提升顾客服务和顾客体验。这种综合性的运营改进策略不仅提升了客户满意度,也提升了复购率。

裕丰熟食铺子的成功经验为中小商家提供了重要的启示:在数字化时代,结合网络服务与数字营销策略可以有效突破传统营销的限制,实现业务的显著增长和品牌影响力的扩大。

资料来源:https://www.shxwcb.com/1215798.html。

二 网络服务与顾客需求

随着网络时代的到来,网络在顾客服务领域不断扩展,通过更新服务厂商的服务技术、顾客与服务厂商交流方式，以更加个性化、便捷、即时的方式不断满足顾客的购物需求。对于多数顾客而言，网络成为影响他们购物意愿的重要因素。因此，在网络时代，服务厂商的顾客服务已经不再是简单的交易行为，它是建立在深入了解和满足顾客需求基础上的复杂过程。

顾客需求是指顾客在购买产品或者使用服务过程中所表达出来的期望和要求。根据马斯洛需求层次理论，人类的需求层次由低到高分别为生理、安全、社交、自尊、自我实现，较低层次需求的满足是实现较高层次需求的基础，并且消费的需求也受到宏观社会背景的影响。对于顾客而言，个人与家庭的财务能力、社会经济的发展会影响到他们的购物需求。在网络时代，经济的发展水平有了提升，顾客已经不再满足于最基本的生理、安全、社交需求，他们开始追逐更高层次的需求。同时，在网络平台和数字技术的支持下，这种高层次的需求成为一种可能，顾客的需求变得更加多样化和个性化，他们希望获得更好的产品质量、更快的物流配送的同时，希望获得更人性化的服务体验。因而，顾客的需求不再局限于产品质量本身，还包括购物体验、售后服务、品牌口碑等方面。具体而言，在网络时代，亦即服务厂商进入网络服务时代，顾客的需求有了如下的变化。

（一）商品信息的即时性需求增加

网络时代将顾客从大众范畴中抽离出来，他们需要能够通过网络搜索功能掌握商品的信息；并通过网络平台和数字技术在任何时间、任何地点参与商品营销过程。因此，他们需要更多、更新、更精准的商品信息，以便他们能够做出更符合自身需求的购物决策。

（二）个性化定制需求增强

网络时代改变了顾客了解产品内容的渠道，他们不再是规模化营销中的群体成员，购买行为中的个体性越发突出。同时，网络时代也加强了顾客对自尊、自我实现需求的追求，购买决策不再局限于产品本身，购买过程中的服务也成了顾客做决策的依据。因此，随着服务厂商网络服务的推进，顾客个性化定制需求会越来越明显。

（三）对服务厂商服务透明度的要求提高

通过网络服务，服务厂商与顾客的距离逐渐拉近，顾客更加倾向于与那些提供详尽信息、透明度高、口碑好的服务厂商进行消费合作。因而，服务厂商需要在网络平台不断更新自身的信息，提供更加全面的商品内容，加强自身的透明度建设。

（四）需要服务厂商具备更加快速且精准的服务能力

网络服务为顾客提供了虚拟的交流平台，他们能够在任何时间、任何地点与服务厂商沟通自己的想法。在技术的支持下，通过在线客服、社交媒体渠道，顾客不再愿意运用较长的时间等待服务厂商的回复,他们要求服务厂商能够借助网络平台快速回应他们的需求并且解决问题。

(五) 购物体验质量的提升

随着网络虚拟技术的运用,网络服务为顾客提供了更丰富、更交互式的购物体验。例如,在淘宝网上,顾客能够通过虚拟试衣间尝试换装服务,选择更符合自己喜好、身型的产品。另外,通过抖音等平台的在线直播购物功能,顾客能够直接与商品销售商进行"零距离"接触,直接获取商品的一手信息,做出更好的购物决策。

(六) 社交和分享需求增加

网络服务扩展了商品的购物流程,商品评论、信息分析也成了顾客购物的重要环节。通过社交媒体、在线评论平台和虚拟社区,顾客能够更加方便地分享自己的购物体验、与他人交流购物意见,也能从中获取信息,从而决定之后的购买决策。

课堂互动 12-1

你知道网络服务还产生了哪些新的顾客需求吗?

三 网络时代顾客服务的变化

网络时代经济的蓬勃发展、科学技术的快速更迭,给服务厂商的顾客服务带来了机遇与挑战,引发了服务形式、服务理念的变革。顾客不再满足规模化的营销手段,服务厂商也有必要依靠技术提供更优质的服务。服务厂商的网络顾客服务转型具有多重特征,其中最显著的包括个性化服务、即时性响应以及多渠道互动等。

首先,网络时代赋予了服务厂商提供个性化服务的可能性。通过大数据分析等网络信息技术,服务厂商能够深入地、精准地把握顾客的购买习惯、兴趣爱好和需求,从而提供符合个人需求的定制化产品和服务。基于网络,服务厂商能够以个性化为准绳提供服务,不仅能够增加顾客的购买满意度,也能提高他们对服务厂商的忠诚度,使他们更愿意与服务厂商保持长期"合作"。

其次,网络时代强调服务厂商顾客服务的即时性响应。在网络时代,顾客的个性被开发,他们愿意并且期望能够在任何时间、任何地点产生消费行为。而为了符合顾客的购物需求的增长、变化趋势,获取更多的利润,依靠网络改革传统服务成为服务厂商的改革方向。依托在线聊天、网络直播、FAQ 等渠道,服务厂商能够帮助顾客迅速得到帮助和解决方案,及时回应他们的问题和需求。

最后,多渠道互动已经成为网络时代顾客服务的常态。受限于交通、信息传播技术，传统的顾客服务依托的是面对面或者规模化营销。然而，随着网络技术的更新和普及，服务厂商与顾客之间的交流方式更加多元，包括社交媒体、在线聊天、电子邮件、电话和服务厂商官方网站在内的方式都能够实现他们的信息交流。在此情形下，以网络平台为基础，采用多渠道互动，能够帮助服务厂商获取更多的顾客。

网络时代不仅改变了顾客的需求，还通过技术、经济等方面的更新为服务厂商的服务提供了更多的挑战和机遇。对于服务厂商而言，迎合时代发展的趋势，升级自身的服务模式，朝网络顾客服务迈进，已经成为不可逆转的浪潮。

四 网络顾客服务的内涵与特征

服务厂商的网络服务已经融入我们生活的方方面面，成为现代社会不可或缺的一部分。我们置身于信息爆炸的时代，互联网的普及和技术的不断创新，使得网络服务不仅仅是一个简单的概念，更是一个庞大而复杂的体系，它的理念、形式以及范围也日益丰富多样。从在线购物到社交媒体，从在线教育到云计算，网络服务已经深入我们的日常生活和商业活动中。了解网络服务的本质，掌握其特有的规律和特征，不仅有助于更好地利用网络资源、提高生活和工作效率，也为应对日益复杂的网络环境提供了重要的理论指导和实践支持。

（一）网络顾客服务的定义

服务是服务厂商基于顾客的需求提供一种有偿或无偿的活动，网络服务的本质亦是满足顾客的需求，不过它的服务方式、理念是一种基于互联网和数字化技术的范式。它是一种更新的营销模式，其内涵体现在服务内容的数字化、在线化和虚拟化，改变原本实体存在的服务形态，如购物、咨询、教育等。具体而言，网络服务是指通过互联网或其他数字化网络平台，向顾客提供各种信息、娱乐、交流、合作和交易等服务的过程。这种服务形式已经深刻改变了人们的生活方式和社会交往模式，不仅能够满足人们的低层次需求，也能够通过技术带来的便利满足人们对尊重、自我实现的需要。目前，网络服务的适用范围非常广泛，包括但不限于在线购物、社交媒体、在线教育、云存储、在线支付、搜索引擎、在线娱乐等。这些服务不仅极大地方便了人们的日常生活，也为服务厂商提供了全新的商业模式和发展机遇。

网络顾客服务通常依赖于互联网基础设施和各种先进的网络技术，通过各种应用软件、网站和移动应用，用户可以方便地获取网络服务，包括微博、微信以及FAQ、服务厂商网站。这些服务可以是免费的，也可以是付费的，用户可以根据自身需求和预算选择不同类型的网络服务。而提供网络顾客服务的机构或服务厂商则需要建立稳定、高效、安全的网络系统，以确保顾客的信息安全和服务质量。

网络顾客服务的普及和发展不仅改变了人们的生活方式，也为社会带来了深远的影响。它加速了信息传播的速度，促进了知识的共享，推动了科技创新和产业升级，为人类的社会生活带来便利。但是，与此同时，网络服务也带来了新的挑战和问题，包括网络安全、隐私保护、信息泄露等。这些问题不仅威胁到个人的生命财产安全，也会影响国家的安全，它需要包括政府、服务厂商、公民各方在内的社会多元主体共同努力。不过，应该看到，随着5G技术等新一代的互联网技术的逐渐普及、物联网和人工智能等新兴技术的不断发展，网络服务将进一步拓展其应用领域，为人们的生活、工作、学习提供更加便捷、智能化的服务，未来经济社会的发展必然依托于数字、互联网技术。

（二）网络顾客服务的特征

网络顾客服务已经成为服务厂商营销、人们消费行为中不可或缺的一部分，它的普及和发展改变了人类社会交往方式、经济模式和文化传播途径。网络服务的特征多种多样，这些特征使得它能够在多个国家、多个地区得到广泛应用，为用户提供便捷、高效的服务。它包括如下特征。

1. 全球性覆盖

互联网技术通过网络建立了虚拟世界，因此，网络顾客服务不受限于地理位置限制，用户可以跨越国界，随时随地寻找所需服务。这种特征推动和加深了国际交流与合作，促进了全球化、区域化发展。例如，在法国工作、生活的顾客能够通过"打酱油欧洲在线亚超"（https：//www.dajiangyou.eu/）购买德国仓储的亚洲物品，在中国工作、生活的顾客能够通过"淘宝全球购"（https：//www.taobao.com/market/gmall/live.php）购买美国、欧洲、日本等地的商品。跨国电商平台允许不同国家之间商品的流通，促进了国际贸易的便利性，为服务厂商和顾客都带来便利。

2. 个性化产品

虚拟网络的发展建立了庞大的网络社群，并由此产生了大量的信息交往活动，产生了大量的信息数据库。基于信息流的技术开发也成了网络时代的特征，大数据算法、网络社群行为分析得到了发展。因此，通过新技术和新方法，服务提供者能够对每一位用户的喜好、行为进行分析，从而能够更容易找到符合个人兴趣的内容，提供更具个性化的产品。这种服务方式是网络服务时代的主要方式之一，但相比之前大规模的营销时代，借助互联网技术，服务提供者已经不用花费过多人力、财力就能为顾客提供个性化的服务、产品。

3. 互动性交流

网络顾客服务的顾客可以与服务的提供者、其他顾客进行实时的交流和互动。数字技术改变了传统面对面的营销方式，社交媒体平台、在线教育课程、即时通信工具建立了虚拟社交网络，顾客通过进入网络立刻与其他主体产生信息交流。基于虚拟社交网络，通过用户参与和共享，现在已经产生了庞大的网络社群，成为服务厂商营销必争之地。

4．即时性服务

网络互联网技术不仅打破了面对面的交流方式，还为即时性的顾客服务提供了可能性。即使没有工作人员，服务提供者也可以在网络平台、虚拟社区展示自己的服务、产品，顾客能够随时随地通过网络自行观看产品内容。同时，通过虚拟网络，顾客可以随时随地表达自己的想法，服务提供者也可以根据顾客的提问直接回答，用户不用到门店或者其他线下方式与服务者交流，二者能够达成即时的交流。例如，在使用淘宝时，顾客能够通过阿里旺旺程序或者淘宝网页直接与产品提供者进行交流、询问产品的使用方法等。

5．立体化服务

网络顾客服务不仅是语言之间的交流，通过数字技术，网络能够呈现丰富多样的内容形式，包括文字、图片、音频、视频等。服务提供者可以通过数字技术在网络平台展示产品的形态、演示产品的使用步骤以及产品的售后处理等，从而多方面地满足顾客对产品信息的需求。随着现代技术的发展，现在顾客已经能够使用个人的数据建立自己的虚拟体态、形象，从而在网上商城试穿需要购买的衣服，减少尺码不对、颜色不搭等造成的退换问题。

第2节　网络顾客服务的策略

一　网络顾客服务策略的概述

顾客服务策略是指用于满足顾客的需求、提升顾客的满足感的一系列方案与行动计划。随着互联网技术的发展，新兴的网络平台、虚拟社区成为顾客交流的重要场所，顾客服务策略开始借助新技术、新理念不断地改革，网络顾客服务策略应运而生。

（一）网络顾客服务策略的定义

传统顾客服务策略以线下的面对面互动为基点进行设计，强调时间、地点对顾客的影响，注重建立服务厂商与顾客的亲密关系。在传统顾客服务中，在既定的时间范围内，服务厂商通过在实体店为顾客提供专业的服务来售卖自己的产品。在这种环境中，传统顾客服务策略倾向于对服务厂商员工亲和力和专业知识的培训，关注直接沟通和互动过程中顾客的情绪、行为。

但是，随着信息技术和网络在线交互技术的日趋成熟，服务厂商的顾客服务策略不再拘泥于线下的面对面互动，网络顾客服务的全球性覆盖、个性化产品、互动性交流、即时性服务以及立体化服务，要求服务厂商选择更多元的服务策略满足其生产需求，网络服务策略逐渐成为如今服务厂商吸引和保持客户的关键。网络服务策略是服务厂商为在网上销售产品而提供的一系列计划和方法，以确保自己的产品、服务能够吸引更多顾客，同时尽可能地建立与顾客的亲密关系、提升顾客的购物忠诚度。相对于传统的顾客服务策略，这一策略的核心在于借助数字技术和网络在线平台，拓展服务厂商在线上与线下的影响力。

（二）网络顾客服务策略的影响

在网络时代，网络顾客服务策略的设计、制定与实施对服务厂商和顾客的关系产生着广泛而深远的影响，它主要涉及服务厂商的商务与营销活动、顾客购物体验、产品的生命周期等多个层面，是服务厂商拓展自己市场、建立"忠诚"的消费群体必须加以实施的。

首先，对于服务厂商而言，网络顾客服务策略推动信息流成为服务厂商商务活动的首要因素。在信息技术和网络平台的支持下，通过网络顾客服务策略的催动，传统商务活动中的商流、物流、信息流之间的关系发生了变化。传统的商务活动主要以物流为主、商流为辅，中间商在其中具有重要的地位，而信息流只起着连接作用。但是，网络顾客服务策略依托于网络平台实现服务厂商与服务厂商、服务厂商与顾客之间的信息交互，信息流的作用越来越明显，位于"三流"之首，中间商的作用随着物流和商流的式微逐渐弱化，顾客能够凭借可视化、可操作化的信息参与、控制商务活动的全过程。比如在抖音平台上，许多服务厂商选择直售的形式展示、销售自己的产品，不再直接依托中间商为自己宣传。

其次，对于顾客而言，网络顾客服务策略能够帮助顾客体验更优质的服务。传统的服务策略依赖于面对面的交流和实体店铺，沟通过程注重直接的人际互动。因此，它策略内容也建立在如何构建更好的实体交流，客户体验感的优劣主要依赖服务人员的专业水平和服务态度。与此同时，受到时间与空间的限制，传统的顾客服务策略有特定的服务范畴，顾客需亲临实体店或通过电话沟通，使得服务效率相对较低，顾客的体验感受到其他客观因素的掣肘。相比之下，通过数字化平台和网络信息技术，网络服务策略不再局限于线下的面对面交流，它所考虑的范畴更加广泛，尤其不再局限于特定的时间、特定的地点的限制。因此，在网络顾客服务策略的支持下，顾客能够在任何地点、任何时间享受服务，增强了服务的便捷性和可及性，他们的体验感更加全面。

最后，对于产品生命周期而言，网络顾客服务拓展了产品的生命周期循环序列。在传统的顾客服务策略中，由于商家与顾客的接触局限在线下门店，所以无法及时获取产品宣传、销售、购买信息，可能导致产品的投入、成长、成熟与衰退期无法与市场的需求相匹配。然而，随着网络顾客服务策略的兴盛，产品生命周期的概念逐步弱化，商家能够通过网络信息平台跨时间、跨地区地与顾客进行信息交流，及时掌握产品的供需状况。因此，借助网络平台，从产品投入市场开始，商家能够掌握产品的供需状况，从而制定更好的服务策略，打破固定的产品生命周期；保持了服务厂商的发展生命力。

此外，网络顾客服务策略还对产品概念、产品定价产生影响。网络时代的发展，推动了信息产品的兴盛，服务厂商不是局限于物质化的产品，而是向社会销售理念和服务。由于网络技术的发展，信息公开成为制定网络服务策略需要考虑的因素之一，产品成本、定价策略不再是商家的"黑箱"操作，产品成为商家、顾客互动、博弈的结果。不过，总而言之，相较于传统的顾客服务策略而言，网络顾客服务策略通过信息、数字平台、实时交流等方面改变了服务厂商、顾客之间的关系。

二 网络顾客服务策略的分类

由于服务策略对象、工具以及实施场所的差异，网络顾客服务策略也产生了不同的类别，并在不同的领域不断发生作用。了解不同的网络顾客服务策略类别，根据环境、对象的不同，使用特定的策略，能够最大限度地提升网络顾客服务质量。

（一）以定制对象为标准的分类方式

1. 个性化网络顾客服务策略

个性化网络顾客服务策略，也叫定制服务策略，它是一种基于先进技术和网络数据分析的战略，旨在满足每个顾客的独特需求和偏好，提供个性化、定制化的服务和体验。个性化网络顾客服务策略主要包括三个方面：服务时空的个性化、服务方式的个性化以及服务内容的个性化。这一策略的关键在于通过网络数字技术深度理解顾客的行为、兴趣爱好等，并通过技术手段将他们的喜好转化为个性化的产品、服务、推荐和互动，以提升顾客的满意度、提高顾客对服务厂商及其产品的忠诚度，并最终促进服务厂商的业务增长、销售市场的扩展。

首先，服务时空的个性化强调服务厂商的服务不再受限于时空，也强调服务厂商根据顾客的时空差异来提供定制化服务。通过灵活的服务时间安排和全球范围内的业务覆盖，服务厂商可以确保顾客在任何时间、任何地点都能享受到个性化的服务体验，提高顾客对于服务厂商服务的认可度。其次，服务方式的个性化强调服务厂商根据顾客的喜好提供优质的服务。通过对顾客历史购买行为的分析，服务厂商能够提前选择顾客可能喜欢的方式售卖产品。同时，顾客与服务厂商的沟通方式也不再受限于线下门店的面对面沟通，电话、网络社区、社交软件等都能与服务厂商实现信息交流。因而，顾客能够根据自己的喜好选择合适的服务方式。最后，服务内容的个性化侧重于对顾客需求的了解。服务厂商通过网络技术能够锚定顾客的购物偏好,针对他们提供更加个性化的产品推荐、专属优惠以及定制化的服务体验。比如,顾客在淘宝购物时,系统会通过大数据计算,在产品购买页面的下方推送新链接,为顾客提供更多购物选择。在个性化网络顾客服务的支持下,通过深入了解顾客的购买历史和行为偏好,服务厂商可以精准地满足客户需求,提升顾客对服务厂商品牌的认同感和满意度。

2. 网络整合顾客服务策略

网络整合顾客服务策略是一种综合性的营销策略,旨在通过网络平台整合多个服务领域来为顾客提供服务。这种策略突出顾客的重要性,更加注重顾客的需求和体验,强调通过高效的信息协同和资源整合的技术制定服务厂商的营销方案,使顾客在服务厂商的各个服务触点、环节都能获得一致性、综合性和优质的服务。

传统的营销策略理论基于服务厂商的利润,形成了以商家为导向的 4P 理论,包括产品或服务(Product)策略、价格(Price)策略、渠道(Place)策略以及促销(Promotion)策略。然而,随着网络信息技术的发展,服务厂商越来越重视顾客的个性化需求,顾客也对更高层次的需求,如尊重需求、自我实现的需求有了要求,顾客在市场营销中不再处于被动地位,服务厂商也不再垄断营销关系,传统以商家为导向的 4P 理论受到质疑,商家越来越重视顾客的消费感受,从而从 4P 理论转向 4C 理论,包括顾客(Customer)策略、成本(Cost)策略、沟通(Communication)策略以及便捷(Convenience)策略,以顾客需求为核心将所有营销信息整合,以传播资讯的统一性、市场交易的互动性以及目标营销来为顾客服务。

(二)以服务过程为标准的分类方式

1. 网络售前顾客服务策略

网络售前顾客服务策略的核心目标在于在顾客做出购买决策之前,针对顾客的购物需求,通过在线渠道建立积极的互动,为他们提供丰富的产品信息、个性化的咨询和卓越的购物体验。服务厂商提供的网络售前顾客服务策略包括以下两类。一类是发布产品信息。它是指服务厂商通过精心编排的服务厂商网站和各类社交媒体平台,以清晰、吸引人的形式发布翔实的产品信息,包括产品的特性、用途、优势等,从而营造销售网络环境、培养和创造消费需求。另一类是展示产品信息。服务厂商通过网站、社交媒体平台以及其他数字渠道,直接向潜在的顾客展示产品的外观、功能、使用场景等方面的信息。通过现在的网络技术,服务厂商能够以高质量的图片、演示视频等,将产品呈现得更加真实、具体,让潜在顾客随时随地都能了解产品。

2. 网络售中顾客服务策略

网络售中顾客服务策略主要是指在销售过程中的服务策略。它是指在顾客完成购买决策后，服务厂商通过数字渠道、网络平台等，为顾客的产品与服务的体验提供全方位支持和服务的策略。这一策略着眼于顾客购物体验的全过程，注重购物的每个阶段能够保持积极的互动，旨在提高与增强顾客对产品、服务的满意度和体验感，提高顾客对服务厂商品牌的忠诚度。网络售中顾客服务策略包括提供实时的订单追踪和物流信息。通过为顾客提供准确的订单状态、物流跟踪等信息，服务厂商可以增强顾客对购物过程的掌控感，减少网络购物的不确定性。该策略还包括为顾客提供即时的售后支持。通过在线聊天、社交媒体等多种渠道，服务厂商为顾客解答产品的具体情况，提供技术支持和产品服务。积极的沟通和信息共享也有助于建立顾客信任，为未来的交易奠定坚实基础。

3. 网络售后顾客服务策略

网络售后顾客服务策略是服务厂商在顾客完成购买后，借助信息技术和数字交流平台，便捷地为顾客提供产品帮助、技术支持和维护需要，它与网络售中顾客服务有重叠部分。具体而言，网络售后服务策略主要包括两类：一类是网络产品的支持和技术服务；另一类是围绕产品产生的增值服务。网络产品的支持和技术服务是网络售后服务策略的核心之一。这类服务包括为顾客提供产品的详尽说明、使用手册以及在线技术支持。通过在线聊天、网络平台等数字渠道，服务厂商可以迅速响应顾客提出的问题，解决产品使用过程中可能遇到的各类难题。围绕产品产生的增值服务则强调通过创造性和个性化的服务，进一步满足顾客的新需求。这包括定期的产品更新、定制化的课程培训。服务厂商通过这类服务不仅延长了产品的生命周期，更加深了与顾客之间的关系。比如，顾客在购买 Apple 公司的产品后，被自动纳入 Apple 会员，能够通过网络参与公司新产品的调研活动以及公司的服务团队的技术支持活动。

第 3 节 网络服务工具

一 网络服务工具的概述

随着数字信息技术的快速发展，顾客能够随时随地获得服务厂商个性化、即时性的服务。要支持服务厂商网络服务的实现，除了服务厂商更新网络服务策略，还要通过网络服务工具，为整体营销活动的成功提供可靠的保障。相较于传统的服务厂商服务工具，如客户服务窗口、客户反馈表格以及售后服务中心等，网络服务工具是一类专为服务厂商在线业务和客户支持而设计的软件和平台，旨在提供高效、便捷、个性化的客户支持和互动体验，使服务厂商能够适应在互联网环境下，更灵活地响应客户需求、解决问题。这类工具以数字信息技术为基础，依托虚拟网络平台提供服务，包括实时聊天软件、电子邮件、虚拟社区以及自助服务界面等。对于服务厂商而言，依据网络顾客服务的类别，考虑网络顾客服务的策略，选择适合业务需求的工具，将有助于提高服务厂商的顾客满意度、促进品牌忠诚度，并在竞争激烈的市场中脱颖而出。对于顾客而言，在购物中，选择符合自身偏好的网络服务工具，能够更好地表达自己的诉求，维护自身的利益。

二　网络服务工具的类别

互联网技术呈现高速发展的趋势，诞生了人工智能、云计算、大数据、区块链、物联网等内容。借助不同的技术内容，网络服务拥有了不同的工具，并且呈现不同的形态和效果。因此，掌握不同的网络服务工具，根据顾客需求、产品类别使用正确的网络服务工具，能够提升网络服务的质量，维持顾客对服务厂商产品的忠诚度。

（一）即时通信工具

即时通信是一种通过计算机网络实现的即时、双向交流的通信方式，允许用户使用文字、图像、音频和视频等多种形式，它们不受地理位置和时间的限制，用户可以在全球范围内随时随地与他人进行对话。

它有两种不同的架构形式。一种是C/S架构，使用客户端或服务器模式。在使用过程中，用户需要下载并安装相应的客户端软件。一些代表性的即时通信软件包括微信、QQ、Skype、钉钉、企业微信、飞书等。另一种是B/S架构，即浏览器或服务端形式的即时通信软件，利用互联网作为媒介，无须在客户端安装任何软件。用户能够通过浏览器直接体验与服务器端的沟通对话。这种形式通常被应用于电子商务网站的服务厂商，例如微信网页版等。具体而言，在网络顾客服务中，即时通信工具主要包括以下两类。

一类是实时聊天支持。实时聊天支持是一种通过即时通信工具或平台提供的服务，允许顾客在几乎"零时差"的基础上与服务厂商进行双向沟通。顾客能够通过文字、图像、音频或视频等多种媒体形式表达自己的需求偏好和利益诉求，并且获得来自服务厂商的回应。实时聊天支持通常发生在网站、应用程序或其他在线平台上嵌入聊天窗口，这种交互方式有助于快速解决问题，提供个性化的支持，以及促进实时合作和沟通。

另一类是在线表单。在线表单是一种基于互联网的电子表格，旨在帮助服务厂商收集顾客输入的信息，包括疑问、反馈意见、利益诉求等。具体而言，这种工具通常以网页界面的形式存在，顾客可以通过在服务厂商网站中填写文本字段或上传文件等方式提供所需的数据，服务厂商在收到表单后应在规定时间内即时反馈意见。

在线表单被广泛用于各种场景，包括网站注册、调查问卷、订单提交等，为服务厂商顾客服务提供了一种便捷而有效的方式来收集和管理用户反馈、信息和请求。对于服务厂商而言，这些表单可以通过虚拟在线平台和网站设计工具创建，具有灵活性和可定制性，同时简化了数据收集、整理和处理的过程。

（二）虚拟社交互动

虚拟社交互动是指在虚拟网络平台中，通过网络数字平台和工具实现的社交活动和交互。这种互动形式包括在线社交媒体上的顾客服务、虚拟客服代理，以及通过聊天软件或在线论坛进行的客户支持。虚拟社交互动的实现方式更加多元化，包括通过社交媒体平台回应顾客的评论和提问、应用聊天软件提供实时顾客服务，以及在在线论坛上创建社区以促进顾客之间的互助和交流。这种方式与即时通信工具功能相似，不过它能够为顾客提供更加直观、更加灵活以及更加多元的沟通途径，使得服务厂商可以更好地理解顾客的期望、回应问题，并由此建立更为紧密的社交连接。

第一，网络论坛。网络论坛是一种虚拟社交网络空间，旨在促进使用者之间的讨论、信息交流和社交互动。这种交流平台通常以主题为基础，涵盖各种领域。用户可以在论坛上发布帖子、提出问题、分享经验、回复他人，并参与有关特定主题的对话。网络论坛在互联网的早期阶段就出现了，且在多个领域中仍然活跃。对于服务厂商的网络顾客服务而言，它们为顾客提供了广泛的交流平台，能够以多种方式促进顾客的在线互动。通过回应顾客需求、提供支持，更好地引导顾客产生购物行为，从而拓展产品市场。

第二，微博平台。微博平台是一种社交媒体服务，允许用户在其个人主页上分享短文、图片、链接等多媒体内容，并与其他用户进行实时互动。这种微博形式的社交媒体平台以实时性、简短性和即时互动为特点，用户可以发布即时动态，进行评论、转发，并关注其他用户的动态。服务厂商能够通过建立自己的微博平台，通过短文、图片、链接等向客户展示自己的产品，并且即时回应微博评论中顾客的疑问、利益诉求等。随着媒体技术的发展，出现了许多类似于微博的平台软件，如小红书等。

第三，微信服务。微信是一种多功能的社交媒体平台和即时通信应用，由中国科技公司腾讯推出。微信服务提供了多种功能，使用户能够进行文字、语音、图片和视频的即时通信，同时也包含了许多其他特色服务，如公众号的专题信息分享等。微信服务的综合性质使其成为一个集社交、支付、信息分享、购物等多功能于一身的平台，它在全球范围内拥有庞大的用户基础，对于个人和服务厂商而言，都是一个重要的社交和业务工具。如今，多数服务厂商已建立自己的公众号，通过向关注者分享自己产品的信息（图片、视频、使用报告等）获取更多的市场份额。

(三) 电子邮件

电子邮件，简称"邮件"，是一种通过电子通信技术进行信息传递的方式。它是一种电子化的信件传递系统，允许用户在互联网上发送和接收文字、文件、图像等多种形式的信息。通过互联网的电子邮件系统，用户可以经济快速地与全球各地的网络用户建立联系。

在网络顾客服务中，电子邮件是一种重要且被广泛应用的沟通工具，用于实现顾客与服务厂商之间的双向交流。对于顾客而言，通过撰写、发送电子邮件，他们能够方便地提出问题、寻求支持、查询订单状态等。对于服务厂商而言，电子邮件能够确保它们在合理的时间内对顾客的诉求做出详尽的回复，也能即时、便利地为顾客提供更多的消费选择，包括新产品推荐、产品售后以及部分产品的重要信息推荐等内容。

(四) 自助服务工具

自助服务工具的关键目标是提供便捷、即时的解决方案，减轻客服团队的负担，同时提高顾客对服务厂商服务、服务厂商产品的满意度。顾客无须等待客服人员的实时支持，通过浏览产品或服务的相关知识、阅读产品操作指南或执行步骤就可解决部分问题。这种自主解决问题的方式节省了时间，也为顾客提供了更灵活的服务体验。这些工具主要包括在线知识库、帮助中心、常见问题解答（FAQ）、顾客手册、自助服务平台等。它们通常与其他支持渠道相互配合，确保顾客在需要帮助时可以无缝切换到人工客服，从而进行实时交流。

第一，在线知识库。在线知识库是一种数字化的信息资源集，旨在为用户提供便捷而即时的自助服务。用户通过访问网站、应用程序或其他数字平台，可以自主查找和获取关于特定产品或服务的详尽信息。多数服务厂商在官方网站或者销售平台上会设立关于服务厂商自身、服务厂商服务、服务厂商产品的在线知识库，方便顾客在无法及时得到服务厂商客服帮助的情况下，查询相关信息、解决部分问题。

第二，常见问题解答（FAQ）。FAQ是一种在网站、应用程序或服务平台上提供的信息集，它不同于在线知识库，FAQ定位于产品的使用、维护方面，旨在回答用户经常提出的问题。具体而言，FAQ通常包含了关于功能、使用方法、故障排除、政策等多方面的问题及其相应解答，它以清晰、直接的方式回答用户可能遇到的问题，避免烦琐的解释和技术性语言，使用户更容易理解。不过，为了保证FAQ的使用功能，服务厂商应根据顾客在不同渠道提出的问题更新其服务内容。

第三，顾客手册。顾客手册是一种书面或电子形式的文档，专门为顾客提供关于产品、服务或系统的详细信息和操作指南。这种手册的目的是帮助用户了解产品的功能、使用方法、故障排除步骤以及其他相关信息，通常包含目录、索引和图表，以帮助用户快速找到所需的信息，以便他们能够有效地使用和维护所购买或使用的产品。顾客手册的主要特点包括清晰的结构和详尽的内容，它通常以简单易懂的语言编写，避免使用过于技术性的术语，以确保用户能够轻松理解手册中的信息。

复习思考题

1. 网络顾客服务的定义是什么？
2. 网络顾客服务的特征有哪些？
3. 网络顾客服务策略是什么？
4. 网络顾客服务的分类标准有什么？
5. 网络顾客服务策略对服务厂商营销产生了什么影响？
6. 网络顾客服务工具是什么？
7. 网络顾客服务工具有哪些类别？

章尾案例　　　　　　　　　华为的手机服务启示录

随着顾客需求的升级，服务厂商服务板块不仅成为顾客选购产品的一大指标，也成为外界衡量服务厂商"以人为本"品质的"杠杆"。在服务器、交换机市场，华为一直以优质的售后服务著称，而这一优良传统也在手机终端方面得到了很好的继承。针对手机终端服务，华为秉承"方便、快捷、贴心"为终端服务理念，并借助"互联网+"东风，打造了将互联网优势与传统服务体系整合优化的终端服务矩阵，在手机售后服务领域树立了新标杆。

近来，"互联网+"这个词频繁出现在公众视野中。"互联网+"中的"+"，实际指代传统的各行各业，"+"媒体产生了网络媒体，"+"娱乐产生了网络游戏，"+"零售产生了电子商务，各传统行业在互联网的装饰改造下，为用户创造价值的同时也成就了自身行业的新价值。

"互联网+"模式犹如一个各行各业均适用的"百宝箱"，为诸多领域带来变革与创新，借助这一模式的催化剂作用，华为终端服务理念与格局迎来了新的改变。

华为轮值 CEO 徐直军发布了华为的服务产业战略，强调以服务促进用户体验。徐直军表示，"传统产业应该用互联网思维使产品和服务更好，成本更低。通过互联网可以将产品和服务直接面向顾客"。

事实上，经过了数年的深耕与拓展，华为终端的传统服务体系迈向了"大而精"，其已形成了一整套的精品服务建设、推进和持续提升质量的管理系统。此外，遍布全国的集"服务、体验、零售、咨询、花粉活动"于一体的精品服务专营店，则成为华为贯彻精品服务理念的根基。

华为终端在传统服务体系的大刀阔斧成为业界楷模，伴随着"互联网+"模式在各领域的扎根发芽，迎合新趋势成为必然，华为将互联网优势与传统服务体系整合优化，不仅给百姓的生活带来了更高效更便捷的服务措施，也为手机服务业的未来发展提供了新方向。

为让智能手机用户更加方便地与服务厂商沟通，华为倾力打造了官方服务App软件，在该软件中，华为提供了自动查询用户手册、使用技巧、常用问题、服务中心信息、服务政策等模式，同时，顾客还可以通过该App直接反馈问题，客服会直接将解决方案回复到用户手机或者邮箱里。

除App外，华为还为顾客提供了"足不出户一号搞定"的手机寄修服务。目前，华为已经在北京、上海、深圳、成都、郑州、沈阳、兰州、乌鲁木齐建立覆盖全国的八大寄修中心，顾客只要拨打热线电话，便可在工作人员指导下轻松完成寄修服务，寄修中心承诺收到顾客手机后2天内完成维修。

此外，华为还在官网、热线及微信平台推出多项服务查询业务，为让顾客时刻能够与华为服务取得联系，华为在热线以及微信平台提供了全年365天不间断支持，领先行业。

业内人士表示，华为发挥"互联网+"驱动力作用，利用互联网将手机传统服务进行整合与优化，实现服务厂商、服务、用户之间无缝对接，不仅实现服务厂商效益最大化，还为顾客带来了更为便捷的手机售后服务体验，顾客遇到售后问题自此不再求助无门，通过线上咨询，即可在线下服务门店享受到价格透明的VIP服务。华为终端或将因此次服务质变而更得"人心"，在"用户为王"时代制胜未来。

资料来源：《手机服务启示录：华为开启互联网+模式》，搜狐网，https://www.sohu.com/a/15979117_114838。

讨论题

1. 华为公司采取了哪些服务策略保证用户的体验感？
2. 华为公司运用了哪些网络顾客服务工具？
3. 华为公司未来应该如何优化和发展网络顾客服务？

参考文献

[1] 安贺新主编《服务营销》，上海财经大学出版社，2016。
[2] 宝利嘉顾问：《中国服务厂商最常用的市场营销管理工具：管理人员便携充电手册》，北京邮电大学出版社，2007。
[3] 丁亮：《互联网时代 A 健身俱乐部服务营销策略研究》，浙江工商大学硕士学位论文，2023。
[4] 郭国庆、陈凯编著《市场营销学》（第 6 版），中国人民大学出版社，2019。
[5] 郭国庆编著《服务营销》（第 5 版），中国人民大学出版社，2021。
[6] 郭国庆编著《市场营销学》（第 3 版），中国人民大学出版社，2018。
[7] 郭国庆主编《服务营销管理》（第 3 版），中国人民大学出版社，2012。
[8] 〔美〕克里斯托弗·洛夫洛克、〔美〕约亨·沃茨：《服务营销》（第 6 版），谢晓燕、赵伟韬译，中国人民大学出版社，2010。
[9] 李克芳、聂元昆主编《服务营销学》（第 3 版），机械工业出版社，2020。
[10] 李克芳、聂元昆主编《服务营销学》，机械工业出版社，2012。
[11] 李巍编著《服务营销管理：聚焦服务价值》，机械工业出版社，2019。
[12] 林建煌：《服务营销与管理》，北京大学出版社，2014。
[13] 〔美〕瓦拉瑞尔·A. 泽丝曼尔、〔美〕玛丽·乔·比特纳、〔美〕德韦恩·D. 格兰姆勒：《服务营销》（第 7 版），张金成等译注，机械工业出版社，2018。
[14] 王建国：《1P 理论：网状经济时代的全新商业模式》，北京大学出版社，2007。
[15] 王君祥：《产品组合定价策略》，《北京物价》2000 年第 7 期。
[16] 许晖编著《服务营销》（第 2 版），中国人民大学出版社，2021。
[17] 叶万春等主编《服务营销学》（第 4 版），高等教育出版社，2019。
[18] 尹启华、傅建球编著《营销价格学》，西南交通大学出版社，2007。
[19] 张腾霄、韩布新：《红色的心理效应：现象与机制研究述评》，《心理科学进展》2013 年第 3 期。
[20] 张旭文：《共享经济背景下的企业商业模式创新——以滴滴出行为例》，《价值

工程》2019 年第 32 期。

[21] 郑锐洪主编：《服务营销》（第 2 版），中国人民大学出版社，2022。

[22] 钟科、王海忠、杨晨：《感官营销研究综述与展望》，《外国经济与管理》2016 年第 5 期。

[23] Bitner, M. J., Booms, B. H., Mohr, L. A., "Critical Service Encounters: The Employee's Viewpoint," *Journal of Marketing*, 1994, 58 (4), pp. 95-106.

[24] Ittersum K. V., Wansink, B., "Plate Size and Color Suggestibility: The Delboeuf Illusion's Bias on Serving and Eating Behavior," *Journal of Consumer Research*, 2012, 39 (2), pp. 215-228.

[25] Kellaris, J., Kent, R. J., "An Exploratory Investigation of Responses Elicited by Music Varying in Tempo, Tonality, and Texture," *Journal of Consumer Psychology*, 1993, 2 (4), pp. 381-401.

[26] Krider, R. E., Raghubir, P., Krishna, A., "Pizzas: π or Square? Psychophysical Biases in Area Comparisons," *Marketing Science*, 2001, 20 (4), pp. 405-425.

[27] Lorig, T. S., Schwartz, G. E., "Brain and Odor: I. Alteration of Human EEG by Odor Administration," *Psychobiology*, 1988, 16 (3), pp. 281-284.

[28] Milliman, R. E., "The Influence of Background Music on the Behavior of Restaurant Patrons," *Journal of Consumer Research*, 1986, 13 (2), pp. 286-289.

[29] Raghubir, P., Krishna, A., "Vital Dimensions in Volume Perception: Can the Eye Fool the Stomach?" *Journal of Marketing Research*, 1999, 36 (3), pp. 313-326.

[30] Yalch, R. F., Spangenberg, E. R., "The Effects of Music in a Retail Setting on Real and Perceived Shopping Times," *Journal of business Research*, 2000, 49 (2), pp. 139-147.

[31] Zhu, R., Jennifer, A., "Exploring the Impact of Various Shaped Seating Arrangements on Persuasion," *Journal of Consumer Research*, 2013, 40 (2), pp. 336-349.

图书在版编目(CIP)数据

服务营销学 / 叶思妤主编；刘丹萍，牧人副主编 .
北京：社会科学文献出版社，2024.10. --ISBN 978-7
-5228-4091-8

Ⅰ.F713.50

中国国家版本馆 CIP 数据核字第 202440BE19 号

服务营销学

| 主　　编 / 叶思妤 |
| 副 主 编 / 刘丹萍　牧　人 |

| 出 版 人 / 冀祥德 |
| 组稿编辑 / 高　雁 |
| 责任编辑 / 贾立平 |
| 责任印制 / 王京美 |

| 出　　版 / 社会科学文献出版社·经济与管理分社（010）59367226 |
| 地址：北京市北三环中路甲 29 号院华龙大厦　邮编：100029 |
| 网址：www.ssap.com.cn |
| 发　　行 / 社会科学文献出版社（010）59367028 |
| 印　　装 / 三河市东方印刷有限公司 |

| 规　　格 / 开　本：787mm×1092mm　1/16 |
| 印　张：19　字　数：383 千字 |
| 版　　次 / 2024 年 10 月第 1 版　2024 年 10 月第 1 次印刷 |
| 书　　号 / ISBN 978-7-5228-4091-8 |
| 定　　价 / 128.00 元 |

读者服务电话：4008918866

版权所有 翻印必究